U0524933

普洱传统文化

白应华 罗承松 赵泽洪 谭安 林永 杨洪 ◎著

中国社会科学出版社

图书在版编目（CIP）数据

普洱传统文化 / 白应华等著. —北京：中国社会科学出版社，2022.10
ISBN 978-7-5227-0849-2

Ⅰ.①普… Ⅱ.①白… Ⅲ.①地方文化—普洱 Ⅳ.①G127.743

中国版本图书馆 CIP 数据核字（2022）第 166209 号

出 版 人	赵剑英
策划编辑	李凯凯
责任编辑	党旺旺
责任校对	赵雪姣
责任印制	王 超

出　　版	中国社会科学出版社
社　　址	北京鼓楼西大街甲 158 号
邮　　编	100720
网　　址	http://www.csspw.cn
发 行 部	010-84083685
门 市 部	010-84029450
经　　销	新华书店及其他书店
印　　刷	北京明恒达印务有限公司
装　　订	廊坊市广阳区广增装订厂
版　　次	2022 年 10 月第 1 版
印　　次	2022 年 10 月第 1 次印刷
开　　本	710×1000　1/16
印　　张	21.5
插　　页	2
字　　数	331 千字
定　　价	109.00 元

凡购买中国社会科学出版社图书，如有质量问题请与本社营销中心联系调换
电话：010-84083683
版权所有　侵权必究

目　录

第一章　普洱传统文化生成机制及其特征 (1)
第一节　普洱传统文化生成机制 (1)
一　自然环境因素 (1)
二　历史文化环境 (6)
第二节　普洱传统文化的特征 (11)
一　多样性 (11)
二　山水性 (12)
三　豁达性 (13)
四　和谐性 (14)
五　原生态性 (14)
六　开放性 (15)

第二章　普洱传统生产文化 (17)
第一节　普洱传统生产文化的内容 (17)
一　采集渔猎文化 (18)
二　农耕文化 (24)
三　传统工艺 (33)
四　商业文化 (38)
第二节　普洱传统生产文化的演变 (42)
一　农耕文化的衰微与旅游文化的兴盛 (43)
二　日常生活事象的持续与体验型非遗的形成 (43)

三 自给自足生产方式窄化……………………………………（44）

第三章 普洱传统制度文化……………………………………（45）
第一节 普洱传统制度文化的主要内容………………………（45）
一 传统政治制度文化…………………………………………（45）
二 传统经济制度文化…………………………………………（50）
三 传统亲属制度文化…………………………………………（52）
四 传统法律制度………………………………………………（55）
第二节 普洱传统制度文化的特征……………………………（58）
一 时代性………………………………………………………（59）
二 区域性………………………………………………………（59）
三 民族性………………………………………………………（60）
四 实践性………………………………………………………（60）
五 多样性………………………………………………………（60）

第四章 普洱传统饮食文化……………………………………（61）
第一节 普洱传统饮食文化……………………………………（61）
一 普洱传统饮食文化的特质属性……………………………（61）
二 普洱传统饮食文化的特点…………………………………（64）
第二节 普洱传统饮食文化的发展变化………………………（67）
一 传统民族饮食文化彰显……………………………………（67）
二 外来饮食风味的传入………………………………………（68）
三 健康饮食新观念……………………………………………（68）
四 快乐饮食新观念……………………………………………（68）

第五章 普洱传统婚姻文化……………………………………（70）
第一节 普洱传统婚姻文化的主要内容………………………（70）
一 婚姻习惯……………………………………………………（70）
二 婚姻形式……………………………………………………（77）
三 婚恋观………………………………………………………（77）

  四　婚姻程序 …………………………………………… (81)
  五　族际通婚 …………………………………………… (88)
  六　家庭成员关系 ……………………………………… (90)
 第二节　普洱传统婚姻文化的特征 ………………………… (90)
  一　多元化 ……………………………………………… (91)
  二　统一性 ……………………………………………… (91)
  三　发展性 ……………………………………………… (91)

第六章　普洱传统居住文化 …………………………………… (93)
 第一节　普洱传统居住文化的主要内容 …………………… (93)
  一　普洱传统民居类型 ………………………………… (93)
  二　村寨居住环境的选择 ……………………………… (98)
  三　民居建筑仪式 ……………………………………… (100)
  四　乔迁习俗和民居禁忌 ……………………………… (101)
  五　火塘：家代昌盛的象征 …………………………… (103)
 第二节　普洱传统居住文化的发展变迁 …………………… (105)
  一　普洱传统民居的形态变化 ………………………… (105)
  二　建构技术上的演变 ………………………………… (106)
  三　普洱传统民居建造技术演变的特点 ……………… (107)

第七章　普洱传统服饰文化 …………………………………… (109)
 第一节　多彩多样的普洱传统服饰 ………………………… (109)
  一　哈尼族传统服饰 …………………………………… (109)
  二　彝族传统服饰 ……………………………………… (112)
  三　拉祜族传统服饰 …………………………………… (113)
  四　佤族传统服饰 ……………………………………… (114)
  五　傣族传统服饰 ……………………………………… (115)
  六　布朗族传统服饰 …………………………………… (115)
  七　汉族传统服饰 ……………………………………… (116)
 第二节　普洱传统服饰的文化内涵及特点 ………………… (117)

  一 普洱传统服饰的文化内涵 …………………………（117）
  二 普洱传统服饰的特点 ………………………………（122）
 第三节 普洱传统服饰文化的变迁 ……………………………（123）
  一 普洱传统服饰文化变迁的原因 ……………………（124）
  二 普洱传统服饰文化的变迁 …………………………（125）

第八章 普洱传统丧葬文化 ……………………………………（128）
 第一节 普洱传统丧葬习俗 ……………………………………（128）
  一 墓地和墓穴的选择习俗 ……………………………（128）
  二 丧事办理习俗 ………………………………………（130）
 第二节 普洱传统丧葬文化的特点 ……………………………（132）
  一 注重死者亡灵回归祖先故地 ………………………（132）
  二 普遍存在着凶死与善终的观念 ……………………（134）
  三 普遍存在禁忌观念 …………………………………（134）
  四 丧葬过程中始终歌舞相伴 …………………………（135）
  五 巫师、祭司在丧葬活动中具有重要地位 …………（136）
  六 烟、酒、茶是不可缺少的祭品 ……………………（138）
 第三节 普洱传统丧葬文化的社会功能 ………………………（139）
  一 社会教化功能 ………………………………………（139）
  二 文化传承功能 ………………………………………（140）
  三 历史教育功能 ………………………………………（142）
  四 群体凝聚功能 ………………………………………（144）
  五 人生教化功能 ………………………………………（145）
 第四节 普洱传统丧葬文化的社会价值 ………………………（146）
  一 厚养薄葬的现实价值观 ……………………………（146）
  二 心存故人的良好风尚 ………………………………（147）
  三 生态环保的丧葬观 …………………………………（147）
  四 丧葬文化中的人本主义 ……………………………（149）

第九章　普洱传统节庆文化 ……………………………… (151)

第一节　普洱传统节日 ………………………………… (151)
　　一　岁首年节 ……………………………………… (151)
　　二　宗教祭祀节日 ………………………………… (156)
　　三　农事节日 ……………………………………… (160)
　　四　纪念节日 ……………………………………… (163)

第二节　普洱节庆文化的内涵 ………………………… (164)
　　一　体现对美好生活的向往和追求 ……………… (164)
　　二　体现各民族崇尚平等和谐的价值追求 ……… (164)
　　三　表达对神灵的敬畏和自然的尊重 …………… (165)
　　四　表达对祖先的敬仰和尊重 …………………… (166)
　　五　表达对英雄的崇敬 …………………………… (166)

第三节　普洱传统节庆的文化功能 …………………… (168)
　　一　沟通协调功能 ………………………………… (168)
　　二　娱乐喜庆功能 ………………………………… (170)
　　三　文化传承功能 ………………………………… (172)
　　四　教化功能 ……………………………………… (172)

第十章　普洱传统竞技文化 ……………………………… (174)

第一节　普洱传统竞技文化的内容 …………………… (174)
　　一　生产性竞技文化 ……………………………… (174)
　　二　体育性竞技文化 ……………………………… (176)
　　三　娱乐性竞技文化 ……………………………… (178)

第二节　普洱传统竞技文化的特征 …………………… (183)
　　一　生产性 ………………………………………… (183)
　　二　军事性 ………………………………………… (183)
　　三　群众性 ………………………………………… (184)
　　四　趣味性 ………………………………………… (184)
　　五　实用性 ………………………………………… (185)

第十一章 普洱民族和谐团结思想 ……(186)
第一节 和谐团结的民族关系 ……(186)
一 睦邻友好的族际关系 ……(186)
二 经济文化婚姻交往中的和谐与团结 ……(187)
三 反帝反封建斗争中的民族团结 ……(191)
四 普洱民族团结历史见证：普洱民族团结誓词碑 ……(193)
第二节 普洱民族和谐团结思想的主要内容 ……(194)
一 各民族同源同宗、不离不弃的兄弟意识 ……(194)
二 "和为贵"的思想意识 ……(196)
三 团结互助的群体意识 ……(198)

第十二章 普洱传统生态文化 ……(201)
第一节 适应生存环境的生态文化 ……(201)
一 生产中的生态文化 ……(201)
二 传统饮食中的生态文化现象 ……(206)
三 村落建筑中的生态文化现象 ……(208)
四 服饰中的生态文化现象 ……(209)
五 婚恋习俗中的生态文化现象 ……(210)
六 文学艺术中的生态文化现象 ……(211)
第二节 人与自然和谐共生共存的生态价值观 ……(216)
一 人与万物同源的亲情意识 ……(217)
二 对自然的感恩意识 ……(218)
三 对自然的敬畏意识 ……(219)
四 生态保护意识 ……(220)

第十三章 普洱传统宗教文化 ……(222)
第一节 原始宗教 ……(222)
一 图腾崇拜 ……(223)
二 自然崇拜 ……(225)
三 祖先崇拜 ……(231)

四　多神崇拜 …………………………………………………… (232)
　第二节　外来宗教 ……………………………………………………… (233)
　　一　佛教 ………………………………………………………… (233)
　　二　基督教 ……………………………………………………… (235)
　　三　伊斯兰教 …………………………………………………… (235)

第十四章　普洱传统审美文化 ……………………………………… (237)
　第一节　普洱传统审美文化的特质属性 …………………………… (237)
　　一　多元特质属性 ……………………………………………… (238)
　　二　包容特质属性 ……………………………………………… (238)
　　三　本真特质属性 ……………………………………………… (238)
　　四　崇善特质属性 ……………………………………………… (239)
　第二节　普洱传统审美观的显著特点 ……………………………… (240)
　　一　居安乐观的生活态度 ……………………………………… (240)
　　二　诚实守信的信用观 ………………………………………… (241)
　　三　崇尚勇敢的英雄主义精神 ………………………………… (241)
　　四　崇尚自然的审美生态观 …………………………………… (242)
　　五　反抗外敌侵略的爱国情感 ………………………………… (243)
　　六　崇尚诚实善良的伦理观 …………………………………… (244)
　　七　崇尚男女平等的婚恋观 …………………………………… (244)

第十五章　普洱茶文化 ……………………………………………… (245)
　第一节　普洱茶文化的内容 ………………………………………… (245)
　　一　普洱茶历史溯源 …………………………………………… (245)
　　二　普洱茶文化类型及内涵 …………………………………… (248)
　第二节　普洱茶文化的特征 ………………………………………… (263)
　　一　神圣性 ……………………………………………………… (263)
　　二　多元性 ……………………………………………………… (264)
　　三　仪式性 ……………………………………………………… (265)
　　四　动态性 ……………………………………………………… (266)

第十六章 普洱传统地名文化 (268)

第一节 地名与地名文化 (268)
一 地名 (268)
二 地名文化 (269)

第二节 普洱传统地名文化的特征 (269)
一 哈尼语地名文化 (269)
二 彝语地名文化 (271)
三 拉祜语地名文化 (271)
四 佤语地名文化 (272)
五 傣语地名文化 (273)
六 汉语地名文化 (277)

第三节 普洱传统地名文化的特点 (279)
一 民族迁徙在地名中的体现 (279)
二 山川风物在地名中的体现 (281)
三 农耕文化在地名中的体现 (285)
四 历史文化在地名中的体现 (286)
五 体现安土重迁的价值观念 (290)
六 姓氏文化在地名中的体现 (291)

第十七章 普洱传统文学艺术 (293)

第一节 普洱传统民间文学 (293)
一 神话与史诗 (293)
二 传说、故事 (298)
三 叙事长诗 (305)
四 歌谣与谚语 (307)

第二节 普洱传统民间音乐舞蹈 (314)
一 传统民间音乐 (314)
二 传统民间舞蹈 (318)

第三节 普洱传统民间绘画、雕刻与工艺美术 (321)
一 传统民间绘画 (321)

二　传统雕刻艺术 …………………………………………（322）
　　三　传统民间工艺美术 ……………………………………（324）

参考文献 ……………………………………………………（331）

后　记 ………………………………………………………（333）

第一章

普洱传统文化生成机制及其特征

任何文化的形成与发展都有其特定的条件。这些条件往往是复杂多样的，它包括地理环境、社会文化环境等因素。这些内在的和外在的因素构成一个文化的生成机制。这种生成机制很大程度上决定着文化的进程和特征。

第一节 普洱传统文化生成机制

普洱传统文化生成机制是由普洱各民族生存的地理环境、社会文化环境等因素所构成的。

一 自然环境因素

从文化生成的意义上看，文化最初是适应自然的过程和结果。自然环境因素是人类生产和生活的物质基础，也是文化形成和发展的基础。普洱传统文化的形成是普洱各民族适应普洱自然环境的结果。

（一）自然生态环境

普洱位于云贵高原西南边缘，属横断山脉南段延伸余脉山地。地势北高南低，山川自西北向东南逶迤倾斜，群山起伏，谷坝镶嵌，沟壑纵横。哀牢山、无量山、怒山三大山脉，与红河、澜沧江、怒江三大水系相间排列，蜿蜒南下，纵布全境。山脉北紧南疏，由北往南，间距加大；水系北窄南宽，由北往南，河谷加宽，帚状扩大。山脉和水系呈北窄南宽的帚状构造。

全市地貌按外表形态可分为山地、丘陵、盆地（坝子）三大类型。全市以山地丘陵为主，占总面积的98.29%，河床与盆地仅占1.71%。根据海拔高度、相对高度及切割程度不同，可划分为亚高山、中山、低山等山地类型。海拔1000米以下的低山，占全市总面积的10.46%；海拔1000—1500米的低中山，占52.06%；海拔1500—2000米的中山，占30.84%；海拔2000—2500米的高中山，占5.93%；海拔2500米以上的亚高山占0.71%。① 全市82.90%的面积是海拔1000—2000米的山地。全市无集中连片的丘陵地区，但山地中仍有丘陵存在，分布在山岭顶部、盆地周围、各大小河谷两侧。盆地面积很小，耕地万亩以上的坝子有川河、永平、钟山、上下允、振太、勐大、思茅、民乐、凤阳、勐班、孟连、恩乐、者干、勐先、勐马、勐朗16个，绝大多数坝子分布在海拔900—1400米之间，较大的坝子又集中分布在900—1200米之间。

普洱境内江河纵横，溪流众多。境内共有大小河流600余条，径流面积在5000平方公里以上的河流有5条，1000—5000平方公里的有14条，100—1000平方公里的有41条，分属红河、澜沧江、怒江三大水系。② 属红河水系的有李仙江、阿墨江、泗南江、勐野江和他郎河；属澜沧江水系有澜沧江主干流、小黑江、威远江、景谷河、勐戛河、宁洱河、思茅河、大中河、曼老江、下允河、黑河、芒帕河、南朗河、南垒河；属怒江水系的有南卡江、南康河、库杏河、南马河。除了这些大小河流外，普洱山泉众多，有"山有多高，水有多高"之说。

普洱是以南亚热带为主的山地季风气候区，终年气候温暖，四季温差小，日照充足，雨量充沛，干湿季节分明；气温随地势高低呈垂直变化，立体气候明显，从南到北依次为北热带、南亚热带、中亚热带、北亚热带、南温带五种气候类型。北热带气候分布于海拔800米以下的澜沧江、小黑江、把边江、黑河、李仙江、勐野江、南卡江、南马河等低热河谷地带，约占全市面积的6%。南亚热带气候分布于海拔800—1500米

---

① 普洱市地方志编纂委员会：《思茅地区志》（上），云南人民出版社2012年版，第93页。

② 普洱市地方志编纂委员会：《思茅地区志》（上），云南人民出版社2012年版，第95—99页。

之间的平坝、糟子、中山丘陵地带，约占全市面积的57%。中亚热带气候分布于海拔1500—2000米的中、高山丘陵地带，约占全市面积的31.9%。北亚热带气候分布于海拔2000—2400米的高山区地带，约占全市面积的4%。南温带气候类型分布于海拔2400米以上的高寒山区，约占全市面积的1.1%。①

普洱复杂多样的地形地貌和立体多样的气候形成了类型多样的生态环境，造就了丰富多样的动植物资源。普洱是地球北回归线上保存最完好、规模最大的一片绿洲，是云南省生态环境最好的地区之一。全市有4.4万公顷自然生态保护完好的原始森林，是国内面积最大的亚热带湿性常绿阔叶林区。普洱是云南省生物资源多样性最为丰富的地区，是云南"动物王国""植物王国"的核心区域。全市有高等植物352科，1688属，5600余种，占全省的32.9%，其中国家一、二、三级保护植物有51种，珍贵树种有桂花、红椿、云南石梓、八宝树、樟树等。速生树种有思茅松、西南桦、红木荷等，常见的森林植物有150多科，仅用材林的优势树种就有41科。水稻品种多达900多个，药用野生稻和疣粒野生稻为国家重点保护植物。动物有1496种，其中兽类178种，占全省兽类总数的59.3%，鸟类292种，占全省鸟类总数的36.8%，昆虫980种，爬行两栖类动物46种。其中有金丝猴、云豹、熊狸、野牛、冠斑犀鸟、双角犀鸟、相思鸟、林麝、马鹿、孟加拉虎等属珍稀野生动物；属于国家保护兽类16种、鸟类16种、两栖爬行类4种。

文化是人类能动适应生存环境的表现和成果。由高山、流水、森林等构成的普洱各民族生存发展的最基本的自然生态环境，对普洱传统文化的形成产生了重要的影响。普洱丰富多样的生态环境，给普洱各民族的先民提供了驰骋想象，引发各种奇思妙想的现实生活依据。如佤族先民依据自己民族赖以生存的地域环境，借助于想象和幻想把瑰丽多姿的大自然现象和扑朔迷离的宇宙变化作为形象化的解释和叙述，反映在《司岗里》神话中。在《司岗里》神话中提到大大小小的众多的动物和植

---

① 普洱市地方志编纂委员会：《思茅地区志》（上），云南人民出版社2012年版，第93页。

物。这些动植物，尽管有豹子、大树这样威胁着人类生存繁衍的动植物，但大多数动植物对人类生存繁衍是做出了贡献的。在佤族先民看来，是一只名叫"差"的小鸟发现了石洞里的人并把这个消息告诉了动物和植物；是动物帮助人类打开了石门，使人类得以从暗无天日的石洞里出来成为天下之主；是植物的特性使人类形成不同的肤色和不同的民族；是动物帮助人类学会了语言、懂得了取火、取得了种子、掌握了农时气节，甚至被佤族视为通天神器的木鼓，也是向动物（蟋蟀）学的。人是神创造的，但人类文明进步的启蒙老师却不是神，而是那些像人类一样有灵性的大大小小的动物和植物。

普洱各民族对茶树的驯化、种植、使用，对普洱传统文化有着非常重要的影响。普洱是世界茶树原产地的中心地带。普洱发现了茶树始祖化石——第三纪宽叶木兰（发现于景谷）、中华木兰化石（发现于景谷、景东、澜沧）。普洱古茶树资源丰富，分布于7个县29处，主要有镇沅千家寨、澜沧景迈、帕令黑山、景谷大尖山、哀牢山、无量山、宁洱困鹿山、孟连蜡福黑山、墨江苍蒲塘、江城瑶人大山和西盟佛殿山等古茶树群落。其中镇沅千家寨野生型2700年的古茶树，为目前发现的世界上最古老的野生古茶树，被誉为"世界茶树王"；澜沧邦崴过渡性千年古茶树，是迄今发现的唯一古老的过渡型茶树；澜沧景迈山千年万亩古茶园，是迄今世界上保存最完好、年代最久远、面积最大的栽培型古茶树群落。由此构成了"古木兰化石—野生古茶树—过渡性古茶树—栽培型古茶树"这一古茶树演变谱系。这既是茶树原产地普洱的活物证，更是普洱各民族利用、驯化和培育茶树的文明演化史。

普洱许多民族都有其祖先与茶的发现、驯化、利用的故事传说。布朗族传说其祖先在游猎采集生活中，发现了野茶（得责）这种佐料，吃了这种佐料后身体舒服、眼睛明亮，头脑清醒，浑身有力气，逐渐成为生活中不可缺少的食物。布朗族的祖先叭岩冷最先进行人工移栽和培植，并嘱咐其部民说："到我死后，留下金银终有用完之时，留牛、马牲畜，也终有死完时，留下这宝石和茶叶给你们。可保布朗人后代有吃有穿。"[①]

[①] 云南省思茅行政公署民委编：《思茅少数民族》，云南民族出版社1990年版，第495页。

布朗族《祖先歌》唱道："叭岩冷是我们的英雄,叭岩冷是我们的祖先,是他给我们留下竹棚和茶树,是他给我们留下生存的拐杖。"① 西盟佤族传说一个叫"艾侬"的祖先偶然发现茶叶泡水具有消除疲劳的效果,茶叶作为饮品在佤族先民生活中出现。镇沅拉祜族说,他们的祖先在狩猎中,老猎头勒地芭在树上观察逃窜的猎物时无意中上了野生大茶树,吃到了这树上令人耳聪目明、精神倍增的神奇绿叶,他们把这种绿叶即茶叫作"者闯撒"。孟连傣族认为傣族先人无意中吃到了野生茶叶,发现了茶叶的功用,从此开始栽培茶树,并将茶供给土司。德昂族传说自己的祖先是由 102 片茶叶幻化人身而来。彝族传说其先民在仙女的指引下找到了茶树。哈尼族的古歌《种茶调》中说,最先种茶的是哈尼族的卡别人。②

普洱各民族擅长种茶,喜欢饮茶,嗜茶如命、爱茶若友,以茶待客、以茶作礼、以茶联姻、以茶祭祀,历来是各民族的传统礼俗。千百年来,普洱茶已融入普洱各民族的生命之中,在普洱传统文化中随处都可觅见茶的踪影。

(二) 独特的地理位置

普洱市位于云南省西南部,地处北纬 22°02′—24°50′,东经 99°09′—102°19′之间;东临红河、玉溪,南连西双版纳,北接大理,西北沿澜沧江与临沧分界,东北靠楚雄,东南与越南、老挝两国接壤,西南与缅甸毗邻,国境线长 486.29 千米,其中中越段 67 千米,中老段 116 千米,中缅段 303.29 千米。被誉为"东方多瑙河"之称的澜沧江—湄公河纵贯全境后流经老挝、缅甸、泰国、柬埔寨、越南东南亚五国。

独特的地理位置造成普洱"位于滇文化的西部边缘,印度文化的东部边缘,南诏、大理文化的南部边缘,中南半岛文化的北部边缘,是几大古代文化板块的边缘交汇和冲击地带,也是中央王朝统治的边缘地

---

① 云南省思茅行政公署民委编:《思茅少数民族》,云南民族出版社 1990 年版,第 508 页。
② 普洱生态文化研究课题组编:《原乡之道:普洱生态文化解读》,中国文史出版社 2016 年版,第 94 页。

带"①。这种独特的地理位置使普洱成为多种文化传播、碰撞、交流、融合的地方，从而使普洱传统文化"混杂进不同的文化因子，具有中原汉文化的影响，又有东南亚、南亚文化的影响，文化呈现多样性和复杂性的特点"②。

二　历史文化环境

历史文化环境是指与群体生活相关联的各种社会因素的总和，对文化形成与发展产生了重要影响。普洱传统文化形成的历史文化环境因素主要包括普洱民族分布格局、社会发展程度及多元文化的濡染。

（一）普洱民族分布格局

普洱是全国民族分布最集中、最广泛的地区之一。云南26个民族在普洱均有分布，全市10个县（区）中，有9个少数民族自治县，即宁洱哈尼族彝族自治县、墨江哈尼族自治县、景东彝族自治县、景谷傣族彝族自治县、镇沅彝族哈尼族拉祜族自治县、江城哈尼族彝族自治县、孟连傣族拉祜族佤族自治县、澜沧拉祜族自治县、西盟佤族自治县。其中，澜沧拉祜族自治县是全国唯一的拉祜族自治县，墨江哈尼族自治县是全国唯一的哈尼族自治县，西盟佤族自治县是全国两个佤族自治县之一。

普洱各民族在长期的历史发展中，在与普洱自然环境相适应的过程中，形成了立体的民族分布格局。在同一地区，山脚下居住着一个或几个民族，山腰上居住着一个或几个民族，山顶上居住着一个或几个民族，有着"十里不同天，一山不同族"的分布特点。一般来讲，傣族主要分布在海拔较低的平坝与河谷地带；哈尼族、彝族、拉祜族等民族主要分布在半山区；佤族、布朗、瑶族等民族主要分布在海拔较高的山区。

地处红河、澜沧江和怒江流域的普洱市，历史上是民族迁徙的通道，有古代族群的后裔在各个不同历史时期迁徙到东南亚一带跨境而居。在越南、老挝、缅甸，就有跨境而居的同族源的傣族、哈尼族、拉祜族、佤族、苗族、瑶族、布朗族、景颇族、傈僳族等。从古至今，在经济、文化、

---

① 李娅玲：《普洱文化通论》，云南人民出版社2009年版，第10页。
② 李娅玲：《普洱文化通论》，云南人民出版社2009年版，第19页。

宗教、习俗等方面，境内外各民族相互关联、相互影响、相互融合，形成了"你中有我、我中有你"的跨境民族区域经济文化圈，探亲互市，亲如一家，呈现出自古以来久盛不衰的跨境民族民间的社会文化关系。

这种"大分散、小聚居"的普洱民族分布格局和民族间地缘上的联系，自然造成族际间的文化共享的事实，形成了多元一体、多元共生、多元并存的普洱传统文化格局。

（二）社会发育程度低

由于自然、历史的原因，在20世纪50年代以前，普洱各民族社会发育程度低，具有多层次性，基本上处于前资本主义社会的不同社会发展阶段。汉族、哈尼族、彝族、回族等民族已经进入了封建地主制经济发展阶段；傣族处于封建农奴制经济发展阶段，内部有不同的阶层和等级，民族上层依靠封建土司制世袭特权，剥削压迫本民族和其他民族的人民；佤族、瑶族、傈僳族、苗族、景颇族等民族，尚处于原始社会解体向阶级社会过渡的阶段，内部尚未出现阶级分化或阶级分化不明显；拉祜族内部，部分与汉族接近、受汉族影响较大的，已进入封建地主制经济发展阶段，而处于边远地区的，则阶级分化不明显，尚处于原始社会解体向阶级社会过渡的阶段。布朗族内部，墨江一带的布朗族受汉族、哈尼族影响，已进入封建地主制经济发展阶段，景谷、思茅、澜沧一带的布朗族，受傣族影响较大，尚处于封建农奴制经济阶段。

一定的文化总是与一定的人类社会发展相适应，某一性质的社会必然有某一性质的文化。普洱各民族社会发展程度低且多层次性，反映在普洱传统文化中呈现出以农耕文化为主的同时，既保留了渔猎、采集的原始文化的遗存，又有现代文化要素的原生态性、多层次性、多样性的文化特征。

（三）多元文化的濡染

普洱就像一个巨大的"聚宝盆"，不断接纳着来自各方的文化。这些文化对普洱传统文化产生了重要影响。

1. 古老族群文化因子

普洱世居的少数民族几乎囊括了云南古代四大族群，即氐羌系的哈尼族、彝族、拉祜族、白族等民族，百越系的傣族，百濮系的佤族、布朗族，苗瑶系的苗族、瑶族，这在云南各州市中是很少见的。古代四大族群文化成为普洱传统文化形成的重要因子，对普洱传统文化产生了重要的影响，是造成普洱传统文化的古朴性、多样性的重要因素。直到今天，在普洱传统文化中不同程度地保留着古代四大族群的文化传统。

拉祜族文化中存留着浓厚的氐羌文化特质：在服饰方面，拉祜族妇女的服饰"最完整地保留着古代南迁羌人传统的服饰。她们喜欢裹一丈多长的黑色头巾，最末一端长长地垂及腰际。身穿开衩很高的长袍，高领、岔口两边及开襟还嵌上雪亮的银泡。这种独特的服饰显然不是亚热带地区人们的穿戴习惯，而是在很大程度上保留着西北高寒地区民族的服饰特点"。在丧葬习俗方面，拉祜族保留着火葬的习俗，"澜沧江西岸拉祜族地区一般有公共火葬场，每个家族又有固定的火葬场"。在宗教节日方面，每年六月二十四火把节的"烹羊豚祀祖先"的习俗是氐羌人"宰羊祭天"的遗存。① 在语言表述方面，拉祜族的动植物故事、谚语等多拟人化，用这种手法比喻人世间种种复杂的关系，甚至媒人说亲也多用"菜籽、鸡种"等比喻，仍保留着古羌人"语言好譬类，盖由称名不具"的特点。② 在亲属称谓方面，孟连县勐马镇帕亮一带拉祜族不仅兄、姐夫和叔父、小舅的称谓相同，而且婶母、兄嫂、姐、小姨、小姑等亲属称谓也相同，这是古代拉祜族杂婚时代的产物在亲属称谓中的遗留。在生产生活方面，在20世纪80年代以前，拉祜族保留着"性喜猎"的习俗，每逢农闲假日，许多拉祜族人喜欢进山打猎，见鸟打鸟，遇兽猎兽。善猎者在社会上被视为楷模，备受人们尊重，甚至在一些拉祜族地区，是否善猎成为姑娘们选择心上人的重要条件。

佤族文化存留着濮人古文化的特质：无姓名，男女的称呼按出生的时间先后次序排名；住的房子是"干栏"屋；首领是推举产生，被选者是年长者，其名称为"王"，"王"有鼓两个，牛角一对；纺织兰干细布

---

① 陈云芝：《论古羌文化在今拉祜族文化中的遗存》，《思茅师范高等专科学校学报》2012年第4期。
② 王正华、和少英：《拉祜族文化史》，云南民族出版社1999年版，第306页。

（"桐华布"）；祭鬼神；猎头习俗等①。这些民俗事项，直到20世纪50年代初仍在西盟、沧源等县的佤族中存留。佤族节日文化中还保留着以摩擦取火的形式举行盛大仪式迎新火过年节（即新火节）的古老习俗。新火是摩擦产生的，由几个有经验的壮汉用竹木轮流摩擦，用的材料是干竹片和盐酸木树夹上火草，火草发热冒烟，竹片即燃。接着放入篝火堆点燃。头人先取火，随后敲响木鼓或鸣放土炮、火枪报喜，通知寨人新火已经诞生，拿上火把到头人家取火种。不久，各户人家的火塘都点燃了新火，开始煮饭等，并随即开始迎新跳唱活动。

傣族文化也存留着古越人的文化特质，在语言、风俗习惯等方面均有明显的表现。即使长期受到南传上座部佛教文化影响的傣族村寨，仍能看到百越民族文化的干栏式建筑的文化特质。

2. 中原汉文化的影响

普洱传统文化作为中华文化的组成部分，受到中原汉文化的影响。早在唐朝南诏时期，汉儒文化就传入了澜沧江以东的景东等地。特别是到了明、清时期，有大量的中原汉族人口迁入普洱。他们有的是自行迁来的，但更多的是官府从江南各地用移民、军屯、商屯的形式迁到普洱的。据明朝万历年间所修的《云南通志·兵食志》记载：仅景东卫（治所在景东县城）屯军3450人，屯田47115亩，屯牛103头。这些汉族移民迁入到普洱后，主要是在交通要隘、平坦的河谷地带和坝区安营扎寨，发展农业、手工业和养殖业，建立汉族村寨；有的汉族移民与当地民族通婚，逐渐融合到当地民族中。如彝族融合了为数不少的明、清时期的内地汉族移民。据聚居在景东彝族自治县的安定、文龙等地罗、吴、张、李等姓的家谱记载：他们是明朝洪武十五年至二十三年，随明军将领付友德、沐英的部队由江西入云南的，最后不断迁徙到景东定居下来。从内地进入普洱的汉族移民，不仅带来了先进的农业生产技术和科学文化，促使当地民族由游猎经济向农耕经济的转变，而且带来了汉儒文化，对普洱传统文化产生了很大的影响。据民国《景东县志稿》记载，景东受汉文化影响非常明显，"县属种夷，在前清末季，顾读书学礼，捐职衔，

---

① 段世琳：《佤族历史文化探秘》，云南大学出版社2007年版，第135页。

应试入文武庠序。近日亦有入学校毕业者。一切房屋、衣、食、冠、婚、丧、祭，多与汉人同，盖进化已久矣"①。中原汉文化传入普洱后，"一方面与当地土著文化因子相融合，一方面适应不同的生态环境进行文化的重整再造，丰富和推动了普洱文化的发展，从而形成了丰富多彩、色彩斑斓、相互借鉴融合而又各具特色的民族文化"②。

3. 外来文化的影响

普洱作为中国西南的门户和多种文化传播的通道，受到各种外来文化的渗透和影响。佛教、基督教、伊斯兰教等外来宗教文化成为普洱传统文化的因子，对普洱传统文化产生了重要的影响。南传上座部佛教传入普洱约在明、清两朝时期，主要流传于景谷、思茅、澜沧、孟连、西盟、江城等县（区），在傣族、布朗族中广泛流传。大约在明末清初由滇西鸡足山王姓和尚传入的北传大众部佛教，主要流传于澜沧、孟连、西盟等县，信仰者多为拉祜族、佤族。傣族接受了从印度经斯里兰卡、缅甸传入的南传上座部佛教，在建筑、服饰方面，傣族文化受到东南亚文化的影响较大。拉祜族接受佛教，但又某种程度上改变着佛教的内容与形式，拉祜族群众"信奉的不是释迦牟尼，而是信奉拉祜族原始信仰中的厄莎。教义上不是清静无为，把希望寄托在死后，而是在佛祖的统帅下，通过佛教组织抵抗清王朝的镇压，抵制土司的奴役剥削，抵制外族的凌辱"③。佤族文化同样受到佛教的影响，在西盟建立勐卡佛，是"拉祜、佤、汉共同创立和信奉的佛，所以他的创始人阿霞佛祖被人们称为'三佛祖'"④。"三佛祖"成为拉祜族、佤族、汉族共同信奉佛教的见证。基督教于20世纪初传入普洱，在澜沧等县建立教堂，信徒主要是拉祜族、佤族、哈尼族、布朗族等。基督教传入拉祜族地区后，拉祜族把基督教义与拉祜族传统宗教信仰结合起来，宣称"上帝"就是天神厄莎，是世间万物的主宰，其掌握着人们的生老病死和旦夕祸福。伊斯兰教于

---

① 景东彝族自治县地方志编纂委员会办公室编：《景东县志稿》（民国修订本），云南人民出版社2018年版，第75页。
② 李娅玲：《普洱文化通论》，云南人民出版社2009年版，第7页。
③ 云南省思茅行政公署民委编：《思茅少数民族》，云南民族出版社1990年版，第346页。
④ 云南省思茅行政公署民委编：《思茅少数民族》，云南民族出版社1990年版，第344页。

明朝初期由军人、商人、匠人传入普洱，建有专门传教场所清真寺，回族民众多数信仰伊斯兰教。除外来的宗教文化外，东南亚的其他文化对普洱传统文化也产生了影响，如佤族保留着较多的东南亚古文化特质，至少拥有东南亚诸族共同存在的50项文化特征中的26项，可视为东南亚古型文化的鲜活样品。[①]

第二节 普洱传统文化的特征

普洱传统文化的生成机制很大程度上决定了普洱传统文化的进程和特征。总的来看，普洱传统文化具有以下显著特征。

一 多样性

多样性是普洱传统文化的显著特征，是普洱传统文化引人注目的关键所在。普洱传统文化的多样性，本质上是普洱地理环境的复杂性、多样性，以及民族多样性和社会发展多层次性的反映。普洱各民族因受复杂的地理环境和多样的生产生活方式的影响，每个民族都保留着自己的民族文化，都以其独具特色的内涵和特质，在普洱这块大地上放射出迷人的文化魅力。如傣族文化、彝族文化、佤族文化、拉祜族文化、哈尼族文化、布朗族文化，等等。不仅如此，普洱的同一个民族也有不同的支系，各支系之间，有相同的族源，彼此都有一定的联系，有共同的文化特征，但又各自相对保持着本支系的一些特点，在语言、服饰、风俗习惯方面都有差异，这更是增添了普洱传统文化的丰富多样性。

普洱各民族的服饰不仅体现了地域特征，且完整地凝聚了普洱各民族人民千百年来形成的美学、宗教、政治、哲学及习俗等方面的传统观念，蕴含着普洱各民族在文化结构深层的心理积淀，形成了其文化自身的族别性差异，千姿百态，绚丽多姿：既有原始简朴，又有雍容华贵；既有婀娜多姿，又有典雅端庄；既有粗犷奔放，又有精细考究。傣族、

---

① 李子贤：《佤族与东南亚"U"形古文化带——以神话系统的比较为中心》，载杜薇《文化·宗教·民俗——首届中国佤族文化学术研讨会论文集》，云南大学出版社2007年版。

部分彝族、苗族的服饰色彩素雅明快、清静淡雅、秀丽和谐；部分苗族、彝族支系的服饰色彩则是鲜艳夺目、对比强烈；拉祜族、佤族、哈尼族、景颇族、瑶族、傈僳族以及部分彝族的服饰色彩凝重深沉、庄重朴实。

勤劳智慧的普洱各民族创造了制作方法独特、品种多样的美食佳肴，形成了具有鲜明的民族特色的丰富多元的饮食文化。拉祜族的烤肉、竹筒烧饭；佤族的鸡肉烂饭、牛苦肠、狗灌汤、剁生；傣族的烧烤、糯米粑粑、香竹饭、香草鸡；布朗族的吹泡肝、姜炒骨；彝族的火烧猪、肝参、羊肉粉蒸；哈尼族的竹筒烧肉、炸竹虫、石蚌炖蛋；汉族的汤锅、香肠、水酥、鸡豆腐等，都具有独特风味和古朴无华的风格。

傣族、佤族、拉祜族、布朗族的干栏式建筑、哈尼族的土掌房、彝族的落地式、合院式建筑都具有地域性、民族性的风格。

普洱民族众多，各民族历史渊源和社会发育程度不同，并受中原文化、东南亚文化的影响，既有各民族的原始宗教，又有佛教、道教、基督教、伊斯兰教等，形成多元并存的宗教文化。

总体看，普洱多彩的民族服饰汇成民族风俗的绚烂画卷，不同形状的民族建筑构成了民族风格的长廊，不同的语言、文字、歌舞和传说汇成了绚丽的民族文化彩虹，整个普洱传统文化就是一个"多民族文化的博物馆"。

二　山水性

山水性是普洱传统文化的一个重要的内在特性，反映了普洱各民族的历史记忆和情感追求。山、水、森林是普洱自然地理的显著特征。山、水、森林为历史上普洱各民族先民提供了简单的生活条件，对普洱各民族先民的生存起到了非常重要的作用。因此，在普洱各民族的意识里，山、水、森林是挥之不去的历史记忆。

拉祜族史诗唱道："拉祜人从葫芦里出来，生活在丛林中。""石洞就是家，树洞就是家。"传说中的拉祜族祖先的发祥地叫"密尼朵苦"，意为"黄土地"。最初这里是"锁达厄及此，麻达莎皮此"。意为这里到处是茂密的森林和竹林，连天神厄莎行走都不方便。布朗族的《祖先歌》唱道："老规矩我们不能忘，母亲定的族规不要废。我们是睡在草皮地上的人,在野果堆上打过滚,姜苗叶供我们盖过草房,竹笋壳作过我们的围墙。"① 布朗族古歌《家乡》唱道:"深山林里是我们的家乡,家乡处处野花香;劳动中知了为我们奏乐,归途中蜜蜂为我们歌唱;我们的生活充满着欢乐,我们热爱自己的家乡。"② 佤族古歌唱道:"我们本来来自泥巴,大地处处是生命之家。"

三 豁达性

乐观豁达是普洱各民族性格中重要的特征,也是普洱传统文化中最显著的特征之一。他们给人的感觉总是那么豪爽、乐观、坚韧,其生活都有别样的光彩,让人心醉神迷。这种特征是普洱各民族在特殊的地理环境和人文环境中孕育成长起来的,表现了普洱各民族对生命意识的自由张扬,对美好生活的寄托和期望,对大自然的无限热爱。

这种乐观豁达体现在各民族的日常生产生活中,突出表现在歌舞活动中。普洱各民族都是能歌善舞的民族,歌舞是他们对世界的认识和内在情感体验的表达。尽管在历史上,普洱大多数民族居住的生产生活的自然条件相对较差,物质生活比较清苦,但他们内心里是却是向上的、乐观的,始终洋溢着对生活的热爱、对大自然的热爱。即使在碰到困难时,人们也会引吭高歌,用歌声排遣心中的苦闷,也会踏步起舞,用舞蹈驱散生活中的忧愁;在遇到欢乐喜事时,人们更是拨弦高歌,牵手起舞,赞美生活。

拉祜族有句"有酒必有歌,有歌必有舞"的格言。佤族有"吃菜不能没有盐,生活不能没有歌"的俗话。在一首古老的佤族民谣里,流传有这样的诗句:"自从大地刚成团的时候,我们就这样热爱生活;自从大地有了牛的叫声,歌声就陪伴着我们;自从大地上有了奔跑的野鹿,欢跳就离不开阿佤人。"③ 对普洱各民族来讲,歌舞是生命的象征,呈现出的是独具异彩的地域特色和鲜明的民族风格。无论在劳作的田间地头还

---

① 思茅行署民族事务委员会编:《布朗族研究》,云南人民出版社1991年版,第98页。
② 思茅行署民族事务委员会编:《布朗族研究》,云南人民出版社1991年版,第98页。
③ 云南省民族事务委员会编:《佤族文化大观》,云南民族出版社1999年版,第163页。

是在平时的日常生活中都能听到欢笑和歌声，特别是每逢节日喜庆时人们总要痛饮一番，借助酒兴举杯高歌并伴随着舞蹈和欢笑。这时，"人的整个情绪系统激动亢奋，最内在的生命力诸如激情、创造的力量都被唤起和释放开来。在舞蹈和欢笑中高蹈轻扬、轻松愉快地享受生活，包括幸福欢乐与失败痛苦"①。

四　和谐性

和谐性是普洱传统文化的一个突出特征。普洱各民族是崇尚和谐的民族，在漫长的历史发展过程中，普洱各民族以自己特有的本性培育着民族和谐之基，以宽容的态度接纳丰富和谐之体，形成了以"和为贵"为核心的和谐思想。"朋友百人还嫌少，仇人一个也算多"，"结仇伤己，结友利多"是普洱各民族的共同价值追求；人与自然的和谐、人与人的和谐、家庭的和谐、邻里的和谐、族际的和谐是普洱各民族共同遵守的行为取向。这种价值追求和行为取向是贯穿在普洱民族传统文化中的一条主线，是历史上普洱各民族友好往来、和睦相处的思想基础，维系着普洱各民族的大团结。

五　原生态性

"原生态"来源于自然科学，指一切在自然状况下生存下来的东西。文化中的原生态性是指文化中保存下来的那种与人们生存的自然、生产生活密切相关的具有浓郁生活气息的文化现象。普洱传统文化与普洱各民族的生产生活息息相关，是直接反映或服务于全民族社会的生产生活。这在各民族的民歌、舞蹈中表现得较为明显。具有原始属性的民族都有一个共同的特质，无论是在狩猎、捕鱼、伐木、耕作等生产中，还是在迎宾、待客、婚嫁、丧葬等日常生活中都离不开歌谣和舞蹈。普洱各民族的民歌、舞蹈大都体现本民族生产生活中的真实场景，是生产生活在民歌、舞蹈中的艺术化再现，反映的是生产劳动、宗教祭祀、社会生活、

---

① 左永平：《木鼓回归——佤族文化特质和当代价值》，云南大学出版社2008年版，第101页。

风俗习惯等内容,体现的是贴近自然、贴近生活的表现形式,凝聚着各族人民的智慧和精神文化。在民歌方面,如拉祜族的《牡帕密帕》《根古》《安葬调》《砍柴歌》,佤族的《司岗里》《打猎歌》《盖房子歌》等等;在舞蹈方面,如拉祜族的《芦笙舞》《摆舞》,佤族的《木鼓舞》《猎头舞》《剽牛舞》《狩猎舞》《播种舞》《铓锣舞》等等,反映了普洱各族先民与天、地、人、动物、植物的关系,表现出悠远、古朴、粗犷、神秘的艺术特征。

六 开放性

普洱各民族自古就具有开放的胸襟,其所创造的传统文化也具有明显的开放性特征。

政治上保持与中央王朝的联系。两千多年前的汉文文献《逸周书》中有佤族、布朗族先民"百濮"曾向商周王室进献方物的记载。到东汉初年,中央王朝的统治势力深入滇南各地,永平十二年(69),置永昌郡,辖保山、德宏、临沧、普洱、西双版纳等地,将普洱的大部分地区纳入中央王朝的统辖范围。三国时期,蜀汉政权在普洱境内设南涪、雍州二县,标志着中央王朝对普洱直接统治的开始。唐南诏国时期,设银生节度(治在景东),辖景东、镇沅、景谷、宁洱、江城、墨江等地。宋大理国时期,景东、镇沅、景谷、宁洱、思茅、墨江属威楚府(治在楚雄),澜沧、孟连、西盟属永昌府。元朝平定云南后,在普洱设立了若干个路、州等行政机构,地域包括今普洱全境。明、清两朝在普洱的建制基本上沿袭了元朝的范围。元、明时期,中央王朝在普洱实行"土(司)流(官)兼治"及"府、卫参设"的管理制度。清朝在澜沧江以东地区实行"改土归流"政策,而澜沧、孟连、西盟、江城等边疆地区仍实行土司制度,进一步加强中央王朝的集权,巩固了国家的统一,使普洱与内地形成了不可分割的统一体。

经济文化上对外交往开放。从文物考古资料看,普洱市内各县(区)均发现了大量的有肩石斧、条形石锄、梯形石斧、石砍砸器石鱼坠、石坊轮、石镯和弧形铜斧、铜鼓等生产工具、祭品和饰品。这些新石器晚期文化遗存,与中原、东南沿海、省内滇池、洱海等地出土的同时期石器、青铜器相比，在制作工艺、造型和用途上具有许多共同之处。这说明，普洱境内的原始居民与内地原始居民有着密切的经济、文化联系。

普洱是茶马古道的源头。茶马古道是普洱与外界经济交往的重要通道。伴随着普洱茶的生产、运输和销售，形成了一条从普洱出发，向北、西、南方向延伸，连接中原内地，并延伸到南亚、东南亚的以茶叶为主的经济交往通道。

清代思茅海关设立后，普洱对东南亚、西方国家的经济交往进一步加快。茶叶、土布等商品不断出口东南亚、西方国家，而东南亚、西方国家的棉花、鹿角、象牙、药材等商品不断运到普洱，普洱对外开放进一步扩大。

普洱传统文化的形成过程中，以包容开放的胸怀，不断接纳着来自各方的文化，既有内地汉文化的影响，也有南亚、东南亚文化的影响，呈现出多姿多彩的文化特征。同样，普洱传统文化，也伴随着经济、政治联系的不断加强，特别是随着茶马古道的开辟和延伸不断向外传播，日益被外人了解和认可。

第二章

普洱传统生产文化

文化不仅体现在人们改造自然的结果方面，同时体现在改造的过程中，这个过程本身就在于它是目的性非常强的人类活动，而这正是生产文化的本质所在。生产性文化是文化的重要组成部分，是指人类在生产过程中形成的观念、方式、工具、技能、经验习惯和劳动成果等的总和。从广义上说，生产性文化是人类一切生产方式和这种方式所创造的物质成果的概括。[①]

第一节 普洱传统生产文化的内容

文化源于生产劳动，它是以物质生产及其所造成的经济状况为社会基础的，是由物质生产及其所造成的社会经济状况所决定的。作为文化的一个特定组成部分的经济文化更是这样。不同的民族，虽有不同的内涵和占主导地位的基本方式，但在地域性、经验性、开创性和社会性这四方面是共同的。这四个共同点，作用于各个民族，但是它们各自的作用力，却因不同的客观条件、不同的民族情况而大小不一，不同的作用结构，形成各民族特定的生产文化。普洱各民族在漫长的历史进程中，生活在特定自然地理区域内的人们为适应和改造当地自然环境，逐渐形成了不同的生计方式及相应的生活方式和价值观念。

---

① 李俊峰、岑红：《试论布依族传统生产性文化与现代市场经济》，《贵州民族研究》1997年第1期。

一　采集渔猎文化

采集和狩猎是人类最早的生计模式，对于原始先民的重要性远远超出了现代社会人们的想象。人类在超过百分之九十九的进化史中都是以采集狩猎为生。在人类社会早期，在栽培植物和驯化动物之前，人类都是通过采集野生植物、狩猎和捕鱼的某种形式相配合来养活自己。这种延续了上万年历史的文化模式，不同程度地影响着人们的生活，并受到研究者的极大关注。"在曾经生存过的所有人类中，大部分人是寻食者，而且正是作为寻食者，我们才成为名副其实的人类，获得相互打交道并与周围世界打交道的基本习惯，这些基本习惯仍然指导个人、社区和民族的行为。"①

（一）采集文化

采集是人类生产活动的最古老方式，采集对象主要是大自然的植物食物，如茎叶、果实、根块和菌类。

普洱地处北回归线附近，群山起伏、沟壑纵横、海拔相差较大，垂直气候特点明显。茂密的森林及林下密生的各种竹类灌木、草本植物，河谷稀疏草丛和毛蕨菜灌草丛，林下凋零物和表土层生长的天然食用菌，林内倒木枯枝上生长的香菇、木耳，为人们采集提供了良好的自然条件。春天采花尖芽，夏天采蘑菇竹笋，秋天采鲜果块根，冬天采拾干果，周而复始，代代相传，形成了各民族的采集文化。

1. 采集工具与方式

采集工具主要有尖棍、竹刀、尖刀、镰刀、砍刀、锄、箩筐等。

普洱各民族采集分个体采集和结队采集两种方式。除季节性强的采集对象之外，没有固定的采集时间和地点，随到随采，一年四季，见到可食性的野生植物，任何人都可以采摘。如遇到鸡枞之类大家比较乐意采集的东西，若还没有充分成长，假以时日会长得更大的，折点小树枝盖在上面，别人见了知道已经有主就不会采摘。一般情况下，采集以个

---

① ［美］威廉·A.哈维兰：《文化人类学》（第十版），瞿铁鹏、张钰译，上海社会科学院出版社2006年版，第169页。

体采集为主，遇到季节性的采集或到离居住地较远的地方采集，就会采取集体采集的方式。

2. 采集对象

果实主要有野核桃、野茶果、木姜子、豆腐渣果、野枇杷、野梨果、苦楝子、松子、多依果、山楂果、杨桃、鸡嗉子果（无花果）、黄泡、杨梅、鸡心果、干天果、橄榄、锥栗、野板栗、野芭蕉、野生稻子等。

花芽主要有白花、藤菜花、刺苞菜、象耳朵叶、树头菜、臭屁菜、香椿、土锅菜、鸡脚菜、甜菜、枸杞、苦笋、黄笋、蕨菜、沟青菜（鱼腥草）、野荞菜、菊花、野薄荷、蒲公英、金钱草、灯芯草、红参、水芹菜、细桠菜、树毛爪、芭蕉心等。

块根主要有野山药、黏沾沾、山毛薯、黄苦拉、葛根、何首乌、大麻芋、天东、补冬根等。

菌类主要有木耳、香菌、白参、马屁泡、大红菌、奶浆菌、青头菌、羊肝菌、牛肝菌、黄念头、鸡枞、松茸、干巴菌、白辣菌等。

药材类主要有黄连、桂皮、细新、板蓝根、砂仁、重楼、当归、龙胆草、芦子、野三七、黄姜等。

食糖采集主要有蜂蜜、岩蜂蜜、细蜜蜂蜜、蜜糖花蜜。

普洱各民族的采集一般由女性进行，女孩从十岁左右就开始背着箩筐，带着尖刀跟随大人进山采集野菜、野果。《皇朝职贡图》载："苦葱，爨蛮之别种。自元时归附，今临镇、元江、镇沅、普洱四府有此种。居傍山谷，男子椎髻，以蓝布裹头，着麻布短衣，跣足，挟刀弩猎禽兽为食；妇女短衣长裙，常负竹笼入山采药。"[①] 直到现在，多数少数民族女性下地劳动，要背一个箩筐或者挎包，遇到可以采集的花、叶、果实、根块或者菌类，就放在箩筐或挎包中带回家，成为餐桌上的美味。

（二）渔猎文化

渔猎是普洱各民族的传统生计模式，是其肉食的主要来源，是人体营养平衡必不可少的活动。道光《普洱府志》卷18载："野倮，即倮

---

① 邓启华：《清代普洱府志选注》，云南大学出版社2007年版，第345页。

黑，……不事农耕，以捕猎为生。"① 雍正《顺宁府志》卷9、雍正《云南通志》卷24载："倮黑，妇人任力，男子出猎，多居箐间。"②

普洱各民族渔猎生计持续时间较长，即使在农业取得主导地位以后，渔猎经济在其生产生活中仍然占有十分重要的地位，特别是山地民族，他们的生活就像拉祜族歌谣中所唱的一样：

  撵走毒蛇，
  在大树下搭一个草棚；
  赶走虎豹，
  在岩洞中找一个睡处；
  烧一把火，
  种一块苦荞；
  射一弩箭，
  打一只麂子；
  生的吃一顿，
  烧的过一天。③

1. 渔猎对象

普洱森林密布，江河纵横，兽类、鸟类、昆虫类、爬行类和鱼类众多动物生活其间。兽类主要有亚洲象、爪哇野牛、猕猴、菲氏叶猴、黑长臂猿、老虎、豹子、熊、野猪、山驴、岩羊、野鹿、麂子、豺狼、野猫、野兔、穿山甲、破脸狗（花面狸）、水獭、松鼠、竹鼠、豪猪（刺猬）等。鸟类主要有白鹇、原鸡、白腹锦鸡、绿孔雀、灰孔雀雉、野鸡、竹鸡、秧鸡、鹧鸪、鹌鹑、老鹰、斑鸠、松雀、鱼雀、画眉等。昆虫类主要有蜂蛹、竹虫、蝉蛹、蚂蚁、蚂蚱等。爬行动物主要有蛇、蜥蜴等。普洱鱼类主要有鲑、鲤、鲶、合鳃、鲈形、鲀形、鳉形7目19科248种，

---

① 云南古代史略编写组编：《云南古代史略》，云南人民出版社1977年版，第310页。
② 云南古代史略编写组编：《云南古代史略》，云南人民出版社1977年版，第309页。
③ 雷波、刘辉豪：《拉祜族文学简史》，云南民族出版社1995年版，第264页。

是"鱼类资源宝库"。①

2. 渔猎工具和方式

普洱各民族的渔猎工具根据自然条件就地取材，因地制宜，纷繁多样。猎具分为冷兵器和热兵器两大类。冷兵器又可分为石木器和金属器。石木器主要有石块、木棒、树杈、吊杆、标枪、扣子、篾箕、网套、陷阱、弓箭。金属器具主要有刀、斧、锄、铁夹、钢叉。热火器主要有火药枪、葫芦飞雷②。渔具主要有渔篮、渔网、渔叉、渔钩、渔床等。

各民族根据动物体形和习性，采用不同的狩猎工具和方式。早期主要使用棍棒、弓箭、陷阱等，后期使用猎枪。

狩猎按组织方式不同，可分为集体狩猎和个体狩猎。个体狩猎具有很强的随机性，男性出门都带有猎具，随时可以展开狩猎活动。一般以捕猎鸟类或体形较小，性情温顺的野兽为主，其狩猎工具主要有弩、弓箭、火药枪等。另外也使用扣子、陷阱、压板、豹厩、利刀等狩猎工具进行个体狩猎活动。集体狩猎又称"撵山"，可以是几个人一起狩猎，也可以是一个村寨的猎人集体狩猎，甚至会联合相邻几个村寨的猎人一起狩猎。集体狩猎需要进行有效的分工与协作，出猎时，猎匠吹勃罗（牛角号），猎手带着猎犬集合。狩猎开始，成熟的猎手分散在野兽出没的山梁或谷口，年轻人带着猎犬进入密林，追寻野兽，根据猎犬的叫声判断野兽的行踪狙击猎物。

3. 狩猎仪式

狩猎对于各民族的生活意义重大，人们高度关注狩猎的安危与成效，由此产生了系列狩猎仪式。仪式是有规律的、不断重复的社会行为，其形式被赋予了象征含义。"借助仪式，人们能够克服社会存在的差异，建构社会秩序和共同的归属感。仪式使人们有可能在共同的行动中邂逅、相知并相互整合。仪式传递情感上的安全感和社会可靠性——在经济、

---

① 普洱市地方志编纂委员会：《思茅地区志》（上），云南人民出版社2012年版，第116—118页。
② 彝族先民发明的一种捕猎武器，在葫芦里面装上火药、马牙石、硫黄等，野兽啃食葫芦时因摩擦发生爆炸。

政治和社会不稳定的时代,这一点非常重要。"①

各民族在长期狩猎活动中,面对落后的生产工具和凶险的自然环境,限于思维能力和实践经验的不足,不能把主观世界和客观世界正确区分开来,采取直观想象和类比联想的方式,从自身角度出发,认为世界万物也像人一样具有情感,出于实际的或幻想的功利目的,企图通过某种简单的模仿或象征的活动,来同想象中人格化了的自然力量和超自然神秘力量进行虚幻的交感互应,祈求护佑以换取生产的顺利和生活的平安,形成一套完整的猎神祭祀仪式。猎神成为各狩猎民族的文化核心,规定和影响着人们的食物生产和分配的其他方面。

普洱各民族均供奉猎神,拉祜族苦聪人语称猎神为"沙尼",分别供奉在高山、室内和畲巴林中。它既是山神,又是家神和寨神,是苦聪人神灵系统中最神圣的神灵之一。

人们认为狩猎时有猎神保佑,就能获得更多的猎物,因此崇拜猎神,常常用祭献猎神、占卜求卦的方式来祈求狩猎丰收。因而在每次出猎之前必须祭献猎神。

彝族祭猎神主要有两种方法,第一种是祭家猎神;第二种是祭山猎神。第一种祭法是以打猎为生的家庭,在自己家的正房楼上供一幅猎神像,上面画上身披虎皮的猎神爷爷,旁边有七十二位猎兵将、三十六条花猎狗,还有窜山小哥、阿翠小姐等的画像,并在神坛前供上一把弓弩。祭拜时,杀一只公鸡,取红冠子血为猎神"点光"。人们认为用这种祭祀方法,猎神才会大显神威。平时每逢初一或十五都要给猎神敬香,在每次上山打猎之前,都要首先祭拜猎神,念咒祷告,并向东南西北四方占卜讨卦,看卦相,哪方有利,就往哪方狩猎。

第二种祭法是祭山猎神。擅长打猎的众乡亲相约成群来到山上,选一棵松树为"猎神树"。在树下架设祭坛,撒上青松毛,插上三叉头松树枝,削去一面树皮,作为"猎神牌位",然后采来一株嫩松尖,破成两瓣作为占卜的卦牌。祭祀占卦时,先杀鸡敬献,毕摩口里念着咒语,手里

---

① [德]洛雷利斯·辛格霍夫:《我们为什么需要仪式》,刘永强译,中国人民大学出版社2009年版,第5页。

拿着占卦求吉卦。毕摩念道:"猎神爷爷在上,今天是黄道日子,阿郎小哥今天上山打猎,去路不明,请猎神爷爷给予指点,奉请七十二位猎兵将,三十六条花猎狗,窜山小哥,阿翠小姐速速出山,助我打猎阿哥围猎丰收。"祭毕,依照卦相所示往吉方出猎。

彝族打猎有个规矩,只要枪响箭发,猎物倒地,猎人必须马上从猎物身上拨下一撮带有血迹的兽毛粘在弓弩或枪上,示意首先敬奉猎神。要是猎人在射击时,箭发不中,枪发不响,那人们就会认为猎具上污秽和邪气太重,猎人就会马上脱下一只鞋挂在弓弩或枪托上,因为彝族认为猎人穿的草鞋是除秽避邪之物,把草鞋挂在猎具上,猎人就会弹无虚发。彝族人打猎捕到猎物,不分大人小孩或路人巧遇,一律是见者有份,公平分享,此习俗为打猎活动增添了独特的色彩。

普洱各民族在狩猎生活中通过一系列的禁忌来协调人与人之间、人与自然之间的关系。在内部结构上,强调与寻食生活相适应的不需要大量占有财物的平等互助,猎物实行见者有份的平均分配原则,猎手可以占有猎物的头、脚、内脏,其他部分必须按照人员的多少进行平均分配。参与分配的人员可以是本部落或本村寨的,也可以是偶遇的行人。在普洱各民族的传统观念中,如果不把猎物平均分配给别人,以后就捕不到猎物。这种食物分享制度具有明显的持续生存的价值。在生产成果不确定的条件下,有限的猎物平均分享,具有互通有无,相互接济,共渡难关,求得生存的社会功能。事实上平均分配过程中的损失,只是暂时的,很快就会得到补偿——在另一个时空中又从他人那里分享到食物。在人与自然之间,普洱各民族对自然有自己的见解。认为世界是一个充满灵魂的世界,人与自然万物和谐共处,就平安顺利;如果人触犯了神灵就会遭遇不幸。所以普洱各民族在狩猎过程中关注动物的生殖周期,忌猎怀胎或哺乳的雌性动物,误猎了怀胎的动物要举行相关的仪式,弥补自己的过失,求得猎神的谅解。猎获熊、豹子、老虎等凶猛动物,在狂欢的同时,还要举行禳解仪式,祈求猛兽灵魂的谅解及猎神的护佑,避免遭受猛兽的伤害。通过狩猎禁忌来规范人们的行为,维护人与自然之间的平衡,实现人类个体与自然、社会的调适。社会生活和社会适应涉及生物个体行为应社会过程要求而做的调整,而社会生活也正是在这个过程中得以延续的。①

随着社会经济的发展以及国家对生态环境保护政策的落实，普洱各民族的传统渔猎生产已成为历史记忆，但渔猎文化却仍然根植于各民族的生产生活之中，象征性的渔猎仪式如各种投掷、射箭等比赛，孟连神鱼节的捕鱼竞赛都是渔猎文化的现代转型。

二 农耕文化

普洱各民族从寻食者过渡到产食者的过程十分缓慢，居住在偏远山区的部分少数民族，直到20世纪初，食物生产的最普遍的园艺形式之一，刀耕火种的临时农业才在生产生活中取得主导地位。究其原因比较复杂，"从总体上来说，生产食物比寻食需要更多的劳动，是更加单调的工作，往往是不太安全的生存手段，而且要求人们比寻食者吃更多的食物，若非人们别无选择，他们不太可能愿意成为食物生产者"②。而居住在河谷平坝地区的民族则进入农业定居的时间较早。

（一）山地文化

据我国山地专家研究认定，山地是"具有一定海拔、相对高度和坡度的高地及其相伴谷地、山岭等所组成的地域"③。普洱是一个山地为主的民族地区，普洱传统文化无不打上了"山地"的烙印。我国的地域文化是建立在相互依存的山地形态基础上所形成的和而不同的山地文化。④普洱传统文化，从某种意义上说，是在相互依存的山地形态基础上所形成的和而不同的地域文化。

康熙《元江府志》卷2《彝人种类》说："苦聪，居无定处，缘菁而

---

① ［英］拉德克利夫·布朗：《原始社会的结构与功能》，潘蛟等译，中央民族大学出版社1999年版，第9页。

② ［美］威廉·A. 哈维兰：《文化人类学》（第十版），瞿铁鹏、张钰译，上海社会科学院出版社2006年版，第177页。

③ 钟祥浩：《加强人山关系地域系统为核心的山地科学研究》，《山地学报》2011年第1期。

④ 黄才贵：《山地文化特征初探》，《原生态民族文化学刊》2013年第2期。

居，衣食粗淡，故以苦名。刀耕火种，常食荞麦。"① 康熙《新平县志》卷2《新化州风俗》载："苦聪，性险，居山崖，种荞稗度日。"② 从古籍记载可以看出，拉祜族苦聪人在清代主要从事刀耕火种的农业生计，但采集和狩猎仍然处于重要的地位。道光《云南通志》引《清职贡图》载："苦葱，爨蛮之别种。今临安、元江、镇源、普洱四府有此种。居傍山谷，男子椎髻，以蓝布裹头，着麻布短衣，跣足，挟刀弩猎兽为食。妇女短衣长裙，常负竹笼入山采药。土宜禾稻，岁输粮赋。"③

  普洱各民族大多经历了刀耕火种的农业生产过程——游耕，他们不断地选择耕地并随着耕地的改变而选择新的居住地。普洱各民族的刀耕火种，属于"无轮作"的懒活地，一般种一至二季就抛荒，这种无轮作的刀耕火种方法，在亚热带地区曾经被广泛地应用，它是一种草、虫害极少，且省时、省力、收获不菲的耕作方式，所以人们称之为"懒活地"。普洱山区植被呈立体分布，靠近山顶的部分多生长灌木丛，原生林一旦被砍伐，往往变成草地和芜杂的灌木丛。往下多为锥栗树，砍伐后，其根部很快会发出嫩芽，长成一片次生林。再往下多生长水冬瓜树林和蜜糖花树，林下杂草较少，土壤肥沃，气候适宜种植旱稻、玉米、洋芋（马铃薯），易于砍伐，抛荒后很快就会长出次生林，水土流失较小。人们一般选择树木茂盛，地势平缓的地块，冬季就把树木砍倒，经过冬春两个干季曝晒，第二年三四月，树枝晒干之后，用火焚烧，然后在灰烬及松软的被火烧焦的腐质土上播种玉米、旱稻、马铃薯等作物。不同的作物选择不同的播种方式，如荞籽作撒播，玉米、旱稻作点播。种子播下后，雨季开始发芽，不进行中耕，森林逐渐侵入园地，秋收以后，土地就抛荒，第二年再选择新的地块进行砍伐，居住地伴随着耕地的变换而迁徙。迁徙一般在秋季进行，如居住在甲地，耕地在乙地，当庄稼成

---

  ① （清）康熙《元江府志》，转引自尹绍亭《远去的山火——人类学视野中的刀耕火种》，云南人民出版社2008年版，第34页。
  ② （清）《新平县志》，转引自尹绍亭《远去的山火——人类学视野中的刀耕火种》，云南人民出版社2008年版，第34页。
  ③ （清）阮元等修、王崧等纂：道光《云南通志》引《清职贡图》，清道光十五年（1835）刻本。

熟时，就把居住地迁往乙地，边收获边食用；乙地抛荒后，另寻丙地耕种，待丙地的庄稼成熟时，离开乙地迁往丙地。这种随地迁徙可以节省搬运粮食或来往于两地间的时间以及能量的消耗。①

普洱各民族开发新耕地叫"砍懒活地"。先把较小的树木砍倒，留下1米左右的树桩，然后再砍大树，大树的树桩一般留得较高，砍伐时搭一个架子爬到高处作业。这样既省时省力，又能保证树桩不被火烧死，当雨季来临树桩又会发出许多嫩芽，几年以后又生长成一片葱郁的森林。当再一次砍伐时爬上树桩，在新树枝上又留一个较高的树桩，在多次砍伐耕种的山坡上，矗立着密密麻麻的大树桩。这些树桩的存在，对植被的迅速恢复和水土的有效保持至关重要，除了个别树种在砍伐以后难以再生之外，多数树种都较好的保存了下来。

随着人口的增加和社会的发展，普洱各民族选择了新的耕作方式——"轮耕"。即把可以砍种的土地划分成几块，第一年在甲块土地上砍种，种一季或两季待地力消退以后就抛荒，让草木进行生长，恢复其地力。第二年在乙块土地上进行耕种，耕种一至二季后再行抛荒。经过三至五年的时间，甲地的草木茂盛如初，肥力得到恢复。"轮耕"制的产生，使普洱各山地民族的居住模式发生了根本性的变化，"居无常处"迁徙不定的居住生活逐渐被定居模式代替，新的村落形成。

普洱各民族在长期的原始园艺活动中积累了丰富的生产经验，同时也形成了一套与之相适应的制度、礼仪及生产习俗。

砍伐仪式。普洱各民族从事刀耕火种的旱作生产，但对森林的砍伐十分讲究，一方面实行很好的轮耕制，另一方面在砍伐"懒活地"前，要举行仪式，一般用香、腊、米、酒、茶等，祭拜山神、树神，祈求神灵谅解与护佑。如拉祜族祈祷词：

啊！
山神、沙神、水神、石头神，

---

① 罗承松：《拉祜族苦聪人——对哀牢山中部一个人群生活方式的研究》，中国社会科学出版社2014年版，第44—45页。

我给你献上大米和蜂蜡，
请你答应我开垦这块山地；
啊！
这个地方的神啊，
收下我亲手奉上的贡献。
从今以后我的家人要开垦这块地，
保佑我们一家大人小孩，
保佑我们不受刀斧伤害，
不要杀死我们，
不要惩罚我们。
啊！
保佑我们吧，
保佑庄稼长得好，
保佑这块土地大丰收，
保佑这块土地肥沃，
别让我家人分离，
别碰伤我的孩子……
啊！
天上的神灵，
地下的神灵，
都保佑我们，
都来庇护我们这块土地。①

佤族在砍伐树木时有严格的禁忌，砍伐较大的树木，在砍倒前要虔诚祈祷，其大意是：

树神啊！

---

① 罗承松：《拉祜族的传统农耕祭仪及社会功能》，《思茅师范高等专科学校学报》2000 年第 4 期。

> 我们为了生活，
> 不得不砍伐这块山林，
> 你要保佑庄稼丰产，
> 保佑我们平安，
> 不受任何伤害。

然后找一块石头，待大树砍倒以后，把石头放在树桩上，作为砍伐大树的代价。① 据佤族老人陈二介绍："佤族忌砍伐经历数代人的古树，如一定要砍伐，就必须先用两炷香、米、茶、烟、酒献祭，砍伐后要在树桩上放置石块，并在旁边栽上一棵小树。如果砍伐树木之后被'腔秃'（树神）找到（佤族认为人生病或家里饲养的牲畜得瘟疫是得罪了神灵，被神灵找到所致），就要在砍伐树木的地方用此办法进行禳解。"②

开耕仪式。普洱各民族都有不同形式的开耕仪式，如拉祜族苦聪人春节过后，要选择吉日举行开耕仪式，也称"破耕"。破耕时要抬上犁、锄头，拿上三炷香、三份纸、一对粑粑（大年三十冲粑粑时捏的形似小牛的粑粑，一公一母），到地里用土块垒一个土堆，用钱纸把香裹起来插在土堆中央进行献祭（粑粑烧熟以后可以食用，但不能吃完，要带一些回家），然后象征性地犁上几转或挖上几锄，一年的生产就此开始。开耕仪式未举行前不能从事任何生产劳动，即便是拉柴也只能拉干的，不能砍活树，不能破柴。③

烧地仪式。普洱各民族的刀耕火种，在用火方面十分谨慎，对山火的防控有一套成功的经验，如发生山火，灭火人员一般不与火源接触，而是在相应的地方设置防火带，并从防火带点火，以缓慢的火速与山火接触，截断燃烧质达到灭火的目的。如拉祜族烧地前要在防火带上举行

---

① 邓瑾、罗承松：《佤族共生观在西南生态安全屏障建设中的社会价值》，《普洱学院学报》2018年第4期。
② 被访人：陈二，男，佤族，83岁。访问日期：2017年2月23日，访问人：罗承松。访问地点：澜沧拉祜族自治县上允镇南岭村南岭组被访人家里。
③ 罗承松：《拉祜族苦聪人——对哀牢山中部一个人群生活方式的研究》，中国社会科学出版社2014年版，第44—45页。

祭祀仪式，祈求山神保佑，用少量的水浸洒在防火带上，以示烧地之火遇到有水的防火带就会熄灭，不会向外漫延，防止森林水灾；同时祈求火把地里的枯枝树叶全部烧尽，把地烧熟，不要留下枯枝残叶。

播种仪式。待土地整理完毕，选择吉日播种，播种前在地里举行祭祀仪式，祈求山神保护庄稼，预祝丰收。如拉祜族祈词大意为：

> 山神！
> 帮我家看好这块地，
> 别让牲畜、野兽来蹋踏，
> 别让虫、鼠来啃食，
> 别让雀鸟来啄食，
> 别遭大风和冰雹的袭击，
> 让庄稼长好，
> 让粮食顺利收进仓！

祈丰仪式。普洱各民族为了祈求庄稼丰产，形成了不同的祈丰仪式，如遇到干旱，要举行祈雨仪式；遇到虫灾，要举行驱虫仪式；遇到连绵大雨，就要举行祈晴仪式。彝族阿列人，六月十二四日要杀鸡献地母，杀鸡时用三枝松毛、三炷香在主产粮的地上祈祷，边献边说些吉利的话，最后拿三根鸡毛插在地上。[①] 拉祜族苦聪人在春雷滚动时，要连续祭三次春雷，第一次在春雷响的第二天祭，第二次在春雷响后的第十二天祭，第三次在春雷响后的第二十四天祭。祈求雷神庇护禾苗成长，粮食丰收。当遇到病虫害，就要带上祭品到地里进行祭祀，祈求神灵消除灾害。

> 啊！
> 伟大的山神，
> 我的庄稼受到病害，
> 我给你献上亲手做的供品，

---

① 云南省思茅行政公署民委编：《思茅少数民族》，云南民族出版社1990年版，第265页。

请你把病害收走，
我诚心，
你有威灵，
请把瘟疫带到天涯海角，
不要把它放在地里……

庆新仪式。普洱各民族在田地里的庄稼成熟时，要举行庆新仪式，有的民族叫尝新，有的民族叫新米节。拉祜族苦聪人每年农历六月二十四日，到自家田里割些谷穗（如果谷子不抽穗就剥出秧心）装在袋子里背回来，分别挂在篾打拉（祖先神）、谷仓和灶上，敬献祖先、仓神和灶神。在取谷穗回家的路上，遇到行人要走路的上方①，不能与人交谈。待新米饭煮熟以后，先敬献祖先，然后敬献犁耙（把饭粘在其上），新米饭要先喂狗，拉祜族苦聪人传说谷种最初是小狗从天神厄莎么那里，从狗尾巴上粘回来的，所以吃新米饭前要先让狗吃。当代佤族的新米节，源于传统的庆新仪式。

（二）园圃经济

园圃经济是普洱各民族的普遍经济形式，在农业种植中占有十分重要的地位，具有普遍性、多样性、先进性的特点，与当时的社会经济发展相适应，是人们生产生活中不可或缺的蔬菜生产模式，是小农经营的再生产和商品货币经济发展水平的体现。在普洱各民族中，园艺生产代替野生蔬果的采集，不同区域的不同民族不尽相同，靠近内地平坝地区，开始从事园圃生产的时间较早，随着西汉对西南夷的开发，内地的生产技术开始进入云南地区，永昌郡的设置，在一定程度上促进了普洱各民族社会经济的发展。但在边疆部分地区，直到20世纪中叶，野生蔬果的采集仍然占有重要的地位，诸如拉祜族、佤族等沿边"直过民族"地区。

普洱各民族的园圃地，一般在居住地周围，房前屋后的园圃经营得特别精细。在园圃中主要种植玉米、大豆、蚕豆、豌豆、小麦、油菜等作物，一年耕种两季，春天播种玉米、大豆等，实行玉米和大豆、瓜果

---

① 上方，指山路靠里面的一边，苦聪人认为在路上相遇，走上方者为尊，走下方者为卑。

套种制；秋后播种蚕豆、小麦、豌豆等。地边栽种核桃、茶树、桃树、李树等果木。住房周边的园圃主要种植"葱、姜、辣椒、大蒜、青菜、白菜、韭菜、萝卜"等蔬菜。蔬菜仅供自家食用，一般种什么吃什么，菜园子被分成不同的小块，根据季节的变化栽种不同的蔬菜，以满足家庭生活的需要。园圃地的肥料主要是草木灰和农家肥，农家肥的长期使用，在增加地力的同时，较好地疏松了土壤，有利于土地的长久耕种。

（三）梯田文化

1. 梯田文化

梯田文化是以梯田为最基本的物质载体、以梯田农业为轴心构建的民族文化。

早在汉唐时期，普洱各民族就开垦梯田，正如《后汉书西南夷列传》所描述的那样"造起陂池，开通灌溉"。唐代樊绰《蛮书·云南管内物产》载"蛮治精田，殊为精好。"① "梯田"之名正式见于文献记录，为范成大《骖鸾录》，他说："仰山岭阪之间皆田，层层而上，至顶，名梯田。"明代，徐光启把梯田载入《农政全书》，位列我国古代七种田制之一，并赞哈尼梯田为"世外"梯田。到清代，哀牢山下今宏伟壮丽的梯田景观已大致成形，嘉庆《临安府志·土司志》描述曰："依山麓平旷处，开凿田园，层层相间，远望如画。至山势峻极，蹑坎而登，有石梯蹬，名曰梯田。水源高者，通以略（卷槽），数里不绝。"②

普洱各民族具有立体分布的特征，形成"傣族、壮族居水头（河谷平坝），汉族、回族居街头（城镇及交通沿线），哈尼、彝族居坡头（半山区），苗、瑶在山头（高寒山区）"的立体分布格局。③ 主要从事稻作的傣族，多在坝区和河谷地带耕种水田，居住在半山区的哈尼族、彝族等民族则在山坡上开凿水田，居住在高山的拉祜族、佤族则多经营旱稻，部分山地民族到海拔较低的坝区或河谷地带经营水田。

经营梯田的普洱各民族，以稻米为主食，辅以玉米等杂粮，成为农

---

① 《哈尼族简史》编写组：《哈尼族简史》，云南人民出版社1985年版，第112页。
② 《哈尼族简史》编写组：《哈尼族简史》，云南人民出版社1985年版，第113页。
③ 陈燕：《哈尼族梯田文化的内涵、成因及特点》，《贵州民族研究》2007年第4期。

耕生计的主要模式。于是，以梯田农耕活动为轴心构建起了完整的传统文化体系。如以梯田农业为生的哈尼族，其民居、服饰、饮食、生产、节庆、婚丧、语言、文学艺术、信仰崇拜、价值观念、伦理道德等无不带有梯田农耕的烙印。以节庆为例，哈尼族的节庆与祭祀往往融为一体，而祭祀与农事活动密切相关。就一年的主要节庆而言，播种前"换龙巴门"（即寨门，神圣不可侵犯），祈求寨神保佑风调雨顺、五谷丰登；插秧开始前有"黄饭节"，拉开春忙序幕；谷子打苞时有"别我捏"，即捉虫之意，防止昆虫糟蹋庄稼；谷花开时，有"卡耶"，祭谷花求丰收；农历六月，欢度"苦扎扎"节（六月年），杀牛祭祖，燃烧火把驱逐虫兽，祈求丰收；秋收大忙前有"尝新节"，引谷魂回家，做秋收准备；农历十月，稻谷归仓，梯田翻犁，哈尼族大年"十月节"到来。[①]

2. 沟渠文化

沟渠文化是从梯田文化衍生出来的一种次生文化。居住在山区的各民族，生活用水和生产用水均从较远的河谷或箐沟中引来，长的几十公里，短的几十米，有的沟渠属于个体家庭开凿，由自家管理使用，多数沟渠，特别是较大较长、流量较大的沟渠，一般由集体开凿，集体维护，共同使用。大沟渠少则一个村寨，多则几个到几十个村寨共用。为维护梯田赖以存在的沟渠，普洱各民族建立了一套维护沟渠运行的管理制度。

沟渠的开凿一般在梯田开垦之前进行。根据水源、流经路线、灌溉田地数量，根据经验来目测，进行沟渠的开凿。从开凿到放水、分水都须经过系列的仪式活动方可进行。如生活在哀牢山一带的哈尼族，开凿沟渠前，在沟渠的源头用1只鸡和1只鸭祭祀山神和沟神，祈求水源丰盛，山神、水神护佑，沟渠里的水四季长流。

作为公共产品的沟渠，是山地民族经营梯田的基础，为维护好沟渠，一般会通过一定的程序，根据沟渠的维护成本和所需要的劳动力，推选出适合沟渠维护的人选，对沟渠进行日常维护。选出的沟渠维护人选称作"沟长"，哈尼语称为"欧嘎阿波"。"欧嘎阿波"主要负责水沟的日常维护，一般水沟堵塞由"欧嘎阿波"负责疏通。遇到大的塌方，则由

---

① 陈燕：《哈尼族梯田文化的内涵、成因及特点》，《贵州民族研究》2007年第4期。

"欧嘎阿波"组织水沟用户共同维修。所有的用水户均有维护沟渠畅通的义务,一般小的问题,谁见到谁应主动处理,处理不了的要即时汇报。"欧嘎阿波"的费用由各用水户分担,一般根据梯田的多少或产量确定。当遇到沟渠需要大修或发生用水争议时,由村寨长老协商解决。

普洱各民族经营梯田十分精细,为了防止水从地下流失,控制田间杂草生长,每年要实行"四犁四耙",有些地区还实行"五犁五耙",每次要把田里的泥土犁翻回来,然后搅耙成泥浆,让其自然淌平,晴天看去犹如明镜。梯田种植的传统水稻产量不高,在自给自足的经济生活中,梯田种植成为米饭的唯一来源,所以只要条件具备,人们就将山地改造成良田。

三 传统工艺

"传统工艺指近代科学技术兴起前产生的所有手工生产及原始机械生产的技艺。实质是古代科学技术在生产实践中的应用。"[①] 普洱手工文化不仅蕴含了民俗内涵、科技内涵,又富含了深厚的文化艺术价值以及独特的艺术思维观念,它是传统文明的活化石,也是现代精神文明的重要源泉。

普洱各民族在改造大自然的进程中,通过经验的积累、智慧的结晶,创造了品类繁多的传统工艺,几乎涉及各民族生产、生活的各个层面,有木雕、刺绣、扎染、纺织、编结、制陶、制银、制铜、铁器制造工艺等。

(一)制陶工艺

在普洱各民族中均有烧制陶器的历史,在金属器具缺乏的情况下,炊具多为土陶、土锅、土罐等。其中傣族制作的陶器最为出色。傣族创世史诗《巴塔麻嘎捧尚罗》第十章"人类大兴旺"的第九节"制造瓷器陶器"中,神对桑木底说道:"人每天吃饭,人每天喝水,没有碗和锅,用什么来装?叶片太软了,树皮太脆了,装不了汤水,快用土做碗。水

---

① 张建世、杨正文:《西南少数民族传统工艺文化资源的保护》,《西南民族大学学报》(人文社科版)2004 年第 3 期。

边有黑土，水边有黄土，黄土和黑土，是大地的污垢，人哪儿去取来，用它捏'万'（傣语：碗），用它捏'莫'（傣语：锅），用它捏'盆'（傣语：土盆）。"经过神的指点，桑木底让众人取来泥土捏制土碗、土锅和土盆，形状有圆的、方的和筒状的，但这些刚做好的陶制品却无法使用，因为它"被水吃啦，随水跑啦，端着也重"。于是，神再次指点众人："如今土做碗，也得晒干后，再用火烧它，使土变硬，使碗变硬，装水水不吃，人用也好用，这叫作'贡万'（傣语：烧碗），这叫作'贡莫'（傣语：烧锅）。从那时候起，人学会捏碗，人学会烧锅，一代教一代。"从史诗对傣族先民制作陶器的生动描述中，可以看到他们早在帕雅桑木底时代，为了满足日常生活的实际需要而开始制作陶器，并在不断的实践当中掌握了制陶技术。因此，傣族的制陶历史极为悠久，至少可追溯到 4000 年前。明朝《百夷传》中也记载："民间器皿瓶、盆之类，唯陶冶之。"

傣族传统制陶工艺的传承，一般以婆传媳或母传女的家庭传承方式为主，从准备选土、挖土、制作陶坯、烧制陶器直到最后出售，均由妇女来完成。整个陶场无男性，烧窑时更不许男人看见，据说只要男人看到后，陶制品就会被烧裂，导致前功尽弃。

傣族陶器在用料上亦有讲究，主要以泥土加砂石料来改善成型性能。其焙烧方式也有自己的特点，包括露天焙烧和封闭半焙烧等多种方法。成坯方法呈多样化特点，有无转轮制坯、脚趾拨动慢轮、手拨动转轮等方式。这些远古时期的制陶技术，现在仍为傣族所传承和使用。

傣族制陶主要工具有转轮、木拍、竹刮、石球等，主要技艺流程包括舂土、筛土、拌沙、渗水、安装转盘、制坯、打坯、干燥、准备烧陶、烧陶等环节。傣族慢轮制陶技艺是傣族的一项传统手工技艺。慢轮是新石器时代的原始人类在学会用手捏制陶坯后发明的重要的制陶工具，其底座为木质，再套上石材做的轮盘。随着时代的发展，因为快轮更易拉坯成型，慢轮制陶逐渐被快轮制陶所取代。

（二）纺织工艺

普洱各民族在历史上多自种棉花纺线织布。纺线主要用纺锤以手搓捻，少数使用纺车。织布多数使用腰织机，使用较为普遍的有拉祜族、佤族和哈尼族。另外汉族、傣族和布朗族多使用木架梭织机。整体上纺织技术落后，纺织效率不高，从纺线、织布到成衣，需要20—30个工作日才能完成一件成衣。其中哈尼族碧约人自纺自用的"碧约布"最具特色，其捻纺线条均匀，制作精细，厚实板扎。染料为野生或栽培的蓝靛，色彩为藏青色。傣族编织的土棉布，质地优良，经久耐用，深受群众的欢迎。傣族、拉祜族、佤族、哈尼族编织的挎包，加工精细，花色鲜艳，美观大方。傣族、哈尼族、彝族、拉祜族、佤族群众的衣、裙、被等用布，基本上是自己种植棉花，自纺、自织、自用，形成了自己的编织工艺文化体系。

（三）编织工艺

雍正《云南通志》卷24载："黑濮，所居多在威远、普洱、江界之间。……耕山力穑，颇知纺织，多作竹器，入市贸易。"[①] 普洱植物资源丰富，纺织工艺精湛，竹编、草编、藤编等在各民族中占有十分重要的地位。在编织工艺、花色品种方面，各民族都有自己的传统工艺和特色，其中竹编种类最多。在早期社会中，竹与各民族的生产生活联系紧密，许多民族村寨掩映在茂盛的翠竹之中，有的民族建立村寨，首先要栽种竹子，甚至对竹子产生崇拜，有系列的竹禁忌文化。普洱各民族编制的竹器，如背箩、囤箩、笆箩、粪箕、浪筛等，一般个体家庭能自行编制。篾笆、篾箕、筛子、饭盒、篾桌、篾箱等精制的竹器则请技术较好的人员编制，做精细篾活的人称为"篾匠"，"篾匠"在村落社会中普遍受到尊重。其中，哈尼族用金竹编制的篾帽远近闻名，在传统社会中，篾帽是遮雨避阳的良好雨具，也是一个家庭经济条件的表征。制作时用上好的金竹破成精致的薄片，编织好后，上面涂上桐子油晒干，再用软布轻磨，然后再上一层桐子油，颜色金黄亮丽，是青年男女最喜爱的珍品。《续云南通志长篇》载："墨江竹工有雨笠一种，品质细密，涂以桐油光

---

① （清）鄂尔泰修：雍正《云南通志》卷24，清乾隆元年（1736）刻本。

华美丽,可十余年不坏……"① 哈尼族、傣族编织的藤篾椅子、沙发、茶几朴素典雅,美观耐用,通风透气,凉爽适用,尤其适宜于热带、亚热带地区使用。

(四)金银工艺

普洱的哈尼族、彝族、傣族、拉祜族等喜爱金银首饰,认为金银除自身价值外还有其他的特殊功能,只要有条件,女性或小孩都会佩带一定的金银饰品。金银饰品主要有手镯、戒指、项圈、银泡、银链、头箍、银响铃、银腰带等。制作金银饰品的艺人称为"金匠""银匠"。

(五)刺绣工艺

傣族、彝族、哈尼族等民族都有刺绣传统,在衣服、背巾、挎包上都会绣上漂亮的图案,这些图案具有丰富的民族文化内涵。其中哈尼族刺绣是哈尼族工艺中的绚丽奇葩。哈尼族妇女用彩色丝线,把山川河流、花草树木、鸟鱼虫兽等动植物刺绣在自纺自织的土布上,其纹路清晰,色泽鲜艳,深受人们喜爱。这种用手工刺绣制作的服饰工序复杂,价格昂贵,收藏价值较高。

(六)雕刻工艺

普洱各民族雕刻工艺主要体现在木雕和石雕两方面。木雕工艺通常是指流传在民间,有悠久的历史和强烈的民族传统色彩,讲究精雕细镂、巧夺天工的木雕工艺品。普洱各民族的木雕工艺主要受到南诏、大理文化的影响,一般靠近内地的民族,如彝族、哈尼族的木雕工艺体现在房屋的梁、柱、门、窗等建筑部件以及首饰盒、佛龛、家具雕饰上,图案、花纹各异,雕刻不仅达到美饰的效果,往往还具有一定的文化象征,表现丰产、健康、多福、多子的图案居多。傣族木雕、绘画则多表现在寺庙的建筑物上。

石雕多刻在墓碑、石柱、柱脚及寺庙建筑的石块之上,用凿、锤、钎等手工工具雕凿制成,雕刻内容根据石雕所处的用途决定。

---

① 《墨江哈尼族自治县概况》编写组:《墨江哈尼族自治县概况》,民族出版社2008年版,第149页。

（七）铁匠工艺

普洱各民族在古代由于交通不便，为满足当地生产生活需要，各民族普遍进行铁具加工，几乎每个寨子都有铁匠，生产的产品主要有长刀、斧子、锄头、镰刀、铁铲、铁钉、梭镖头及其他农用工具。其中孟连县勐马镇帕亮的拉祜族长刀较为有名，制作精细，淬火钢好，形状美观，便于携带，既可作防身武器，也可作生产工具。拉祜族、佤族、哈尼族成年男子外出，多佩带长刀，肩挎自织的布包。拉祜族长刀延续至今，仍然深受各民族群众的青睐，部分销往缅甸。

各民族中的铁匠具有较高的社会地位，深受人们的敬重，铁匠房及其工具、甚至房屋及周边环境都被神圣化，认为附有铁神。小孩身体不好要专门拜铁匠为干爹。历史上各民族的铁匠工艺为地方经济社会的发展创造了良好的条件，并作出了有益贡献。

（八）酿酒工艺

普洱各民族的酿酒历史悠久，各民族都有神奇优美的酿酒传说，酒在其社会生活中扮演着相当重要的作用。"彝族阿列人喜欢饮酒，特别是喜欢吃苞谷酿制的白酒，大人小孩、男人和女人都经常喝，解决重要一点的事要喝酒，请客吃饭更少不得酒，他们常称'无酒不叙话'。"[①] 多数家庭都能自己酿酒，一般能自给自足。酿酒用料主要有自制的酒药、苞谷、小红米、小麦、大麦、荞麦、稻谷等。将苞谷、荞麦等食料淘洗干净，煮熟冷却后，拌入酒药发酵，再装入酒坛中密封存放1—3个月以后，用酒甑蒸馏而成，酒精含量一般在40—60度为正常饮用酒。普洱各民族酿制的白酒浓郁香醇，远近闻名，深受人们的欢迎。

在普洱各民族中，佤族的水酒制作工艺独特，饮用方法别具一格。佤族素有"无酒不成礼，万事酒领先"之说，各家各户都能自制水酒。酿制水酒以小红米为原料（也可以适量加入部分稻、麦、玉米、荞子之类），煮熟冷却后拌入酒药发酵，装入罐中密封存放1个月以后就可饮用，也可存放2至3年。饮用时将坛罐抬出来，插入竹管，注入清凉的山

---

① 云南省思茅行政公署民委编：《思茅少数民族》，云南民族出版社1990年版，第267页。

泉水，浸泡1小时左右，再从竹管中汲出即成水酒。水酒酒精含量为25度左右，其味浓郁香甜，具有香、纯、甘、甜、苦、涩、酸的特性，是佤族待客的必需品，水酒可以醉人，也可以当饮料止渴解暑，营养丰富，正气提神。

四 商业文化

商业文化是人类长期的商业活动中与商业活动直接关联的心理结构、思维方式和价值观念等多种形态。① 普洱商业发源于以物易物的自然产品交换，随着社会生产力的发展，普洱各民族的剩余产品不断增加，出现了"以有易无，日中为市"的集市贸易。

（一）默契交易

"默契交易"（silent trade），又被称为"无言交易"（覃光广等《文化学词典》、林惠祥《文化人类学》）、"沉默交易"（W. A. 哈维兰《当代人类学》，王铭铭等译）、"隐身贸易"（罗康隆《族际关系论》）等，是指贸易双方不相接近，一方先把货物拿出来放在一个中间地带便退回原处等待，以后另一方才出来收起那些货物，并将自己的货物放下作偿品，随即离开，前者再来收拾换得的货物，互相配合，互不欺骗，在长期的交往中达成了某种"默契"。"默契交易"在世界上的许多民族中都存在过。②

在普洱各民族曾流行过默契交易，在20世纪50年大规模的少数民族社会历史调查活动中，发现这种情况仍然存在。如"50年代的云南苦聪人居住在原始密林中，靠狩猎和采集为生。为了狩猎和采集更加有效，他们不得不组成小小的群体在密林中四处游荡。从常识可以知道在这种状况下苦聪人自己绝对不可能获得食盐，也不可能获得像钢针那样极其普通的日用品，他们要获得这种类似的东西别无他法，只有靠密林外的

---

① 王国顺、周夏连、马高雅：《商业文化层次结构模型的构建》，《商业经济研究》2019年第10期。
② 罗承松：《拉祜族苦聪人——对哀牢山中部一个人群生活方式的研究》，中国社会科学出版社2014年版，第55页。

其他民族为之提供"。"在滇南原始密林边缘行走,如果你细心的话,有时会在大道边显眼的石块或树墩上发现一张捆束得十分规整的兽皮,或者某种珍稀山药材,有时还在兽皮或药材旁边发现一些用树皮或草扎成的引人注目的标记,但周围却看不到人,不管是用傣语还是汉语向周围喊话,都没有人答应。了解情况的傣族乡民看到这种情况心里立刻明白,这是密林深处的苦聪人要求与他们作实物交换,如果他们有意要这张兽皮或药材,就可以将家中的一点盐或几根针放在兽皮或药材所放的原来位置,就可以理所当然地将这张兽皮或药材带走。他们取了兽皮或药材走开后,苦聪人才会放心大胆地出来取走他们回赠的盐和针。"①

居住在边远山区的民族,早期因缺少货币,与外界交流不充分,为了安全等因素,采取以物易物的默契交易,这种交易方式有的地方延续到 20 世纪 50 年代,中华人民共和国成立以后,国家商业网络的建立健全和人民生活条件的改善,古老的默契交易方式成为历史记忆。

(二) 草皮街

草皮街是普洱各民族早期形成的一种集贸形式,多在村寨附近较为宽阔的草地上,约定俗成而为集中贸易场所。有的 10 天赶一次集,有的 12 天赶一次集,或者时间更短,5 天或 6 天赶集一次。如勐烈(今江城彝族哈尼族自治县所在地)集市以卯(兔)未(羊)亥(猪)日为街期,日中为市,交易即散。景东彝族自治县锦屏川河溯澜桥旁的河东街盛极一时。清乾隆《景东直隶厅志》载:"卯酉日为街,日中为市。"景东县鼠街远近闻名,集市子(鼠)午(马)日为期,日中为市。

普洱各民族根据生产生活的需要,早期还形成一种名叫露水街的集市,就是太阳还没有把植物上的露水晒干之前的早市。每当晨光熹微,露水街就忙于交易,而到上午的九、十点钟,就散场。庄稼人劳作,一般是等到田里的露水干后才下地,赶露水街,既不耽误田活,又能进行农副产品的交易。

随着社会经济的发展,固定的集市逐步形成。明、清以后,普洱境

---

① 罗康隆:《族际关系论》,转引自石峰《试析"默契交易"的成因》,《中央民族大学学报》(哲学社会科学版)1999 年第 1 期。

内先后设置府、厅、县治，内地汉族民众相继移入定居，出现城镇和私营商业，县城市场随之形成。清雍正十三年（1735）置思茅厅，次年于曼洛坡头筑城，街市渐由曼连（老街子）移此，日中为市，随后形成茶叶、进出口商品集散市场，"贸易无虚日"，天天是街。清乾隆年间，一度出现商务兴旺，市场繁荣的景象，清道光《普洱府志》载：思茅人口10247户，其中客籍3015户。客居思茅的官绅商贾先后建立同乡会馆10个。经营茶叶、百货、土杂副食的商号、饭店、旅店、骡马店、摊贩，分布于南正街、营门口、校场坝、菜市场、顺城街、新兴街、回梓街等处，每天清早，四乡农民肩挑背负时鲜蔬菜、家禽蛋品、粮食柴草入市交易，人流如潮，拥挤不堪，各地商旅马帮云集、络绎不绝。日落天黑，夜市摊点沿街摆设，用火把照明，出售小吃夜宵、糕饼烟酒、干鲜果品等。[1] 在普洱各地还形成了一些极具本土特色的专门市场，如宁洱哈尼族彝族自治县驻地（原称普洱）是普洱古代的政治、经济中心和军事重镇，是茶叶集散地，"普洱茶"因此而得名。清道光元年至同治六年（1821—1867），一年一度的"茶花节"（茶叶、棉花交易集市）闻名中外，每年春末夏初举行，集期10天。另外，还有民国年间景谷傣族彝族自治县驻地的"春茶会"、清代西盟一年一度的"烟会街"等。

（三）茶马古道

茶马古道是中国西南地区传统交通运输网络的代称，甚至是全国的一个文化符号。[2] 最早对"茶马古道"的学术命题进行学术探讨的是陈保亚，他撰文提出了"滇川藏三角地带的纵横交错的茶马古道"这一概念。关于茶马古道的早期考察，1988—1991年间，木霁弘、陈保亚、秦臻、李旭、徐涌涛、李林六人对川、滇、藏三角地带的茶马古道做了三个月的步行调查。陈保亚提出"茶马古道是亚洲大陆上庞大的、以茶叶为纽带的古道网络"，陈保亚、木霁弘认为"在茶马互市之前，西南地区的民

---

[1] 普洱市地方志编纂委员会：《思茅地区志》（上），云南人民出版社2012年版，第553页。

[2] 周重林、凌文锋：《茶马古道20年：从学术概念到文化符号》，《中国文化遗产》2010年第4期。

族古道、盐运古道和马帮古道对茶马古道的最终形成具有决定性的意义"。并且将盐帮与马帮纳入到茶马古道内涵范畴。陈保亚甚至进一步将丝绸之路、藏彝民族走廊和百越民族走廊都纳入茶马古道，成为茶马古道的一部分。①

茶马古道是以人赶马（少数为牛、骡）驮运茶为主要特征，伴随马、骡、皮毛、药材、盐、酒等商品交换，文化也传播开来。茶马古道主干道有滇藏线、川藏线和川青藏线。滇藏线以云南普洱（原宁洱区行政专员公署，辖宁洱、思茅、墨江、六顺、景谷、景东、镇沅、车里、佛海、南峤、镇越、江城、澜沧、宁江、沧源15个县②）为中心来扩张，线路向西北行走，经过景谷、镇沅、景东、南涧、巍山、大理、洱源、剑川、鹤庆、丽江、香格里拉、德钦、左贡、邦达、察隅或昌都、洛隆宗、工布江达、拉萨，可从江孜、亚东分别到缅甸、尼泊尔、印度。如果以普洱茶集散地普洱为中心，茶马古道主要有北线、西线、南线三条主要干线。茶马古道北线从普洱北上，经墨江、玉溪、昆明进入重庆、四川到达中原各地。西线经景谷、景东到大理，然后分为两路：一路大理、保山、德宏到缅甸、印度；另一路大理、丽江、香格里拉、西藏到缅甸、尼泊尔、印度。南线分为三路，东南从普洱、江城到越南、老挝。南面从普洱、景洪、勐腊到老挝、泰国；景洪、勐海到缅甸、泰国。西南从普洱、澜沧、孟连到缅甸、印度。

通过马帮贩运茶叶维持古道的生命与繁荣，是茶马古道独立于世界上其他古道的特征。普洱茶是茶马古道的精魂，它的制作原料为云南大叶种茶树鲜叶，其得天独厚的自然地理条件，独特的大叶种茶树，形成了茶多酚含量丰富、鞣酸含量高、利于化食，且茶味浓郁甘醇、耐煮耐泡的特点。它是制作藏族酥油茶和蒙古族、维吾尔族奶茶的上好茶品，最能满足藏、蒙、维等民族的需要。普洱茶的制作工序颇为特殊，鲜叶经过杀青、揉捻、干燥成为生散茶后，还要进一步蒸压成普洱沱茶、普

---

① 黄俊棚、龚伟：《论南方丝绸之路与茶马古道的关系——以"邛人故地"为中心》，《中华文化论坛》2017年第5期。
② 普洱市地方志编纂委员会：《思茅地区志》（上），云南人民出版社2012年版，第73页。

洱砖茶、七子饼茶、小饼茶等紧压茶,大小重量有一定规范,便于马帮装卸和长途跋涉。因为茶马古道颠沛迢遥,极尽艰辛,马帮有时一年只能走一趟,茶叶的保存就显得至关重要。紧压茶密度大,防潮防晒性能好,便于运输和储藏,是远征的茶马古道对茶叶的基本要求。普洱茶在存放和运输过程中,在空气中水分及温度的作用下开始缓慢发酵,经过一定时间自然发酵后的普洱生茶转变成为普洱熟茶。这种自然发酵被称为"自然后发酵"。经过后发酵的茶,汤色红浓明亮,香气独特陈香,滋味醇厚回甘,且时间越长,质量越好,这与非后发酵的茶叶形成了根本区别,也成为普洱茶独特的工艺标志。从此,远征马帮不再担心崇山峻岭中茶叶变质的问题。紧压与后发酵,这是普洱茶在茶马古道上翻山越岭的奥秘。①

茶马古道不仅促进了普洱茶的繁荣,也促进了普洱各民族与茶马古道沿途各民族的文化交融以及国际间的交流,在共同推动"一带一路"高质量发展和建设面向南亚、东南亚辐射中心的这一背景下,茶马古道文化的发掘与弘扬具有更加重要的意义。

第二节 普洱传统生产文化的演变

社会生活和社会适应涉及生物个体行为应社会过程要求而做的调整,而社会生活也正是在这个过程中得以延续的。② 在社会变化极其迅速的世界中,无论是否由发展造成,保护文化、再生文化和适应文化等都被认为是最紧迫的问题。③ 普洱各民族的传统生产文化,随着社会经济的发展而不断发展变迁。

---

① 彭玉娟、邱健、昌邦:《茶马古道及其对茶文化传播的交互影响探析》,《广西民族大学学报》(哲学社会科学版) 2016 年第 5 期。

② [英] 拉德克利夫·布朗:《原始社会的结构与功能》,潘蛟等译,中央民族出版社 1999 年版,第 9 页。

③ [加拿大] D. 保罗·谢弗:《文化引导未来》,许春山、朱邦俊译,社会科学文献出版社 2008 年版,第 82 页。

一　农耕文化的衰微与旅游文化的兴盛

普洱各民族传统生产文化的基本形态当属村民生存的核心即农耕生计方式。随着市场经济的发展，现代性造成了农耕生计方式的淡化，与之相随的是旅游业主导的新生计方式的日趋完善。传统的以水稻、旱稻、玉米等农作物为主的种植，从20世纪60年代集体化到20世纪80年代包产到户，虽有技术的不断进步，但农民日出而作日落而息以及合作生产的生计特征一直延续着。稻谷、玉米从种植到收割经历犁地、育苗、插秧、助长、收获需要4个月左右甚至更长的时间，农民生产与收获稻谷的整个过程是农耕文化生产的呈现，内含着物质与精神双重性质。另外，在非稻作期间，农民会种植冬季农作物，如种植蚕豆、小麦、豌豆等；同时，通过园圃种植蔬菜和水果等，玉米和蔬菜的种植能够满足人畜需求，而水果种植主要是为了增加收入。村民形成了以季节为周期的规律性农耕生产秩序。改革开放以来，市场化使普洱茶叶、咖啡、核桃等产业繁荣，因其种植只需要投入树苗和肥料，成本较低，提高了农民选择种茶、咖啡、核桃的积极性。随着现代经济的转型和发展，农耕生产方式主动或被动地做出了调整。各种农庄涌现，集吃、住、行、娱为一体的乡村旅游大量出现。

二　日常生活事象的持续与体验型非遗的形成

虽然诸多非遗项目成为参与旅游展演并增加经济收入的对象，具备文化资本化特质的商品化生产逻辑，但这并没有完全使村民原有的生产生活事象断裂。非遗项目在发展旅游业之前是村民日常生活的重要组成部分。在旅游市场拓展和文化传承的背景下，具有传统意义的生产技艺在变与不变、真实性与创造性的调和中成为非遗项目，但非遗作为村民的日常生活事象依然延续着。[①] 传统民俗以新的组织者、新的制作材料、新的展演对象被呈现出来，在迎合旅游业发展需要而加以展现的同时，

---

① 高源、王信：《关于少数民族村寨文化生产变迁的阐释》，《徐州工程学院学报》（社会科学版）2021年第3期。

传递和传承仍为主要诉求。拉祜族反映传统生产方式的歌舞一直延续着，人们每逢重要节庆都会借助于葫芦笙、三弦、竹笛等乐器以唱跳的方式表达感情。有的乐器凭借非遗的身份得以售卖，不过其表达的文化内涵并未丢失地方性色彩。普洱的非遗及其商品化生产是在村民主导的基础上，由政府组织、传承人教学和游客体验等多方主体不同程度的互动下共同呈现。部分非遗项目在旅游业发展下形成了村民主导生产、游客参与体验的运作逻辑。制陶、纺织、普洱茶制作、古茶园等项目作为目前为止村民每天展示、游客选择体验的非遗项目，能够阐释非遗的生产方式与表现形态。

三　自给自足生产方式窄化

普洱各民族传统生产文化中，自然经济占统治地位，各个家庭都种植水稻、旱谷、玉米、洋芋、荞麦、小麦、蚕豆、豌豆、黄豆、茶、核桃等农作物；饲养猪、牛、羊、鸡、鸭、鹅等动物，基本上是种什么吃什么，最典型的是菜园，被分成大小不一的方块，葱、姜、蒜、辣椒、青菜、白菜应有尽有，生产规模小，劳动效率和商品率都很低。

随着市场经济的发展，生产模式发生了根本性的变化，生产的目的不是消费而是销售。在手工业方面，手工技艺被现代文化生产体系加以重构，在保留传统性的同时掺杂了大众文化及其符号。

第三章

普洱传统制度文化

作为物质文化和精神文化的中介，制度文化在协调个人与群体、群体与社会的关系，以及保证社会的凝聚力方面起着不可或缺的显著作用，深刻地影响着人们的物质生活和精神生活。

第一节 普洱传统制度文化的主要内容

普洱各民族在长期的历史发展过程中，为了处理个体与个体之间，个体与群体之间，群体与群体之间的关系，创造了极具民族特色和内容丰富的制度文化，对普洱地区的经济社会发展和基层社会治理产生了深刻影响。

普洱传统制度文化是普洱乡村治理的社会基础，强化了普洱地区社会生产的组织和协作，促进了普洱朴素的社会福利理念形成，促进了普洱社会道德和伦理观念形成；普洱传统制度文化为普洱各民族认同与归属的文化基础，有助于增强普洱各民族内聚力、规范普洱各民族民众行为和教化民众。

一 传统政治制度文化

（一）头人制度

历史上，在普洱大多数民族社会中，上至村寨，下至房族宗亲，均有大小头人，其地位与作用显赫，从制定乡约到村寨中的大小事务，均由头人统揽。在某种意义上说，头人的存在就是法理的存在，头人的一言一行就代表"法律"。普洱民族头人是各民族社会中的组织者和领导者,所以佤族社会中有"没有了头人寨子就会乱"之说。在历史上,普洱民族头人制度及其职能机制的运作,对于推动普洱经济社会发展,维持和稳定村寨的正常秩序,管理和调整村寨的生产、生活及其人际关系发挥了积极的作用。

普洱各民族对头人的称谓不同,哈尼族称"竜头""摩批",拉祜族称"卡些",傣族傣佣人称"布给"①,彝族称"毕摩",佤族称"窝郎"。

普洱各民族头人的权威作用巨大,他们往往作为村民意志和村寨的代表,不但负有立法和执法的权力,而且还要总理村寨的各种事务,其具体职责主要体现在以下六个方面:

一是主持制定村规民约并监督执行。为了维持和稳定村寨社会秩序,使之能正常运转,头人首要的任务就是召集村民申明乡规民约,凡族人或村民,不论男女老幼,必须严格遵守,如果有人故意违反,头人有权对违反者按俗规实施处罚。

二是领导村民开展各项生产劳动,负责管理村寨公共财产。普洱民族村社组织大多与血缘组织相并行。村寨头人既是村寨的领导,也是各血缘组织的头人。每当季节交替之际,身兼村寨领导之职的头人,要根据不同农时季节的需要预先给村民们布置新的农时任务或及时转换生产项目。另外,凡村寨中的荒地、牧场、池塘、水源、山林等不动产,以及罚款收入的公共积累,均由头人统一支配、统一管理。

三是维护村寨社会秩序,排解人际纠纷,评判各种案件,对违反者施行各种警戒和处罚。良好的社会秩序,是稳定和管理村社的保证,如果有人蓄意违反村规民约,侵害集体或私人的利益,有悖伦理,均由头人负责从中斡旋或处罚。若遇到较大的纠纷和案子,头人处理不了时,则要召开长老会议或村民大会进行联审和公判,最后由头人"按律"对违反者执行处罚。

四是掌执集体祭祀大权及其娱乐活动。普洱各民族多信奉神灵,崇拜祖先,一年之中凡举行较大的祭祀和娱乐活动,都必须由头人提议,

---

① 云南省思茅行政公署民委编:《思茅少数民族》,云南民族出版社1990年版,第476页。

经长老会议通过以后，再由头人主持实施。

五是处理和调整村寨宗族或家族内外的纠纷或关系。当村寨、宗族或家族间发生纠纷时，头人必须要代表村民或族内主持公道，会同乡老与有关方面进行交涉、磋商、甚至对簿公堂。如果调解不成功，发生械斗，头人还要负责组织领导本村村民与其他村寨抗衡，临时充当军事指挥员。

六是主持召开各种会议。当村寨中有重要事项时，一般由头人提议，组织召开不同规模的会议，商议解决村寨的事务。在会上，参会人员充分发表各自意见，头人根据情况，综合大家的建议，遵从多数人的意见，达到统一认识，一致行动，最大限度地维护村寨利益之目的。

从历史上看，普洱民族头人的产生与传承有其特定的规律和形式，归纳起来主要有以下四类：

一是自然产生。普洱民族头人早期大多是自然形成，实质上是通过一种自然比较的过程，逐渐被群众认可自然成为领袖的。这些人一般在群众中享有很高的威信，德高望重，办事公正合理，深受村民爱戴。

二是民主推荐。即由本民族成员推举那些办事精明，大公无私，为人信服的人担任头人。其任职条件是：有男子汉气魄，有丰富的生产生活经验，办事公道，为人正派，对人和气，乐于助人，年长（年纪在中年以上）有威望，身体健康，能言善辩，夫妻双全，没有离过婚。头人的选举必须由村寨各家出席会议的代表在一起商量决定，如果出现多个候选人，就用抽签或打卦的方式决定人选。头人确定以后，择一吉日，把各家代表（村中的长老）请来，用烟酒和茶叶款待，以示担任头人职务。选举产生的头人，如果发生不负责任，不秉公办事，私吞公共财产，破坏村寨风气或体弱多病，不能履行职责等情况，通过一定的程序可以罢免头人的职务。

三是世袭。随着社会发展，普洱民族头人也实行世袭制，起初只要头人后代符合承袭条件，形式上通过选举进行世袭。后来一部分原依靠民主举荐当上头人的一方贵族，为了维护和巩固其业已获得的权力及财产不至于外移，便一改祖传的旧制，效仿封建王朝的世袭制，将头人的头衔传递给自己的儿子或兄弟、妻女。

四是官府委任。当封建王朝统治势力深入到边疆民族地区时，为了更有效地对边疆少数民族地区进行管理和控制，就对当地少数民族头人授予不同的职衔和官职，通过少数民族头人来实现对该地区的管理，逐步强化普洱边疆少数民族地区与中央王朝的联系。

（二）土司制度

土司是中原王朝授予少数民族首领的官职，故冠以"土"字，称为土司。土司与流官最大的不同是由少数民族首领担任，可以世代承袭，流官则三年、五年一任，任满由官方拣选充任，也有连任的。土司制度可追溯到唐代的"羁縻政策"，"假以爵禄，宠以名号"，使其"易为统摄，奔走为命"（《清史稿·土司传》）。土司制度是元明清王朝在西南边疆及南方少数民族地区实行的一种统治制度。

土司制度的初期形态是土官制度。在平定大理国的初期，蒙古人在云南地区推行北方常见的万户制度，但这种统治模式使云南地区动乱不断。蒙古统治者借鉴委降附者继任原职的传统方式，吸收南宋在广西设土官管理的经验，在云南行省实行土官制度，并迅速获得成功，以后在情况类似的西南边疆皆推行土官制度。

普洱是土司制度实施较长的地区之一。元朝于至元二十六年（1289）置木连路军民府，傣族首领罕摆法为第一代土司。先属大理金齿宣慰司，后属银沙罗甸宣慰司，辖蒙雷甸（今澜沧募乃）、木索甸（今西盟勐梭）、俄麻甸（今孟连勐马）等地。

明朝于永乐四年（1406），设孟琏长官司，隶属云南都司。固定地东隔澜沧江与威远州（今景谷）相望，并与车里宣慰司（今西双版纳）接壤，南与孟艮府（今缅甸景栋）相连，西与双江县和孟定府（今耿马、沧源）毗邻。

清康熙四十八年（1709）设孟连宣抚司，属永昌府，乾隆二十九年（1764）改隶顺宁府。光绪十三年（1887），云贵总督出兵镇压孟连、猛猛两土司地区的拉祜族起义后，划小黑江以南孟连土司辖地设镇边直隶厅，孟连土司的辖地逐渐缩小。民国二年（1913），镇边直隶厅改为镇边县，民国四年（1915）又改为澜沧县，孟连宣抚司属孟连区。1949年2

月1日，澜沧全境解放；4月上旬，澜沧区行政专员公署成立，孟连县人民政府成立，沿袭660年的土司制度废除。

景东土司。元初，景东受威楚路军民总管府管辖。景泰《云南图经志书》卷四《景东府建制沿革》称："景东，古柘南也，蛮云猛谷，又云景董。元为开南州，隶威楚路军民总管府，后升为景东府，今因之。"《元史·地理志》记载："中统三年（1262）平之（景东），以所部隶属威楚万户，至元十二年（1275）改为开南州。"开南州包括南诏以来的开南、银生二城。雄踞景东的傣族土酋阿只弄于心不甘，要求把开南州升格为府，摆脱威楚路总管的管辖。于是，遣子罕旺于至顺二年（1331）进京贡象，请求升景东为军民府。元朝文宗皇帝允准，封阿只弄为知府事，封罕旺为千户。自此，至清道光年间陶熊因罪被黜革，元、明、清三代陶氏共袭职25任，统治景东约515年。

景谷的威远土司。元初设治，以12部立元江府，威远设州隶开南宣抚司。① 明洪武十五年（1382），威远蛮栅府改称威远州，属楚雄府。明洪武十七年（1384）升为威远府，直隶省承宣布政使司。明建文四年（1402），威远知州改为威远御夷州，直隶省布政使司，以刀算党为知州，明朝批准土知州世袭。清袭明制，直到雍正二年（1724），雍正任命鄂尔泰为云、贵、广西三省总督进行"改土归流"，将威远土知州改为威远厅抚夷清响同知，隶属镇沅府。乾隆三十五年（1770），威远厅改属普洱府，普洱府下辖一县三厅（宁洱县、威远厅、思茅厅、他郎厅）。

此外，元明清时期，中央王朝在今澜沧、宁洱、思茅、墨江、镇沅、江城、西盟等地设置中、小土司，任命傣族、彝族、哈尼族、拉祜族等少数民族头人为土官对其地进行有效统治。

元朝在普洱设置土司，实行"参用其土酋为官"，至明代，土司制度不断完善，清代开始大规模改土归流之后，土司制度逐渐衰微。各个朝代在同一地区设置的土司文职或武职不一，如孟连，元代设木连路军民府，明代设孟琏长官司，清代设孟连宣抚司世职。大、中土司多为元、明两代所设，任用的土官多为傣族头人。清代设置的多为小土司及未入

---

① 方国瑜：《中国西南地理考释》（下），中华书局1987年版，第654—658页。

流土司,并随着局势和民族关系的变化而变化,任用的土官包括小聚居的各少数民族。如云贵总督岑毓英在为镇压各族起义有功的拉祜族头领请功时奏:"倮黑山头李芝隆等,首先向化,请赏土司职衔。"被清王朝批准。其又奏:"倮黑山圈糯夷目李先春,诚心向化,首先投诚,请赏土千总衔。"也被批准。先后有九个拉祜族头人领土司衔。①

明代土司制度在元代的基础上很快发展起来,进入鼎盛时期。其主要特征如下:(1)普遍设置土官土司。明王朝大力推行"土司制度",在普洱地区普遍设置土官土司。(2)土司授职。《明史》卷310载:"洪武初,西南夷来归者,即用原官授之。"后规定"以劳绩之多寡,分尊卑之等差"。(3)土司承袭。明朝廷对土司的承袭,作了"皆赴阙受职""承袭人范围"和"承袭的办法"等一系列规定。(4)土司升迁。升迁途径有军功、忠勤、纳米和进献,升迁办法有升品级、流官名或加虚衔。(5)土司进贡。明代形成了土司进贡制,贡物、贡期、人数、回赐,皆有定制。贡品为方物,贡期一般为3年。(6)土司纳赋。明代土司地区纳赋有较严格的规定:纳赋限于邻近汉族地区的编户之民,新归附的民族地区赋税听其自愿,规定赋额比内地较轻,遇灾荒、有军功可以蠲免,缴纳物品准许折纳。(7)土兵运用。土司辖区的精壮男子,皆是土兵。土兵平时保境安民,有战事时从征打仗。(8)制定法规。明王朝对土司的惩罚,除"反叛必诛"外,主要采取下列办法处理:典刑、革降、迁徙,对一些轻罪而态度较好的土司则采取宽宥与赎罪办法处理。②

到了清代,清王朝对土司施行种种限制与削弱势力政策,并采取招抚和镇压两手做法,至雍正年间进行大规模改土归流,靠近内地的县实行流官制或土流并治,但普洱澜沧江以西的孟连土司一直存续到20世纪50年代。

二 传统经济制度文化

经济基础决定上层建筑。在边疆民族地区,由于社会经济发展滞后,

---

① 晓根:《拉祜族文化论》,云南大学出版社1997年版,第109页。
② 龚梦川、龚荫:《中国土司制度的发展历程、历史价值和现实意义》,《云南社会科学》2018年第5期。

各民族根据其生计模式,谋求最优的经济生活,力求调整群体关系,内生出一套与其经济社会发展水平相适应的经济制度。

(一) 集体占有制度

普洱各民族的经济社会发展不平衡,到20世纪50年代,居住在坝区、城镇及交通要道周边的民族,其封建经济得到了充分的发展;但在交通不便的山区和沿边境线一带的民族聚居区,还处于阶级分化不明显、土地占有不集中、不同程度地残存着原始社会的生产关系状况。在生产资料占有方式上,基本特征是表现为大量的土地、荒山、森林为民族或家族公社公有,盛行共耕伙种、平均分配等原始公有制原则。社会生产力水平普遍比较低下,生产工具十分简陋,竹、木、石工具占相当的比重。农业生产方式多以刀耕火种、广种薄收为主要特征。原始的狩猎、采集仍是生活的重要补充。手工业很不发达,尚未与农业分离。交换尚未独立,简单的物物交换比较流行。阶级分化不明显,绝大多数头人并未脱离生产劳动。[①]

生活在边远山区的民族,土地、山林归村寨集体占有。个体家庭如果需要开垦土地,未开垦过的集体山林,可以自由开垦;假如看中某块土地,暂时没有时间开垦,可以在周围打下明显的标记,如把树上的皮削去一块或用刀砍出一条界线,别人看到标记就不会来开垦,耕种上一段时间肥力衰退以后就自然抛荒,其他人又可以自由开垦。社会经济发展较快的地区,土地私有化的程度达到了较高的水平。

(二) 平均分配制度

普洱大多数民族都不同程度地保留着平均分配的经济制度。特别是渔猎采集经济占据重要地位的地区的部分少数民族,如佤族、拉祜族、彝族、哈尼族在20世纪50年代之前,强调与寻食生活相适应的不需要大量占有财物的平等互助,猎物实行见者有份的平均分配原则,猎手可以占有猎物的头、脚、内脏,其他部分必须按照人员的多少进行平均分配。从事农业生产以后,为保证有更好的收成,防止野兽对庄稼的践踏和危

---

① 李根:《"直过民族"社会历史演变的变异性特点探析》,《贵州民族研究》2000年第1期。

害，也会采用集体耕作，不论劳力强弱或劳动付出的多少，劳动产品均实行平均分配。

普洱各民族为保证群体的生存，对鳏寡老人、孤儿和没有劳动能力者由村寨集体进行救济。村寨内家庭困难杀不起年猪者，杀年猪的要送一块肉给予帮助。社区内部互相借东西或者财物，不收利息，不设时限，方便时如数偿还即可。

20世纪50年代初期，中国共产党对普洱还处在原始社会末期或已经进入阶级社会，但阶级分化不明显、土地占有不集中、生产力水平低下的部分拉祜族、哈尼族、苗族、瑶族、佤族等地区，采取特殊的"直接过渡"方式，即不进行土地改革，以"团结、生产、进步"为方针，通过党的特殊帮扶政策，保证他们直接但却是逐步地过渡到社会主义，实现历史性的跨越。

三 传统亲属制度文化

（一）大家庭制度

家庭是由婚姻关系、血缘关系或赡养关系组成的最基本的社会组织形式，是社会不可分割的组成部分，是构成社会的细胞。在不同的历史时期及社会之中，家庭呈现出不同的形式。"家庭是亲属关系中（或类亲属关系中）相对较小的户内群体，是一个相互合作的单位。"[①] 现代社会学所说的大家庭，从结构上看，是指父母和几个已婚的子女，或者已婚的孙子女所组成的家庭，也就是主干家庭和联合家庭。从家庭规模上看，一般包含三代或三代以上的人，家内人口数量从十余口到上百口不等。

大家庭在拉祜语中称"叶喀楼"，由曾祖父母三代至五代后裔组成，包括女儿和女婿、外孙女和外孙女婿、重孙女和重孙女婿等母系统，儿子和儿媳、孙子和孙媳、重孙和重孙媳等父系统，以及儿子和儿媳、女儿和女婿、外孙子和外孙媳、外孙女和外孙女婿等在内的双系统。在大家庭内部，由血缘纽带联结成的家人共同体，形成一个大家庭公社，

---

① ［美］戴维·波普诺：《社会学》（第十一版），李强等译，中国人民大学出版社2007年版，第428页。

所有成员全部居住在一幢大房子中。大家庭人口多则一百余人，少则十余人。大家庭分为若干个小家庭，小家庭由一对夫妇及他们的未婚子女组成，拉祜语称为"底谷"。每个小家庭在长屋中拥有一个火塘，构成一个基本经济单位，火塘是小家庭的单位标志。如澜沧县糯福区巴卡乃寨娜期家，成员101人，以女主人娜期和其丈夫协卡为中心，包括他们已婚的女儿、儿子及其子女所组成。全家公共房屋是干栏式，上下两层，长23米，宽10米。房内分9格，即9间，在房中间置9个火炉。分为18个生产、生活单位。① 平时各个小家庭分散居住于"班考"（在田边地角搭建的供生产季节临时居住茅草房）中进行生产劳动，只有在节庆或农闲时小家庭成员才会回到大家庭的长屋中居住。各个小家庭在居住的"班考"里设有一个火塘和一个小仓库，用于临时储放小家庭收获的粮食。大家庭设有一个大火塘和一个大仓库，大仓库用来储放各个小家庭共同生产的粮食。大仓库中的粮食供大家庭成员集体共同享用，每个大家庭成员都可以取用小家庭设于"班考"小仓库中的粮食，大家庭的收入在全体成员间共同分配。各个小家庭都有一定的粮食、牲畜、家禽、农具、日常用品等私人财产，但各个小家庭间的关系相当密切。逢年过节小家庭要带上鸡、肉等精美食物回到大家庭中与大家庭成员共同享用，每个小家庭杀猪或打到大的猎物，要与大家庭成员共同享用。

　　拉祜族双系大家庭的家长一般由年长的女子和男子担任，男女家长分工明确。男性家长主要任务是对外，领导组织生产、狩猎、宗教事务、调解纠纷，代表家庭对外联系参与管理村寨公共事务。女性家长则主内，主要负责安排家庭副业，做家务，打理园圃，操办儿女婚事等。一般重大事务则由家长召集大家庭成员集体讨论决定。大家庭的命名有的由女性家长负责，拉祜语称女性家长为"叶协玛"；有的由男性家长命名，拉祜语称男性家长为"叶协帕"。澜沧县糯福芒糯寨16家拉祜族调查资料统计，以女性家长命名的有11家，以男性家长命名的有4家。②

---

① 云南省编辑组：《拉祜族社会历史调查》（二），云南人民出版社1982年版，第2—3页。
② 晓根：《拉祜文化论》，云南大学出版社1997年版，第85页。

（二）舅父权制度

在普洱的彝族、哈尼族、拉祜族等藏缅语族各民族中，普遍存在舅权制。"舅"也称"舅父"，通常用来指称母亲的兄或弟。所谓"舅权"就是指舅父在外甥的婚丧喜庆等家庭事务中的特殊的地位和权威。舅权是一种古今中外都存在的特殊的民俗现象，是母权制残余的遗留。① 舅父的权威不但为外甥们所接受，而且在一定程度上也为社会所公认。舅舅往往表现出与众不同的地位，这种现象正是舅权在婚俗中的重要体现，存在着深厚的历史渊源。

舅权制是母系制的延续，在母系制度下，舅舅是外甥的保护者，也是外甥生产技能和生活经验的传授者；对于外甥而言，舅舅无所不知，无所不能。正是舅舅的这种天然优势，使得舅权在特定情况下出现了权力由母权逐渐向舅权转化的现象，最突出的表现是出现了舅权制家庭。作为舅方，自己的姊妹出嫁他乡，外甥与本家存在着各种利益关系。在习惯上，舅舅就是姊妹和外甥的保护者，舅舅也必然成为本氏族对对方氏族中的本组血亲及其子女进行维护的代表。作为氏族间的平衡与调解力量，舅权是不可替代的。在普洱彝族、哈尼族、拉祜族等民族中，外甥的许多事项仍要由舅舅来参与甚至是主持，比如婚嫁、分家等家庭重大事项的决定。在哈尼族的神话《创世》中，就体现了以舅为本，以舅为神的观念，"天上摩咪大，地上舅舅尊""天上算太阳最高，地上数舅舅最大""汉人尊龙，哈尼尊舅"等都体现了舅权。哈尼族青年男女举办婚礼前，必须最先通知舅舅，须得准备两套糯米饭和一只杀好的鸡，然后装在用竹片编织的特制背箩里，小两口选定一个吉利的日子前往舅家恭请舅舅及全家人参加婚礼。另外，新人敬酒也是以舅舅为先，然后才去报答父母的养育之恩。以舅舅为先是因为新人要向舅舅乞求未来美好生活的祝福，舅舅在婚礼上的每一句言辞都代表着未来生活的前景；舅舅在哈尼族青年男女的婚礼上成为赐予幸福和美好生活的"神"，这是尊贵的舅舅所独有的、不可替代的权利。在彝族社会中，母舅的地位特别

---

① 周云水：《仪式与族群记忆：对藏缅语族婚俗的人类学分析》，《大理学院学报》2008年第5期。

高。彝族阿列人中，姑表舅婚占多数，家有姑娘要先满足舅家，如舅家无合适的儿子可匹配，征得舅舅同意后才出嫁他人。家中出了纠纷要请母舅来解决，他们说："天上是乌鸦大，地上是母舅大"。[①]

四 传统法律制度

普洱传统法律制度主要体现在《孟连宣抚司法规》。《孟连宣抚司法规》是由一位在孟连土司府做官的人回到西双版纳后利用回忆撰写的一部法规，后经刀永明、刀建民翻译，薛贤同志整理而成。其集《芒莱法典》《干塔莱法典》《坦麻善阿瓦汉绍哈》三部法规于一体，集成文法与判例法于一身，内容涵盖了民事法、刑事法、行政法、诉讼法、道德规范、宗教规范、礼仪规程等，是普洱保留较为完整的一部成文法。

（一）刑事法律制度

傣族地区刑事法律的影响主要体现在犯罪构成、罪名分类和刑罚的设置等方面。首先，在犯罪构成上，主要体现在对世俗人与僧侣具有不同规定，具体是僧侣犯罪成立是以有犯意为成立要件，世俗人则以完成行为或产生结果为成立要件。对僧侣强调犯罪意图的形成即是犯罪的成立，《孟连宣抚司法规·刑事法律·拐骗人口》中有"根据佛寺里的规章制度的规定，比丘骗取奴隶逃跑或其他违法行为，都应取消比丘资格。只要不轨行为开始，走出两步，就是犯罪行为的开始，从而也就是脱离佛门弟子的开始"[②]。《孟连宣抚司法规·刑事法律·偷盗》第一条规定是对世俗的人，"偷盗财物但能幡然悔改，主动将原物交还失主者，不再追究"，但该条后明确规定"世俗人偷盗，应以事实后果为准；佛寺的人则以思欲、心动为准。一切案件的处理以此为准则"；第二条规定"佛门弟子有偷盗行为者，不论构成事实与否，即以心动，产生邪念，就为犯罪开始，便应离开佛门，取消佛门弟子资格"。在一个案例中有一位罗汉和徒弟比丘同出外办事，他让徒弟比丘背佛钵或袈裟，比丘产生偷盗师父的佛钵和袈裟的意图，在路上故意落后，把东西藏匿到山林中，但很

[①] 云南省思茅行政公署民委编：《思茅少数民族》，云南民族出版社1990年版，第260页。
[②] 胡兴东：《云南傣族传统法律中佛教因素》，《世界宗教研究》2012年第5期。

快就后悔，把东西带来追上师父。后来比丘由于内心的忏悔，向师父承认了自己的错误，他们去找吾巴力厅裁决，吾巴力厅对比丘说"你不仅有偷盗之心，而且有了行动，当你将东西拿到山林时，就有罪恶了，你已经是'问腊西'，即不合当比丘资格"。从中可以看出，佛教影响了傣族地区对偷盗犯罪构成的要件，加上傣族地区全民信仰佛教，僧侣众多，这种犯罪构成成为傣族传统法律中偷盗罪的重要特征。有时还把佛教的教规直接当作法律，有"按佛法教规，作为佛门弟子，凡有私欲或邪念，就视为罪恶，以此作为辨别善恶的准则"等。[①]

佛教对傣族刑罚有影响，由于僧侣与世俗的人在犯罪成立要件上不同，所以在刑罚上也不同。世俗人在偷盗上"成为事实或者未成为事实，即使已偷走了若干天，最后又把原物送还主人，不加追究责任，不应罚款，如果偷去的原物遗失了，则应论价赔偿"。从这里看，世俗人只要反悔，并且返回原物，就可以免除处罚，僧侣则相反。当然，僧侣的处罚是取消僧侣的资格，宗教上，有的还要交给世俗司法机关处罚。《孟连宣抚司法规·刑事法律·拐骗人口》中规定"比丘犯拐骗、贩卖人口罪者，取消佛门弟子资格后还俗，然后论其情节判处"。在一些处罚中，罚款献佛成为重要方式。如在兄弟互相杀害罪或家族成员之间互相杀害罪的处罚上规定"应该按人的价值赔偿；所赔款项，一半归公，另一半为死者献佛"[②]。

（二）民事法律制度

民事法律制度受佛教及古代印度法的影响较为明显，很多内容特征与中原地区汉族法律体现出不同的特征。这种影响在对人等的分类、财产法的内容和继承法等方面都体现了出来。[③]

种姓制度在傣族人中是随着佛教的传入而形成的，是印度传统法律制度中的种姓制度被引入所导致的。如孟连地区的法律公开规定"是

---

① 云南省少数民族古籍整理出版规划办公室：《孟连宣抚司法规》，云南民族出版社1986年版，第191页。
② 胡兴东：《云南傣族传统法律中佛教因素》，《世界宗教研究》2012年第5期。
③ 胡兴东：《云南傣族传统法律中佛教因素》，《世界宗教研究》2012年第5期。

'帕雅'（酋长）种为酋长，是'婻'（小姐）种为婻；母亲是婻，儿子应是'召'（官）""官种为官，百姓种为百姓，旧的不毁，新的不立"这种法律制度在西双版纳等地区傣族法律制度中也成为重要的法律制度之一。此法律在《芒莱·干塔莱法典》中"巴维尼勐四条"（即地方礼仪）中也有同样规定。在遗失物的拾得立法上规定，"丢失的物品，时间长了，失主也无心再寻找，拾者可以留作自用"。举例子说明时就用比丘之间的关系进行。"坦麻占当了比丘，他将'巴力汉'（佛徒用品）物件丢失了，他无心去寻找，那么，谁拾到就归谁所有。后来，另一个比丘拾到此物件，不应向他问罪。"这里就用佛教僧侣之间关于此问题的处理进行立法。在借贷方面规定如果是比丘或有知识之人借债而无力偿还者，不能抵债当奴隶，而是应该延长赔偿期限，什么时候有能力，就什么时候赔还，因为"他们是有知识的人，不论何时赔还，都不应该计算利息"。而对一般的人，在《孟连宣抚司法规·坦麻散·拉札安雅四条》中规定"因借债而无力偿还者，可作抵债奴隶"。这是债务奴隶的公开承认。①

僧侣继承权上明确规定寺院与僧侣之间具有继承权关系。如《孟连宣抚司法规》中第三十三条规定"比丘的财产留存在本寺院或其他寺院里，生前未曾提及分给谁，死后，本佛寺的其他比丘是这份财产的合法继承人，保存在其他佛寺的财产，为该佛寺比丘的共同财产而不得分给个人所有"。该条明确规定"这一条规定适用于世俗人或出家人"。② 第三十四条规定"比丘死亡在世俗人家里，其本人财产仍应由该寺院其他比丘继承"；第三十五条规定"比丘死在父母家里或亲戚家里抑或外人家里，不论死者留有遗产多少，留有遗嘱的，按遗嘱分割，未留有遗嘱的，其财产原在何处，该处的主人就是财产的合法继承人"。明确指出"比丘死后本人财产的分割的办法是佛经规定的，后人必须严格遵守"。说明以上三条关于比丘死后遗产的处理是源自佛教经义。当然，以上三条的内容在《芒莱法典》中同样有规定，只是孟连宣抚司的法律移植了前一法

---

① 胡兴东：《云南傣族传统法律中佛教因素》，《世界宗教研究》2012 年第 5 期。
② 胡兴东：《云南傣族传统法律中佛教因素》，《世界宗教研究》2012 年第 5 期。

典的内容。财产继承若没有遗嘱产生纠纷时,对财产的分配是"一份为死者献佛,一份给儿女,一份归公"。孟连傣族形成了对财产分四份使用的传统,即"一份留作养老金,一份留给子女,一份布施献佛,一份作现时开支"。在继承上承认遗嘱具有优先性,第三十七条规定"凡死者生前留有继承其财产遗嘱的,按遗嘱指定继承人继承,他人不得干预"。该法律认为这是得到佛主的认可的,因为在条文的后面附有佛主在允沙里寺院时,产生了一个因遗嘱产生的纠纷,该寺的吾巴力厅指出"无论是比丘或是世俗人,死者生前凡留有遗嘱的,指明由谁继承,谁就是遗产的合法继承人"。因为此案发生时佛主就在寺内,佛主没有提出反对,被认为此法律是得到佛主的认可的。①

(三)行政法律制度

行政法规对官员要求上受佛教的影响很大,规定官员应当懂佛教经典、教义等,如规定"教规、赕佛规和头人规",具体是"当召、当帕雅的人,不懂'三规'(教规、赕佛规和头人规)或轻视亲戚家族的,有罪无理"②。因而对佛教经典、教义、教律的掌握成为官员资格的基本要求。对此,公开规定土司可以分为两类,即正直的土司和暴君。③ "土司的两种形象:一种是遵守教规,知礼执法,热爱官员和百姓者称为'混坦'(即正直的土司);一种是经常干坏事,敲诈勒索,欺压百姓者,称之为'混满'(即暴君)。"此外,大量佛教僧侣成为官员的重要来源,很多高级僧侣成为各级官员。④

第二节 普洱传统制度文化的特征

普洱传统制度文化的形成与发展,与普洱各民族的生产生活密切相

---

① 胡兴东:《云南傣族传统法律中佛教因素》,《世界宗教研究》2012年第5期。
② 杨一凡主编:《中国珍稀法律典籍续编》(第九册),黑龙江人民出版社2002年版,第524页。
③ 胡兴东:《云南傣族传统法律中佛教因素》,《世界宗教研究》2012年第5期。
④ 云南省少数民族古籍整理出版规划办公室:《孟连宣抚司法规》,云南民族出版社1986年版,第128页。

关，与其经济社会的发展相适应。

一　时代性

普洱传统制度文化具有鲜明的时代特征。不同时期的制度文化与当时的社会、政治、经济相联系，又受传统制度文化的影响。如元明清时期的土司制度文化，是普洱各民族因受国家土司制度与地方土司政治的影响而形成和发展起来的。改土归流后，土司制度文化随着土司制度的废除而衰微。土司制度从根本上说，是元明清等朝整合西南各少数民族和国家强化民族地区统治的制度。受自然人文环境、民族构成及交通状况差别等影响，各族土司在履行职位承袭、军事征调、朝贡纳赋及崇儒兴学等义务中表现出的土司政治差别明显。它具有民族性、等级性、贵族性及家族性特征，体现了王朝国家时期中华民族整合、边疆事务治理的制度文明和政治智慧，包含了中华民族与中华文明认同，是深化中国国家认同、中国特色社会主义道路认同和民族区域自治制度的重要资源。①

二　区域性

普洱传统制度文化具有很强的地域性特征。普洱各民族居住模式具有大杂居，小聚居的特点，在地域分布上具有立体性，即苗、瑶、拉祜、佤族等民族主要居住在高海拔地区，彝族、哈尼族多居住在半山区，傣族、汉族、回族等民族则多居住在坝区或河谷地带。由于受立体气候的影响，居住在不同区域的民族生计模式不同，河谷地带的傣族主要从事水稻种植，居住在高海拔地区的民族则以旱作、狩猎、采集多种混合生计模式；在生产的组织和产品分配方面，采用不同的模式，于是形成了传统制度文化所具有的区域性特征。如山地民族更加强调平均分配原则，以保证在收获不确定的情况下，群体得以生存。稻作民族则强调储备意识，以保证储备的粮食能食用到秋收时节。

---

① 彭福荣、李娟：《也谈土司文化的内涵》，转引自万红《乡土教育视阈下的土司文化及其价值》，《民族教育研究》2014 年第 6 期。

三 民族性

制度文化的内涵包括各种成文的和习惯的行为模式与行为规范。普洱民族众多，有不同民族之间交往频繁，相互影响，相互借鉴，不同民族文化具有共通性，也有不同的个性特征，反映在制度文化上，各民族都有各自的特征。如有的民族有文字，有成文法；有的民族发展滞后，有自己的语言，没有形成自己的文字，制度文化靠口语相传的方式进行传承。在制度保障方面，不同的民族为维护本民族社会秩序和发展，形成了与本民族发展相适应的制度文化。

四 实践性

普洱传统制度文化凝聚了普洱各民族的政治智慧，在社会实践中不断得到丰富和发展，世代相传延续。制度文化的特点表明，制度文化是一个不断运动、变化着的活的过程。制度文化与物质文化的关系是相辅相成的关系。一方面物质文化的发展推动着制度文化的发展；另一方面制度文化对物质文化又具有强大的反作用，它可以推动、也可以阻碍物质文化的发展。

五 多样性

制度文化以物质条件为基础，受人类的经济活动制约。因此，人类在社会实践中逐步形成的制度文化，因地域、民族、历史、风俗的不同，而具有异彩纷呈的多样性特点。

第四章

普洱传统饮食文化

普洱各民族创造了制作方法独特、品种多样的美食佳肴，形成了具有鲜明的民族特色的丰富多元的饮食文化。普洱饮食文化是普洱传统文化中的重要组成部分。

第一节　普洱传统饮食文化

一　普洱传统饮食文化的特质属性

普洱传统饮食文化是指普洱各民族在长期历史发展过程中形成的关于饮食的选料、加工、烹饪、食用以及与文化传统、生活习俗、生产生活方式、宗教信仰、伦理道德规范等因素密切联系的饮食习惯和饮食风尚。它在各民族的社会生产生活中广泛存在，被各民族群众所熟知、遵循和传承，甚至成为日常行为准则和道德伦理规范。

普洱传统饮食文化的特质属性，是由普洱特殊的气候环境条件和人文环境条件所决定的。从气候环境条件来说，普洱地处热带、亚热带地区，气候温暖湿润，雨量充沛，潮湿多雨，河流众多，山高林茂，森林广布，动植物资源十分丰富。这就决定了普洱地方食物来源极其广泛，极易获得，四季充足，种类繁多。同时，因多雨潮湿，故食物中须食用一些祛湿除潮使经脉活络的东西，如酸辣、烧烤类的食物。从人文环境条件来说，普洱民族众多，风俗习惯、饮食文化各异，各民族在长期的相互交流、相互影响下，使得各民族的饮食文化各具特色，但又在相互学习借鉴、相互接纳包容的共存共生中达到了一种平衡稳定状态。这既是对自身民族饮食文化的肯定，又是对其他民族饮食文化的认可，呈现出了一种开放包容的饮食价值观。如拉祜族认为谷种是狗尾巴带来的，故拉祜族禁食狗肉，但并不抗拒和禁止其他民族食用狗肉；傣族食用红旺、剁生等生肉生血蘸料，人们也不以为怪，有些人也跟着食用；佤族食用老鼠（山鼠、田鼠，非家鼠），一些其他民族的人们也视其为美味；一些地方的人们食用生血做拌料腌制的红肉，很多人对此十分喜爱，但一些人却十分排斥，绝不沾染一口。这种共生共存、包容和谐的饮食观，是普洱民族饮食文化的一个显著特质属性。

普洱传统饮食文化有兼容性、包容性的特质属性。普洱大地上生活繁衍着各个民族，既有自身鲜明民族特色的饮食传统，又有相互之间影响成为共性的饮食习俗。他们秉持和彰显本民族的饮食传统，又接纳、兼容其他民族优秀的饮食风俗。这种开放包容的饮食观念，使得普洱民族饮食文化更加丰富多彩，又具有一定的趋同性和共性特征。每个民族都不排斥、拒绝其他民族优秀的饮食习俗，甚至会主动地学习模仿、创新改进，继而成为本民族的饮食习惯。比如鸡肉稀饭，最早是佤族的食物加工方式。在今天一些佤族村寨煮鸡肉稀饭，在加工处理鸡的时候，是不用水冲洗的，把鸡放血后丢在火塘中翻烧，待鸡毛燎尽后用竹片刮净，剖开胸膛，肠肚用竹片刺破刮净，然后就放入锅中。其他民族加工处理鸡时，往往开水烫去毛，但鸡开膛后，有些民族就不再用水冲洗，认为开膛以后再用水冲洗，鸡肉就不鲜甜了。后来拉祜族、哈尼族等都仿效煮食鸡肉稀饭。

普洱传统饮食文化还具有食材广泛、就地取材、就近易得、不拘常规的特点。当地人们有"绿的就是菜，会动的就是肉"的说法。天上飞的，地上爬的，山里长的，水里游的，许多奇怪的东西都能成为人们的食材。普洱气候温暖湿润，土地肥沃，河流密布，山高林茂，雨量充沛，森林覆盖率极高，动植物资源极为丰富。这就为人们食物的来源提供了广阔的取之不尽的空间条件。植物的果实、根块、嫩叶，难以言尽的野生菌类，丰富的似乎捕之不尽的野生动物，名目繁多的鱼类、虫类，都成为人们丰富的食物来源。一般农业民族食物来源大多依靠种植业、养殖业，其依靠渔猎、采摘野生植物等方式偶然所得的食物所占比例极低。

但在普洱特别是一些少数民族村寨,其食物相当一部分依赖捕鱼、打猎、采摘或挖取野生植物获得,这不是偶尔为之改善生活,而是一种生活的常态和饮食的习俗。

普洱各民族的传统饮食文化中,有食材丰富、就地取材的特点,当然是缘于当地优越的自然条件。一些超乎常规、不拘寻常的食材,如爬爬虫(一种水生虫类)、摇头虫(一种飞蛾的虫蛹)、蜂儿(蜂蛹)、竹虫(一种竹子中的寄生虫)、柴虫(一种树木中的寄生虫)、扫帚虫(当地人叫扫把虫,一种用来制作扫帚的植物中的寄生虫,学名叫条竹篾虫)、蚂蚱(蝗虫)、老鼠(只食用田鼠、山鼠,不是一般的家鼠)、蚁卵、飞蚂蚁(一种长有翅膀会飞的蚂蚁)等,甚至有吃臭屁虫(一种会发出极浓臭味的昆虫)、蜘蛛等。

普洱传统饮食文化有喜好茶、酒的特点。普洱各民族普遍嗜好茶,几乎从早到晚,茶不离口。茶也是待客的必须饮品,客人到家,必用茶水招待。普洱各民族饮茶,大多以茶缸用开水泡饮。一些少数民族村寨,也有用茶壶煮而饮之的,称为煮茶,味道较浓。用小陶器罐放入茶叶在火塘边翻烤,待有烟香味后,放水煮沸饮之,称为烤茶,茶味极酽,容易茶醉,只有老茶客才享用得了。布朗、佤、傣等民族,也有把新鲜茶叶入菜的习惯。

酒作为饮料,历史上早被人们所熟知。普洱地方酒风甚盛,各民族不论男女老幼,都能喝上几口。而且也把酒作为一种待客的饮料,有客人到家中,酒和茶一样,都一同端到客人面前。普洱各民族喜欢喝的酒,一般为玉米酿的蒸馏酒,也有用大麦、高粱、荞麦、甘蔗等原料酿制。一般酒精度较高,辛辣无比,品质纯正。各族村寨都有会酿酒的人,所酿的苞谷酒,大多供自家和村寨及其周围的人们消费,产量不是很大,大多为小作坊式生产。佤族的"水酒"用小红米酿制而成,度数较低,独具特色。

烟草原产于美洲,明朝时期传入中国,最初是作为药物引进的。普洱各民族吸烟,有的用烟锅吸食草烟、蓝烟,这是未曾深加工的烟叶,味道辛辣。有的用水烟筒吸食烟丝。现在机制卷烟较为普遍,多为人们接受和喜爱。普洱各民族吸烟之风极盛,一些少数民族村寨,男女老少皆好之。

二 普洱传统饮食文化的特点

普洱传统饮食文化的特质，决定了普洱传统饮食文化的特点。概括而言，普洱民族饮食文化具有以下特点。

（一）喜食酸辣

普洱传统饮食喜好酸辣食物。如酸菜、酸笋、酸木瓜、嘎哩啰、酸多依、酸角、酸鱼、酸肉、酸牛皮牛筋、酸米干米线、凉粉、酸杂菜等，名目繁多。这些酸类食物，有些本身就是酸性的，如酸木瓜、酸多依、酸角、酸尖等，有些则是经过人们腌制后成为酸性的，如咸菜类的酸萝卜、酸菜、酸黄瓜、酸笋和肉食类的酸鱼、酸肉、酸牛皮牛筋等。它们有的用来佐餐，如咸菜类的东西；有的则是菜品，如酸尖、酸鱼、酸肉、酸牛皮牛筋；有的还可当作水果，如酸木瓜、酸多依、嘎哩啰、酸角等；有的是用作佐料，如酸菜、酸笋、酸萝卜等。

辛辣食品以辣椒和酒最为突出。辣椒种类繁多，小白辣、朝天辣、小米辣、涮辣、菜辣等，人们一般喜好较辣的小白辣、朝天椒。小米辣如米粒般大小，辣味十足。涮辣在菜中涮一下就可，故名涮辣，辣味尤甚。辣椒的食用，一般放入菜中作为佐料，拉祜族、哈尼族爱尼人喜欢掺上其他佐料制成辣椒酱，也有用盐腌渍后成为泡椒，还有加上姜、蒜、盐、味精、酱油等制成蘸水，甚或稍蘸点盐就生食。

普洱各民族喜食酸辣，还与酸味和辣味食物具有驱寒除湿功效有关，潮湿的气候环境条件下，潮气和湿气对人们的身体健康危害巨大，常食酸性和辣味食物，能够保证人们的身体健康。

（二）嗜好生食

生食本是动物和人类早期的食用方式。这种食用方式的特点就是直接、便利、原汁原味，但不利于食物的消化和养分的吸收。有些食物是不能生食或生食不了的，必须经过高温分解软化后才可食用。经过人们长期的生产生活实践，逐步摸索总结出了一些规律性的认识，不断地排除、筛选、固化了一些饮食经验，并传承了下来。

普洱传统饮食习俗中，生食的食物种类极多。有肉食、蔬菜、块根和果实。傣族的红旺，把肉剁细，在生血中拌以辣椒、姜、蒜、花椒、苤菜、芫荽、葱等细末和盐、味精等佐料，与肉末混同搅拌均匀，血凝结后食用。傣族有把各种佐料制成调料，俗称喃味，是用来蘸食生的小北菜、小青菜或莲花白、黄瓜、水香菜的。傣族还有一种美食叫剁生，用猪肉、牛肉、鱼肉、麂子肉等皆可，把生肉剁碎，加上各种调料生吃。生肉细腻如泥，入口即化，鲜嫩美味。红肉，一般用熟肉加生血和佐料用坛罐腌制，但也有不加腌制现拌而食的。普洱有些民族中盛行一种叫干生的美食，即把肉和骨头剁细炒熟加生橄榄皮（滇橄榄）和各种佐料拌食，有鸡肉干生、鱼肉干生等。有一种叫橄榄生的美食，即把猪皮煮熟切碎，用橄榄皮和各种佐料拌食。有一种叫牛撒撇的美食，把牛肚叶片煮熟切碎，加佐料和生苦肠水与米线拌食。蔬菜和果实生食时喜欢凉拌，如凉拌黄瓜、苦瓜、鱼腥草、水香菜、苤蓝、酸木瓜、酸多依、橄榄果、芒果芽、生李子、山楂、白萝卜、羊奶果、杨梅等，甚或茭瓜（茭白）、莲藕、花菜、莲花白等也有生食的。普洱少数民族特别喜欢把新鲜辣椒、葱、姜、蒜、苤菜的叶和根、大芫荽等用碓窝（对窝）舂细，放入盐和味精，制成类似于辣椒酱的东西，用来佐食。或把新鲜辣椒、葱、姜、蒜、芫荽等切碎，放入酱油、盐、味精，做成蘸水，蘸食各种食物。

（三）偏好烧烤

自从人类能够使用火以后，烧烤就是人们加工处理食物的主要方式。烧烤食物，便利快捷，能有效保留食物的鲜味和甜味，增添食物的香味，故一直以来都受人们喜爱，即使在人们学会用锅烹煮食物以后，也没有放弃烧烤的方式。烧烤，顾名思义，把食物放入火中为烧，放在炭火边上隔离一点距离为烤，烧更直接，烤略为间接。一般烧烤食物时不管是肉类也好，蔬菜也好，都要涂上一些佐料，使食物更为可口，似乎只有块根类的食物除外。

普洱传统饮食习俗中，似乎什么东西都可以烧烤。烤鸡、烤鱼、烤肉（猪、牛、羊）、烤香肠、烤豆腐、烤小瓜、烤韭菜、烤玉米、烧茄子、烧辣椒、烧苦子、烧甜笋、烧苦瓜、烧洋芋（马铃薯）、烧红薯、烧芋头，等等。还有人烧食一些新鲜野生菌类的，甚或煮食鸡肉、猪头脚、腊肉、火腿等，煮前还要用火烧一下，觉得这样才香。傣族的香茅草烤鱼，较有特色。在鱼肚中放入各种佐料，然后用香茅草捆绑起来烧熟，香茅草的味道和各种佐料的味道都渗入鱼肉之中，味道极具诱惑力。孟连傣族的手抓鱼米线亦是特色饮食，它是烤鱼加凉拌米线的混搭，吃起来别有一番风味。傣族的包烧也颇有特色。所谓包烧，就是用芭蕉叶包裹上各种拌好佐料的食物放在火上烧熟或烤熟食用，味道香辣可口，鲜美异常。包烧的食物，有小鱼、虾、牛肉、猪肉、猪脑、猪脸、猪心管、鸡脚筋等。

与烧烤相关的食物加工方式，就是油炸或油煎。油多食物少，油漫过食物为炸；油少食物多为煎。油炸或油煎能诱发出食物的香、甜、鲜味，火候掌握得好，嫩度也极佳。常见的食材有蜂儿、蚂蚱、竹虫、干巴、鱼、香肠、腊肉、菌类（如油炸鸡枞、羊肝菌、人工菌脚等）、摇头虫、爬爬虫、蝉和蝉蛹（当地人俗称知了）、飞蚂蚁、柴虫、叉叉虫、花蜘蛛、扫帚虫（当地人称扫把虫，学名叫条竹篾虫）、鲜豆腐与臭豆腐、花生、红豆、苦子、青苔（一种水生植物）等。人们早期用油炸的方式加工食物，主要是为了延长食物的保质时间，但如今更多的则是为了享用食物的美味了。

（四）烹煮、干肉与咸菜

普洱传统饮食习俗中，常见的是烹煮。煮应该是人类早期加工食物的一种最普遍的方式，能够让食物尽快熟化和软化，便于人们食用和消化，且能最好保留鲜香本味，所以煮食时，不更多地添加佐料。古人讲的大块吃肉，就是煮食的情形。普洱一些地方煮食鸡、鱼（三、四两大小），都还有整只整条煮的。肉类、瓜果蔬菜类、菌类，都是常用的食材。比较有代表性的如大红菌煮鸡、酸木瓜煮鸡（或猪脚、排骨）、清汤鸡（鹅、鸭）、清汤鱼、酸笋煮鱼、牛扒呼（清汤牛肉）、羊汤锅、骨头生煮瓜豆、煮各种野生薯类（山药）、煮野生菌类（大红菌、鸡枞、青头菌等）等。

干肉制作本身是远古先民加工处理储存肉类食物的一种方法。肉类食物不易得到,偶尔捕获或宰杀较大动物,多了吃不完,就用盐腌制成干肉,慢慢享用。普洱常见的有干巴(猪、牛、狗)、腊肉(猪肉、头、脚、肠、肝、肚,著名的如澜沧富邦腊肉、景东吹肝等)、鱼干、香肠(豆腐肠、肉肠,著名的如磨黑豆腐肠)、火腿(著名的如景东火腿)、腊狗(把狗肉加工成腊肉)等。干肉香味浓郁、独特,且能保存较长的时间,一直到今天也深受人们欢迎。

干菜制作也是很早以前人们加工处理蔬菜的一种方法。在大量蔬菜、菌类上市时,把其晾干脱去水分,就成为干菜,以备蔬菜缺乏时食用。常见的有豆类、菌类(如干木耳、干香菇、干大红菌等)、洋芋片(干土豆片)、萝卜干、干板菜等。比较有代表性的菜品就是干板菜煮干蚕豆。干板菜是用青菜或白菜脱水晾干,与蚕豆米一起煮食,别有一番风味。

咸菜制作也是人们处理蔬菜或肉类的一种方法,是人们储备的一种常用食物,通常是把蔬菜晾干切碎,拌以佐料,用陶罐腌制。常见的如腌菜(青菜)、萝卜条、卤腐、藠头、苤菜根、韭菜花、腌黄瓜等,著名的有澜沧竹塘咸菜、思茅倚象卤腐。甚或也有把肉食进行腌制的,如景谷腌鱼、腌肉,景东酸肉,腌鸡胗、鸡翅膀、鸡脚等。

第二节 普洱传统饮食文化的发展变化

普洱各民族传统饮食文化是不断发展变化的。20世纪五六十年代,内地大批人口移居普洱地区,以汉族为代表的一些内地饮食文化逐渐进入普洱地区,与普洱当地传统饮食文化相互交融,呈现出更加多元化的特点。逐步形成了以少数民族传统饮食文化为主导,各民族饮食文化繁荣共存的包容局面。

一 传统民族饮食文化彰显

随着经济社会的发展进步,民族传统文化的彰显日益被重视,饮食习俗、节庆文化、文学艺术、婚恋习俗等成为民族文化的主要载体和展现平台,被人们广为推崇。普洱民族众多,饮食文化丰富多彩,各民族都把饮食文化当作宣传推介民族文化的重要内容,且许多人把其当作事业创新发展的重要契机,故一些地域、民族的饮食风味如雨后春笋般纷纷崭露头角、脱颖而出,开始被人们所认知。拉祜风味、哈尼风味、佤族风味、傣族风味等开始有了名气,景东风味、墨江风味、江城风味、澜沧风味、孟连风味、西盟风味、宁洱风味、景谷风味、镇沅风味、思茅风味也成了一些酒店、农家乐的主打特色。民族饮食、农家饮食开始走上了餐馆饭店的餐桌,革除了其难登大雅之堂的陈旧观念,展现出了其别具一格的风俗魅力,特别是一些伴有歌舞表演、劝酒助饮的民族饮食更是受到了人们的欢迎和喜爱,成为普洱地方饮食时尚的风向标,引领了人们消费的潮流。

二 外来饮食风味的传入

随着市场经济的发展,人口流动更加频繁。普洱地广人稀,成为人口流动的净流入地区。外地甚或外省人口的大量进入,也把各地的饮食文化带进了普洱,使得普洱的饮食文化更加丰富多元。四川、重庆、贵州等周边省市或北方风味或烹制方法传入,省内大理、红河、西双版纳、丽江、曲靖、文山、昭通等饮食风味交融,人们对各地的饮食风味都包容接纳。

三 健康饮食新观念

吃饱、吃好都不再是问题,人们更多注重的是饮食安全、饮食健康的问题。讲究卫生、食物洁净、新鲜生态、饮食有度、营养均衡、荤素搭配、适量运动、不吃变质甚或隔夜的饭菜,讲科学、信科学、注重科学的饮食行为习惯正在逐步养成。市场上一些不施农药、化肥的生态的、纯天然的肉食、蔬菜、水果等被追捧,人们不再讲求食物的数量而是注重食物的质量。

四 快乐饮食新观念

当人们不再为吃的问题操心的时候,一些人群、一些家庭开始追求休闲娱乐,开始把饮食休闲化、娱乐化,于是饮食与休闲、饮食与娱乐、饮食与怡情、饮食与怡心逐渐地有机结合。假期、周末的时候，周边城郊的农家乐，几乎爆满。几个朋友或一家人或几家人相约外出，吃喝玩乐，早出暮归，又吃又玩。随季节的不同，摘橘子、草莓、杨梅、桃子、李子、西瓜、甜瓜，上山捡菌，钓鱼摸虾，踏青赏景，走路运动，打牌玩乐，吃饭喝酒，放松心情，玩得随意，吃得快乐。不仅仅是为吃而吃，更多的还是吃乐结合，吃中有趣，吃中有乐，吃出情趣，吃出快乐。

第五章

普洱传统婚姻文化

婚姻是人类社会历史发展的产物,是被制度、习俗或法律承认的男女两性结合的社会形式。随着生产力的发展和社会的进步,人类不断赋予婚姻更为科学的文化内涵,使其成为社会前进的基本内核,在不同的历史时期展示出各自不同的风貌与形态,维系着人类社会的延续与发展。[①] 普洱传统婚姻文化,是普洱传统文化中的重要组成部分。

第一节 普洱传统婚姻文化的主要内容

普洱各民族传统婚姻文化是普洱各民族在漫长的生产生活中形成的、独具特色的文化现象,综合体现在婚姻习惯、婚姻形式、婚恋观、婚姻程序、族际通婚、家庭成员关系等方面,反映着普洱各民族的婚姻状况、民族特点、文化素养。

一 婚姻习惯

普洱传统婚姻习惯是指普洱各民族在订婚、结婚、离婚、再婚的过程中自然而然形成的惯例、习俗,它是多年惯行的,是为当地民众共知、确信的规则。普洱各民族在长期社会实践过程中形成了与自身生存环境和社会条件相适应的婚姻习惯,并在一定程度上被赋予一定效力的习俗。

---

① 谭静怡:《畲瑶传统婚姻文化的历史学考察》,硕士学位论文,温州大学,2010年。

（一）正聘婚

正聘即正式的嫁娶婚配，是针对非正式聘娶如转房、入赘、抢婚等而言的，其中可细分为指腹婚、娃娃亲、童子亲、童子婚、怀抱婚等。

（1）指腹婚，又叫"肚皮亲"。子女尚在腹中，父母即为其确定婚约，俟出生后，如双方系相同性别，则结为异姓兄弟或姊妹，如双方系异性，即一男一女，则订立婚约。指腹为婚的口头婚约对这两人具有习惯法的约束力，任何一方都不得另图他娶或他嫁。

（2）娃娃亲。"娃娃亲"是双方父母在孩子很小的时候就给孩子订立婚姻关系，待孩子成长至结婚年龄就为其操办婚礼。父母为其子女包办婚姻，这被视为是彝族父母对孩子应尽的义务，个人没有婚姻自主权。在20世纪50年代以前，娃娃亲在普洱各民族中都不同程度地存在，多出现在父母双方家族关系比较好的家庭。

（3）童子亲。男女在一岁至十二三岁时，由父母定下婚约，各自在家从事劳动，待成年后再行完婚。彝族各支系多由父母包办，媒妁说成，也有指腹成亲的。结婚年龄从七八岁到十五六岁，结婚仅是一种仪式，七八岁办了婚礼，因姑娘年纪太小，由娘家领回去，待长大成人后又接回丈夫家。

（4）童子婚。"童子婚"与"童子亲"的区别在于童子亲只是少小时订下婚约，成年后方能完婚；童子婚则是未成年的童子与已成年女子结婚，故又称"女大于男"婚。在彝族中有的为了照顾年幼的儿子，父母会为小孩做主，娶一个年龄更大的姑娘与之成亲。

（5）怀抱亲。女方在四五岁后，因家境贫寒没有能力抚养，按婚约去男方家劳动，待成年后结婚。"怀抱亲"与汉族地区的"童养媳"相同，"乃女幼时养于婚家，待年长而后成婚也"，或因男家无力聘娶而养别家之女以为媳；或因女家贫寒于订婚日即将幼女送至男家以减轻负担，总之皆为"贫穷与财婚相结合之结果"[①]。在20世纪50年代以前，彝族保保泼支系中，由于婚龄小，有许多新郎新娘是成年人背着举行婚礼的，

---

① 陈鹏：《中国婚姻史稿》（卷三），中华书局1990年版，第764页。

婚礼过后新娘依然背回娘家养育，直到长成大姑娘后才送到夫家。① 镇沅彝族哈尼族拉祜族自治县者东镇户回村一带的拉祜族苦聪人盛行"喂饭婚"，按男女双方父母之意愿，在女孩还不会吃饭的时候就为其订下婚约，订婚方法极为简单，只要男孩嚼三口饭喂给女孩就算订婚。如果男孩年幼，不能履行嚼饭义务，可由其母亲代劳。女孩到七八岁就可出嫁，特别是家庭经济比较困难的家庭，会把女孩早嫁出去，以减轻家庭生活重负。故在苦聪人苦情调中唱道：

三岁姑娘长家门，
七岁姑娘想娘家，
天天望着娘家路，
不见爹娘接回家！②

（6）调换亲。顾名思义，"调换亲"即用前一个婚姻关系作为后一个婚姻关系的交换条件，互为调换，比如张家女子嫁与李家的男子，那么李家的女子必须嫁给张家的男子。调换亲相当于汉区的"换亲"或称"转亲"，"贫寒之家为子订婚无力置备财礼，遂有轮转结亲者"③。

普洱各民族在中华人民共和国成立前，经济条件较差的家庭，若有儿子又有女儿，为使儿子娶上媳妇，往往会采用调换亲的方式。在调换亲建立的过程中，双方家庭可以节省聘礼，但也有部分调换亲不是因经济因素，而是在相互交往过程中形成的，没有特定的附加条件。

（二）入赘婚

入赘婚又称"招养婚"或"招婿婚"，是一种男子结婚后居住到女家，以女家作为婚姻主体关系的婚姻形式。入赘婚产生于人类群婚制向个体婚制过渡的对偶婚时代，那时男女双方属于不同的氏族，夫妻生活

---

① 云南省思茅行政公署民委编：《思茅少数民族》，云南民族出版社1990年版，第289页。
② 罗承松：《拉祜族苦聪人——对哀牢山中部一个人群生活方式的研究》，中国社会科学出版社2014年版，第61页。
③ 民国司法行政部：《民商事习惯调查报告录》，转引自龙大轩《羌族婚姻习惯法述论》，《广西师范大学学报》（哲学社会科学版）2012年第2期。

最初采取"望门居"的形式，后又演进为男子入住到女子氏族中"从妻居"的方式，而这种行为就是入赘婚的雏形。

普洱各民族传统婚俗中有入赘婚习惯。傣族多实行从妻居；哈尼族、拉祜族有从妻居的习俗，但从妻居的时间不是终身制，最长不超过12年。居住在江城哈尼族彝族自治县中越边境的傣族傣社毫支系盛行从妻居的习俗，婚礼大多数在女方家举行，新郎到女方家成亲时要带去被盖行李，赶去一头肥猪，婚礼费用也要由男方出，一般婚礼耗费800元左右。从妻居的时间要根据双方的家庭而定，如果女方缺乏劳力，从妻居的时间就长一些，但最多不得超过12年。如果女方没有儿子，也可终身从妻居。从妻居的居住时间要少于原定的时间一年，如原定三年，在满两年后就可离去。离去时，女方父母要分给一些必要的生产、生活用具，如从妻居满12年的，要像子女分家一样分得一份财产，包括耕牛和积蓄。从妻居时间满后，岳父母家要杀猪设宴热情欢送。如果家境贫寒，无力举办欢送仪式的，也可以悄悄地领妻子回家，但会遭人们的议论，双方面子上也过不去。[①] 拉祜族中有从妻居的习俗，是否从妻居或居住多长时间，要事先商量决定。如果女方弟妹年幼，缺少劳动力，婚后男方到女方家上门至少三年，需得老人同意以后方可回男方家或独立门户，分居时，父母与子女双方必须履行各自的职责。父母要给儿女田地、耕牛、种子、鸡种、种猪等，帮子女盖好房屋，儿女则必须负责赡养老人。[②]

彝族没有儿子的人家多数实行赘婚上门，并且规定入赘所生的子女要随母姓三代，三代以后可恢复父方原姓氏，也有的不再恢复原姓。彝族各支系赘婚上门的现象较多，蒙化支系上门后男方要从女方姓氏，所生子女亦然。直到满三代男方才能恢复自己的原姓。[③] 在俚俚泼支系中，女婿上门要征得家族人的同意才行，要交一份财产给家族人后才准

---

① 云南省思茅行政公署民委编：《思茅少数民族》，云南民族出版社1990年版，第489—490页。
② 晓根：《拉祜文化论》，云南大学出版社1997版，第139页。
③ 云南省思茅行政公署民委编：《思茅少数民族》，云南民族出版社1990年版，第279页。

入赘。①

在哈尼族碧约人中，赘婿上门的现象也多，入赘事宜在吃小酒确定聘礼的时候就要做出决定，若要男方从妻居，女方就不得索取二十八两银子的聘礼。从妻居的时间也要在吃小酒时定下来，最短要二年，最长的不超过十二年，一般在三年左右。定三年期者实际只从妻居二年。满十年以上的要与妻家兄弟均分财产。②哈尼族腊米人招婿上门，满三年后，可分出自立门户，上门满十二年者，以亲生儿子看待。③

拉祜族苦聪人没有儿子，只有姑娘的家庭，可以招女婿上门，上门女婿在家庭中的地位与姑娘平等，享有社区成员的资格。入赘婚仪式与娶媳妇一样，所不同的是新郎和新娘的角色被互换。男女双方要请客搭棚，女方要组织一个迎新队伍，到男方家迎亲，上门女婿与岳父母一起生活，和妻子一同赡养老人，与妻子一同继承家产，所生育的儿女随母亲姓，其他女儿不参与家产的分配。

（三）转房婚

在原始社会末期，通婚集团的兄弟姊妹之间互为夫妻，但随着父权制的建立和私有制产生，女子逐渐沦为男子的附属物，被当作夫家的私有财产。在这种情况下，若丈夫离世，为避免族内财产外溢，妻子须留在夫家转嫁，她们对自己的婚姻已经失去了选择与决定的权利。夫兄弟婚正是在此基础上最终形成的，它实质上是宗族为大这一人伦文化的遗留产物，是母系社会向父系社会过渡时期父权制逐渐走向强势的一种标识。

普洱多数民族有转房习俗，彝族阿列支系、蒙化支系、拉乌支系丧偶后允许转房，但只能弟配嫂，不允兄配弟媳。拉乌人可以转房，兄死，弟可娶嫂为妻；但兄不能娶弟媳为妻。④拉祜族丧偶后亦可转房，但多数只能转兄长不转弟弟，即弟死后其妻可改嫁哥哥，但弟不可娶嫂为妻，

---

① 云南省思茅行政公署民委编：《思茅少数民族》，云南民族出版社1990年版，第289页。
② 云南省思茅行政公署民委编：《思茅少数民族》，云南民族出版社1990年版，第127页。
③ 云南省思茅行政公署民委编：《思茅少数民族》，云南民族出版社1990年版，第154页。
④ 云南省思茅行政公署民委编：《思茅少数民族》，云南民族出版社1990年版，第328页。

其理由是弟弟曾吃过嫂子辛苦得来的粮食或是由嫂子养大的,有的还受过嫂子的哺乳,俗语中有"父母去世,长嫂为母"之说。佤族在20世纪50年代以前,也盛行转房婚。

(四)服务婚

服务婚又称劳务婚,是普洱各民族中普遍存在的一种婚姻制度。其目的是以此报答女方父母的养育之恩,如女方没有劳动力的特别需求,一般在婚前象征性地参加一些女方家的劳动,如女方弟妹年幼,或者父母劳力丧失,有的民族在婚前要为女家提供两三年无偿劳动,有的民族婚后要从妻居三年或更长的时间。

(五)寡妇再醮

寡妇改嫁古称"再醮",意思是再举办一次酒宴。在普洱各民族传统婚俗中,丈夫去世以后,寡妇可以再嫁。生活在哀牢山一带的彝族拉乌人,夫死妻可改嫁。夫死后家有老人孩子的,就不再改嫁,而是招婿入赘。居住在景谷傣族彝族自治县的彝族香堂人,丈夫死后,妻子可以改嫁,可以继承财产。[1] 在彝族倮倮泼支系,寡妇无子者,不得继承财产,寡妇再嫁时,要做一个假秤,以箬叶当秤盘,石子当白银,称若干"银子"向死去的丈夫赎买自身,以免他的阴魂来纠缠。同时主婚人要用一股绳子套在寡妇脖子上进行象征性的提问,问好后拉着她绕过一道河或箐沟,把亡夫的亡灵隔在水一边才能出嫁。[2]

(六)抢婚

抢婚是普洱少数民族传统婚俗的一种独特的婚姻形式。"抢"者,强行夺取之谓也,然而在普洱各民族中,"抢婚"只是男女双方结成婚姻的表现仪式,并无强迫妇女意志的成分。一般情形是,男女双方私下和好,两相情愿,苦于女方父母不同意,男女遂相约时间、地点,届时男子邀约好友前往,将女子抢回男方家立即成婚,造成既成事实。也有女方同意,以"抢婚"方式结婚,为婚礼增添情趣。女子在被人拉抢之时要故

---

[1] 云南省思茅行政公署民委编:《思茅少数民族》,云南民族出版社1990年版,第305页。
[2] 云南省思茅行政公署民委编:《思茅少数民族》,云南民族出版社1990年版,第289—290页。

作痛哭状,且佯装不肯走,直到男方采取强制措施,才服从男方的意志。

在拉祜族苦聪人中,抢亲是一种古老的婚姻习俗。未婚男子将自己喜欢的未婚姑娘抢到自己家里造成事实婚姻;或者是自己喜欢的姑娘原先答应嫁给自己,最后又反悔要另嫁他人,就用武力把姑娘从别人的婚礼上抢回来成婚。

第一种情况名为抢亲,事实上是男女双方商量好的一种婚嫁方式。之所以实行抢亲,有三种情况:一是男女双方私下已经有很深的感情,但男方请媒人提亲时遭到女方父母的反对,于是,男女双方私下约好时间,男方在伙伴的帮助下,深夜摸进姑娘家,从姑娘的房间把姑娘抢走。姑娘有意大喊大叫,以示自己是被别人抢走的,而不是私奔。由于父母毫无防备,抢婚一般比较顺利。二是两个小伙子同时爱上一个姑娘,姑娘又犹豫不决,其中一男子约上自己的好伙伴,来到姑娘家把姑娘抢走,另一个男子此时只能眼睁睁地看着自己喜爱的姑娘被别人抢走,却不能阻止。三是男女双方已经定亲,但男方经济困难,没有能力操办酒席,女方又不同意简单操办,小伙子便约上好友,趁姑娘家没有防备,将姑娘抢走,进家后鸣放鞭炮,拜堂成亲。

第二种情况是男女双方恋爱了一段时间,女方向男方作出过承诺,后来又决定另嫁他人,男方就约上好友,在姑娘出嫁的当天到姑娘家抢亲,待姑娘牵出门时,抢亲者蜂拥而上,抱起姑娘就跑,跑出一段距离以后,燃放鞭炮,鞭炮一响别人就不能再来追。于是就会出现"只见他家吃喜酒,不见他家闹新房"的现象。

苦聪人在抢亲过程中,第一个抢姑娘的人必须是当事人,别人不能先动手,一旦当事人拉住姑娘,别人就可以帮忙,抱起姑娘就跑,待鞭炮一响,抢亲宣告成功,别人不得干预,如果姑娘抗议,可以由媒人来说服调解,抢亲一般不办酒席。①

---

① 罗承松:《拉祜族苦聪人——对哀牢山中部一个人群生活方式的研究》,中国社会科学出版社 2014 年版,第 77—78 页。

二 婚姻形式

所谓婚姻形式，是指人们通过结婚成立家庭而采取的各种方式方法。[①] 现代社会一夫一妻制是世界通用的婚姻形式，也是世界上最为普及的婚姻形式，但在普洱传统婚姻形式中，曾经存在一些特殊的婚姻形式。

（一）一夫一妻制

普洱各民族实行一夫一妻制，彝族、佤族、哈尼族及居住在景谷的傣族结婚后多落夫家。婚后入夫家，不动产不陪嫁。除"招姑爷"家庭外，女儿外嫁即意味着需离开父母及兄弟的家庭，婚后须入住夫家，也就是要离开娘家住所或是村寨，从居住地上与娘家"隔断关系"。入夫家有两种解释：一是婚后到丈夫村寨定居，二是与丈夫在娘家和婆家村寨外安家，外嫁的女儿可以不定居于夫家，另寻他处，可以定居于娘家的附近，但是不能回娘家寨。

（二）一夫多妻制

佤族实行一夫一妻制，但在中华人民共和国成立之前，一夫多妻的现象各村寨都有，多为经济条件较好的人所为，也有的是婚后不育，又纳第二妻的。旧时佤族盛行多妻制，各妻之间享有同等的社会和家庭地位。[②] 彝族香堂人离婚现象很少，个别因生理缺陷，男方要妻妾的，必须要终身管理好原妻，不得虐待、刁难和冷遇。[③]

三 婚恋观

（一）恋爱自由

普洱各民族青年男女在结婚之前享有充分的恋爱自由，恋爱方式多样，但有一个共同点，在男女青年找到心仪的对象后，一般要通过长辈，以说媒的方式，建立男女双方父母的关系，最终确定婚期及结婚的方式。

佤族恋爱自由，父母一般不会干预或者包办，男女青年到了婚恋年

[①] 李欢：《近十年藏族传统婚姻文化研究综述》，《红河学院学报》2019 年第 3 期。
[②] 云南省思茅行政公署民委编：《思茅少数民族》，云南民族出版社 1990 年版，第 427 页。
[③] 云南省思茅行政公署民委编：《思茅少数民族》，云南民族出版社 1990 年版，第 305 页。

龄，通过串姑娘活动，确立男女之间的恋爱关系，再告知父母。

拉祜族男女公开社交，恋爱自由，父母一般不干涉子女的婚姻，这已形成全民族一致的风俗。①

傣族青年恋爱自由，一般到十七八岁，便准许利用各种场合，进行广泛的交友活动。傣族青年谈恋爱既开放也严肃，不能使用粗鲁的言语，不能与女子有越轨的行为，若有女青年未婚先孕，男方要到女方寨子举行"洗寨子"（或称"祭寨子""烧寨子"）仪式，公开赔礼道歉。青年恋爱要禀告家长，否则被视为没礼貌，家长对子女的交友情况一般都不干涉。②生活在江城土卡河一带的傣族，青年男女婚前有社交活动自由，男女双方相互有了感情后，要告诉父母，由父母托媒去说亲，一般要去三次，每次去说亲都要携带一些礼物，如烟、酒、茶等。③

哈尼族很多支系恋爱十分自由，他们在"哈巴"中唱道："小牛大了要顶角，男女到了十三四岁要成对"。黑江哈尼族白宏、腊米等支系，在土掌房上搭建的封火楼，就是为青年男女谈情说爱而准备的。孩子到了十二三岁，就要爬到封火楼上过夜，封火楼靠土掌房山墙一侧开一扇窗户，有一根竹竿（木杆）直接搭到窗户边，刚上封火楼的男孩女孩们，总是男的一群，女的一伙，约在一个封火楼上嬉耍同睡，睡前常互相"串"封火楼，天黑以后，如果看到烽火楼窗户开着，说明这家姑娘和小伙子还没有心上人，如果窗户已关上，说明已经有情人在上面，不能再去打扰。④

（二）父母包办

在20世纪50年代以前，彝族和哈尼族的部分支系盛行父母包办婚姻。

彝族蒙化支系，中华人民共和国成立前青年男女没有谈情说爱的自由，多数得由父母包办，媒妁说成，也有指腹成亲的，结婚年龄从七八

---

① 雷波、刘劲荣：《拉祜族文化大观》，云南民族出版社1999年版，第79页。
② 李娅玲：《普洱文化通论》，云南人民出版社2009年版，第154页。
③ 云南省思茅行政公署民委编：《思茅少数民族》，云南民族出版社1990年版，第489页。
④ 李娅玲：《普洱文化通论》，云南人民出版社2009年版，第154页。

岁到十五六岁没有规定。① 倮倮泼以一夫一妻制为主，姑表舅婚盛行，解放前没有什么婚姻自由，全靠父母包办成婚，也没有年龄限制，七八岁就可以结婚。② 哈尼族卡多人的婚姻多为姑表舅婚，缔结婚约以父母包办为主，没有婚姻自由，婚姻范围也部分限定在本民族内。③ 哈尼族碧约人的婚姻盛行姑表舅婚，姑娘须征得舅家同意后才得嫁给外人。解放前以包办婚姻为主，同姓之间若非血亲可以通婚。④

（三）择偶标准

择偶是两性婚姻不可或缺的构成因素，其观念在不同时期，又有不尽相同的表现形式。择偶标准内容多样，包括民族、地域、家庭条件、人品等。择偶观是指人们在婚姻中按照什么标准选择配偶，这是体现婚姻观念的重要形式之一。⑤

普洱各民族青年男女在婚姻的选择上首先是看对方的能力，身体健康状况，为人处世情况，对待老人的态度等，其次才是相貌、家庭条件等。男子要身体健康强壮，会打猎、种田、犁地；女子会纺织，勤脚快手，尊敬老人。虽然有的还是比较看重门当户对，但由于社会经济条件和生活条件所限，在婚姻问题上，人们还是比较看重身体状况，勤劳朴实，为人善良等条件。婚姻除了是男女相合组成家庭，延续后代外，在家庭中还要维持生活、养家糊口、赡养老人、抚养后代。家庭和睦相处、尊老爱幼，与人为善的处事之道关乎一个家庭的发展与维系，也是家庭、家族和村寨和睦繁荣的基础。

生活在哀牢山中部的拉祜族苦聪人，女方比较看重男方的人品和能力。因为男人的品质决定了是否会勤俭持家、关心爱护家人。能力是建立一个家庭，维持家庭生计的必要条件，如在狩猎时代要是一个好猎手。经济条件一般不被认为是决定性的问题，就整体而言苦聪人的家庭经济

---

① 云南省思茅行政公署民委编：《思茅少数民族》，云南民族出版社1990年版，第278页。
② 云南省思茅行政公署民委编：《思茅少数民族》，云南民族出版社1990年版，第288页。
③ 云南省思茅行政公署民委编：《思茅少数民族》，云南民族出版社1990年版，第139页。
④ 云南省思茅行政公署民委编：《思茅少数民族》，云南民族出版社1990年版，第125页。
⑤ 姚立迎：《新中国婚姻文化的变革（1949—1966）》，《婚姻　家庭　性别研究》2012年第1辑。

条件都比较差，没有太多的差别。男方比较看重女方的长相、孝心、劳动能力。拥有较好长相的姑娘，是众多小伙追求的目标，因为大家都认为漂亮的姑娘更讨人喜欢。

拉祜族拉祜西人的择偶（婚配范围）标准有一些门户观念，但这里的门户并非以财富作为衡量的标准，而是以家族尤其是未婚青年们的祖父母、外祖父母、父母的人格来衡量，那些没有道德败坏、为人正直、勤俭节约、家人和睦、与人友善的家庭被认为是好门户，父母们总是在未婚儿女面前反复提这种家庭，开导儿女们去寻找这种家庭里长大的伴侣。[①]

佤族择偶的主要条件是身强力壮，劳动力好，好家庭经济条件好，相貌也是一项重要的条件。

（四）婚恋禁忌

1. 同姓不婚

同姓不婚就是指出自同一祖先或同一氏族具有血缘关系的男女之间禁止结婚。同姓男女结婚一直被佤族人视为是对鬼神莫大的亵渎，基于维护宗教禁规的考量，一旦发生这种事件就要对当事人施以严厉的惩戒。在当代，面对同姓通婚的行为，佤族人虽然不再像过去那样采取惩罚措施，但当事人还是会受到社会舆论的谴责。佤族同姓男女之间发生性关系，被视为乱伦。其他互为亲属关系的男女之间发生性行为也是乱伦。佤族人深信男女之间的乱伦行为会给村寨带来毁灭性的灾难，因此对乱伦者的处罚极其严厉。当代佤族社会对乱伦行为已不会再私自处罚，但生活在乡土社会中的佤族人通常不会去触犯这一禁令。

2. 婚前禁止性行为

普洱各民族对婚前性行为具有较强的约束力，多数民族禁止婚前性行为，如果违反了禁忌，男方要对女方负责，无条件与女方结婚。

拉祜族青年男女恋爱期间，如果发生性关系，致使女方怀孕，违者，全村人将其家中粮食、鸡、猪全部吃光，并令其脱去衣裤，打扫村寨，

---

① 王正华、金悦：《中缅边境澜沧拉祜西婚姻文化调查》，《普洱学院学报》2014年第4期。

修桥铺路,并且非婚子女不准在寨内出生。

彝族香堂人婚前讲究贞操,发生不正当关系的要罚款,令其垫路铺石,还要背着一只公狗绕寨子三圈。①

居住在中越边境一带的傣社毫,青年男女婚前有社交活动和性生活的自由,一旦怀孕,男方必须尽快办理婚事。②

四　婚姻程序

普洱各民族的婚姻过程形式多样,婚姻程序一般包含串婚、订婚、结婚三个环节。

(一) 串婚

串婚,又称串姑娘,拉祜族、佤族、傣族、哈尼族均有串婚习俗。串婚时间一般在农闲时节,如拉祜族串婚在火把节之后开始到来年春耕农忙时节为止,傣族则从每年的开门节至来年的关门节之间。串婚往往是青年男女以群体的方式进行。拉祜族小伙三五成群,穿上节日盛装带上心爱的芦笙,点着火把一起去姑娘们居住的村子,一路笙歌不断,到达目的地后,先在寨子里绕一圈,然后在寨子外面升起篝火,吹奏芦笙,约寨内姑娘出来约会。姑娘们听到委婉动听的芦笙调,便怀着激动的心情,换上漂亮的衣服,围上心爱的头巾,纷纷走出村寨,那些文静内向怕羞的姑娘,家中的老人会催促她们快停下手中的针线活出去赴约。男女青年相距10米左右,各烧一堆火,然后各方推荐出一名会唱情歌的歌手,对唱情歌。情歌一般由女方先唱。如女方问唱:"春风吹动百花开,蜜蜂采花哪方来?天下道路千万条,为何偏向这边来?"男方回唱:"白花开在妹门前,蜜蜂采花东方来。阿妹生得莲花样,哪个憨蜂不想来。"有的男青年不大会唱歌,怕姑娘讥笑,就吹抒情调,姑娘还会以"哩哩嘟"③ 或 "响篾"④ 的曲调应和。

---

① 云南省思茅行政公署民委编:《思茅少数民族》,云南民族出版社1990年版,第305页。
② 云南省思茅行政公署民委编:《思茅少数民族》,云南民族出版社1990年版,第489页。
③ 拉祜族女性喜爱的一种乐器,又称四眼竹笛。
④ 用竹片做的一种乐器,拉祜族女性吹奏的一种乐器。

男女青年通过串姑娘，相互了解并建立起深厚的感情，双方互相交换礼品，女方送小伙子包头背袋，线织刀鞘绳；男方送姑娘手镯、手帕、色线、花布等。

拉祜族不仅小伙子可以串姑娘，而且姑娘也可以串小伙子。有些地方串婚时，还多表现为女子主动。有的地方如同小伙子串姑娘一样，姑娘邀约自己的知心伙伴去男方村寨，弹起口弦，吹起"哩哩嘟"或"响篾"，唱起情歌，邀约寨中的小伙子出来相会。有的地区则是在串婚期间，青年男女相约到拉祜族语称为"咪搓妈"的寡妇家玩，这里通常也是男女青年串婚的场所。大家可以在寡妇家互相谈笑戏闹，吹芦笙、口弦、哩哩嘟，对唱情歌，跳各种舞蹈，然后找到如意对象。如果姑娘看中某一个小伙子，就会寻找机会用水将其全身泼湿以表示自己的爱慕之心。

在串婚过程中，最有情趣的是拉祜族"抢包头"，这种表达爱的特殊方式，不仅在拉祜族民间广为流传，而且其情景也别具一格。当小伙子看中一个姑娘以后，就想办法将姑娘的包头（头巾）抢走，如果姑娘喜欢小伙子，就会半拉半就，假装想要抢回来的样子，或者任由小伙子抢走。如果姑娘不喜欢小伙子，一般不会允许小伙子抢走她的包头，即使被抢去，也要拼命抢回来，或者准备一点礼物托人送给小伙子，把包头要回来。小伙子被姑娘托人来要包头，就会明白姑娘没有心意，在包头里包上一份礼物，委托来人把包头还给姑娘。关于抢包头的风俗，源于拉祜族的一个美丽传说。在拉祜族民歌《蜂蜡灯》中说道：在很久很久以前，有两家人，一家住在太阳山上，一家住在落阳山上。一天，天刚拂晓，太阳山的人家生了一个儿子，取名叫扎体；同一天，落日时，落阳山上的人家生了一个女儿，起名叫娜娥。扎体和娜娥从小一块长大，相互产生了爱慕之情，日久天长，二人恋情越来越深，达到难舍难分的程度。后来两家老人发生矛盾，便互相筑篱笆断绝往来，一山看不见一山。但是从小青梅竹马一起长大的扎体、娜娥却依然心心相印，不可分离。在一个美好的春天，百鸟在树头上欢唱，人们吹着芦笙欢跳，整个山林一片欢笑，这时，扎体和娜娥穿越封闭的篱笆相聚在一起，二人相对起舞，情意绵绵，爱恋深深。扎体看着娜娥，就像蜜蜂见到鲜花，娜娥见到扎体，好似鲜花初放招引着蜜蜂。扎体一把抢走娜娥的包头巾，娜娥的一头秀发飘洒在肩上。她含羞带笑紧紧跟上扎体，拉住了包头巾的末端，抢是假来追是真，扎体、娜娥各拉着包头巾的一端，一直追到寨边竹篷下。这时夜幕已降临，满天的星星笑着眨眼睛。小河的流水静静地淌着，洁白的月光洒在情人的身影上。在绵绵的细语声中，扎体和娜娥互换了银镯，互交了两颗赤诚的心。双方表示，无论发生什么事，海枯石烂不分离。从此以后，拉祜男女谈恋爱就有了抢包头的风俗。①

傣族的婚姻比较自由，一般男女青年到十七八岁就允许利用在赶摆、婚宴、节日等聚会场合串姑娘（傣语称为"连卜少"），傣族串姑娘有的邀约伙伴进行，有的单独进行，相爱后男女相互赠送礼物。荷包是傣族姑娘精心缝制的爱情信物，在泼水节等群体聚会时，常常举行集娱乐和传情为一体的丢包活动，男女青年在村寨的广场上，面对面的排成两行，把自己的荷包投向喜欢的对象，投掷荷包以后，男女离开丢包场，双双进入幽静的竹林或河边，倾诉衷情。

哈尼族姑娘到15岁以后，举行"换裙子""脱帽子"等成人礼；男子多以嚼槟榔、参加围猎等为成人标志。行过成人礼的男女青年，可参加各类社交活动，谈情说爱。②哈尼族串姑娘一般在农闲时间或节日、婚宴等聚会场所，青年男女互相到对方村寨串玩，在交际过程中表现非常勤快。小伙子通过对歌或通过熟人打听姑娘的基本情况，有的则躲进井边树林里等候姑娘汲水，主动上前帮忙、攀谈，与姑娘约会。姑娘应约赴会，便算双方认识，开始交往，相处一段时间以后，如姑娘父母不加干涉，双方开始频繁会面，并互赠腰带、绑腿、针线和首饰表达爱慕之情。

串姑娘也是佤族常见的寻偶方式，男女青年到十七八岁以后，就开始串姑娘活动，一个小伙子如果遇到中意的姑娘，就邀约伙伴一起到中意的姑娘家串门，姑娘也有好友相伴。男女青年在一起有说有笑，小伙

---

① 晓根：《拉祜文化论》，云南大学出版社1997年版，第158页。
② 普洱市地方志编纂委员会：《思茅地区志》（下），云南人民出版社2012年版，第805页。

子帮助姑娘家做一些家务，如果姑娘父母满意，就不进行干涉，如果对小伙子不满意，就千方百计阻止小伙子帮做家务。

(二) 订婚

普洱各民族在缔结婚姻时，须请媒人提亲，征得女方父母或家族、舅父等同意，并支付一定数量的聘礼。在男女青年交往一段时间以后，就要告知家人，请媒人到女方家去提亲。

拉祜族男青年在串婚恋爱的基础上，定下自己的婚事，双方各自悄悄告诉知心的姐姐和嫂嫂，然后由姐姐和嫂嫂再请叔叔、舅舅转告父母，因为拉祜族的习俗是个人的婚事不便直接对父母说，故托人来转告。双方父母、叔叔、舅舅们得知后，就开始托媒人提亲（即订亲）或称喝"火笼酒"。① 男方父亲要聘请两个比较有威望，通情达理，能言善辩，熟知双方情况的男性作为媒人到女方家去提亲。媒人第一次到女方家去提亲，要带一把草烟、一壶酒、一包茶叶，媒人到姑娘家后一般不直接说明来意，而是委婉地说："听说你们的菜籽熟了，我们来讨去做种。"女方父母谦虚地说："菜籽是有一点，但瘪瘪壳壳的，怕不会发芽。"媒人接着说："瘪瘪壳壳也不怕，我们家的地肥，我们家的水好，一定会发芽、开花、结籽。"女方父母谦虚一番以后，如果愿意，就接过媒人带来的烟、酒，并叫姑娘拿碗来倒酒给大家喝。姑娘的意愿通过拿碗与否来表达，如果姑娘愿意就会很快把碗拿来，热情地给大家倒酒；如不愿意就拒绝拿碗，借故离开，父母一般不会把自己的意愿强加给女儿。② 拉祜族托媒人说亲，少数地区是由女方去托媒求婚，多数地区是由男方家去托媒求婚。③ 女方老人初步同意孩子的婚事后，媒人先带两筒米（约10斤）、两斤酒、两斤茶叶、两斤食盐、两斤肉或一只鸡到女方家，做饭菜宴请女方亲属，双方在订婚宴上，商定婚期、聘礼等问题。然后请"魔巴"④ 测算吉日，确定结婚的日期。订婚期间，如发现一方不会做家务或

---

① 雷波、刘劲荣：《拉祜族文化大观》，云南民族出版社1999年版，第82页。
② 罗承松：《拉祜族苦聪人——对哀牢山中部一个人群生活方式的研究》，中国社会科学出版社2014年版，第64页。
③ 雷波、刘劲荣：《拉祜族文化大观》，云南民族出版社1999年版，第83页。
④ 拉祜族巫师的称谓。

懒惰，对方可据此提出解除婚约。

哈尼族青年男女有了感情，男方要告诉父母找媒人说亲。第一次只是媒人去，不需要带什么礼品，把结婚的事向女方表明，顺便听取女方的意见。第二次去时带些酒、烟、茶之类的小礼品，主要是征询女方的态度，如果女方许诺，那就要把姑娘的生肖属相问明白，回来请媒庇帮合命，相互没有大的冲克即可成亲。① 第三次去时要带一些钱、一包茶、两斤酒到女方家献祭神灵，双方商定"治切铎"（吃小酒）的时间。"治切铎"是哈尼族布孔人的准婚礼，男方要带去两只鸡、一包茶、两斤酒、一些钱，献祭神灵后，双方共同商定聘礼数量和是否从妻居等有关事宜。通过"治切铎"，婚姻关系算已经确定，双方不得反悔。

佤族的媒人通常是男方亲戚或者是魔巴。聘礼有手镯、项圈、钱、茶、酒等。媒人提亲实际上是打听聘礼数额。聘礼一般以姑娘母亲出嫁时的数额为依据，俗称买姑娘钱。另外，还有奶母钱5—20元，奶母钱在结婚时付清。买姑娘钱可以在结婚时付清，也可以在婚后择日再付。如果婚后生女，将女配给舅家之子为妻，买姑娘钱便可少付。②

彝族缔结婚约的程序较为繁杂。彝族蒙化人提亲要媒人，媒人去三转、九次，女方才能表示态度，如果不嫁，就说："今后不必再来了。"若嫁，就把媒人带去的伞接下摆好；还有一种方法：允婚就煮夜餐招待媒人，不允婚的只招待烟酒。

女方允婚后，媒人要带两把面条、一壶酒到女方家，由女方准备饭菜请亲友来吃一顿早饭，叫作吃"许口酒"。吃了"许口酒"，接着决定吃"订婚饭"的日子。吃"订婚饭"时，男方要带去一只阉鸡，一方肉（不少于4斤），二瓶至四瓶酒、豆腐、豆芽、粉丝、木耳等菜蔬和两斤草烟、两盒红糖、八把面条、二十斤米。这些彩礼要用红纸包成两份送到女方家。女方请亲戚朋友来吃"订婚饭"。女方要反馈一些礼品给男家，表示不取完之意，蒙化人称之为"去不空，来也不空"。吃了订婚

---

① 云南省思茅行政公署民委编：《思茅少数民族》，云南民族出版社1990年版，第214页。
② 普洱市地方志编纂委员会：《思茅地区志》（下），云南人民出版社2012年版，第831页。

饭,姑娘算是有了婆家,不准再反悔,别人也不得来干扰。之后就可以决定举行婚礼的时间和聘礼的数量。①

傣族的婚姻比较自由,青年男女自由恋爱,但缔结婚姻须征得双方父母的同意,并按婚俗完成各项聘礼后方许成婚。

(三) 结婚

普洱各民族结婚一般在冬春两季农闲时节,农忙时节不谈恋爱、不结婚。

哈尼族布孔人的婚礼一般分三天进行,在婚礼前三天,新娘的姑妈或阿姨要来家里唱三晚"依擦擦"(调子)。唱词的内容是教给姑娘各种生活常识,传授布孔人的伦理道德,如尊敬长辈,服侍老人,爱护子女,热爱劳动,听从父母、兄长和村寨头人的教诲。村邻要和谐,待人接物要和气,说话嘴要甜,见到漂亮的伙子不要呆看、不要乱想,有人来献殷勤不要理睬、不要给外家丢脸等。姑妈唱"依擦擦"时,少女们围在旁边听、跟着唱歌,主人家要煮糯米饭招待演唱的人和来做伴的姑娘们吃。村寨里小伙子也可以来和姑娘们抢饭吃,嬉戏作乐。②

哈尼族婚礼规模由男女双方的家庭情况决定,男女双方各办各的,哈尼族有的支系不再摊派财物,但是,娶亲的人要预先告知女方。多数支系男方家要送肉食、酒等给女方家。婚礼的第一天,男女双方都在院子里搭起青棚,娶亲队伍吹着唢呐,打着锣来到女方家,在女方家吃过午饭后就娶新娘回家,如果路途远的还要在女方家住上一晚。

彝族有"哭嫁"的习俗。闺女出嫁时,故意在娘家大哭一场,以表示对原生家庭的不舍,否则便被人认为对父母不孝。尽管男方一再敦促,新娘也要有意拖延时间,赖着不肯出闺房门,新娘父母看着拖得差不多了,只得叮嘱新娘几句,劝新娘出门甚至叫人强行把新娘背出门。新娘又哭又闹,表现出难舍难分的样子。新娘的亲友、姐妹、母亲、舅母、姑母等欢聚一堂,按传统的哭词、哭曲边哭边唱"哭嫁歌"。

哈尼族新娘出门时要假装不愿意出嫁的样子,否则会受到别人的耻

---

① 云南省思茅行政公署民委编:《思茅少数民族》,云南民族出版社1990年版,第278页。
② 云南省思茅行政公署民委编:《思茅少数民族》,云南民族出版社1990年版,第215页。

笑，有的哭诉道："包头不够不好出门，人家会说我穷；包头上没有银泡出不了门，上山砍柴、到水井去挑水与别人相比会说我穷；没有耳坠和伙伴们在一起也觉得害羞，没有项圈人家会说我们外家无能；没有'帕河'（马甲）、'帕河帕磨'（长衫）、'腊读'（手镯）、'牛过'（戒指）、直咋（围腰）、'腊迟'（裤子）、'克批'（绑腿），这些东西给够了我才有脸面出门，外家的脸面也大。东西给齐了不想出门也要出门。第一步跨出家门槛，第二步离开我背的柴堆，第三步离开了我天天做饭的锅灶，第四步离开了我晒谷子的掌子（阳台），第五步离开了我防线织布的'敞河'（厦子），不想走也得走，不愿意离开也得离开，离开了闺房，离开了灶房，见到了水井我更悲伤，因为那是我和姐妹们常梳妆的地方。过了水井来到小桥旁，那地方使我最伤感，因为那是我背柴歇息的地方。到了人家的地方什么都不习惯，人家的水没有家乡的水好，人家的山也不像我们的山。"① 有的哭诉舍不得离开父母兄弟姐妹。新娘伙伴要哭着送到寨外，送亲人都要哭着送到新郎家。在半路上，新娘的姑母要亲自给新娘系"批迟"，以示正式成为他人的妻子，此后，只要丈夫还活着，做妻子的就不能把"批迟"解掉，损坏了就要制作新的"批迟"。如果丈夫去世，意欲另找他人时，才能把"批迟"解掉，表示有求偶的意愿。如果决定不再寻找配偶，就要一直系着"批迟"。新娘到了男方寨子外面，伴娘要用衣服把新娘的头盖起来，不让别人看，并要团团地把新娘围着，慢慢地进入竜巴门，男方要请嬷庇在门外用火炭、芭蕉叶、铜、铁、粗糠、雷楔②、白线和两个鸡蛋举行隔离仪式，以示将迎新过程中带来的不吉利的东西隔离在寨外。然后娶亲和送亲的人们跨过白线进入新郎家。

进家后新郎新娘要先拜家神，再拜父母和新郎家的长辈和舅舅，拜完亲戚后才进入洞房。

晚上，新娘要抬水给男方老人和长辈们洗脚，被洗脚的老人要给新

---

① 云南省思茅行政公署民委编：《思茅少数民族》，云南民族出版社 1990 年版，第 166—167 页。

② 雷楔，遭雷击的树旁边找到的金属片，人们认为可以驱邪。

娘一份贺礼，平辈的小伙伴故意捣乱，撒些粗糠之类的东西在水里，让新娘多抬几次水。第二天吃过早饭以后，送亲的人返回女方家，新娘的哥哥或者弟弟回去时要偷一个碗回去，意为把姑娘带来的福气拿回家。

新郎新娘要在青棚里给送亲的人行礼，送亲的人要给新郎新娘一份礼，舅母要给外甥女一对手镯，以示不忘母系亲属，哈尼族布孔人称之为"格老涡"，新郎的长辈要用豪猪筷（刺猬毛）挑熟猪肝给每个送亲的人吃，表示祝福。

婚礼过后的第十三天，新郎新娘回娘家，要带礼品回家孝敬父母。

彝族、拉祜族、傣族新娘到了新郎家以后，长辈要给新郎新娘拴线，不同的是彝族拴红线，拉祜族和傣族则拴白线。

彝族、哈尼族、拉祜族都有闹新房的习俗。天黑之后，新郎方还要举行点松明找媳妇仪式。届时，新郎方派两位男性代表，在新娘方的人的带领下，持着火把进入新娘家。持火把的人进新娘家后要大声问："新娘在哪里？"新娘家的亲友则指着新娘大声说："这不是新娘是谁？"接着持火把的人又原路返回新郎一行落脚的家里，进门便大声对新郎说："你的新娘在家里，她不想找其他男人了。"众人欢笑一阵。把火把吹灭放在原先点燃的地方，如果火把在未踏入新娘家门前被风吹灭，持火把的人要重新回到新郎落脚的家里点燃，而不能在途中点燃。点松明看新娘仪式结束后，双方亲友在新郎落脚的家里杀鸡看卦，吃宵夜唱古歌，庆贺新郎新娘的美满姻缘，预祝新郎新娘前程似锦。①

五　族际通婚

族内婚是一些民族在历史上长期实行的婚姻制度，打破这一限制使社会交往得以扩大的族际通婚行为是人类学所关注的现代社会变迁的一个重要问题。在缔结婚姻关系的事项中，女性一般是主要的流动群体，其流动大多表现出从贫困地区、族群嫁入富裕地区和族群的倾向。但是，正如康斯德博所指出的，特定族群的女性嫁给另一族群男性的原因仅仅

---

① 王正华、金悦：《中缅边境澜沧拉祜西婚姻文化调查》，《普洱学院学报》2014年第4期。

就是后一个族群比前一个族群在政治经济实力上有优势的看法却是错误的。① 在历史上相对稳固的婚姻制度是整个社会文化制度的一个重要方面，也是维护其稳定性的重要组成部分。

普洱各民族在历史上多实行族内婚。生活在哀牢山区的哈尼族，在长期的农耕社会发展过程中形成的族内婚制度，使得他们在与彝族、壮族、苗族、傣族和汉族等民族的长期相处中极少出现族际通婚的情况。为了维系族内婚的稳定，从而维护族群内部的社会结构稳定，哈尼族在历史上形成了一些不与外族通婚的禁忌，并且以古老传说的形式灌输如果实行族际通婚就会导致社会灾难之类的理念。彝族阿列人和外族通婚的不多，世俗格言："山羊是山羊，绵羊是绵羊，不能混在一起。"② 在彝族和哈尼族中普遍实行姑表舅婚。彝族盛行姑舅表优先婚制，即姑舅表兄弟姐妹有优先婚配的权利。蒙化人称之为："金线断，银线不断"，舅家有选娶外甥女的优先权，只有舅家不要才能往外嫁。③ 如另嫁他家，所得聘礼要送一份给舅家，否则舅舅有权来抢婚或终止这一婚姻关系。这与彝语支民族盛行的舅权制有直接的联系。彝族姐妹的子女在称谓上通称为"码仔妮媄"，意为哥哥妹妹，被视为同胞兄妹。他们之间不仅不能联姻，也不能发生性关系，这是母系氏族外婚传统在彝族社会中仍然有生命力的表现。在彝族看来，姨母等于母亲，姨表兄妹等于亲兄妹，差别仅在于不吃一胞奶或不在一个家庭中生活。因此，姨表兄弟姐妹之间通婚、恋爱和性关系，都将被视为父系氏族内部乱伦。哈尼族阿列人中，姑表舅婚占多数，家有姑娘要先满足舅家，如舅家无合适的儿子可匹配，征得舅舅同意后才出嫁他人。④ 佤族认为姑表婚才是最好的婚姻，虽然舅家有优先权，也必须经过"串姑娘"的恋爱方式结为夫妻。

中华人民共和国成立以后，民族平等观念深入人心，随着社会经济的发展，人员的社会流动性增加，男女青年的社会交际范围不断扩大，

---

① 郑佳佳、马翀炜：《禁忌、厌胜与调适：哈尼族族际通婚的社会文化同构历程》，《北方民族大学学报》（哲学社会科学版）2015年第1期。
② 云南省思茅行政公署民委编：《思茅少数民族》，云南民族出版社1990年版，第260页。
③ 云南省思茅行政公署民委编：《思茅少数民族》，云南民族出版社1990年版，第278页。
④ 云南省思茅行政公署民委编：《思茅少数民族》，云南民族出版社1990年版，第260页。

婚姻选择的机会增加，族际通婚的范围不断扩大。

六 家庭成员关系

普洱各民族青年结婚后，夫妻相随，形影不离，关系平等，离婚现象极少，社会成员对离婚持否定的态度。

拉祜族传统习俗中，离婚是件耻辱的事情，谁要是喜新厌旧，提出与对方离婚，对方就有权提出罚款的数额。如果双方同意离婚，那就请寨子里的老人来帮助履行离婚仪式。离婚男女双方要拿一根线，各执一端，老人讲完双方离婚的原因，并提出未来的希望以后，用火在中间把线烧断，婚姻关系就算解除。双方都愿意离婚的，就要由双方共同出钱买来猪、鸡，请全村人吃一顿饭。如果一方要求离婚，经长辈再三劝说仍无济于事，简单举行一下烧线仪式，婚姻就算结束。

居住在澜沧的傣族傣绷人，以一夫一妻制小家庭为社会基本单位，家庭中夫妻共同劳动、共同享受、地位平等。子女结婚后另立门户，多数由幼子养老。①

20世纪50年代以前，也有部分地区存在较强的男尊女卑观念。彝族蒙化支系，妇女在家庭中地位低下，没有掌家权，老人在世时，媳妇不得上楼，不得读书。从早到晚都要忙于做家务、搞生产、带孩子和伺候丈夫，辛勤劳累。丈夫死后，若无子女就不得继承财产，被丈夫的亲戚所转卖，习俗是"在家从父，出嫁从夫，夫死从子"。②傈僳泼支系妇女在家庭中地位低下，处处受丈夫和公婆的支配，个别因丈夫无能由妻子掌家的也要受社会的歧视，被叫作"母牛拉犁"。傈僳泼人重男轻女的观念很浓，没有儿子的人总是埋怨自己的命运不好。③

第二节 普洱传统婚姻文化的特征

普洱传统婚姻文化因普洱社会经济发展不平衡，生活在普洱不同区域

---

① 云南省思茅行政公署民委编：《思茅少数民族》，云南民族出版社1990年版，第477页。
② 云南省思茅行政公署民委编：《思茅少数民族》，云南民族出版社1990年版，第279页。
③ 云南省思茅行政公署民委编：《思茅少数民族》，云南民族出版社1990年版，第289页。

的不同民族，与其社会生产生活相适应，形成了丰富多彩的民族婚姻文化。

一　多元化

普洱传统婚姻文化具有多元化的特征。普洱各民族千百年来交错杂居，互通有无，交往密切，各民族在婚事过程中相互借鉴、相互吸收，形成民族婚姻文化你中有我，我中有你，谁也离不开谁的文化交融现象。

二　统一性

普洱各民族是中华民族的重要组成部分，其传统婚姻文化也是中华民族传统婚姻文化的组成部分，与中华民族传统婚姻文化相统一。如重视婚姻缔结，尊重父母的意见和建议，对婚姻寄予美好的祝福，通过婚姻仪式，对新婚夫妇进行伦理道德、生产生活、为人处事等教育。通过系列婚姻仪式，亲朋好友交互往来，促进社区人员的流动、信息的传输，增进友谊，强化亲情，促进社区团结，强化了中华民族共同体意识。

三　发展性

婚姻是社会发展的产物，婚姻文化是在社会生活中形成的，并随着社会经济的发展而不断发展变迁。中华人民共和国成立后，制定的第一部大法便是《中华人民共和国婚姻法》，废除包办强迫、男尊女卑、漠视子女利益的落后的婚姻制度；实行男女婚姻自由、一夫一妻、男女权利平等、保护妇女和子女合法利益的新民主主义婚姻制度；禁止重婚、纳妾；禁止童养媳；禁止干涉寡妇婚姻自由；禁止任何人借婚姻关系问题索取财物。其中，"婚姻自由和男女平等是现代婚姻制度的核心，它不仅唤醒和弘扬了人的自我意识和追求幸福的勇气，抛弃了传统社会中妇女结婚的家长决定权和离婚的丈夫决定权，而且也使妇女从此摆脱了长期以来形成的在婚姻家庭中的无权地位，故它是与传统婚姻制度的根本区别"[①]。《婚姻法》中明文规定，结婚须男女双方本人完全自愿，不许任

[①] 张志永：《婚姻制度从传统到现代的过渡》，中国社会科学出版社2006年版，第114—115页。

何一方对他方加以强迫或任何第三者加以干涉。从法律上解除了两千年来"父母之命"决定子女婚姻大事的旧习俗,把婚姻决定权从父母辈下移到子女手中,将婚姻自由作为婚姻成立之要件。新中国成立以来,随着《婚姻法》的颁布和各级政府对《婚姻法》的贯彻实行,人们对实行晚婚对自身和社会发展的重要性的理解逐渐深入,观念逐渐明确,认识到了《婚姻法》规定的"男二十岁,女十八岁",是国家规定的结婚最低年龄。

"无媒不成婚"是中国传统择偶方式的特点,也是普洱各民族婚姻文化的特点。中华人民共和国成立以后,传统婚姻中的媒妁被"红娘"取代。随着人们生活与活动空间的扩大,特别是男女青年都可以参加工作和生产劳动,彼此交流的机会增多。所以在这一时期,男女青年在工作与生活中相识,自主选择婚姻也成为择偶的重要方式。

普洱彝语支民族盛行的姑舅表婚随着社会经济的发展,人们对近亲婚配产生的危害性的认识不断提高,加之国家禁止近亲结婚,姑舅表婚制被废除。族内婚被自由恋爱、跨区域、跨族际婚姻所取代,普洱各民族的婚姻文化与时代发展相适应,在传承优秀婚姻文化的同时,社会主义核心价值观不断深入人心,成为现代婚姻文化的不竭源泉。

第 六 章

普洱传统居住文化

居住文化是人类丰富多彩的物质文化和精神文化体系中一个重要的组成部分，它不仅包括住宅建筑的形态和建造方法，也反映了居住者的行为方式和意识观念。其形成与当地的自然地理环境、文化背景有着极为密切的联系，同时也随着时代的发展而不断变迁。① 居住文化的内容包含三个方面：一是住宅建筑的形态和建造方法；二是居住习俗，即居住者的行为方式和意识观念；三是外延部分即所形成的聚落形态，由人的社会属性决定。

第一节 普洱传统居住文化的主要内容

普洱各民族的传统居住文化是在长期生产生活中形成的，并与自然环境和社会经济发展相适应。这种由自然环境智慧和族群文化意识所共同塑造的"人—产—地—天"聚落空间，形成了生产、生活与文化、自然生态空间高度融合的人居环境模式。②

一 普洱传统民居类型

各民族都经历了从穴居、巢居等简单的居住方式到较复杂的居住方

---

① 刘冰清、赵颖、刘纯：《瓦乡人居住文化变迁考察——以湖南沅陵 J 村为例》，《怀化学院学报》2018 年第 10 期。
② 李玥、耿虹、任绍斌：《"栅片房"的营造：南美拉祜族传统民居及其营造技艺研究》，《建筑学报》2021 年增刊。

式的演变。傣族古歌《关门歌》中就有反映穴居生活的篇章："山洞在野外/山洞在森林/野外有大蛇/林中有虎豹/孩子们,快进去/老人们,快进去/我要关门了/我要堵洞了。搬来干树枝/拉来绿树叶/拾来大石头/堆在洞门口/挡风又防冷/野兽进不来/我们才安全。"据人类学的研究,许多民族曾用"风篱"作为原始住宅。它结构简单,用树干或树枝插入土中,构成一面坡式的墙,其上覆盖树枝、树皮、茅草等材料。如云南的苦聪人,在清代还过着"以叶构棚,无定居"的生活。[①]

有关传统民居建筑形制类型的界定和划分,随着民居研究的深入,各地专家学者提出了多种民居分类方法,其中具有代表性的如:刘敦桢提出的平面分类法,刘致平主张的结构分类法,陈从周等提出的按照空间形式和用材分类法,陆元鼎提出的气候地理分类法,潘谷西整理的结合结构分类、气候地理、民系分类于一体的分类方法,孙大章提出的借鉴自然科学界的分类法,以及由邓智勇与王俊东提出的多维空间坐标分类法等。由于民居的形成与社会、文化、习俗等有关,又受到气候、地理等自然条件影响,同时民居由匠人设计、营建,并运用了当地的材料和自己的技艺和经验,这些因素都对民居的设计、形成产生了深刻的影响,因而民居特征及其分类的形成是综合性的。[②]"历史地理·类型综合分类法"中,首先将中国传统民居从大尺度宏观上划为庭院、单幢和移居三种。庭院种分合院、厅井两类;单幢种分干栏、窑洞、高台、井干、单幢五类;移居种分毡帐、舟居二类。在三种九类框架下,合院类分方正、纵深、横长和曲尺共四类基本式样;厅井类分横长、方正、内庭和纵深四类式样;干栏类分支撑和整体两种式样;窑洞类分靠崖、地坑和锢窑三种式样;高台类分藏、羌碉房;彝居土掌房共二类式样;单幢类分横型、纵型和圆型三类式样;毡房类分毡包、帐房二类式样;舟居一类。在种、类、式的三级分层界定划分下,中国传统民居建筑形制和类

[①] 石峰:《少数民族传统建筑类型及其形成原因》,《贵州师范大学学报》(社会科学版)1999年第3期。

[②] 潘嘉伟:《中华民居——传统住宅建筑分析评介》,《美与时代》2014年第4期。

型分类规范在三种、九类、二十三式样中。①

普洱各民族为了适应起伏较大复杂多变的地形，其空间组合形式多采用筑台、错层、掉层、架空等方式，根据地形的高差错落，结合居住功能的需要，营造小的居住空间，通过楼梯、廊道把这些空间联系起来，形成多变的居住空间体系。在此将普洱各民族的传统民居分为干栏式和落地式两种类型。

（一）干栏式

一般而言，百越系统和百濮系统的民族传统民居多为干栏式建筑。

傣族多居于气候较炎热的河谷地区或平坝地区。村寨周围翠竹环绕，菩提树蔽日，果木连片成荫。住房多为土木结构的平房，屋顶不高，以茅草、稻草、甘蔗叶编成草排覆盖，在屋顶开一活动天窗，可开可合，正中开门，室内光线很暗，这种房子的特点是冬暖夏凉，多为一栋三间。其中，一间设有煮饭、烹菜、取暖用的火塘，有铁制的三脚架或以三个石头做支锅架，火塘一侧铺有接待客人用的床，其余是主人的寝室。另外，傣族人按照鸡笼的式样盖房子，并把这种房子取名"鸡罩笼房"。地处较为偏僻的茂密处或江边一带的傣族，不仅居住"鸡罩笼房"，还有干栏式的掌楼。楼上住人，楼下关牲畜，堆放柴火及生产工具。掌楼因选料认真、穿斗榫扣、屋架结实，建盖一次可居住两代人，有建筑面积小、实用价值大、干燥和冬暖夏凉的优点。

佤族房子的结构大部分是适合本地群众生活特点的"干栏"式楼房，楼房分上下两层，楼上住人煮饭，楼下饲养牲畜或堆放柴火。建房的材料主要是竹子、杂木、茅草、野藤和竹篾。房子分大房子、一般住房、客房和仓房四类。一般住房：佤语称"尼呵阿"或"尼呵客昂"。房屋结构为下部用数十根树桩做柱，其中用9—12根较长的木柱，立柱搭上横木，构成人字形框架，框架上用约40—80根直径5—8厘米的竹子做椽子，用野藤或竹篾将横木绑紧，上盖茅草，房子四周用竹篾笆编成，楼板多用刀斧劈成的木板或竹篾笆铺盖而成，房内用竹篾笆隔成主卧室和

---

① 刘森林：《中华民居——传统住宅建筑分析》，同济大学出版社2009年版，第83—86页。

客室。右间充当客室，客室右侧开一道很低的"鬼门"，外搭一个竹阳台，用作晒粮食、纺织和休息之处，客室左边也开一道小门，俗称"狗门"（又称客门）。房壁外有一条50厘米宽的环楼过道，供放蜂桶或物什。房子前厦留有一块空地供放置牛头，后厦地面是养禽畜和舂碓的地方，房子靠山坡处开一道"火门"，"火门"正前方排列着牛角杈、牛尾巴桩、老母猪石，客门外边是用篾皮围成的菜地。一般的房子内部的布置是从"鬼门"进入，第一间（客室）正左边竹壁上放有小竹筒、木碗、木盒，这是家神位置。房内有客火塘和主火塘之分，两火塘上方横梁上顺堆着长短不一的大竹筒（直径约15—25厘米），竹筒节是打通的，内装粮食。紧接着主间的地方左右各开"客门""火门"。"火门"是平时进出的房门，"客门"平时不作通道，门边是客人或小孩子睡觉的地方（实际上是一块竹编或木板）。

大房子：大房子多为大窝朗、头人或经济条件较好的珠米建盖。其建筑用料、式样及内部设置与一般房子相同。大房子与一般房子明显的区别在于，屋顶的两端是交叉木刻飞燕，中央夹一个木刻裸体男人像，在鬼门上也刻一个裸体男人像。大房子建成后，房子四面板壁上用牛血、石灰、木炭等颜料画上各式人头、牛头及豹、麂子等。

客房：经济条件较好的人家才盖客房。客房式样与主房间相同，只开一道房门，面积约为主房的三分之一，内设一个火塘，客房有时兼作仓房。

仓房：可随时盖，多用木板做成长方形木柜，或用竹片围成柜形，上用竹子作椽，茅草搭棚。

佤族的另一类房子是四壁落地房，俗称"鸡罩笼房"，房屋建盖较为简陋，用九棵木料做柱子，担上梁。竹子做椽子，房子主房檐倾斜度很大，上用茅草铺盖，四壁用竹笆编排成门墙，只开一道房门，内部也隔成主人住房和客房，设有三个火塘。

景颇族：景颇族的住房是竹木结构的干栏式高脚楼房，底部用数十根木柱支撑，四壁用竹篱笆或者木板围牢，房顶上面盖草，楼房左侧设短梯，顺短梯上楼为走道，中间设正门，内设火塘，堆放杂物，这类房屋现今仅作仓房。现代建盖的是四壁落地的瓦房，座基四周用土舂或土坯墙，也有正面用木板拼成，设两道窗，门开在正中，房顶用板瓦覆盖，正面房厦较长，房檐下形成走道，房内分中堂、东西房。中堂设祖宗牌位，堆放杂物，也作老人睡房或摆客床，东西房为卧室，紧靠东房另盖厨房，内垒台灶，设一处火塘。

（二）落地式

氐羌系统和苗瑶系统的民族传统民居多为落地式建筑。

哈尼族传统房屋建筑式样主要有落地式平房和土掌房两种。平房：以乔木、竹子、茅草为建筑材料，夯土为墙，或以竹篱笆为墙，常以木质坚硬的栗树和柏树做梁柱，用竹做椽子，用茅草盖屋顶，厚度约四至五寸，每隔五、十年才需修葺一次。房屋设计讲究实用，走廊留较大空间，主要用做堆放劳动工具、生活用具、舂碓等。房的东方做灶房，西方设火塘，兼做客厅和餐厅；内房和外房用墙隔开，内房分设中堂，东西卧室；中堂供家神和堆放杂物；东间为长辈的居室；西间是子女卧室；以竹篱笆搭楼，楼上堆放粮食和备用农具，或做客人临时住所。

土掌房：以质地坚硬的栗树、红椿树做柱，用草茎、泥土和碎石参合垒墙，房顶则是横梁上排放枕木和树条，铺上蕨叶后用泥土夯实。主要由"奴骂"（正房）、"格乐"（厢房）和畜厩构成一个小生活区域。正房分三间，长辈住东方，晚辈住西方，中间设火塘，用于吃饭、会客和堆放粮食。

彝族房屋为木质结构的扣榫屋架，用石头做墙脚，土坯砌墙，茅草或木片盖顶，每隔三四年需修复一次，房屋皆由质地坚硬的木料做柱子，横梁、楼板用竹篱笆铺平后，在上面覆盖五寸厚的胶泥土，其功用是堆放粮食、杂物，也起到预防火灾的作用。住房里一般不设窗或窗户很小，屋内光线较暗，不通风；沿袭着祖辈"黑房亮灶"的民居传统。建房喜欢使用双合门，注重门向的安置，安置房门要择吉日，户与户之间的门向不能交错，习惯的说法，门向相交错容易发生口角之争。

拉祜族房屋建筑形式有两种，一种是接近傣族地区的拉祜族多效仿傣族干栏式建筑，房分上下两层，楼层住人，底层关禽畜，堆放杂物；另一种是鸡罩房，即平地栽杈，用茅草盖顶，竹笆或泥草混合糊做墙，屋檐低，出入要弓腰，形如鸡罩笼，这种房屋内潮湿、黑暗，容易遭火灾。居住在哀牢山区的拉祜族苦聪人的房子以铺盖屋顶的材料命名。

茅草房：用一种野草割倒后晒干，铺盖在屋顶上叫茅草房，这种房子约占80%。

栅片房：用山中的冬瓜树、野核桃树、黄桑树、栗树等砍成70厘米长的树筒，然后砍成4厘米宽，1厘米厚的木片，一块一块相连铺盖在屋顶上，这种房叫栅片房，大约占20%。

笋叶房：取材于当地一种大竹的笋叶，除净笋叶上的叶毛，当瓦盖在屋顶上，这种房叫笋叶房，约占3%。

竹瓦房：用竹子一分为二砍成两半，打掉中间的竹节，相连盖在屋顶上，这种房叫竹瓦房，约占5%。

芭蕉叶房：砍来山中的野芭蕉叶，在阳光下晒软后，逐批分层铺盖屋顶，这种房叫芭蕉叶房，约占2%。

叶子房：屋顶全部用树叶铺盖，这种屋子虽然凉爽，但防雨能力很差，多为野外临时住棚或歇地看山住宿，不能久住。[①]

傈僳族人房屋建筑由简到繁，在孟连县腊垒乡吹风山一带居住的是半厦草房，到回固一带后先盖的是丫杈房，后来有人学了五架梁的穿斗房。房屋分为三层，外层为走廊过道，中层为吃饭、会客、做家务等生活区，里层为卧室，家长住东方或右方，晚辈住左方。房屋以茅草盖顶，竹竿为椽，每隔四年换一次房顶，十五年重盖一次房架，土坯或舂土为墙。

二 村寨居住环境的选择

长期在山区里繁衍生息的民族，按照所处的地形条件，结合自身的生产生活方式，在特殊的地理环境下，因地制宜、趋利避害，利用山形地势特征，取自然之乡土材料，形成了独具民族风格和地域特色的建筑形态。这些建筑形态以其自身特有的造型显示了人与自然的对话，呈现出了别具风格的山地建筑形态。择山水而居是普洱民族居住的传统。在

[①] 郑显文：《深山苦聪人》，中国图书出版社2005年版，第113—114页。

普洱各民族中，几乎所有的民族都会在自己居住的村寨附近选一片葱绿茂密的山林作为风水林，或水源林，有的甚至作为神林顶礼膜拜，严禁任何人砍伐和破坏。

哈尼族碧约人建寨子首先要确定竜神的位置，培植竜林的树木，蓄有茂林修竹护在竜神树周围，把竜神树点缀得更加神圣；每个卡多人寨子建立起来后，必须在寨子后面选择一片树木幽深的地方作为竜林，并在竜林选择一棵黄栗树作为寨神的神址。哈尼族村落位于森林与梯田之间，村落上方为大片茂盛的树林、竹林，村中亦遍布树林，村落下方为梯田，形成了森林、村落、梯田三位一体的空间分布格局。

彝族村寨的分布与坐落多选择在地势险要的高山斜坡上，多数都要选择在背风近水，日照长，干燥、疾病不易蔓延的半山腰上，村寨旁大都有一片茂密的树林。竜神在彝族蒙化人心目中是个大神，它主宰全寨人的安康和兴旺，每个村都有一片竜林，在竜林里指定一棵大树为竜神树。

拉祜族村落大都分布在莽莽林海深处。祜族村寨多数建在山头上，有干燥、通风、日照长、蚊蝇少、疾病不易蔓延等优点。据史书记载，拉祜族先民"居深箐，择丛蔽日处，结茅而居"。现在拉祜族地区，差不多每一个村寨周围都有一片茂密的树林，并在其中确定一至两棵高大笔直的树为"树神"。

傣族多居于气候较炎热的河谷地区或平坝地区。村寨周围翠竹环绕，菩提树蔽日，果木连片成荫。但选取村寨居址时除考虑可以开垦的良田平坝外，山林、河水也是要考虑的条件。傣族谚语说："没有一条河流，你就不能建立一个国家；没有森林和群山的山脚，你就不能建立一个村寨""建寨要有林和箐，建勐要有河与沟""寨前渔寨后猎，依山傍水把寨建"。

景颇族的居住村寨多半都建在山梁上，各村寨周围普遍都蓄有茂密的树林，为村民们砍柴和宗教活动提供场所；周围有长流的溪水能给人们提供充足的用水，住地选择在背风向阳的地方能为人们晒粮、取暖提供便利，并防止流行性疾病的发生。

佤族盖房子一般选在高山顶较平缓的地方①，周围有竹木、森林和水源，每个寨子由几个姓氏的族人组成。

三　民居建筑仪式

普洱民族众多，各民族在建造房屋的时候都会举行相关的仪式，这些仪式都表达了各民族对美好生活的向往。

哈尼族修建新房要择吉日，由"贝母"在看好的地基上整理出一块平地，撒上一些米后，再用碗把米盖严，到第二天翻看，若撒出的米未被蚁虫吃掉，建房的地址就算选好了。建盖房屋的时期选择在秋收后农闲季节，先由主人家备好材料后再请"贝母"用打卦择吉的方法选择一个开工的吉日，开工动土时要先请祭师或长老挖土三锄，头锄是将地挖破，挖出的土要收藏好，象征吉祥；二锄挖出的土撒向远处，意思是把不吉祥的东西驱赶走；三锄表示奠基。若是在老宅地基上重建新房则免除上述仪式。盖房时主人要向寨人打招呼，求得寨人和亲友们的帮助。

彝族选择建立村寨地基要举行传统的宗教仪式，即把预选好的地方铲平，放上三粒米，口中念到："第一粒米求粮食发展；第二粒米求人丁安康；第三粒米求六畜兴旺，地点好，这三粒米不能移动。"说了祝词后用碗把米罩住，过了一个时辰，把碗翻开看看米的位置有无变化，如米未移动就是好地点，可挖基建房；如米粒被蚁虫咬食或搬走则认为地点不好，要另选一处，直到如意为止。盖房时要请"毕摩"选择好吉日后才能破土动工。上屋架也要选择吉日进行，要杀鸡献祭家神。立屋架一般要在夜深人静时进行，破晓前架好。建房时间普遍要选择在冬、春季节，秋天要把材料备好，一家建房，全寨人都来帮忙，主人只设酒宴招待，无须支付其他报酬。

佤族盖房子自由选择好地基后，请魔巴看鸡卦决定是否适宜盖房，选择的地基可在本姓范围内，也可以到其他姓范围内，自己选择的地基可拥有使用权，没有所有权。地基选在外姓或别人家的园地里时，只要送一些盐、茶、泡水酒请园地主人和外姓长辈到家里或自己找上门商

---

① 云南省思茅行政公署民委编：《思茅少数民族》，云南民族出版社1990年版，第418页。

议，经同意后便可盖房。如园子里有需要清除的农作物，须赔偿损失。佤族的一般住房，佤语称"尼呵阿"或"尼呵客昂"，前者在盖房是必须杀牛做鬼，后者以老鼠肉来祭鬼。这类房子一般选在佤族历法的"固入安月（春季）"，做完水鬼、拉过木鼓后建盖。房子要求一天盖好，而做鬼贺新房需要几天。盖房子时，同姓人或外姓人都来帮忙，砍木料、送竹子、割茅草。亲友送米、水酒、腊肉等。

瑶族在一个地点住下来后，假若一年内死了几个人，就认为此地"鬼旺"，伤害人，不能久住下去，要举寨搬迁。搬迁之前，由先生看好日子后，寨老、寨主、先生一起去选新的居住地点。在去寻找搬迁地点的路上若是遇到麂子、蛇等动物。认为是不祥之兆，需返回寨子，当年不能搬家。

傈僳族人建房前要择地基，其方法是铲平一片地，点上三炷香，放一盅酒、一碗米祭土地神，然后每个家庭成员在地上放三粒米，一粒代表人，一粒代表庄稼，一粒代表禽畜，放好后用碗盖上，过两个时辰后翻开观察，如果米粒没有遗失就认为是好地基，可挖基建房。

景颇族建盖房屋有许多讲究，选择地基时要请"董萨"看卦，常用的择地基方法：一是用竹管，把一小金竹破成三块，在地上挖一个坑，将竹块拼成等边三角形放入坑内，每片竹块面上分别放六粒米，第二天看米的变动情况，若十八粒米各自散开或是挤成一团，表示在此建房将与寨人有矛盾，要远走他乡，若米粒之间稍分开，表示可建房。二是平出一块地，中间插上小木柱，周围撒上六粒至十二粒米，用碗把米和木柱盖严，第二天请"董萨"翻开，若有一粒米跑上木柱，这是最好的地基。若蚂蚁来吃米，表示此地将来槟榔长得好，可以建房。

四 乔迁习俗和民居禁忌

普洱各民族在新房建成后，要举行乔迁仪式，表达对天地和祖先的崇敬。而且在搬入新居的日子也会邀请寨人一同庆祝，表达人与人的和谐相处。普洱各民族对于民居有不同的禁忌。

哈尼族新房建成后，要举行进新房仪式，要杀猪、鸡等献祭家神、灶神。入宅时寨人要来贺新房，一般是要送酒、米、鸡、腊肉等礼物，说一些吉利的话，唱《贺新房调》，跳《嘎尼尼舞》，主人家则设宴款待。

哈尼族对房屋门向的选择很讲究，有"活人潮湿（对山坳）""死人住干（山梁）"的门向观念，如住房前有他家房屋遮挡，必编制一块竹篱笆竖在门前，以避别人带来的邪恶。家门前忌种竹子、芭蕉，否则有财路被挡之嫌，家人多病，牲畜不发展，粮食会减产。

彝族进新房当天，主人家要举行一个传统的仪式，请三亲六戚来朝贺新房。生活条件较好的人家要杀猪，烤小锅酒来招待客人。生活条件再差的人家也要杀一两只鸡来招待客人。吃饭之前，先在正堂供桌上点燃三炷香，摆上三杯酒、三杯茶水、三碗米饭，把祖先的灵魂请到新房里，让他们知道这里就是子孙后代的家。主人口念祷词祈求祖宗神灵保佑家人出入平安、万事如意。之后，客人们才能开怀畅饮。酒足饭饱后，男女老少要在天井里跳传统舞蹈，祝贺新居落成，祝主人家幸福安康。

彝族居住也有很多禁忌，在火塘边烤火时，脚不能踩三脚架或锅桩石，不能往火塘里吐唾沫，过路时不能跨越火塘，否则神灵会怪罪。堂屋的门槛上不能用刀砍剁，无论男女老少不能坐在门槛上，否则"门神"会怪罪，家庭会破财。

苦聪人建好新房，择日乔迁，要先搬火塘，火塘烧旺后，其他物品才搬进去。搬新家要举行跳盖房舞，唱建房调，亲朋好友聚集在一起进行狂欢，直到第二天早晨才散去。其建房调为：

> 不长笋的竹子，
> 成不了篷，
> 没有窝的雀鸟，
> 不能繁殖；
> 没有房屋的锅挫，
> 成不了家。
> 繁育后代的雀鸟，
> 要抬草搭窝，
> 传子传孙的锅挫，
> 要起房盖屋。

选一个什么地方盖房，
选一个太阳月亮照得着的地方，
选一个小雀小鸟经常欢叫的地方，
选一个龙脉正的地方。
选个什么日子最好？
就选小雀飞下坝的日子，
就选马鹿走出山林的日子。①

景颇族不论盖楼房或是平房都要举行贺新房活动。按古老的规矩，请董萨来用鸡骨占卜、用树叶子占卜。日子"硬"的时辰，搬硬的东西进新房，日子"软"的时辰，搬软的东西进新房。通常搬进新房的东西，依序是锅、铁三脚架、带水性的东西，含火的什物。寨人携带米、鸡、水酒前来祝贺，主人杀猪、泡水酒招待客人，席间，客人们不时鸣放火枪助兴；夜晚，全寨男女集在新房前敲象脚鼓吹着笛子纵情歌舞。贺新房活动一般持续一天至三天。

五　火塘：家代昌盛的象征

火是人类文明的标志，伴随着住宅建筑技术的出现，火成为民居房屋不可或缺的要素之一。住宅的修建是人们在适应生态环境中产生的，是为了御寒保暖、防止自然灾害和野兽的侵袭，保护人身安全和保护火种。普洱各民族均设有集炊事、取暖、照明三种功用于一体的火塘。这些形式各异、功用相同的火塘，不仅是我国少数民族尤其是南方少数民族传统民居建筑不可或缺的有机组成部分，也是与人们日常起居密切相关的重要生活工具；同时，由于它不断地与各自民族的社会文化发生越来越多的联系，逐步地向精神领域里伸延，从而被人为地赋予多种的文化内容，成为具有多种文化寓意的实体。其中一个重要的文化寓意，就

---

① 郑显文：《深山苦聪人》，中国图书出版社2005年版，第111—112页。

是作为家庭的象征。①

火塘在普洱民族生态环境的文化适应上有着重要作用：一是通过居住民俗中火塘文化在民居房屋文化中的重要作用，看出火在人们的改造生态环境的思想意识中所占的不可或缺的地位，家中火塘的火预示着生活的红火，是对自然环境中黑暗的一种抗拒。二是森林覆盖面积较大，高山、河谷纵横、湿度较大，而同时在更久远的时代，煤炭等燃料尚未进入民族地区的日常生活中，火塘就成为取暖、照明、做饭的重要工具与场所，并逐渐成为家庭活动的中心场所。同时，火塘中的烟能够让房屋建筑使用的木材更坚固耐用，避免虫害，还可驱赶蚊蝇。火塘的利用，既显示了人们就地取材的智慧，也显示了人们在长期的生活中对环境的主动调适。居住在大山里的山民对火塘有着特殊的感情，除了御寒取暖以外，火塘还是给家人带来无限温馨和惬意的地方，不仅围着火塘煮饭炒菜，还是唱歌聊天，家人团聚，充满亲情和温暖的地方。"空间与行为的关系是相互作用的，而人类的行为与心理活动是分不开的，因此建筑空间和人类的心理需求有着密切的关系。"② 火塘成为人们日常生活中最重要的部分，既是家庭的生活中心，还是家庭的精神空间，一家人在这里围火而坐、聊天、吃饭，甚至敬神、待客都在这里进行。③

傣族的竹楼中央设有火塘，无论冬夏、日夜，火塘燃烧不息。煮饭烹茶，住客议事谈心，环火而坐。火塘被视为神圣的地方，例如在火塘上方一侧，是供奉家神、祖先神的地方，任何人不许触碰。即便平常也不许从火塘上方跨过去，不准用脚去蹬火塘里的三脚架，不许用利器捅火，不许将脏水泼入火中。

彝族民居房屋内的火塘，又称锅庄，是彝族人民全家活动的中心。火塘主要建在正堂屋的左侧，由三块石头支成。按照彝族传统，屋中火

---

① 罗汉田：《火塘——家代昌盛的象征——南方少数民族民居文化研究之一》，《广西民族研究》2000 年第 4 期。
② 李志民、王琰主编：《建筑空间环境与行为》，华中科技大学出版社 2009 年版，第 36 页。
③ 聂森：《论西南山地民族建筑空间中的文化认同——基于建筑人类学的视角》，《齐鲁艺苑》2016 年第 6 期。

塘长年不可熄灭，既可取暖御寒，烹煮食物，又是一家人围坐议事之处。彝族人家不准向火中喷水，也不可以在火中拨撩，更不允许任何人向火塘里面吐唾沫、抹鼻涕，甚至不允许从火塘上方跨过。

拉祜族苦聪人把火塘视为家庭的保护神加以崇拜。家庭中的主人兼有保护火种的任务，每当搬迁之时，主人要负责火种的保护。每年修葺或乔迁新居时，首先要由家长在住房内中柱旁边确定火塘的位置，要先搬火塘并举行庄严隆重的点新火仪式，火由家长亲自点燃，并进行祭祀。此后，要保证火塘里的火日夜不息，一旦自家的火种熄灭，要用一点茶和米去献祭邻居家的火神之后，才能讨来火种。苦聪人认为，借火种给别人会失去自家好运，故讨火种者要进行祭火仪式，否则别人不会随便给予。①

佤族主室中央设有"主火塘"，"主火塘"由三块石头搭成，"火塘"终日火烟缭绕，白天煮饭，晚上烤火取暖，火塘上方是盛物用的竹架子，摆放烹调佐料以及木碗、木盒、木勺等生活用品。"主火塘"周围是主人床铺（木板或篾席）。

第二节 普洱传统居住文化的发展变迁

传统聚落不仅仅反映历史上各时期的社会、政治、经济和文化，还反映了一个纵向的发展演变过程。普洱各民族传统聚落因其建造的历史时期不同，也展现出了不同的风貌形态。聚落里的传统建筑也随着社会经济水平、生产方式和建筑技术的进步，聚落空间形态及其民居的建构技术也发生了变化。

一 普洱传统民居的形态变化

普洱各少数民族早期是没有聚落形成的，大多经历了游猎、游耕、农耕三个阶段。游猎和游耕时期的先民多穴居或住在窝棚中，居无定所

---

① 罗承松：《拉祜族苦聪人——对哀牢山中部一个人群生活方式的研究》，中国社会科学出版社2014年版，第101页。

的情况维持了很长一段时间。到定居农耕时期,传统聚落的形态才开始出现。

各民族聚落的形态,在历史发展中也经历了从血缘关系结成的聚落,转变为地缘关系结合的聚落,最终发展为业缘关系结合的聚落的三个阶段。由于普洱特殊的地理位置及历史社会原因,边境地区和高寒山区,从萌芽期到成熟期的聚落形态发展较为缓慢,聚落及民居结构也是较原始的结构状态。这便使各民族传统聚落形态到20世纪末期仍具有不同时期的历史信息。但在中华人民共和国成立后,特别是改革开放后,随着经济社会的快速发展,传统聚落及民居形态发生了重大变化。中共十八大以后,在脱贫攻坚战中,普洱传统聚落及民居形态短时间内得到了较大的提升。

在新农村建设的实施中,政府大量搬迁老村寨、修建混凝土新民居,传统聚落面临被淘汰的危险。通过对澜沧地区多个拉祜族传统聚落的调研和排查,发现具备原始社会特征的血缘性聚落、具备封建社会时期特征的地缘性聚落以及具有原始共产主义时期特征的业缘性聚落都有遗存。虽然建寨时间不能确定,但通过访谈寨民得知,许多具有血缘性聚落特征的聚落,建寨历史已经有200—300年了。比如糯福乡南段老寨,建寨时间在18—19世纪,已经有200年的建寨历史,可见血缘性的老寨通常为母寨,其形态主要为团状内向型。而分布于母寨周围的聚落,通常呈带状外扩型,延等高线排布。可推断其为子寨(班考),具有地缘性聚落的特征。而规模较大,人口较多,生产方式多样化的聚落,则通常由母寨和子寨组合而成,呈枝状布局,具有业缘性聚落的特征。在这些拉祜族传统聚落里,存在不同时期民居共存的现象。可见,拉祜族的传统聚落在演变与生长的过程中,民居是不断更新的。由于材料的不同,民居形式的技术更新会展现出不同的形态。

总体上看,普洱传统民居的演变特征有三点:一是多时期演变成果共存;二是短时期内快速发展演变;三是具有较多的历史文化信息。

二 建构技术上的演变

普洱各民族民居演变还体现在其民居的建构技术上,民居建构技术的革新与演变反映了普洱各民族社会经济水平、生产方式和建筑技术的进步。从技术的视角来看，普洱传统民居的演变主要体现在以下三方面。

（一）形式结构的演变

传统干栏式民居，下层养殖家禽，上层供人居住。随着现代技术的提高，原生树杈承重的构造被穿斗榫卯的构造替代。如澜沧拉祜族，因地区炎热较潮湿，其木掌楼的层高增加了，一层圈养空间有1.9米左右，便于人的正常活动，改变了拉祜族长期勾着腰蜷缩行走的状态。而落地式的挂墙房，本质上还是木掌楼的框架，但减弱了底层空间人畜的分离，牲畜养在院落里，这是受汉族建筑形式的影响演变而来的。在改革开放后，拉祜族部分民居受汉族影响，采用防风防潮的砖来砌墙，石棉瓦做屋顶，形成与木掌楼形态迥异的民居。但由于地震的影响，考虑到砖混结构的不抗震性，政府修建的安置新民居采用框架结构。

（二）搭接方式的演变

普洱少数民族传统民居的搭接形式多为叉柱式绑扎搭接，柱上呈树杈型，其上放梁，通过绑扎固定。后期受汉族及周边民族的影响，演变为了穿斗式榫卯搭接的方式。

（三）材料选用的演变

普洱传统民居使用当地的天然材料，如林木、竹子、茅草、泥土等。随着现代材料的出现以及外来工匠和外来材料商进入聚落的影响，则使用石棉瓦、缅瓦代替茅草铺设屋顶，使用砖和混凝土代替竹木砌墙。这也得益于经济与交通的发展，村民能到乡镇购买外来的加工材料。

三 普洱传统民居建造技术演变的特点

从技术的视角来看，普洱传统聚落和民居建造技术演变具有以下特征。

（一）真实性

普洱各民族的传统民居在建造技术变革过程中，其民居依然是在延续传统建筑形态的基础上更新的，现存的传统民居具有体现历史信息的真实性和完整性。

（二）本土性

传统聚落中的民居在新建或者修缮时，村民和大木匠都优先使用当地的传统材料与工艺，摒弃非本土建筑风格与元素，以保持村落的传统风貌和地域特色。

（三）变革性

由于受汉族较大的影响和改革开放后经济的飞速发展，村里的居民开始使用新材料，新结构来建造新民居，没有继承传统民居的建筑风格。政府帮扶修建的安置房，也变革了干栏式和落地式的传统形态。

第七章

普洱传统服饰文化

人类的服装行为受人的主体意识主导，服饰所体现的是人的生存状态以及人的自我意识，它具有满足自我表现与审美的功能。同时，作为社会文化的产物，服饰又具有象征性与标志性，既是个人身份的标志，也是人们社会身份与等级的象征。因此，服饰是一整套文化的象征系统。① 普洱各民族在漫长的历史发展过程中，创造了与其生存环境相适应的、多姿多彩的服饰文化，浓缩并积淀了各民族的历史、社会、习俗、宗教等多重文化意蕴，形成了具有鲜明地域特色、民族特色的服饰文化。

第一节 多彩多样的普洱传统服饰

服饰通常指衣着穿戴。服指的是衣、裤、裙及帽，饰则主要是指起装饰作用的饰品、饰物，包括头饰、耳饰、颈饰、腰饰及腿饰等。

一 哈尼族传统服饰

哈尼族的服饰用布多为自纺自织，哈尼族男性服饰单一，多为藏青色的对襟短上衣或者右斜开襟短上衣，以银币或者布条作纽，下穿宽大的藏青色裤子，头缠青蓝或黑色包头；女性服饰则异彩纷繁，不同支系各不相同。②

---

① 王净：《旗袍、服饰文化与民族精神》，《新闻爱好者》2010 年第 6 期。
② 张顺爱、张雨：《云南墨江哈尼族女性服饰类型》，《西部皮革》2019 年第 19 期。

长衣长裙。碧约人女性上衣由三层紧身衣和一件宽松长衫组成，里层是白衬衣，中层是有领长袖对襟衣，外层罩一件无领右衽短衣。卡多人老年妇女身穿藏青色对襟上衣和筒裙，缠青色圆形包头，大如斗笠，前高后低，包头巾头尾露外，呈 X 形，耳戴银圈。少妇和姑娘，耳戴芝麻铃，一串镶满银泡的带子紧箍前额；束红、绿绒线花插于后脑。三颗银制八角花缀在胸前。走起路来叮当作响，美观大方。

长衣绑腿。西摩洛女性上装由一件长款对襟及膝外衣和钉有银泡的不规则无袖背心构成，长外衣袖长至手腕、对襟、颜色是单一的藏青色、没有纽扣、多余的色彩和纹饰。而穿在外衣里的拼接银泡背心则是西摩洛女性服饰的一大标志，层层银泡按序列排序，边沿钉五枚银币，刺绣和钉的银泡结合凸显西摩洛服饰的华丽，这件背心穿在外衣里面，外面再套长袖衣，把银泡的部分露出来。西摩洛支系女子下装主要束绑腿，因为上衣足够长，再加上围腰的叠加，长度基本可以至膝盖以下一点，绑腿既可以起到装饰的作用，又能够防止蚊虫的叮咬。

长衣长裤。豪尼人妇女着青、绿、蓝三色条搭配成的包头，前额披绿、蓝色从右至左横包两条夹青色在其中，布条镶缀着银泡和芝麻铃，刺绣花纹图案，垂于左耳旁。上着藏青色长衣，内配粉蓝套装，银币为纽；下着短裙或短裤至膝上；腰间紧束彩带，嵌缀着银鱼和多条银链，衔接着玉佩、银铃，从颈项右肩延伸至腰后，一条黄鳝骨似的大银链斜挂前胸；膝下小腿紧束着靛青色或蓝色绑腿套。

短衣短裤。白宏人女性上身穿对襟或右开襟紧身短上衣，以银币为纽扣，短衣的前胸部缀有 6 排银泡，共 36 颗，正中缀有八角形的大银牌，犹如一朵盛开的白莲花。未婚姑娘头上梳独辫盘于头顶，戴平顶黑布帽或以头巾包头。帽子和包头上都绣有彩色花纹，帽上缀有银泡、缨子。婚后生了孩子，就要梳两根发辫，戴藏青色三角帽，发辫藏于帽中。

短衣长裙。阿木支系服饰极为讲究，其服饰做工精巧，整体匀称。一套阿木妇女服饰中，可分为："帕匹（绣花围腰）""帕合（衣服）""阿达（绣花围腰）""帕吃（筒裙）""俄抠（头箍）""俄巴（扎头带）""泡通（彩色头穗）""住什（彩色料珠）""纳斥（耳环）""纳斥斥扎（银链子）"10 个部分，每部分都装钉有银饰品或绣有繁杂而又各有特定含义的花鸟鱼虫图案，绣工精巧，图形规则，构思精巧，让人百看不厌。① 上衣为立领、斜襟、袖长及手腕、银纽扣。纽扣上悬挂银鱼、银针线筒、银铃铛等装饰物，除此之外，还佩有银项圈。装饰纹样多为几何纹样，上衣颜色为蓝色或藏青色。阿木女性下装为筒裙，长至膝盖，面料为黑色土布，上面绣有特色的对称植物纹样，色彩对比强烈。腰间为百褶状，能够凸显女性纤细的腰身。

短衣长裤。腊米人妇女上身着无领藏青色右开襟紧身衣。袖沿口有绣花纹图案。胸前上方缀龙云银币 6 枚，银链 3 条，左、右胸挂上下银牌 6 块，上两块缀着 8 条银链垂直而下，左胸下缀更大一块，系 3 条银链垂直下方。嵌银狮一大二小，银葫芦系于瓜子链间。3 条丝链、银蝴蝶等若干银饰，有正、有斜、有长、有短、有大、有小、有方、有圆披挂点缀于前胸。下身着青长大裤，裤沿口刺绣有红、绿丝线花边，腰结藏青色绣花布腰带。卡别人女子上衣为左开襟衣、无领、在衣领、袖口、开襟边沿有彩线图纹、袖长至手腕、短小紧身、没有太多的装饰、颜色为藏青色，面料是土布。卡别人下装为宽松长裤、藏青色土布、长至脚踝，在裤子绣腿只有用细线刺绣的虚线图案。切第人的女子服饰上装与腊米的非常相似，也是由一件长袖内衣与套在长袖外面的背心组成。只是背心没有腊米女子的背心那么复杂华丽，背心表面钉三角形的银泡，佩戴银饰，显得大气端庄。裤子为宽松长筒裤，在膝盖部位有一条纹饰作为点缀。②

短衣短裙。爱尼人妇女上着无领对襟衫或大袖低开胸无领短衫，袖口镶 6 道依次用蓝、黑、白、红、黄、灰 6 种颜色拼排成的布条，每种颜色的布条约 2 指宽，衣脚边用丝线刺绣各种图案。前襟除绣有图案外，还镶着几十个银泡及成串珠子。下着伞形短密褶短筒裙，婚前系得比较高，婚后系得比较低。小腿都套绣有各种图案的护腿。少女头戴平头小帽，帽上缀有银泡、珠子、贝壳、彩色羽毛等装饰品，并绣有各种图案。到婚恋年龄或已婚的女子，改包包头或戴套头帽，缠发编于头顶。外出

---

① 思茅行政公署民委编：《思茅少数民族》，云南民族出版社 1990 年版，第 237 页。
② 张顺爱、张雨：《云南墨江哈尼族女性服饰类型》，《西部皮革》2019 年第 19 期。

时,男女都经常挎一个自家用棉线和葛麻编织的背袋。①

二 彝族传统服饰

彝族男装以包头、上衣、领褂、摆裆裤构成。包头为长条形黑色或深蓝色布料,用时围裹在头上,传统包头没有装饰图案。衣服多用白色或浅色布料做成,单领、长袖、对襟、布条纽扣,两襟下边各有一布衣袋。领褂用黑布料缝制,无袖、单领、对襟、布条纽扣,两襟下端左右各有一个衣袋。

女装由头饰、飘带、坎肩、上衣、领褂、围腰、裤子、鞋子、三丝银链组成。头饰由内外两层组成,内层是用长条黑布围裹而成,最外一层为镶满"桂花"造型的银泡组成的饰件,后脑部位加饰两条长约80厘米的银链,银链两端固定在两个三角形的雕花银饰挂钩上,穿戴后中间一段下垂至腰部。外层包头因要套在内层包头上,所以较大一些,也是由多层黑布围裹而成,其最外层则由各色饰件组合而成,其中有黄色叶形图案、方块形雕花加坠银饰件、圆形小绒花球等装饰,穿戴时先戴内层包头,再戴外层包头,内层的银泡仅露出下半部分,由此而构成一个完整的头饰。飘带总长1米左右,中间部分使用花布双层缝制而成,两端约有20厘米的部分加以各种花边图案以及毛线绒球花、彩色线串坠等装饰,穿戴时将其对折后将中点固定在头饰后面,让两端下垂至后腰部。坎肩(又叫围脖)做工十分精细,结构也较为复杂,布料由两层组成,面料为黑色布料,整体结构为圆形,直径一市尺,中间挖空约12厘米,使其套在脖颈周围的肩部,内沿周边及外沿周边均镶嵌彩色花边,并镶有一圈金属泡饰,中间刺绣有红花及绿叶图案,开口处内外各装钉一对金属纽扣以作固定之用。上衣由红色底衬白花图案布料缝制而成,矮领、长袖,右衽满襟款式,沿肩部及袖口处以黑、红、白三色花边镶嵌作为装饰图案,肩部的花边延伸至右胸部直至右腋下,以布纽扣固定。衣服的前面下沿部分未加任何装饰,而背后则镶缀黑、白、红三色花边,与

---

① 澜沧拉祜族自治县地方志编纂委员会:《澜沧拉祜族自治县志》,云南人民出版社2013年版,第126页。

肩部和袖口的纹饰相吻合，但穿时已被围腰遮盖住，只在单独穿时才能显露出来，而且肩周及胸部的装饰图案也被坎肩和领褂遮盖住，因此实际上仅能见到袖口的装饰图案。妇女喜爱的盛装是"四围镶滚"粉花花边长服，这种长服只有在举行婚礼和其他重大喜庆日子才穿着，因来之不易，一般人一生中仅能缝制一套。领褂的结构比较简单，仅以内外两层布料缝制而成，外层以较厚实的黑布为底料，无领、无袖，右衽满襟款式，布条纽扣，穿戴时套在上衣外面，下部被围腰盖住，上部被坎肩盖住，仅露出中间部分。围腰式样比较特殊，装饰图案显得较为繁杂，总体形状为上窄下宽，上边沿平直而下底边向下弯曲成半圆弧形，上边沿接镶一长条形布带，布带两端向外延伸一米余长，其中最外端约三分之一的一段为花纹图案，穿戴时在后腰处打结后下垂至臀部作装饰之用。围腰的主体部分以一整块黑色布为底料，左、右、下边沿围镶一圈窄花边，里面接镶一条较宽的布花边，再往里又是一圈窄花边，正中的主体部分，多以马樱花或山茶花为图案主体，周围围绕着飞舞的蝴蝶和喜鹊等，有静有动，全部用手工刺绣完成，充分展现了制作者的聪明才智及工艺水平。鞋底一般用多层旧布叠缀在一起，用自制的麻线纳缝而成，鞋面造型有圆口、方口和尖口之分。鞋面布的颜色分黑、红、绿、蓝，鞋帮和鞋面上大多有手工刺绣的花卉图案。三丝银链是彝族服饰中的一种既实用又有比较明显装饰效果的金属饰件，一般被称为"三丝"，是由银链条和银针筒、银挖耳、烟针以及一些纯属装饰用的小动物或花卉银饰坠等串联其上组成，穿戴时将上端扣挂于颈前或右胸前的衣扣上，至腹部处用围腰带加以固定。①

三 拉祜族传统服饰

拉祜族拉祜纳支系妇女服饰主要有两种：一种是右开襟黑色长衫，两侧于齐腰部位开衩口，衣长齐脚面，岔口、衣边、袖口镶缀红、白、黄色的几何图纹花边，沿衣领及开襟镶嵌数十个银泡，下穿斜拼裆黑色

---

① 朱进彬：《浅论景东彝族服饰特点及文化内涵》，《楚雄师范学院学报》2011年第8期。

长裤;① 另一种是靠近中缅边境傣族地区的拉祜族,妇女服饰为短衣开襟小,衣边缀有花布条纹,无领小袖口,衣长仅及腰间的短衫,短衫内套一件白汗衫露在筒裙上面,下身穿筒裙,头缠包头巾,成年妇女筒裙多用蓝布制作,少女喜欢用花布制作。景谷部分拉祜族妇女服饰为蓝布短衣,下着筒裙,腰束腰带。② 男子多穿无领对襟短衫,青年男子还要配上一件黑面白里的褂子,下着裤管宽大的斜拼裆长裤,头上有的包黑色包头,有的戴帽子,帽子用6—8片三角形的蓝、黑布拼缝而成,帽檐镶蓝布或黑布边,帽顶缀一彩色线穗。男女外出都喜欢挎一长方形的背袋（米搓）。

拉祜族拉祜西支系女性服饰因年龄而异,少女喜欢穿斜开襟半长衣,袖镶三至八道彩色花边,外套圆领小黑褂,黑褂的两前襟每边钉一排银扣,每排12—14颗;胸前系"凸"方形围腰。围腰制作很精致,黑布白底,中间是绣花镶边的蓝布,绣着各种绒花和无数银泡、芝麻铃组成的图案,有一条银链系在围腰上。下着黑色大拼裆裤。中年妇女服装与少女的服饰大体一致,只是面料色调和腰部妆饰要淡雅。刚出嫁的女子,手袖下端一圈一圈地绣着花边,直到手腕部位,表示已有配偶。少女头戴花绒红顶黑布圆帽,耳配耳环,留发辫于身后。中年妇女的发辫盘于头上缠黑布包头。男子上着青蓝布或黑布对襟短衣,下穿同色的斜拼裆裤,头缠黑布包头,未婚男子戴绒顶黑布圆帽,不论男女老少日常还披一件羊皮领褂。③

四　佤族传统服饰

佤族的衣服,多是用妇女自己纺织的棉、麻布做成,有衣、裤、裙、背等;装饰品有的为银质的,比如头箍、项圈、耳环、手镯、戒指等,

---

① 澜沧拉祜族自治县地方志编纂委员会:《澜沧拉祜族自治县志》,云南人民出版社2013年版,第120页。

② 《拉祜族简史》编写组、《拉祜族简史》修订本编写组:《拉祜族简史》,民族出版社2008版,第117页。

③ 《拉祜族简史》编写组、《拉祜族简史》修订本编写组:《拉祜族简史》,民族出版社2008版,第118页。

还有的是用竹、藤做的，比如篾圈等。佤族妇女多留长发，头发自然后披，上身穿黑色或红色的短袖、对襟短衣，遮胸露腹，胸前钉有一些银质扣子做装饰。下身用一幅自织的布，以黑、红两种颜色为基调，黑红相间成横条纹，并饰以花边，相裹成裙，有些类似裙。裙子有长有短，有的自腰部至膝盖处，有的自腰部到小腿处。小腿通常裹有一块一尺宽的包腿布，佤族人称为"罗宗"。其目的在于外出生产劳作时防止草木扎伤、蚊虫叮咬。既可作为装饰用，同时也可以作为劳保之用。①

五　傣族传统服饰

傣族男子上着无领对襟长袖或短袖衫，下穿斜拼裆肥大长裤，头裹红、白、蓝等色包头。妇女上着白色、水红色、天蓝色紧身内衣，外穿大襟或对襟圆领窄袖短衫，下穿各种花色筒裙，中年以上妇女多穿黑色或蓝色长筒裙。头发缠于头顶，并插上梳子或包花头巾，喜戴手镯、戒指、耳环，较富裕者系银腰带。少女常用鲜花插于头顶作装饰，爱打花伞。

男子有文身习俗，文身图案较多，有动物形象、花卉图案，更多人则是文些祈愿祝福之类的经文，或是佛经中一些有名的章条。②

六　布朗族传统服饰

布朗族妇女普遍爱用红色，粉红色和天蓝色布料做衣服，式样有两种：一种是左右两衽短衫，双衽在胸前交合，再将衽的双带结在右腋下；另一种是左开襟短衫。两种均为无领窄袖，内穿红色或水红色紧身衣。小腿缠白色或黑色护腿布。年轻姑娘喜欢穿花筒裙，中年以上妇女喜欢穿蓝色或黑色长筒裙，裙上半部有红、白、黑三色线条，裙脚饰以花边。腰系红绸带或银裤带，头包红色、粉红色长毛巾，胸前佩戴若干串红色料珠，喜戴手镯、耳环。男子上着黑色对襟无领短衫，下穿宽裆折腰黑

---

① 李忠华：《佤族服饰的特色及文化内涵》，载那金华《中国佤族〈司岗里〉与传统文化学术研讨会论文集》，云南人民出版社2008年版，第496页。

② 普洱市地方志编纂委员会：《思茅地区志》（下），云南人民出版社2012年版，第840页。

色长裤,头裹黑色或白色包头,喜欢文身。①

七 汉族传统服饰

汉族女性传统服饰为头裹六尺包头,上穿大襟衣(又称面襟衣),下着大裆裤,裤管处扎绑腿,外穿绣有各种类型花纹图样的"凸"字形围腰,脚着传统绣花鞋(最有特色的是依旧裹着小脚老奶所着的"三寸金莲"),身上佩戴简单的银饰。服饰面料以自织土布为主,服装色彩以蓝色或黑色为主。

汉族妇女头饰主要为黑布包头,包头有厚薄之分,一般长度为六尺,用时裹在额上先将长发盘成发髻,然后将包头的一端放在脑后,用左手压住,按照顺时针方向将包头围绕头部盘绕,最后将包头的另一端塞到围绕在头围上的包头中固定起来,以防其滑落。整块包头在头部环绕形成一个大的圆环形。

汉族妇女主服为上衣下裤形制,由上衣、下裤、围腰三部分组成,老年妇女裹小脚,通常会在小腿处系绑腿。上衣为大襟衣,小立领高约4厘米、右衽长袖,两侧下脚边开衩约衣长的五分之一,右侧以盘扣联结(主要为"一"字盘扣),直线剪裁,背部有中缝,为三片式结构,且无里料。袖子较为宽松,小袖口,以直袖居多,长至腕上,劳作时可将袖子撸起。在里侧衣襟缝制口袋,以便随身携带钱物。大襟衣早期的面料以古朴的蓝色土织布为主。

传统的大裆裤为宽裤头、大裤裆、直裤管,颜色以蓝色和黑色为主。穿着时,宽松的裤头交叉折叠,用带子在腰部将其扎紧,余出的部分向下翻叠以固定不脱落。

围腰是上衣下裤相连接的外加部分,有多种款式,有系于腰间或遮于腹前的;有与裙等长的;还有一种胸腹式的围腰,上段围腰头系于脖颈处,中间有腰带系于腰后,整个围腰呈"凸"字形。

绑腿是汉族妇女传统服饰的重要组成部分,特别是对于裹小脚的老

---

① 澜沧拉祜族自治县地方志编纂委员会:《澜沧拉祜族自治县志》,云南人民出版社2013年版,第129页。

人来说，绑腿是不可或缺的服饰品。绑腿没有规定的形态，仅为一种棉、麻布条，长度、宽度也没有特殊的要求，以黑色、蓝色为主。

绣花鞋是汉族女性服饰中最丰富多彩的部分，制作工艺也最复杂，造型别致、装饰精美，是整体服饰的一大亮点，有丰富的内容和独特的内涵。其中，"三寸金莲"所着尖头绣花鞋最为典型也最具特色。三寸金莲鞋头尖锐，鞋底为手工纳制的千层布底（由一层层布夹以糨糊叠起压平以增加其硬度，并用较粗的绳线由手针密密地纳实，使其结实耐穿）和鞋帮连接而成，鞋头尖端的精美纹样一直延伸到鞋帮两侧。圆口绣花鞋使用于没有经过缠裹的自然足，亦称天足鞋，圆鞋口，鞋面是一整片，鞋头处略显平整，用布条滚鞋口，无提跟，一边有鞋襻固定于脚背。圆口鞋的图案纹样没有小脚鞋的丰富，以"童子采莲"图案为主绣于鞋面，也有纯色的，穿着较为舒适，不束缚脚，便于行走和劳动需要。

第二节　普洱传统服饰的文化内涵及特点

服饰不仅具有实用功能，还体现着民族信仰、社会伦理、审美礼仪等文化内涵。普洱各民族服饰文化中蕴含着丰富的文化内涵，承载着各民族过往的历史，寄托着各民族人民对美好生活的愿望。时至今日，普洱各民族的服饰尤其是女装还保留着众多的传统元素，每逢重大节日庆典活动，形形色色的传统服饰就会出现在大街小巷、村村寨寨，为节日庆典增加喜庆色彩，展现民族精神，传承地域文化，扩大社会影响，丰富文化内涵。

一　普洱传统服饰的文化内涵

（一）体现对自然的适应

普洱各民族服饰无论是材质、款式、色彩、图案均反映出与其生存的自然环境相适应。

哈尼族崇拜自然，热爱自然，其服饰图案很精美，与大自然和梯田融为一体，体现了一种人与天地的和谐之美。哈尼族认为日月星辰是天神所赐的福祉,是幸福、吉祥的象征,因此在哈尼族服饰(包括女性传统服饰)中几何形图案、日月星辰、花草图案和鸟兽图案成了最基本的装饰图案,无论哪一个支系的何种款式服饰都有它们的身影。

佤族服饰与其所处的自然环境息息相关,美丽富饶的阿瓦山提供了丰富的服装质料,佤族服饰的原材料都是就地取材。佤族妇女服饰形式多样,各地有所不同,穿着较多的服饰为披肩或无领短衣,长及膝部的短裙,留长发、不梳辫子,头戴银箍或藤圈。银箍把头发从刘海以上部分拢在背后。澜沧、孟连等地的佤族妇女头戴折成尖头型的方巾,戴银耳环或竹木耳环,耳环大者约 10 厘米,小者形如戒指,戴银、藤项圈和十余串野芦谷珠圈,腰围数十道藤圈,手臂、手腕也戴藤、银镯。①

普洱传统民族服饰在色彩选择上,也与其自然环境密切相关,如居住在山区的民族往往选择较深的颜色;居住在河谷地带的民族则多选取斑斓多彩的色系,童装、青年女装也常常在服装的边缘,加上一点其他装饰色彩,或者在配饰上,增加一些充满活力与朝气的颜色,这一类传统色系主要包含浅绿、浅黄、桃红、天蓝、纯白、鲜红等,充分体现了服饰与自然环境的和谐统一。如居住在河谷平坝的傣族妇女,上着吊带对襟紧身内衣,外穿大襟或对襟圆领窄袖衣,下着花色紧身长筒裙。筒裙用整块布幅连缀两头成上下贯通的"桶状",宽余部分折至腰肋一侧,用银制腰带系紧,使腰臀处贴身,而脚摆处宽松自如不妨碍行走,利于通风透热和频繁的洗涤。女子不论老幼皆盘发成髻,饰以鲜花、发梳或蛙式、塔式发簪。傣族生性爱花,庭院中皆栽种具有清香味的鲜花,临出门前常随手摘下一朵插在发髻一侧,既添雅致更添一路清香。女子外出时挎上用傣锦制作的筒帕,撑一把小巧的平骨花伞或戴一顶斗笠。这种端庄而不失活泼的装饰与上短下长的服饰使傣族女子显得高挑修长、亭亭玉立。②

(二)体现对先祖的感恩

服饰作为社会生活的组成部分,不仅体现在生者的世界,同时也体

---

① 思茅行政公署民委编:《思茅少数民族》,云南民族出版社 1990 年版,第 421 页。
② 伍琼华:《云南少数民族服饰的文化内涵——兼论妇女在民族服饰文化传承中的作用》,《思想战线》2000 年第 5 期。

现对逝者的怀念和感恩。对于生死问题，普洱各民族的观念是一致的，即事死如事生。但生与死的传统服饰是有差别的，普洱各民族的丧服较为简洁，麻布做衣，头带为蟠，以暗白颜色为礼，不戴金属配饰。逝者的服饰更为简单，回族往往白布裹尸，下葬即可；佛爷僧衣裹布，火葬了事；富足人家较为复杂，死者有特定的服饰，丧衣三层，面有盖布，全身上下，无一金属，即便是贫困之家，也要裹席而葬。在举办葬礼及缅怀活动时，参与者的服饰颜色也尽可能地避免艳丽色彩，着端庄大方之衣。葬礼仪式上的丧服，就是对死者的尊重与怀念，是对先哲的追思与感恩。江城哈尼族阿木支系妇女断气之后，旋即用线把死者双手拇指和脚拇指拴拢，入殓时解开，丧衣用火烧出几个洞，撕掉衣扣，以免死者灵魂回归途中被抢。其实不仅丧服、孝服如此，日常生活中的服装事实上也包含着对先祖的怀念之情，感恩元素，不同的色彩是先祖在适应自然过程中做出的选择，不同的款式是先祖在认可生活方式过程中做出的决断，不同的图案是先祖在确定价值信仰过程中留下的传承，不同的配饰是先祖在珍爱生命、延续族群过程中总结出来的经验，等等。众多的服饰元素，暗喻着祖先积累的文明成就，也代表着对文化成果的继承，更体现着对祖先的致敬与谢意。

拉祜族传统服饰特点是右开襟，两边齐腰部开岔口，长可盖膝的长衫。在长衫岔口及衣边、袖口、托肩上镶有较规则的梭形图案，手臂部位的袖上有三道明显的红色花纹，据说它象征着拉祜族在迁徙史上有三次大规模的战争，每次战争都迫使拉祜族进行大规模的迁徙，为了纪念在这些战争中死去的人，所以就在服饰上做下标记。衣襟镶边上还有犬齿交错的花纹，它表示狗在人们生活中起到重要作用，故以此种花纹作为纪念。[①]

（三）体现对审美的追求

服饰作为生活中不可或缺的物品，在社会发展过程中有着不可替代的作用。但若把服饰作为艺术品来赏析，就能从内心享受到舒适，从精神上感受到愉悦，从情感上体会到依赖，因而服饰不仅满足了人类最基

---

① 思茅行政公署民委编：《思茅少数民族》，云南民族出版社1990年版，第359—360页。

本的物质需要，而且满足了人类对精神世界的追求，体现着对审美的认识。随着社会生产力的发展，服饰吸引异性、展现人体自然美的功能正在日益增强。如普洱各民族的男装，都意在突出穿戴者的强健与力量，即便配饰如刀、弩和文身，也都在强调男性的孔武有力。女装则意在强调女性的婀娜多姿和婉约动人，各种配饰也在突出展示女性之美。服饰功能的这些变化，充分反映出了普洱各民族释放出来的表现自我、实现自我的意愿，反映出普洱各民族在社会发展中顺应自然、贴近自然的属性，反映出普洱各民族在文明发展过程中对美的认识、对美的享受的追求。在服饰的裁剪搭配过程中，普洱各民族强调服饰的协调与简洁，并在此基础上延伸出非对称的美学认知，表现为款式上的斜襟、斜领，图案上的抽象、模糊，配饰上的率性、随意，衣口领边的单一、简洁等，非对称之美在服饰上表现得淋漓尽致，各种非对称的审美元素有机的组合在一起，于年幼者表现出善良可爱，于成年男性表现出英武硬朗，于成年女性表现出俊俏秀丽，于老年人表现出和蔼慈祥，最终产生不同的审美体验，形成不同的美学认知。

彝族傈僳泼妇女上穿满襟衣裳钉银纽扣，衣领和托肩上绣着鲜艳的花纹图案，腰系黑布围腰，围腰上边和带子上亦绣着规则的花边。头上包着色彩缤纷的绣花包头，前额上有一排排密集的银泡，头发盘绕在脑后，用网兜兜住，耳戴银环。手套银手镯，脚穿绣花翘头鞋，胸前拷着银链带和银针筒等。傈僳泼妇女装扮和审美意识都有独到之处，盛装后的妇女可谓玉树临风，格外潇洒。①

佤族青年男子多戴竹藤项圈，富有者戴银项圈、手镯。孟连一代佤族男子曾盛行穿耳文身，典型的佤族男子穿戴是上着短衣，下穿大裆裤，肩挎青布花挂包，身佩长刀，携带弓弩。②

（四）体现对生活的热爱

普洱各民族传统服饰的实用性特点，表现为对待生活的态度就是认真与执着。只有具备这一特性，普洱各民族才会繁衍生息，延续至今。

---

① 思茅行政公署民委编：《思茅少数民族》，云南民族出版社1990年版，第292页。
② 思茅行政公署民委编：《思茅少数民族》，云南民族出版社1990年版，第421页。

抛开服饰对人体的保暖防护功能，在日常生活中，服饰尤其是配饰带给人类的帮助就非常大，为种族延续和部落发展提供了良好的物质基础。普洱沟壑相间、江河纵横、山高林密、资源丰富、食物众多，但普洱历史上经济社会发展相对滞后。普洱各民族从客观实际出发，借助于各种生产工具来获取生活必需品。这些可以随身携带的生产工具，往往就是服装的饰品：围腰和衣襟可以用于兜装放牧途中生产的羊羔和自然界中获取的食物，包头和流苏可以用于横跨沟壑和包扎伤口，腰刀和弩箭可以用于逢山开路，过河搭桥和捕获猎物，防身护体。此外，不同的传统服饰还可以丰富普洱各民族的精神世界：图案和款式可以用于区分民族部落的血缘亲疏和文化传承，饰品和色彩可以用于了解个人的兴趣爱好与性格特征，整洁和清爽可以用于审视对待生活的态度与追求等。这一切，都成为热爱生活的象征，成为普洱各民族发挥主观能动性，在服饰领域积极主动的适应自然环境，形成自身服饰事象的表现。

（五）体现对身份的认同

在社会发展过程中，因身份不同可以将人划分为不同阶层和不同集团，每个阶层和集团都有特定的生活方式和生存模式，服饰就是区分阶层和集团的标志之一。换言之，服饰代表着身份，对服饰的认同就是对身份的认同。傣族服饰原料色彩艳丽、五彩斑斓，不同阶层和集团都有认同感，但是金黄色的面料有着特定的使用群体，只有得道高僧和土司头人才能使用；红色包头在佤族民众心中，只有土司头人和为族群做出巨大贡献的英雄才能使用；同时，服饰的特有图案和饰品也可以形成民众的向心力，产生族群特有的认同感和亲近感。佤族的男装褂子往往有牛头图案，因为牛是财富的象征，把牛头的图案绣在衣服上，蕴含着对富裕生活的追求；哈尼族的女装往往有日月图案，因为日月是族群的崇拜物，把日月绣在衣服上，可以护佑穿戴者平安吉祥。

服饰还是不同年龄段婚否的表征。哈尼族布孔人女性从少年到老年，服饰要经过三次变化。少年时期的女服是包彩布头巾，头巾上镶钉有银泡，头巾包紧后，在套上用一市斤左右的彩色毛线扎成的飘穗，身穿土林布满襟衣裳，胸前挂一块由硬布板上钉有银泡和一块多边花边银牌，肩上挎若干串彩珠项链。穿短裆紧腿裤，裤腿长可及地，但要折叠起来缝紧，正式穿着时裤腿长不掩膝，裤腿边缘绣着犬齿花。腰系绣花彩带，左右腿各缀一束彩穗，小腿套着绣花腿罩，腿罩上绑着多色彩线。耳附银环，手戴银、玉手镯。结婚后，去掉头上的彩穗，屁股后边系一块"批迟"，用于表明身份。有了孩子后再去掉彩色头巾，包上青布包头。[1]拉祜族妇女结婚前头包彩巾，结婚后要剪成光头，在顶部留一束短发为"魂毛"。现在的年轻姑娘结婚后仍然留着长辫不再剪光头了。[2]

二　普洱传统服饰的特点

普洱传统服饰文化带有浓郁的地域性色彩，包括普洱地区的自然条件和人文环境等元素。不同的海拔高差产生了不一样的自然条件，不同的历史传承形成不一样的人文环境，因而普洱各民族的传统服饰有着独具特色的文化元素，表现出了自身的特点。

（一）多元性

首先，普洱有着特殊的自然地理特征，不同海拔地带形成不同的气候类型，居住在河谷平坝地区的民族服饰就区别于居住在山地的民族服饰。河谷平坝地区由于四面环山，空气难于流通，热带气旋顺河谷沿江而上，因而河谷地带闷热潮湿，居民服饰也就以清凉单薄为主。山区海拔较高，森林密布，地形开阔，空气容易流动，因而白昼温差较大，居民服饰也就以厚重保暖为主。其次，普洱有着特殊的人文环境，普洱是古代氐羌、百越和百濮三大族群交汇地，也是民族迁徙的走廊，来自不同地区的居民带来了不同服饰习俗并相互借鉴吸收，使普洱各民族的服饰发展呈现出多样化特征。导致同一民族的不同支系在保留本民族传统服饰文化核心元素的基础上，也呈现多元发展的态势，最终形成多元服饰文化并在的局面。

（二）地域性

普洱境内分布着红河、澜沧江和怒江三大水系，横亘着无量山脉与

---

[1] 思茅行政公署民委编：《思茅少数民族》，云南民族出版社1990年版，第223页。
[2] 思茅行政公署民委编：《思茅少数民族》，云南民族出版社1990年版，第360页。

哀牢山脉，最高海拔超过三千三百米，最低海拔不足三百米，因而普洱的地形地貌复杂，既有高原山地，又有河谷平坝，既有高山林地，又有高原湖畔。普洱各民族散居于不同的海拔地带，不同民族的居住空间随海拔高差呈现出地域性的特征，分别受到不同气候的影响，导致服饰习俗随海拔不同而表现出差异性，呈现出不同的地域特征。

（三）传承性

关于服饰的产生，学界存在着不同的观点，但人类服饰从树叶兽皮发展而来，这一观点已为学界所公认。时至今日，西盟县"萌娃达人秀"所呈现的各种生态服装，就是对远古时代服饰的追忆。从树叶兽皮到亚麻棉布，从棉纺织品到混纺产品，这就是服饰原料的变化历程，其所反映的是科学技术发展对服饰原料产生的影响；从简单的原生色彩到蓝靛轧染，从单一着色到多姿多彩，其所反映的是人类审美观念的变化；从轻薄到厚实，从凉爽到保暖，其所反映的是人类适应自然能力的逐步增强；从大开大合到紧身束腰，从简洁明了到配饰众多，其所反映的是人类对服饰功能认识的逐渐加深。这说明服饰在远古形态的基础上，呈现出发展的特性，服饰文化的内涵在不断地拓展、延伸。普洱传统服饰不断发展变迁，但核心文化元素却不同程度地得以传承。

第三节 普洱传统服饰文化的变迁

人类发明与发现是文化变迁的源泉，它们可以在一个社会内部产生，也可能在外部产生。导致文化变迁是发明与发现被人类有规律的加以运用的结果。所有文化都历时而变迁，尽管像今天许多文化那么快速或大规模的变迁是罕见的。随着社会经济的发展，普洱各民族的生产生活发生了巨大的变化。服饰文化是一种历史记忆，它的变化是以非文本方式记录着社会政治、经济及文化的历史变迁。在传统社会中，普洱各民族大多居住在交通不便、信息闭塞的边远地区，其民族服饰的变迁相对缓慢。20世纪80年代以来，随着少数民族地区经济社会的发展、旅游业的兴起以及全球化影响，普洱传统生产生活方式正在发生前所未有的变化，各民族的服饰也随之发生了巨大的变化。

一 普洱传统服饰文化变迁的原因

（一）社会生产力迅速发展是传统服饰变迁的根本原因

20世纪50年代，中华人民共和国成立后，普洱沿边一带的少数民族实现了千年历史跨越——进入了社会主义社会。20世纪80年代以后，随着改革开放的不断深入，普洱经济飞速发展，人民群众的物质生活水平不断提高，社会购买力不断增强，机织布取代自种、自纺、自织的土布，成为服饰的主要面料。20世纪末，在市场经济刺激下，普洱地区的青壮年涌向经济发达的沿海地区务工，接受了经济发达地区的价值观和审美观，于是，简洁、方便、廉价的现代成衣逐渐成为各族群众日常穿着的首选。

（二）族际交往和文化交流是传统服饰变迁的诱因

随着经济的不断发展，交通条件的改善和新媒体技术的广泛运用，拉近了普洱各族人民与内地汉族、边疆和中原以及少数民族文化和汉族文化的距离；经济全球化也缩短了普洱与世界各国的距离，受汉族服饰文化和外来服饰文化的影响，普洱各族人民的传统服饰在借鉴现代服饰制作经验的基础上，不断创新发展，使传统服饰文化发生相应的变迁。

（三）价值观念的变化是导致传统服饰变迁的思想根源

价值观念的变化主要表现在两个方面：一是在传统社会中，普洱各族人民曾以"手巧"作为女性评价标准之一，认为一个女人须能纺线、织布、裁衣、刺绣才能满足家庭生活的需求，谁的技艺高，谁就受到当地社会的肯定和尊重。哪个女孩的女红技艺好，就会拥有众多的追求者。但在现代社会中，人们发现只要能挣钱，就能买到价廉物美的服装，只要能挣钱就有社会地位，女红的好坏再也不是评价女性的尺度。传统服饰因其厚重、制作与穿着费时，吸收借鉴现代服饰的优越性，对本民族的传统服饰加以改进，或用现代服饰替代传统服饰成为历史的必然选择。二是20世纪90年代以后，年轻人审美观念发生了较大的变化。随着经济社会的发展，各种文化碰撞交融，特别是人口流动加剧，年轻一代受现代服饰文化的影响，也开始追求时装和品牌。这种价值观念的改变使传统民族服饰技艺逐渐失去了生产传承的土壤。

二　普洱传统服饰文化的变迁

文化变迁是一种必然的规律，民族服饰作为民族的象征和民族文化的重要组成部分也随社会生活的变迁不断发生变化。20世纪80年代以后普洱传统民族服饰发生了急剧变化，传统服饰逐渐退出人们的日常生活，民族服饰常常是作为民族的标志物或艺术品出现。

（一）审美观念的变化

在现代化浪潮的影响下，普洱各民族的价值观念和审美观念也发生了变化，这种变化突出体现在对待本民族服装的态度上。在许多村寨，一方面由于西装、牛仔裤、T恤衫等现代服饰流行，导致平时穿本民族服装的人特别是男性不断减少，很多民族只有在节庆或重要活动时才穿着本民族的传统服饰。同时，人们为了生产生活方便，开始用轻便、价廉的现代服装代替民族传统服饰。另一方面，随着现代教育的发展，越来越多的年轻人受外来文化的影响，追求简洁、时尚和个性化的服饰。如今，只有年龄较长的妇女，坚持穿本民族的服饰，许多年轻人则喜欢具有现代化审美特点的时尚潮流服装，或者融入了现代性的传统民族服装。从20世纪60年代的调查资料来看，当农村中的拉祜族妇女基本上还是穿民族传统服饰时，一部分男子则已经开始改穿中山装、国防装、解放军装。20世纪80年代以后，当拉祜族妇女开始到集市买成衣穿着时，男子服饰已经时装化了。[①]

（二）服饰色彩的变化

随着纺织技术的发展，普洱各民族服饰色彩不断丰富多样。如傣族的传统服饰一般以白色、浅黄色、水粉色等浅色调为主，这是因为傣族所居住的河谷地带自然环境湿热，紫外线强，浅色的衣服可以减少吸热，保持凉爽。随着傣族地区旅游业的快速发展，傣族服饰的商业化倾向也

---

① 罗小青：《浅谈拉祜族服饰文化变迁》，《今日民族》2015年第7期。

日益明显。为了达到更好的舞台效果,傣族服饰开始采用大红色、深紫色、深蓝色等更加艳丽明亮的色彩。鲜艳亮丽的服饰色彩更能吸引游客的注意,满足游客的审美需求。景东彝族的上衣和裤子的颜色更加多样,色彩更加明亮。背包作为服饰新的搭配,其形式多为小型斜挎包,底部为正方形,上部延伸出肩带,背包色彩丰富,撞色大胆,是服饰中的一抹亮色。

(三)服饰款式的变化

服饰款式逐渐多样化。多数民族的男子服饰已基本汉化。传统的傣族女子的服饰款式为:衣服分为上下两部分,上身为紧身内衣,外套衽或对襟圆领窄袖短衫,紧贴胳膊,下着长筒裙。傣族女性整体的紧身衣、长筒裙没有变,但在衣领、袖口等处有了变化。尤其是从20世纪80年代以来,傣装几乎每年都有些细节的改变,曾经流行过的样式大致有三种:一是上衣为无领无袖,短至肚脐的小褂,筒裙则改为拉链式长裙,臀部紧收,外缝三条彩线,下摆加大夸张成鱼尾状。此款式的布料为色彩明艳的薄绸。二是上衣无领无袖,领口呈方形,饰以花边,筒裙变为一片布围拢,用暗纽加固。此款式的布料为浅色带刺绣花纹的薄纱。三是上衣无领有袖,衣襟为斜襟,用暗纽固定,下着传统筒裙。此款式用色泽亮丽的绸缎制成,其中衣袖、衣摆和筒裙下摆用同色的绣花薄纱装饰。①景东彝族女性上衣的袖子和裤腿的长度也有所减短,穿着后行动更加方便。在袖口裤腿使用简洁美观的几何图案,大幅减短所需的制作周期。随着道路的平坦开阔,当地对鞋底的耐磨性需求降低,千层底鞋逐渐转变为橡胶底的鞋子,但垫在脚下的绣花鞋垫被一直沿用。

(四)服饰工艺的变化

民族服饰工艺的变化是在以上多重因素影响下的结果,但市场经济和现代科学技术的发展是推动服饰制作工艺变迁的重要原因。普洱传统的棉花种植、种桑养蚕、纺纱、缫丝、织布、染料种植与制剂、染布活动,以及传统社会中赖以生存的种棉、养蚕、纺、织、染、绣等工艺不

---

① 马萱、张春玲:《傣族服饰的别样风情》,转引自子志月、王舫、蒋潞杨《傣族服饰文化的现代变迁与传承》,《红河学院学报》2015年第6期。

复存在。在传统傣族村寨里，织傣锦做衣服是傣家妇女的拿手好活。傣族妇女先织布、染布，然后制作傣族服装。男女老少都要穿自家制作出来的麻布衣服。20世纪50年代以前，傣族自己种棉、纺线、织布、染布，自己缝制衣服。如今在傣族村寨里，已经找不到当年的织布机了。一方面是由于傣族服饰的传统制作要花费大量的人力、物力，另一方面是随着旅游业的发展，傣族服饰成为旅游开发中最重要的商品之一，为了满足世界各地对傣族服饰的需求，现代化工业生产方式开始涌入傣族地区，于是出现了民营的傣族服饰制作加工企业。现代工业缝纫设备以及丝网印花、机织花边等代替了手工挑花、蜡染等，使得傣族服饰制作工艺简便、快捷。[1]

随着现代化工业迅猛发展，人们生活质量的提升，人们对于服装的要求也越来越高，单一的材质、刺绣绣样难以满足人们的要求，这时人们追求的或许并不是一定要用手工刺绣的方法把绣图绣得比前人更精美，彝族机制的产品不仅售价低廉，制作周期短，而且可以二十四小时不停地进行生产工作。相比之下，人工制作的失误率较高，制作周期长，而且价格也较为昂贵，导致市场占有率逐渐降低，被大量的机器制品取代，这在一定程度上导致了传统刺绣技艺的传承人流失。

（五）服饰功能的变化

随着少数民族地区旅游业的繁荣发展，民族服饰商业化和展演化的倾向也日趋明显。传统民族服饰的功能已发生了较大变化，从传统的遮羞蔽体和保暖遮阳逐渐发展成为当地群众获取经济利益的一种工具。随着现代生活节奏的加快，生活环境的改变，人们更希望一种舒适、省时、简洁、方便的装扮。传统傣装那种复杂的衣裙、银饰、围腰和纷繁的发式，要耗费大量的时间，也不轻便易行，自然与傣族妇女现有的生活节奏产生矛盾。因此，人们逐渐将之舍去，而选择那些从市场购回的简洁轻便的成衣。现代成衣使各民族传统服饰的文化功能消失殆尽。

---

[1] 子志月、王舫、蒋潞杨：《傣族服饰文化的现代变迁与传承》，《红河学院学报》2015年第6期。

第八章

普洱传统丧葬文化

死亡仪式一直是人类学研究的重要领域,罗伯特·赫尔兹(Robert Hertz)的《死亡与右手》是这方面研究的代表之作。他在书中明确指出,对于死亡而引发的观念和实践,通常与死者的尸体、灵魂以及生者有关,死亡的仪式是将死者从人类社会排除出去,实现他从可见的生者世界向不可见的死者世界的过渡。①

第一节　普洱传统丧葬习俗

普洱地域广阔,山高谷深,民族众多。各民族的丧葬习惯异彩纷呈,民族文化丰富多彩。

一　墓地和墓穴的选择习俗

普洱各民族的丧葬方式主要以土葬和火葬为主,尤以土葬为盛。一般情况下流行土葬,但如果是非正常死亡就实行火葬,即使是土葬,葬地也要区分开来,葬礼也相对简单。但在一些拉祜族村寨,正常死亡的行火葬,非正常死亡的行土葬。

在有的民族村寨,有一个埋葬正常死亡者的公共墓地,一般都是村寨附近的一座小山头或一片小山坡。非正常死亡者的墓地则另择他处或

---

① 和红灿、李继群:《转换与交融:三坝纳西族丧葬文化及其当代变迁》,《民族研究》2020 年第 3 期。

作出区隔与限制。墓地中的一草一木皆不得随意损坏和砍伐，否则会遭到鬼魂的危害、侵扰，或社会舆论的谴责，甚或村寨的罚款，因此，谁也不敢去破坏这种世代传承下来的约定，既怕鬼魂的报复，又怕舆论的谴责，也不愿承担村寨罚款的后果。因此，墓地中的树木生机盎然、茂盛葱茏。这在客观上起到了保护植被、涵养水源、防止水土流失的积极作用。

墓穴具体位置的选择，大多以抛鸡蛋的方式进行。把鸡蛋由背部向下滚落，或由胸前向身后轻微抛掷，一直到鸡蛋破烂了为止。在墨江、宁洱等地的哈尼族、彝族中，则是孝子跪于事先用锄头铲平的一小块地上，左手持鸡蛋自左耳旁往下放，若鸡蛋破碎流出蛋液，便沿蛋液泼洒方向挖掘墓穴，若鸡蛋不破则另选一地再丢蛋，直到鸡蛋破碎为止。由于竜林不得随意扩大，几十年甚至几百年来都在此范围内埋葬死者。加之许多少数民族村寨的墓地都不垒坟堆，也不做什么标志，所以新逝者掘坑时挖到旧故者尸骨的事情经常发生。一般人都认为鸡蛋由胸前向身后抛落地极易破碎，这有点过于主观臆断。由于普洱地处热带、亚热带气候环境，雨量充沛、植被茂密、土质松软，加之竜林中草木保护极好，灌木丛生，地上铺满一层又一层的枯枝落叶，鸡蛋落下时往往不会轻易破碎，故多次抛掷鸡蛋的情况时有发生。当地居民多把此情形视为神意，也看作是死者显灵的表现，认为死者不愿意葬于此地，故死者灵魂才会控制和左右着鸡蛋烂还是不烂。这主要是在各民族的观念中，人的去世是从阳间走向阴间、从今世走向来世的开始，灵魂是不灭和永存的，人的去世实则也是一个新生的过程。鸡蛋本身就具有生命的功能，在经过母鸡孵化之后，会产出雏鸡来。于是就把鸡蛋生命的功能赋予死去的人身上，希望死者能够获得新生。这里人们把鸡蛋生命功能的意义转移到了死去的人身上，寓含死者能够尽快启动新生的萌端。在一些信仰佛教的俗家弟子中，他们也把鸡蛋看作一种小生命，从来不做打鸡蛋的事情，并视之为一种善待生命的行为。在抛掷鸡蛋选择墓穴的过程中，蛋烂了才选作墓穴，蛋不烂则另选它处，这与鸡蛋在孵化过程中雏鸡出壳才有生命的功能，雏鸡不能破壳而出则胎死壳中一样，这是一种形象类比思维或者称为具象思维的体现。在许多民族的思维观念中，形象类比思是一种较为普遍和广泛的思维模式和思维方法，在其日常生产生活中都有可以看到残留的痕迹。比如寨心桩具有保护寨子人口兴旺发达的功能，但寨心桩的形状颇似男性生殖器官，这就把男性在生育过程中的作用形象地移植到了寨心桩上，而且把这种功能加以异化和夸大。又比如已经消逝了的佤族猎头祭谷习俗，也可能源于自然界中植物生长全靠头部作用思维现象。这又是形象类比思维的又一体现。

在普洱各民族的丧葬习俗中，普遍存在正常死亡和非正常死亡的区别，即凶死和善终的问题，当地居民习惯上称为"死得好"与"死得不好"。一般认为，被刀杀死、坠崖致死、水溺死、吊死、暴击死、孕妇难产死、野兽咬死、牛顶死、夭折或死于寨外者等皆视为凶死，不得葬入公共墓地；死于寨中有家人陪伴特别是老人高寿而亡的，皆视为善终。是否因疾病而亡，并非判断死得好与死得不好的因素。这样的死亡观体现了对亲情的向往和追求，对村寨集体的归属和认同，对平安生活的憧憬和自然死亡结果的诉求等丰富内涵，它强调和凸显的乃是生命的自然——生的自然、死得自然，对生命历程中的外力作用表现出了巨大的反感和排斥。这种死亡观的本质，反映了人与自然的和谐统一关系，包括了对外界力量的坚决抗拒和无可奈何，对客观世界的顺从与适应，以及对人生历程正常自然的完美诉求。这实际上是自然经济中社会居民的一种美好的人生愿景。由于无力改造客观自然世界的面貌，只能在遵循和随顺自然规律的基础上，祈求人生的正常、完整和幸福，能够逃避诸多天灾人祸的危害，能够得到人生的善始善终。应该说，这是一种十分朴素的死亡观、人生观。

二　丧事办理习俗

在丧事时间的安排上，一般遵循快速的原则，大多只停丧一夜。很多民族除非老年人寿终正寝，可停丧一至二日外，其余的普遍实行上午死下午埋、下午死次日埋的习俗。年高的老人死亡，有丧事当作喜事办的风俗，对死者往往没有太多的恐惧心理，似乎还有希望沾上和得到死者长寿的福气的心态。不像其他地区有人死亡，吊丧的人往往心存疑惧，犹恐死者灵魂会危害自身和家人，故大多小心谨慎，对尸体和棺木避之远离。当地有"死得埋得"的俚语,对葬期不作更多的卜算选择。特别是对凶死者,更是奉行就简与从速的即死即葬的行事原则。虽显简单轻率,但反映了普洱各民族重视现世敬养而轻慎终追远的朴素生死观。

在报丧方式方面,传统的方法是鸣枪报丧,谁家死了人,就抱着铜炮枪对着天空鸣放,村寨中人听到枪声就会过来帮忙。但近些年来,国家和地方政府实行禁猎法令,所有猎枪一律收缴,所以现在报丧方式大多是托人告知。亲戚好友获知后都会立即赶来帮助操办。当地有婚事必须受邀请才会参加,而丧事则无须告知就会主动参与的习俗。哪一家死了人,家属通知的对象主要是远处的亲戚朋友,邻居和寨中的其他人家闻讯后都会主动到丧家看望慰问,不需一一告知。而且普通人家在得知其家有人死亡的消息后,大多须去人看望帮忙,即使平时有矛盾,也不会计较。这已成为一条基本的社会道德规范和行为处事准则,如有哪家违背,会受到社会舆论的谴责和人们的非议。

在去看望丧家和帮忙处理丧事的时候,一般会送些钱物,即通常所谓的丧赠。丧赠的本意为"助生送死",即送走死者、帮助生者的意思。一般人家在操办丧事的过程中会消耗大量钱物,这对普通人而言不能不说是一种沉重的负担。在自然经济状态下,社会成员对自然灾害、天灾人祸、意外事故等情况的抵御能力是低下的、不足的,所以社会成员就以互相帮助、互相支持的形式来予以解决。在婚礼的时候如此,新生儿出世的时候如此,建盖新屋的时候如此,丧礼的时候亦如此。这种帮助和支持是双向的,有来有往的,待别人家中有事时照样也要还礼。丧赠的钱财数额可多可少,并没有一个绝对的标准,大多依据亲属关系和自身经济条件而定。在普洱少数民族村寨,普通的丧赠也就是几斤米、几元钱而已,也有送少量的烟、酒、茶等物品的,但都数量不多,价值有限,只是表示一下心意而已。

在停丧期间,有守灵习俗。一般情况下,守灵只守一个晚上。一些老人死亡时,也有守二至三个晚上的。守灵都是自发的,亲戚、朋友、邻居自然的聚到丧家,为其帮忙和守灵。这似乎已成为一种普遍的行为规范。守灵时,丧家负责提供一些酒水和简单的夜宵。在农村,守灵的人们往往唱歌缅怀死者,歌颂其昔日为人的宽厚谦和、辛勤能干,赞美其做过的诸多善事。

普洱有些民族没有烦琐冗杂的居丧守孝之礼。一般情况下，都不披麻戴孝，不垒坟，有的也只做一点简单标志。葬礼结束后许多地方就不再扫墓祭拜。似乎在行完葬礼之后，就有了与死者一刀两断的意味。在景东、镇沅、景谷、墨江和思茅、宁洱等地，由于受汉族文化的影响，一些中原内地的丧葬风俗时常出现。如丧家虽不披麻，却戴孝套，每年清明前后都有扫墓习俗，大年三十年夜饭前和农历七月十五时也搞一些简单祭拜死去亲人灵魂的祭仪。饭前弄些肉食、茶水、酒、饭等，摆于桌上，讲些祈福祛灾的话语，之后倒入少许冷水泼于房前屋后，俗称"泼水饭"，意即让死去的先人享用节日丰盛的食物，保佑家人平安健康。

第二节　普洱传统丧葬文化的特点

普洱民族众多，各民族传统丧葬文化既有其自身的个性特点，又有其因各民族之间相互杂居所导致的丧葬习俗、丧葬观念方面的相互渗透、相互影响而产生趋同的共性特征。

一　注重死者亡灵回归祖先故地

普洱大多数民族历史上都曾有过多次漫长的迁徙过程，或从青藏高原迁徙而来，或从省外或省内其他地区移居普洱，基本上都是在元、明、清时期才逐渐形成了今天的分布居住格局。到元、明、清时期逐渐定居以后，普洱大多数民族才慢慢地由游牧经济转向农耕经济。

为了牢记故地，抒发对故乡、对祖先的怀念之情，在族人死后，往往都有一个护送亡魂回归祖先故地的吟唱送魂仪式，从现在生活的地方，沿着传说中的迁徙途径，一直送到祖先最初的故地。认为只有把亡魂送回故地，让祖先灵魂团聚，鬼魂才会安宁，家人和村寨才会得到福祉和保佑。例如，拉祜族丧葬仪式中，"磨八"要咏诵传统丧葬古歌《波的细的》《送葬安魂歌》，为死者安魂引路，把死者的灵魂由现今居住地沿迁徙路线一站一站地送，先到勐勐（今双江县），而后"牡缅密缅"（今临沧）、"诺娄诺谢"（今泸沽湖地区）、"七山七水会合处"（今四川盐源、盐边地区)、"阿沃阿郭都"(今西昌地区)、"江西兹和诺海厄波"(今青海湖地区),直到祖先居住地去与祖先相聚。①

哈尼族碧约人在埋葬死者前,"嫫庇"要念颂《指路诀》,要亡灵沿着祖先迁徙的路线回到遥远的地方。江城曲水下石头寨一带碧约人亡灵的回归路线为:石头寨——巴夏(江城县加禾乡)——李仙(加禾乡一带)——杨四寨(墨江县坝留乡)——西吸大寨岔路(墨江县泗南江)——赖蚌(墨江县双龙乡)——莫历牌坊(墨江县城西)——墨江街子(墨江县城)——罗宋(玉溪市元江县)——沙玉龙(元江县东西大山)。到此后分路三条,死于非命者走上条路;死得不合时宜的走下条路;正常死亡的走中间路,该条道路途平坦,途中没有鬼怪纠缠。经过"迷勒骨"(今地不详)——"散拉奇"(今地不详)等地后到达"鸟吃莫乐"(一个有大水池的地方),与所有亡故的祖先团聚。②

哈尼族切第人出殡时由"嫫庇"给亡灵指路,路有三条:上条为"罗扩"路,是一条多灾多难的道路,处处有陷阱,有洪水猛兽,告诉死者不能去;下条是黑路,处处有邪魔鬼怪,告诉死者不能去;中间一条是平坦的回到祖先故地的大路,要死者沿着这条路回去。并告诉死者:"原来我们居住的地方很平坦,被外族人占去了,我们才走到这里来,你要回到原来生活的地方去。"③

哈尼族布孔人把死后亡灵的归路分为三条:属于正常死亡的走中条路,这条路经过13个省的地界后才到达布孔人祖先的故地,这条道称为"奴此";死得不好的,如被人打死、水淹死、吊死、虎豹咬死、雷击死的人走下条道,这是一条遍地邪恶鬼怪,处处设有鬼门关的道路,走该条道路受到无数酷刑后才能超生,这条路叫"教此";上条路是鬼神走的道,亡灵不得走。④

---

① 政协澜沧拉祜族自治县委员会编:《拉祜族史》,云南民族出版社2003年版,第360—361页。
② 云南省思茅行政公署民委编:《思茅少数民族》,云南民族出版社1990年版,第129页。
③ 云南省思茅行政公署民委编:《思茅少数民族》,云南民族出版社1990年版,第171页。
④ 云南省思茅行政公署民委编:《思茅少数民族》,云南民族出版社1990年版,第211—212页。

二　普遍存在着凶死与善终的观念

对于正常死亡和非正常死亡，当地居民一般习惯称之为"死得好"和"死得不好"。因外力所致死亡和死于寨外者，一般都为凶死，如：刀砍死、枪打死、水淹死、吊死、雷击死、牛顶死、虎豹咬死、坠崖死、孕妇难产死、车撞死、未成年人夭折等。而一般成年人病死于家中，则不视为凶死。老年人死亡，特别是临死前有子女送终，则为"死得好"。凶死与善终的死亡观念，在普洱地区各世居少数民族中广泛存在。

对于凶死和善终的死亡结果，在丧葬处理方式上是截然不同的。对于凶死者，一般是当天死亡当天埋葬。死于寨外者就地埋葬，尸体不得抬回寨中。许多少数民族对正常死亡者实行土葬，对凶死者则行火葬，傣族一般对凶死者实行水葬。有的民族即使对凶死者实行土葬，也往往没有棺木，用篾笆一卷即可埋葬，葬礼极其简单。有的地方还在死者的墓穴中抛入刺丛、荆棘等东西，以示对凶死者亡灵的惩罚和压制，不让其危害人间。凶死者的墓地要与村寨正常死亡者的墓地区别开来，不能混葬在一起。

而善终者的葬礼较为隆重，一般都要停丧一夜，老人高寿死亡的，也有停尸两三天的。参加葬礼的人众多，除家人、亲戚外，寨中人往往都来帮忙。对丧事的处理，都较为慎重和正式。老年人高寿而亡"死得好"的，甚至还会把丧事当作喜事来办，人们能够参与这样的丧事，会被认为是有福气，参与丧事活动的人也完全没有一点对死者的畏惧和害怕心理，反而觉得可以沾染上一点死者的福气，自己今后也能像死者一样"死得好"。

三　普遍存在禁忌观念

普洱各民族中，禁忌习俗普遍存在。这主要源于普洱各民族生产力水平不高，社会发育程度低下，原始宗教信仰较为盛行等因素。特别是在传统丧葬习俗中，在生死更替、阴阳转换的特殊事象上，禁忌的烦琐和严格更为突出，禁忌的威严和利害更加得到人们的认可和遵奉。禁忌成为丧葬过程中一切活动必须遵循的规范，任何人特别是死者的亲属成为丧葬禁忌的绝对奴仆,只能以虔诚的心态和万般的顺从来表达对丧葬禁忌的权威般的遵守和服从,丝毫不敢有一点怀疑的想法和藐视的行为。大家都害怕因为自己的存疑思想或不恭敬行为导致死者灵魂不得安息,引起鬼神的不满,由此而招来祸端,招致鬼魂的报复,这样的后果是谁都不敢想象和不能承受的。所以,在各民族的所有习俗中,丧葬禁忌是最能够得到遵行和沿袭的,也是最不被人们置疑和随意改变的。丧葬禁忌的权威性、神圣性和丧葬习俗、丧葬文化的传承性在民族传统文化的发展过程中始终具有和保持了相对的完整性。

四 丧葬过程中始终歌舞相伴

在整个丧葬过程中,歌舞始终相伴,以歌言悲伤之情,用舞抒感伤之怀,在哭歌与悲舞的场态氛围中,体现出丧葬这一人生最后庆典的肃穆与庄重,诉说亲朋对死者的哀思与怀念,嘱托死者灵魂在去阴间的路上一路走好。

在普洱各民族传统丧葬过程中,大多有特定的歌舞出现在这种悲伤的场合,以悲歌哀舞的形式来表现和营造并映衬亲属以及村寨邻人对死者逝去的悲痛之情。特别是各种曲调的葬歌显得更为广泛和普遍。其内容既有对死者生平的简单概括与总结,也有对死者美好品德的歌颂与赞美,更涉及死者离去给亲属带来的种种痛苦。听了之后,不禁让人生出许多感慨,长歌当哭,潸然泪下,更加追思对死者的好感和怀想,更加珍惜和热爱短暂的美好人生。

哈尼族阿木人的音乐分为喜乐和哀乐,哀乐是在丧事场合唱的歌曲,曲调较多,唱词内容多半是回顾死者的生平事迹,赞扬死者的为人处世,劝导死者不要替后人操心,大胆地回到祖先那儿去。舞蹈"戛尼尼",在丧事场合与喜事场合动作有一些区别和不同。[①] 哈尼族西摩洛人在停丧守灵中,跳"摸搓"舞,跳舞时配调形式不限,可唱过山调、情调、生产调、追魂调等,追魂调共分为九节,以追忆死者出生、成长、成家、生

---

① 云南省思茅行政公署民委编:《思茅少数民族》,云南民族出版社 1990 年版,第 231—232 页。

儿养女、病魔缠身、请人做鬼、亲友探望问候等，历时数小时。吊丧者分成两伙，一伙静听"贝母"唱追魂调，一伙在堂外围成一圈由另一"贝母"领唱摸搓调，唱者边唱边舞，不时饮酒助兴。①

彝族倮倮泼支系的曲调分为喜调和哀调，由丧事时所请"阿毕拔"（专为人们唱丧调的人）来唱哀调。唱调是根据死者的平生临时编词的，音调低沉，情感伤悲，催人泪下。也有些曲调是晓喻人们如何安葬死者，如何为人处世的。② 彝族香堂支系在丧事活动中，"朵溪"扮演着主持人的角色，从始至终都在演唱不同的曲调。"朵溪"一进丧家，就唱"进门调"。尸体装棺时，"朵溪"唱"入棺调"。尸体入棺后在鸡叫头遍时杀牲祭亡灵，"朵溪"唱"杀牲调"。守灵时，"朵溪"说唱"隔娘隔爷调"。在出殡前，朵溪还要不停地说唱各种调子，其中唱得比较多的有"洗松毛""开天辟地""割毛草""小花雀（讲人类起源）""撵老熊（讲祖先迁徙过程）""找死伴""太阳和月亮""隔儿隔女""找皇帝""献饭""陆达调""戴孝布"等数十种。此外，到选墓地时，朵溪要唱"选坟地调"，把亡灵引导到阴间时要唱"阎王调"给死者立伸斗（即将一斗谷，一升米，插上香火，放在棺前）时要唱"升斗调"，等等。③

拉祜族在丧事活动中也有吟唱各种小调的习俗。在这些曲调中，阐明了人死的自然规律与对逝去亲人的追思和怀想。

五　巫师、祭司在丧葬活动中具有重要地位

巫师、祭司在丧葬活动中具有重要地位，不可或缺，往往起着指挥者、组织者的作用。死者亲属和吊唁亲朋对巫师祭司言听计从，百般依赖和服从。

巫师、祭司的社会功能就是在神与人之间架起一座沟通的桥梁，扮演协调天人关系、交流天人信息、把天神旨意传达给人间，把人间的愿

---

① 云南省思茅行政公署民委编：《思茅少数民族》，云南民族出版社1990年版，第248页。
② 云南省思茅行政公署民委编：《思茅少数民族》，云南民族出版社1990年版，第291—297页。
③ 云南省思茅行政公署民委编：《思茅少数民族》，云南民族出版社1990年版，第306—314页。

望和诉求反馈给天神的信使角色。在人们的认知能力和思维水平还极为有限的社会中，巫师、祭司除了要承担独有的天人交流的转接功能外，还起到了抚慰人们心理、安定人们思想、稳定社会生产生活秩序的作用。同时，客观上还具有文化知识传承的作用。一般而言，巫师产生在前，祭司形成在后，祭司是在巫师的基础上发展而成的。所以，巫师的层次更低，祭司的层次更高。巫师更多的是对自然怪象和社会人间异象的预测、卜算和解释，往往以鸡、猪、牛、羊等牺牲作为媚神的祭品，以牲骨头的裂纹走向和某些事象来代言天意，以人们的一些不寻常作为来向神灵表达祛灾降福的愿望和要求。这种巫术活动，主要的意义在于对人们心理能够产生慰藉作用。而祭司除了沿袭和套用巫师的做法外，由于其已成为文化知识的拥有者，在巫师的做法的基础之上还赋予了理性的阐述和诸多感性的修正，使得祭司的招数、套路、体系都变得更为烦琐、神秘和不可捉摸。祭司的言语和行为就更具权威性、神意性，更易让人信服和遵从。如果说，普通之人尚能通过自我实践，宣称得到高人指点、神灵感悟而顿悟成为巫师的话，那么，要成为一个祭司，必须在别人的指导之下，在特定的空间范围，通过长期的潜心研习才有可能。虽然很多时候，巫师与祭司有相似、相同的地方，具有共同的属性，但在质的区隔上，显然属于不同阶段、不同层次的水平。

巫师、祭司既然是人与神沟通的媒介，那么在丧葬活动中，它就有了巨大的存在空间和活动能量。在普洱各民族的丧事过程中，几乎都有巫师、祭司参与其中，扮演不可或缺的重要角色，只不过有的尚处于巫师的阶段，有的已上升到祭司的层次，且名称各异罢了。拉祜族一般称为"磨八"，佤族称为"巴猜"，哈尼族称为"嫫庇""贝母"，彝族称为"香通""朵溪""白母"，另外傣族、布朗族的佛爷、和尚也兼具这种功能。从人死开始，在殡殓、守丧、出柩、墓地和葬期选择、下葬、送魂、招魂、祭奠等各方面，这些职业的或半职业的神职人员都参与其中，并起着指挥者、组织者的作用。死者家属和亲戚朋友对之都是言听计从，丝毫不敢违背。这些神职人员在丧事活动的特殊场合，依靠着自己的特殊身份，凭借着献祭、送魂、招魂等特殊平台，有时口中念念有词，有时手舞足蹈；有时妄称鬼魂附身，有时假托亡魂要求；有时掐算时辰不符，有时提出用牲多寡，等等。以此，制造出一个人神交流、沟通协商的特殊场态。参与丧事活动的人们或主动或被动地深深卷入其中而不敢拔身脱出。由于人们对人神沟通事项的无知，对鬼魂的畏惧，加之丧家出于对死者和家人的美好祝愿与祈求，使得人们不敢也不愿对神职人员的所作所为产生质疑，这就导致了神职人员在丧事活动中制造的场态效应越发形象和逼真，似乎真的是确有其事。很多时候甚至神职人员自己本身也被暗示而不能自拔，如果连神职人员都已完全进入角色，特别是出现被角色所感动而身不由己地将全部情感投入到其中的情况的话，不但其自身，周边的人们往往也被感召，也会随着神职人员的行为和思维节奏而产生情感的波动和变化，神职人员的行为就更加容易让人们理解和信服，神职人员的重要性和权威性更加容易得到人们的尊重和认可。这就是我们通常所谓的场态效应。这种场态效应不但表现于丧葬过程中，也表现于节庆、歌舞娱乐、农耕祭祀等其他场合，只不过在丧事活动中显得更为突出，表现得更为充分而已。

六　烟、酒、茶是不可缺少的祭品

烟、酒、茶是普洱各民族日常生活不可缺少的用品。烟在农村地区大多为烤烟，有的地方称为"草烟"。各民族群众把成熟的烟叶烘烤晒干后切成烟丝，用纸卷裹抽吸，或用竹木烟斗抽吸。有的地方也有用竹木烟筒吸食黄烟的习俗。随着经济社会的发展，卷烟也逐渐盛行。一般成年男子大都有抽烟的嗜好，相当部分的成年女子特别是老年妇女吸食烟草的也不少。酒主要是当地少数民族群众自己酿制的白酒，度数较高。佤族的"水酒"是用小红米酿制而成，度数较低，但颇有特色。成年男子饮酒较为普遍，成年女子饮酒的也不少。在任何节庆宴席和唱歌、跳舞场合，都少不了酒。有客人到家中，要用酒待客。茶为当地群众自己种植、自己采制加工的云南大叶种绿茶，少数民族成年男、女多有饮茶的习俗。

烟、酒、茶既是普洱各民族的日常生活必需品，也是丧葬过程中不可或缺的祭祀品。殉葬品、牺牲、祭品都是人们平常的生产生活用品。用这些物品来送走亡灵，包含了人们对鬼魂世界形象的朴素认识和对逝去的亲人阴间生活的无限牵挂与精心准备。人们无法认识阴间世界的状况，只能按照人间的情形加以想象和描绘，认为人间生产生活必需的东西，到阴间也必然是十分需要和不可缺少。所以，在所有丧事活动中，烟、酒、茶既是待客的物品，也是祭拜亡灵的祭品。特别是对于那些有烟、酒、茶嗜好的死者而言，更是万万不能缺少。在祭拜亡灵的时候，香要点着，纸钱要焚为灰烬，烟要点燃，酒要倒于杯中，茶要泡好，且酒、茶最后要洒倒于地上，认为如若不然死者亡灵就无法享用。

第三节 普洱传统丧葬文化的社会功能

丧葬活动不仅仅是一个单纯的事象，而且是集多种社会功能为一体的综合性活动。虽然丧葬表面上看具有指向性功利目的，就是一个送走死者的问题，但从整个丧葬过程中诸多环节和习俗客观具有的影响和所产生的作用来看，普洱传统丧葬文化的社会功能就绝不仅仅是一个助生送死的问题，它还广泛涉及社会教化、文化传承、历史教育等多方面的问题。

一 社会教化功能

普洱各民族传统丧葬过程中，一些类似于祭司的神职人员和民间歌手都要对歌、唱歌，其歌唱内容既有对死者灵魂的安抚，也有对生者痛苦的劝慰，同时往往还有对死者一生的回顾和美好品德的赞扬与歌颂。在此过程中，受众都会受到感染和熏陶，对本民族的社会规范、价值观念、为人处世原则有了一定了解和认识，相当于一场有声有色、绘影绘声的道德伦理教育。

如拉祜族挽歌唱道："你活着时好衣没穿过一件，好饭没吃过一顿，为儿女苦了一辈子"，"你对儿女如同小鸡小猫一样爱护，重话没说过一句；对老人处处关心，好吃的给老人吃，好穿的给老人穿"，"对寨里人，你从未发过火，红过脸"。[①] "你妈怀你，你爹养你，你爹培育你成人，你

---

① 政协澜沧拉祜族自治县委员会编：《拉祜族史》，云南民族出版社2003年版，第361页。

妈喂奶你长大。生了银水洗你身,放入摇篮无消歇。你的身子长得好,你的身体长得壮","你的命定了到阴间,你的灵魂上了天,不要给活着的人灾难。酒不够再给你,你要猪牛再给你,你顺着去祖先住地的路走,火烟臭气带走"。① 拉祜族凡属正常死亡的,死后都要请人来唱挽歌,尸体出殡之前唱的是死者生平的事迹,要从出生唱到孩提时的欢乐,唱到夫妻之间的恋爱和婚后的恩爱情感,唱到生离死别的无限痛苦。之后,又唱死者在世时为人处世中的美德,唱乡邻寨友和亲人们对死者的缅怀和悼念,唱死者为人们做过的好事,等等。凡是一个好的歌手,他每唱一段都能激动人们的情感,使旁听者凄然泪下,或陷入美好的回忆之中。尸体火化后,唱的是为活人招魂留魂之类的歌,其内容多数是向往美好的人间生活,鼓励活着的人热爱生活,管理好家业,抚育好小孩,敬重活着的老人。②

此类挽歌,大多缅怀死者昔日的好处,歌颂死者的美好品德,起到了鼓励、倡导人们一心向善的德化功能和教育作用。同时,鼓励生者热爱生活、养育后代、孝顺老人、互帮互助、勤俭持家、和睦相处,这有利于家人的和睦和寨人的团结,有利于纯朴人际关系的塑造和良好民风的维系,有利于勤劳勇敢精神的培育和诚实守信风气的培养形成。在普洱民族村寨,大多不偷不盗,热情好客,待人淳朴,勤劳善良,乐于助人,敬老爱幼,扶贫济困,夜不闭户。这些良好的社会风气的形成,虽然因素很多,但与人们无时无处都在进行的言行教育密不可分。利用丧葬场合和挽歌形式进行社会教化,从一言一行的细微之处着手,突出了道德伦理教育与生活教育的密切联系,强调了道德伦理教育的严肃态度和庄严气氛。并且多为正面灌输的说理疏导,易为人们所认可接受,不会产生逆反排斥心理,可以起到事半功倍的教育效果。

二 文化传承功能

丧事活动与节庆活动一样,很多民族都把它视为重要的事象,都要

---

① 李文汉:《拉祜族的丧葬》,载澜沧县《拉祜族史》编撰委员会编《〈拉祜族〉澜沧研讨会论文专辑》(内部资料)。
② 云南省思茅行政公署民委编:《思茅少数民族》,云南民族出版社1990年版,第337页。

进行相应的必不可少的仪式，有不同的歌舞曲调和不同的歌舞内容，有不同的活动目的和礼仪要求，有不同的场合气氛和参与心态。节庆活动有固定的时间规定，而丧事活动往往具有不确定的来临时间。节庆活动中人们怀着高兴欢乐和轻松愉快的心情参与其中，而丧事活动中人们却怀着沉重和悲痛的心情来面对故人的离去。但是丧事活动和节庆活动都是村寨社会生活中的一件大事，村寨成员都要投入大量的人力、物力、财力、精力来加以认真对待，往往都自觉、不自觉的或有形或无形的卷入其中，不可能完全置身事外。所以，在这种重大场合进行的各项活动，对村寨成员的影响都是深刻而广泛的。

丧事活动的文化传承功能，既表现在"通过本民族的歌舞艺术、传统礼俗和人生观等方面的大展演，充分体现出民族意识与民族精神的丰富深刻内涵"，又表现在"对整个村寨和社区的民众，进行本民族的起源、迁徙以及发展等方面的再教育，让每一位丧礼参加者都对本民族历史及传统文化获得深刻的领悟"，"丧事礼仪所引发的人们对人生问题的认真思考，所产生的道德化育之功效，所形成的民族文化的'传承场'，确实是没有任何礼仪能够与之相比的"[①]。在丧事活动中，在不同环节所体现的相应习俗本身就是民族文化的一种具体表现，特别是表演的不同曲调、不同类型的歌舞更是民族文化的重要组成部分，所要求和展现的丧葬礼仪也是民族文化内涵的构成内容。而且，丧事活动所表现的民族习俗、礼仪和文化传统具有特别的意义，它是其他活动场合没有体现或不能体现的。在丧事活动庄严肃穆的特殊场合和特有氛围下，在人们悲伤的凝重心情和对鬼神无法知晓的畏惧心理下，在神职人员忘我投入的歌舞表演和各种祭祀仪式的带动和暗示下，人们对传统的社会习俗和民族文化的学习、认识、了解和接受虽然是被动的，但这种外部感化人们却是怀着虔诚的心态来对待和进行的，人们不能有丝毫的怀疑，只能全部认可和全盘效仿。所以，丧事活动中民族文化的传承往往都是原生态的，这种对民族传统文化的生动展示和鲜活描述，其传承的效果也是较

---

① 和少英：《逝者的庆典——云南民族丧葬》，云南教育出版社 2000 年版，第 131—143 页。

为显著的。

普洱各民族传统丧事过程中，大多有各自独有的习俗礼仪，许多民族都有自己的挽歌和丧事舞蹈。例如，哈尼族爱尼人有专门在丧事场合演唱的"挽歌"和"丧调"；布孔人有"送丧调""哭亡灵调"等哀调；阿木人的音乐舞蹈也分为喜乐、哀乐两大类；西摩洛人丧事过程中，第一天"贝母"唱诵悼魂调，人们在守灵时跳"摸搓"舞；第二天"贝母"唱"追魂调"，分为九节，历时数小时，从死者出生、成长、成家、生儿育女、生病、亲友问候等方方面面都要回忆和回顾。[①] 彝族蒙化人丧事活动中，有专门的"赞灯"仪式和"抬死人调""丧调"等；倮倮泼人有专门的哀调，特别是埋人调中的"阿毕拨"较为灵活和最具特色；香堂人丧事中的曲调极多，有"入门调""抬棺调""杀牲调""隔娘隔爷调""洗松毛""开天辟地""割毛草""小花雀""送坟地调""升斗调""撵老熊""找死伴""太阳和月亮""隔儿隔女""找皇帝""献饭""陆达调""戴孝布"等数十种；聂苏人也有在丧事活动中唱各种曲调的习俗。拉祜族的舞蹈和曲调有喜乐、哀乐之分，有演唱场所的严格规定，一般不允许乱吹乱唱。传统丧事古歌有"波的细的""送葬安魂歌"等。拉祜族挽歌的内容大多是对死者的歌颂、缅怀和对死者的美好祝愿、祈祷，教人积善向上，有一定的积极意义。[②] 傣族、布朗族深受小乘佛教影响，丧事活动中佛爷、和尚都要参与其中，念经超度亡灵，民族习俗、宗教信仰、处世礼仪等于无形之中得以彰显和传承。

三　历史教育功能

普洱各民族传统丧事仪式中，特别注重对死者亡灵的送别，一般都要把死者亡灵送回到祖先故地、发源地。普洱大多数民族历史上曾经是游牧民族，由于各种原因，先后迁徙定居于普洱地区。民族传统丧葬习俗中让死者亡灵回归祖先故地，实质上是对民族迁徙历史和故地家园的

[①] 云南思茅地区行政公署民委编：《思茅少数民族》，云南民族出版社1990年版，第248页。

[②] 政协澜沧拉祜族自治县委员会编：《拉祜族史》，云南民族出版社2003年版，第360—372页。

一种缅怀和回忆。通过这种回忆，让后人牢记本民族的发源地，牢记先辈艰苦的迁徙历程，牢记民族的发展历史。从本质上来说，就是一种历史教育的问题。只不过借助于丧事的特殊场合，借助于巫师和祭司的口，借助于死者离去所营造出的神秘氛围和特殊场态。使得这种历史教育显得更加神圣和庄严，更让人难以拒绝和违背，教育的过程更为顺利，教育的效果更为如意。加之普洱少数民族大多只有语言，没有文字，或者即使一些民族有文字，其使用范围也极其有限，所以从民族历史和文化代言人祭司口中讲出来的话语，更加让人信服。"云南各民族的丧葬文化中有一项十分重要的内容，便是对'祖源故地'的向往。人死后究竟魂归何处？所谓的'天堂''地狱'或'来世'等似乎都漂渺无常，唯有循着本民族先民自远古以来迁徙至此的足迹，让亡灵尽快返回祖源故地去同自己的老祖宗亡灵团聚，才是最重要和不可或缺的。因此，许多民族的丧礼中都有巫师或祭司为亡灵'教路'或'指路'的仪式，表现的颇为肃穆庄严。"①

"西南民族丧葬祭仪中，存在一种富有深义，值得深思的仪式。在出殡的头晚，要有祭司吟诵本民族的古歌或神话诗，如侗族要吟诵《侗族祖先哪里来》或《祖源歌》《忆祖宗歌》；苗族要吟诵《苗族古歌》；阿昌族要唱《遮帕麻和遮米麻》。这些古歌或神话史的内容都是开天辟地的经过和本族祖先创业迁徙的经历，叫作'阿公阿祖的历史''老辈人走过的路'。彝族吟诵的《送魂经》（《喀吉思》），傣族的《哀悼词》，哈尼族的《送魂经》，傈僳族的《挽歌》，拉祜族的《送魂哀调》也有一部分具有同样的内容。""在丧葬仪式中吟诵'阿公阿祖历史'的功能，是把祖先的行为和业绩熔铸于生者的观念和心理之中，用生者对死者的尊崇和继承弥补死者形体的消亡。每次丧葬祭仪都在加强这样的行为准则：'我们要踏着祖先的脚印，一步一步走去；我们要照着祖先留下的规矩，一样一样去做'。"②

---

① 和少英：《逝者的庆典——云南民族丧葬》，云南教育出版社 2000 年版，第 133—134 页。
② 杨知勇：《西南民族生死观》，云南教育出版社 2001 年版，第 266 页。

四　群体凝聚功能

民族风俗习惯是一个民族的人们在特定的生存条件下，在长期的历史发展过程中，在社会生产生活的方方面面所形成并长期传承的诸多行为方式和社会心理。通过衣、食、住、行、婚姻、丧葬、节庆、娱乐、礼仪等方面具体表现出来。它充分代表着一个民族的价值观念和民族心理，反映了一个民族的情感意识和认同意识。民族风俗习惯与民族语言文字、宗教信仰一样，能够彰显和表现出一个民族的鲜明特征，同时也是维系民族情感、民族意识、民族性格的重要纽带。从某种角度而言，民族风俗习惯是民族特质的代表和集中体现。

丧葬礼仪是民族风俗习惯的重要组成部分，是一个民族的人们普遍遵循的一种社会习尚。一个民族的丧葬礼仪与其他民族的丧葬礼仪往往有着明显的区别和不同，这也是构成民族特征的因素之一。虽然民族特点的不同可以表现在许多方面，但是丧葬习俗的差别必然是其中重要的一个方面。一个民族的人们，在一般情况下，对于本民族的丧葬习俗都予以认同和遵循，把它作为自己人生最终的归属方式，以此表明其难以改变的民族属性和不可以磨灭的民族情感。为了死者灵魂的安息，为了生者的平安和福祉，民族传统丧葬礼仪便成为人们普遍遵循的一个基本行为准则，人们生前希望如此，死后家属和村寨成员也希望如此，这种共同的价值观念和行为取向成了一个民族的所有成员的共同诉求和选择。这就使得丧葬习俗在凝聚民族情感、维系民族意识、凸显民族特征、保持民族属性等方面具有特殊的作用和意义。

同时丧葬活动和婚礼、节庆活动一样为人们提供了一个交流往来的机会和聚会集中的平台。普洱地区的民族基本上都是农耕经济，农业民族在平日的往来就不多，只是在一些特定的时候才聚集一起，丧事活动为村寨和民族成员的聚会创造了条件和机会。人们借着埋葬死者、送走死者亡灵的机会，唱歌跳舞，甚至通宵达旦，其间的沟通交流甚于平常。这是村寨成员和一个民族的人们约定俗成的一种特殊交往方式，对于强化村寨集体观念和民族意识无疑具有客观影响。

五　人生教化功能

以人类社会发展的普遍规律而言，丧葬的直接目的和现实意义就是送死助生，即送走死者、帮助生者。送走死者是社会文明进步的体现和要求，虽然每个民族的丧葬习俗和丧葬礼仪不尽相同，但最终体现的重要意义仍是与死者的最后告别，帮助死者灵魂平安踏上走向阴间的路途，并能到达和融入幸福的彼岸世界。这个彼岸世界有的民族称为天堂，有的民族认为是生养其一生的故乡，普洱大多数民族则把它看作是祖源故地。帮助生者是现实生活的需求，一个家庭中有人去世，丧事的办理需要众多人手的帮忙；钱、财、物的花销也较为巨大，家属陷入悲伤之中不能自拔，这些都需要亲戚、邻居、朋友、寨民予以援助和帮助。普洱各民族丧葬中也普遍存在着丧赠的现象，其丧赠的目的意义主要的就是为了"助生"。况且，人终有一死，这是每一个人都不能违背的自然规律，今天对别人家庭的帮助，换来的也就是明天别人对自己家庭的帮助。所以抛开所有的丧葬礼仪、丧葬环节及其象征意义，丧葬的本质和功能指向无非就是送死助生罢了。

丧葬活动的人生教化功能，主要可以从以下几个方面加以认识：

首先，通过葬礼活动，让人们认识人生的自然规律。从生到死、生生死死、有生有死是一种正常的自然现象，动物界如此，人类自身也如此。每个人的人生历程都是由生开始、到死终结的过程。每个人从出生的那一刻起，就在逐步地走向死亡。生不由己，死不可逆。我们每一个人虽然难以预料何时死亡，但时时刻刻都可能面临死亡。所以死亡是一个我们任何人都必须面对和无法回避的现实问题。

其次，通过丧葬活动，教育人们要正确对待死亡，消除对死亡的恐惧和困惑。俗话说：人死如虎，虎死如花。一般人们思想上都会有一些死亡的心理障碍，不但恐惧自身死期的来临，也惧怕别人死亡的场面，所以广泛存在着一种谈死色变的普遍现象。在一定丧葬观念影响下的丧事活动，很多情况下往往对死亡后的彼岸世界进行了虚无的幻化和美化，在一些宗教信仰中还把死亡看作是又一次的重生、再生和新生，这在一定程度上可以消除人们对死亡的恐惧心理，能够坦然的迎接和面对死亡。

再次，通过丧葬活动，教育人们要善待生命、珍惜生命，树立乐生不畏死的人生观。人的生命是脆弱的，每个人的生命只有一次。能够出生来到世界，本身就是一种幸运，如果再能够快乐幸福地活着的话，更是一种幸运中的幸运。所以我们每一个人都要快乐地生活，高高兴兴地度过活着的每一天。同时每个人的生命不单只属于们自己，还属于家人和亲朋，活着对每个人来说不仅仅是一种权利，还是一种责任和义务。我们要尊重和善待别人的生命，也不能糟蹋和轻视自己的生命。这对于一些轻生寻死者而言，就更具有针对性的教育意义。

最后，通过丧葬活动中对死者孝敬老人、关爱小辈、助人为乐、勤俭持家、诚实待人、扶危济困、与人为善等美好品德的赞扬和助人行为的回顾，教育人们生命的意义和价值还在于活着的时候尽己所能帮助别人、善待家人，这样死后才能获得良好的乡评世誉，才能赢得人们的同情、感伤和怀念，才能不至于为家人和乡邻所忘怀、诅咒。这种社会舆论的评价，往往会成为人们心头难以抹去的一种沉重的负担，约束、限制和激励人们生前的各种行为，教人努力成为一个高尚纯洁的人，一个让家人和亲朋永远怀念的人，一个对乡邻和社会有益的、有价值的人。普洱各民族丧葬过程中，一些挽歌的吟诵和传唱，表面看来似乎只是扬善，实则也具有惩恶的警戒作用。

第四节　普洱传统丧葬文化的社会价值

普洱各民族丧葬文化中，有诸多值得肯定的优良传统和积极内涵，这些优良传统和公序良俗，对于维护社会稳定与和谐具有积极的意义。

一　厚养薄葬的现实价值观

丧葬礼仪、丧葬习俗的产生、形成并最终发展演变成为一个民族的丧葬文化，本身就是社会文明程度不断提高的反映和体现。生命短暂，亲情可贵，对人生的积极态度就是对生命的珍惜和尊重，对亲情的最好回报就是对生者的善待关爱和对亲人的不离不弃。孝应在生前，爱应在活着的时候，人死了再隆重的排场逝者都无法感知，最多也只不过是一场活人做给活人看的闹剧。不养不葬的陋习已为人们所不齿，而轻养隆葬、薄养厚葬、只葬不养等有悖社会伦理道德规范甚或背离法律规定的行为也应为人们所抛弃。普洱各民族村寨普遍遵行敬老爱幼、扶贫济困、团结互助、不偷不盗、重视亲情、强调现世敬养的伦理道德，这既符合社会主义法律规范，又体现了建设社会主义和谐社会的行为要求，无疑是应该肯定并值得继承、倡导和发扬的优良传统。

二 心存故人的良好风尚

普洱各民族都有对逝去亲人常思怀想的习尚，且这种对死去亲人怀念的情感其表现形式更多的是存在于心里永久的记忆之中，不太注重对墓地祭拜等物化的外在表现形式。普洱许多民族在丧葬过程中的哀调唱词都注重对死者美好品德和为人处世的正面肯定，告诫后人常思其恩惠、常念其情义，并勉励人们学习之、仿效之。虽然每个民族对逝去亲人的纪念形式各不相同，祭拜的方式各异，但最好的纪念方法莫过于在后人的心中镌刻上民族的历史足迹和对先人的美好怀想，这种美好怀想不一定非要以物化的形式表现出来，而更多的可以用非物质文化遗产的方式传承下去。且永存于后人心中的对先人的怀想往往是最长久、最永固的，所以非物质文化遗产的传承也就显得最为鲜活、最为深刻、最难以磨灭。

三 生态环保的丧葬观

普洱许多民族村寨大多有固定的墓地，一般称为竜林，人死后都葬在竜林之中，决不允许乱埋乱葬。且竜林的范围是固定的，不允许任意超出和扩大。所以，随着时间年代的久远，在有限的墓地范围内，一些后死者与先死者墓址重叠的现象时有发生，但都为人们所认可和尊重。竜林中的草木，禁止人们乱加砍伐，人们一般也不敢乱翻乱动，害怕惊扰鬼魂引祸上身，所以竜林中的生态植被保持较好，往往成为村寨中的水源林、风景林。普洱有些民族的丧葬，火葬往往是传统的丧葬方式，在民族传统丧葬文化和民族心理情感上对火葬并不拒绝和排斥，许多少数民族都把火葬作为了一种传统的、正常的丧葬形式，这与汉族地区往往把土葬作为唯一可接受的传统丧葬形式的情形截然不同。限制和划定墓地范围，有利于缓和、解决死人与活人争地的矛盾，防止乱埋乱葬、侵占耕地情况的发生，这对于保护耕地、保护生者的生存权利是有积极的现实意义的。禁止砍伐竜林中的树木，保护竜林的生态植被，虽然主观动机上是为了先人灵魂的安宁和不被惊扰，害怕招引祸端，这在客观上对水土保持、生态环境保护却有积极的现实意义。对火葬方式的认可、接纳甚或作为民族传统丧葬习俗，与国家倡导的殡葬改革的趋势和方向不谋而合。

普洱各民族传统丧葬文化中的环保习俗，体现了普洱各民族对自然、社会、人类的形象而又直观的朴素认识，反映了普洱各民族传统丧葬文化中的和谐因素、和谐特征、和谐观念。如果说要对普洱各民族传统丧葬文化加以抽象描述和客观形容的话，我们是否可以说普洱各民族传统丧葬文化的特质是强调和重视和谐，这既包括人与自然的和谐，也包括村寨社会的和谐，还包括活人与死人的和谐。划定墓地范围、限制墓地范围的扩张，这有以此保证生者必要的生存空间的意味，防止死人侵占活人的土地，保证生者起码的生存条件和生存空间。而对于死者的埋葬场所，因受墓地范围的局限，除了后死者如选中先死者的墓地仍可葬于同一地点的规定之外，还同时并存了火葬的习俗，以此来缩小埋葬死者所需的墓址场地。甚至可以说是通过限制埋葬死者用地的办法来最大限度地保障和满足生者的空间生存需要。而如果由此万一引起死者灵魂不满的话，又通过护送死者灵魂回归祖源故地或尽早转投阴间等安魂、抚魂方式，来求得死者灵魂的满意和安宁，且在这些过程中，大量的牺牲似乎也可以证明生者的虔诚心态，完全可以取得死者灵魂的谅解与善意释放，以此不但不祸害生者，反而降福和保佑于生者了。这其中反映和体现了活人与死人和谐相处的辩证关系。一家有人去世，邻人和寨人相帮，整个村寨停止生产劳动一天或数天，死人的事情不但是家庭的事情，某种意义上也变成为村寨的集体事务。反映了自然经济状态下个体生产者对自然灾害和意外事故脆弱的抵御能力，所以为了加强和提高这种对自然灾害和意外事故的抵御和抗击能力，村寨成员只有团结起来，以集体的力量来增强和提升个体家庭的力量，以此保证村寨集体共同的生存权利和生存能力。必要的互助相帮和一定的丧赠就自然而然地形成和产生。归根到底，这乃是生产力发展水平较为低下阶段的产物。当然从中也体现了村寨社会的和谐原则与价值理念，反映了村寨社会的和谐依赖于村寨每一个家庭个体的稳定，说明了村寨中个体家庭的和谐乃是村寨社会和谐的前提，个体家庭的生存乃是村寨生存的基础，没有了个体家庭的稳定和安宁，就没有了村寨社会的稳定和安宁。所以，每一个个体家庭的事情，也就绝对变成了村寨集体的事情。邻人、寨人对于丧家的事情绝对不能袖手旁观，不然到自家有事时，别人也就不会帮助自己了。大家都明白了这样一个道理：帮助别人，就是帮助自己。

四 丧葬文化中的人本主义

普洱各民族传统丧葬文化体现了对人生的意义的认识和人的价值的尊重，体现出了浓浓的人文主义情怀。例如，有速葬、快葬的习俗，强调尽快让死者入土为安，要么当日死当日葬，要么次日埋葬，一般都没有隆葬久祀的风俗，葬具和随葬品都较为简陋，不太注重对死者墓地的祭扫。这对于生者来说，有利于经济上节约丧葬开支，尽快恢复生产，尽快使生活转入正常轨道秩序和保证日常生活的安定和宁静等，都有积极的现实意义。丧葬礼仪中，强调对死者美好品德和为人善事的歌颂和缅怀，并注意结合着对后人进行公序良俗的伦理道德教育。在普洱各民族传统丧葬观念中，强调尊重死亡的自然现象和自然规律。对于死亡的事件，往往是通过采取必要的措施予以正常处理和客观面对，达观地看待亲人的别离，一般不会发生死者亲属因此而导致的情感失控和心理症结，大多不会引起其心理的扭曲和行为的异常。人们对丧家的劝慰更多的就是节哀顺变，不要忧思过度，不要自己与自己过不去。在丧事处理过程中，邻人、寨人倾力相助，除了人力方面的大量投入之外，也都还有一定的丧赠，以此帮助丧家渡过难关。在需要为死者守夜的时候，亲朋好友乐而为之，决不推辞。普洱各民族传统丧葬观念中，病死于家中者，只要断气时有家人在身旁，也视其为善终，注重对死者的终极关怀，强调让死者放心离去，不要留下太多的牵挂和遗憾，不要让死者死不瞑目、死而不甘，所以要尽一切所能满足死者生前的各种愿望和要求，了却其心愿，不要让其带着遗憾而归天。埋葬前，甚或断气时，家人和亲属都要聚拢于身边，为死者的离去共同举行最后的告别与送行仪式。

第九章

普洱传统节庆文化

"节日是各民族依据传统的宗教祭祀、农事生产、历法等因素而形成的有相对凝固的时间及地点、活动方式的社群活动日。"[1] 节庆是节日庆典的简称,是指周期性(通常指一年)举办的节日庆祝活动。节庆文化是指在特定时间、特点地域、特定主题的节日庆祝活动中集中展示出的群体精神信仰、审美情趣、道德伦理、价值取向、消费习惯等社会文化现象。普洱各民族的节庆文化是普洱传统文化的重要内容,在普洱传统文化中占有重要的地位。

第一节 普洱传统节日

普洱是多民族地区,不同的民族既有自身历史发展中形成的独具特点的民族节日,又有各民族相互交往交流、相互影响中形成的共同节日。因此,在普洱有着丰富多样的传统节日和丰富多彩的传统节庆活动。普洱传统节日突出表现在岁首年节、宗教祭祀节日、农事节日等方面。

一 岁首年节
(一)春节

春节是中华民族的第一大年节,又称为"过年",是我国农历的岁首之庆典;产生于中原地区,后随着中原移民传到了普洱,并在文化交融

---

[1] 施惟达、段炳昌等:《云南民族文化概说》,云南大学出版社2013年版,第202页。

过程中得到了周边民族的认可，因此，彝族、拉祜族、哈尼族、白族等都接受了春节的习俗。普洱的春节保留了原有的核心元素，从春节的来历传说到春节的食俗衣着，都带有很深的中原烙印。

传统的春节从腊月二十三的祭灶开始，一直持续到正月十五，高潮是除夕和正月初一，其间有众多的庆典活动，多以祭祀神佛、祭奠祖先、除旧布新、迎喜接福、祈求丰年为主要内容。具体到每一天，活动内容各不相同。腊月二十三主要是祭灶神。腊月二十四主要是扫尘，家家户户都要打扫环境，清洗各种器具，拆洗被褥窗帘，疏通明渠暗沟。其用意是要把一切穷运、晦气统统扫出门。腊月二十五主要是接玉皇，起居、言语都要谨慎，争取好表现，以博取玉皇欢心，降福来年。腊月二十七、二十八主要是洗浴，集中洗澡、洗衣，除去一年的晦气，准备迎接来年的新春。腊月三十除夕主要是贴门神、贴春联、守岁、爆竹、吃年夜饭、给压岁钱、祭祖。除夕的意思是月穷岁尽，是农历全年最后的一个晚上，人们的活动都围绕着除旧迎新，消灾祈福来进行。守岁俗名"熬年"。守岁从吃年夜饭开始，傍晚入席，吃到深夜，这既有对过去的岁月的惜别留恋之情，又有对来临新年寄以美好希望之意。爆竹即在新的一年到来之际，以噼里啪啦的爆竹声除旧迎新，创造出喜庆热闹的气氛。给压岁钱，由长辈发给晚辈，勉励儿孙在新的一年里学习长进，好好做人。祭祖多在家中将祖先牌位依次摆在正厅，陈列供品，然后祭拜者按长幼顺序上香跪拜。正月初一早晨，开门大吉，先放爆竹，叫作"开门炮仗"。爆竹声后，碎红满地，灿若云锦，称为"满堂红"。初二开始到亲朋好友家和邻里家中贺新春，走亲访友，恭祝大吉大利。正月十五主要是求团圆，以元宵为借代，希望新的一年平平安安，来年重逢。整个春节期间，始终洋溢着喜庆吉祥的节日氛围。

（二）"扩塔节"

"扩塔节"是拉祜族最隆重、规模最大、内容最丰富、时间最长、影响最大、地域最广的节日。"扩"是拉祜语音译，有"年、岁"的意思；"塔"是"过节的日子"；"扩塔"，即过年的节日，也称"拉祜年"。类似汉族的春节，除夕叫"扩必"，即旧年；大年初一叫"扩式"，即新年。

关于"扩塔节"来历的传说：天神厄莎开天辟地创造人类后，地上没有粮食，人们不得不靠采集野生果实为生，日子过得十分艰难，厄莎同情人类不幸，并给拉祜族祖先良种并教他们耕种。拉祜族祖先按照厄莎的吩咐，将种子撒到地里，种子开花发芽结果，人们取得了好收成。从此拉祜族先民便有了粮食吃，结束了全靠采集野果度日的艰难岁月。为了感激厄莎的恩情，拉祜族便在每年粮食收获时举行庆祝会，来祭奉天神厄莎，于是就形成了一年一度的拉祜"扩塔节"。[①]

　　拉祜族非常重视一年一度的"扩塔节"，各家各户从秋收后就开始筹备过"扩塔节"所需的各类物品，要准备好节日期间的生活用品和祭祀用品。香、蜡是"扩塔节"中必不可少的物品，拉祜族认为香、蜡是吉祥物，在祭祀过程中香火、蜡光能使人神相通，能取悦于神灵。因此，家家户户自家用和公用香、蜡。在"扩必"当天，还要制作"扩塔节"的象征物——"扩党"即"朱结哈结"和"朱尾哈尾"（"生命之树"和"生命之花"）、"罗波结"和"罗波尾"（"和平之树"和"和平之花"）、"扩结"和"扩尾"（"年桩"和"年花"）、"桐结、桐巴和桐帕"，等等。

　　"扩塔节"一般是初一到初四为大年，初五祭猎神。初六到初八上山打猎，初九到十一为小年，十二为满年。

　　抢新水是"扩塔节"中有趣的活动之一。拉祜族认为新水是吉祥的象征，谁先抢到谁就会得到幸福，谁家就会获得丰收。"扩式"（初一）早晨雄鸡刚叫时，各家各户的男女青年就点取火把，背取竹筒、葫芦等盛水器具到水源地去抢新水。人们把抢到的新水送给村里最年长的老人，老人则拿舂好的糯米粑粑给送新水的年轻人，并为年轻人送水拴福线，祝年轻人幸福吉祥。抢来的新水除用来替换供奉在家里的神水外，还加热为老年人洗脸、洗手，或煮糯米粑粑。

　　迎年神是扩塔节的一项重要仪式。"扩式"之日，早晨太阳升起时，村寨头人带领男女老少到村寨固定的迎年神地点迎年神。到达迎年神地点后，把"朱结""哈结""罗波结"等置于神桩下，在神桩下面点上香

[①] 苏翠微、王亚红：《拉祜族的传统节日"扩塔节"》，《节日研究》（第七辑）2013年。

和蜡烛，举行祭仪，然后围着神桩跳几圈芦笙舞，向神桩吉祥祭献糯米粑粑。当仪式结束后，把糯米粑粑带回家中，放在装有种子的箩筐里，将"朱结""哈结""罗波结"带回去安置在佛寺内，意为年神已经请回，让年神住在佛寺里与人共同欢度节日。迎神仪式结束后，要载"桐结"，一颗栽在寺庙前，两颗栽在寨内广场两侧。

象征"扩塔节"开始的重要仪式是"扩哈"。卡些率领芦笙队、摆舞队和锣鼓手等到召八家，卡些在召八家神桌前烧香点蜡，众人起舞，召八在旁边祈求年神在节日期间保佑村寨平安、万事如意，然后给每个人拴一根"波扎"（白棉线），象征吉祥如意、幸福平安。召八带领队伍到寨内广场，召八在年桩、寨桩烧香点蜡，各家各户把带来的糯米粑粑、香、蜡等祭品交给召八、卡些等长老们，让他们祭献年桩。召八、卡些等长老们围着年桩按逆时针方向边缓慢行走、边不时扣头、撒米花。外围的男女老少随之起舞，一年一度的"扩塔节"正式开始，人们沉浸在欢快的节日气氛之中。下午，各家各户带上篾饭桌、碗筷和丰盛的饭菜，在年桩和寨桩的南、西、北三个方向吃团圆饭。

在"扩塔节"期间，村寨与村寨之间举行比较隆重和盛大的相互邀请过年活动，拉祜语称为"扩扎扩碑"。凡是有条件的村寨都会邀请邻近村寨的人到本寨过年，受邀也必须回请邀请者。邀请的方法是用纸包一定数量的蜡条、香、年礼（一般为烟草）到卡些家，卡些收到后会与寨子人商议决定是否应邀，如果同意接受邀请就向对方回年礼，邀请者知道情况后就返回村寨报告卡些，做好迎接客人的准备。受邀客人在发生邀请的村寨受到热情招待，用餐后双方一起在广场载歌载舞，热闹非凡。太阳落山后，邀请村寨的妇女们用葫芦和铜壶装满水给每位客人洗手，握手道别，祝他们一路平安。

在传统"扩塔节"期间，拉祜族举行芦笙舞、摆舞、打"陀螺"等集体性的娱乐活动，甚至举行狩猎活动。

"扩塔节"结束时，卡些们会在年桩下烧香点蜡扣头，把敬献年桩上的粑粑收下来，分给各家各户，并说一些祝福的话，在整个"扩塔节"结束后，要将年神送回迎接之地，最后举行"贺科门"仪式，卡些等长老们在佛寺烧香点蜡后总结当年节日的利弊。这个仪式结束标志着拉祜族"扩塔节"全部结束，人们开始了新一年的生产活动。

（三）泼水节

泼水节是傣族的新年，并为周边的布朗族、佤族所接受，泼水节就成为普洱的传统节日，并得以保留。普洱的泼水节有着众多的传说，其中最著名的神话故事是：曾经统治傣族地区的火魔，乱施淫威，致使民间没有风雨，庄稼不能生长，人民生活十分痛苦；火魔从民间抢去的七个妻子，对民间的疾苦非常同情，决心为人民除掉祸根，想方设法了解到火魔的弱点，并设宴陪劝火魔饮酒，七姑娘乘火魔大醉熟睡之机，从他头上拔下一根头发，勒住他的脖子；火魔的头颅掉在地上，滚到哪里便烧到哪里；大姑娘急中生智，抱起魔头，地上的大火马上熄灭，火魔也随之消失，为了使人民不再遭受火魔的迫害，七个姑娘轮流抱住魔头，并用轮换的空隙用水冲洗身上的污秽，直到火魔的脑袋化为尘土。后来，人们为了纪念傣家七个姑娘的英勇精神，就将每年傣历6月（公历4月13—15日）确定为泼水节。第一天是赶摆（农村集市）和文艺表演；赶摆场一般设在江河岸边平阔之处或田坝中央，身着节日盛装的群众汇聚于此，场边置高升架，有专门用来燃火花和放火飞灯的场地；在这里听章哈（民间艺人）演唱，观赏孔雀舞、象脚鼓舞、蝴蝶舞、白象舞、马鹿舞和刀舞、拳舞等，和着鼓点节奏同跳"依拉咹"舞；并燃放高升；入夜，人们又在空地上点燃灯烛，放到自制的大气球内，将孔明灯放飞上天。第二天泼水；参加节日的民众先至佛寺浴佛；然后傣家姑娘一边说着祝福的话语，一边用竹叶、树枝蘸着盆里的水向对方洒过去，用飞溅的水花表示真诚的祝福。第三天，男女青年在一块进行丢包和划龙舟；丢包是傣族未婚青年的专场游戏，包是象征爱情的信物，男女各站一排，先由傣族姑娘将包掷给小伙子，小伙子再掷给姑娘，并借此传递感情；赛龙舟是泼水节最精彩的项目之一，江河上停泊着披绿挂彩的龙船，船上坐着数十名精壮的水手，号令一响，鼓声、锣声、号子声、喝彩声，此起彼伏、声声相应，节日的气氛在这里达到了高潮。

（四）十月年

哈尼族的十月年也称"米索扎"或"禾蛇扎"。按哈尼族历法，十月是岁首，所以十月年是大年。节期一般从农历十月的第一个属龙日开始，至属猴日结束，历时五天，是哈尼族传统节日中时间最长、活动内容最为丰富的盛大节日。哈尼族民间流传有"哈尼大年十月，汉族大年正月"的谚语。因此哈尼族的十月年，相当于汉族的春节。

节日期间，各家各户酿酒、杀猪、做粑粑、迎亲访友、祭祀祖先。农历十月的第一个属龙日为除夕日，晚上要点油灯直到天明，表示把路照亮，好让祖先回家过年。家家都用新鲜食品供奉祖先、祭献天地，祈求人丁兴旺、五谷丰登、六畜平安、财源广进，等等。在全寨性的节日活动中，最有特色、气氛最为热烈的是"街心宴"。节日的第二天要举行隆重的"街心宴"。"街心宴"设在寨子中心较宽阔的街道上，一路摆开十几张小篾桌。桌与桌紧紧相连，条凳分列两侧，美味佳肴由各家各户烹制后摆上桌来。"街心宴"由"媄匹"主持，"街心宴"开始前，先由"媄匹"致辞祝贺，大意是今年五谷丰登、六畜兴旺，我们大家欢聚一起，感谢神灵的保佑、感谢大家的共同辛劳。然后由"媄匹"领头，在一片"依——呃——"的欢呼声中，共饮一杯"同心酒"相互祝福。随后，人人开怀畅饮，乘着酒兴，吟唱古老的"哈巴"，讲述人类的由来、哈尼族的历史；交流生产经营，安排下一年的生产计划。酒足饭饱后，宴席还在延续，铓锣和牛皮鼓有节奏地响起来，长者们踩着优雅古朴的鼓点跳起民间舞蹈"阿牙递"，边歌边舞，气氛极为热烈。此外，全寨性活动还有打磨盘秋、打大秋、打陀螺等活动。青年男女也在这段时间谈情说爱，寻找自己的心上人。

二 宗教祭祀节日

（一）畬妃节

畬妃节是苦聪人最为隆重的群体性祭祀节日。畬妃节在春节后的属牛日举行，有的村寨为第一个属牛日，有的村寨为第二个属牛日，最晚的在第四个属牛日。节日分为准备、祭祀、狂欢三个阶段。从春节开始，各家各户用苦荞或玉米酿制清酒，准备招待客人。每户交一碗米、几元钱给白母，酿制米酒，购买一只大公鸡，有的村寨还要买一头小公猪。

节日中午，白母吹响牛角号，全村男人聚集在一起向竜林进发，每家带一碗米、九炷香、三份纸钱，沿途不断鸣枪或放鞭炮。进入竜林，白母察看神坛、摆放祭品，敬献牺牲，祈求竜神保佑村寨四季平安、风调雨顺、五谷丰登、人畜兴旺。拜祭完毕，大家一起吃鸡肉稀饭。结束时，把留下作为神米的米撒向众人，人们拉起衣服接住神米，认为接到的神米越多，来年自家的庄稼长得越好。要将神米小心翼翼地带回家放进谷仓，以求丰产。最后，猎手们排成一行鸣枪祝贺，祭祀活动达到高潮。晚上在村寨广场上燃起篝火，在三弦和竹笛的伴奏下，男女老少手挽手围成圈，醉饱歌舞，通宵达旦。①

（二）二月八节

二月八节是彝族一个隆重的祭祀节日。农历二月初八，是彝族的祭竜节。这天，寨子每户去一个男子在竜树下杀羊祭竜，折些松枝插在竜树下，杀牲祭时由老人代表众人向天神和竜神祈祷，祈求神灵保佑全寨人安康、六畜兴旺、五谷丰登。祭完后，大家同吃一餐饭，然后把剩余的肉分给各户，每人都要尝上一点，据说吃了祭竜的肉，一年内不会有什么灾难。

农历二月初八，同时是彝族一年一度的叫魂节日子。家家户户都要杀鸡叫魂，要拴魂线，女的拴七绕，男的拴九绕，认为拴过魂线就不会落魂，就不会生病、有灾难。

（三）埔玛兔节

哈尼族的埔玛兔，也称之为"昂玛突""甫玛突""昂玛吐""艾玛突"等。"埔"是村寨的意思，"玛"是母亲的意识。"埔玛"即"村寨的母亲"。"埔玛兔"祭祀村寨的女神、寨神。哈尼族的"埔玛兔"，即祭竜节是哈尼族主要的宗教祭祀节日活动之一。

哈尼族居住的地方，户数达到几十户的寨子都要选一片山林为竜林，在竜林里确定一棵生命力旺盛、生长茂盛的锥栗树或万年青树或灯塔树为竜神树。寨子搬迁或族人迁徙到新的地方建寨，需要从原居住地"讨"

---

① 罗成松：《跨境民族节日研究——以拉祜族苦聪人为例》，《节日研究》（第七辑）2013年。

种竜树，请竜神到新确定的竜林安家。凡新建村寨，除每年参加本寨祭竜外，每三年还要返回原寨参加祭大竜一次。

哈尼族的"埔玛兔"节日活动一年有两次。每年农历正月的第一轮属龙日为正月竜祭寨神的日子，公祭的献物为一头猪，这头猪被杀死后，即安放在竜树的平台上，呈跪匍状。每户出一男子参加公祭，每人将一碗三色糯米饭（即红、黄、白，取喜、洁、净之意）和一把香交给主祭人（一般为嫫匹）献到竜台上，然后扣头膜拜。祭拜完毕，饮酒吃饭，席间每个人可自由吟唱祭神祈祷的哈尼族古歌。

每年农历三月第一轮属龙日为三月祭竜神的日子。这天中午饭后，每户出一男人携一只鸡、一把香、一撮茶、一壶酒，红、黄、白糯米饭各一碗参加公祭。祭祀开始，每个人喝一口花椒叶水净口，并将祭品交主祭者（一般为嫫匹），献于竜台上。摆到谁的祭品，谁就扣头。祭祀完毕，饮酒吃饭，唱颂祈福辞。当天空出现星星的时候，举行迎神进寨仪式。寨里人点起火把，敲响铓鼓到寨门口迎接，公祭者们排成一条长龙。主祭者口唱迎神调："天上的星星闪闪，已到时辰。寨里的铓鼓咚咚，迎接竜神。已是入祭的好时刻，请神动身。听大家歌舞欢唱，降福给人。"领头倒退走出竜界，每退十步，即领唱"萨——乐——"（喜欢、吉祥之意），群众跟唱"萨——乐——"，然后鱼贯进入祭竜广场。广场上摆一桌酒席，置一把椅子作为神的座位。主、陪祭者围桌而坐，唱起祭神词，祈求竜神保佑村寨平安、幸福吉祥。人们围场跳起传统歌舞"色尼尼""扭谷舞"等。第二天，由主、陪祭者点香持烛送竜神归位，三月祭竜节即告结束。

祭竜活动是全寨性的宗教节日活动，各户都要参加，即使那些无男子的寡妇，也要请男性亲戚代替参加。各户出钱买鸡、买猪到竜神树下杀生祭拜。参加祭竜的人同在祭坛吃一顿饭，并将留存的猪肉平均分配各户，使每户人家都吃到一点，人人都能得到竜神的护佑。

（四）清明节

清明节，又称踏青节、行清节、三月节、祭祖节等，在历史发展中融合了寒食节、上巳节习俗，兼具自然与人文两大内涵，既是"二十四节气"之一，也是传统祭祖节日。扫墓祭祖与踏青郊游是清明节的两大礼俗主题，这两大传统礼俗主题在中国自古传承。普洱汉族在清明节前后，一个家族就会邀约在某一天，几十个人一行，买好菜，带上锅碗瓢盆，一大早就出发上山，到达墓地后，有的清理墓碑，有的在祖坟旁边找一块空地，屠宰鸡、羊、猪等牺牲，煮饭做菜。到中午时分，把酒食果品供祭在墓前，烧点纸钱、叩头行礼，缅怀先人，然后大家一起食用。彝族在清明节期间，要择日到祖坟烧香献祭，整理墓地，彝族蒙化人还要在坟旁插些柳枝表示子孙昌盛如杨柳成荫。受汉族的影响，拉祜族有了清明上坟扫墓的习俗并形成了本民族的清明节。

（五）祭祖节

普洱各民族大多有专门的祭祖节，时间一般在农历七月上旬至中旬。彝族七月半接祖宗节，时间一般在农历七月初二至七月十五。七月初二日，各家各户在自家的神桌上摆上鲜花、水果和新成熟的食物，把祖先亡灵接回家来供奉。每天要像服侍活人那样给祖先们抬洗脚洗脸水，换烟筒水，换花瓶里的花。七月十五日（有的十四日）吃过下午饭，烧些纸钱给祖先做路费，送祖先们回去，节日才告结束。拉祜族的祭祖节，时间在农历七月十三至十五。祭祖时，每家要在神桌一侧摆上一张篾桌，放上新鲜瓜果和姜苗花、鸡凤花、荞凤花及好饭菜、烟酒等，按所需祭拜祖先的人数分成相应的份数。祭拜时，人们一边烧纸，一边唱祷词："唉，祖宗老人们请下来吃了，你们的儿女、子孙请你们一起过节，叫得到的，叫不到的请赶来。"然后，人们从天神厄莎叫起，到已去世的老人，顺辈分大小依序一一叫到；同时还唱："望祖先神灵保佑后辈儿孙们吉祥平安，生产发展。"节日期间里，每天早晚都要祭拜祖先。七月十五为祭祖节的最后一天，晚上举行隆重的祭祖活动后，将祭品用一块篾笆盛着抬送到寨外偏僻处，祭祖节方告结束。

（六）拉木鼓节

拉木鼓节，佤族语称为"究克落"。拉木鼓节在佤族日历的瑞月（阳历十二月中旬）木鼓拉回寨子这一天举行。节日期间，寨内的男女老少载歌载舞，由一至二家人承头主办当年的"剽牛"祭木鼓活动，每次要杀一至三头水牛和一头黄牛。众人在窝朗、魔巴的带领下，聚在主祭人家畅饮水酒，跳唱"司岗里"及木鼓调。魔巴口念咒语，祈求木鼓保佑寨子安定，人畜兴旺，五谷丰登。拉木鼓节一般持续三至五天。

（七）关门节和开门节

关门节，傣语称为"豪瓦萨"，傣历九月十五日开始至十二月十五日结束，是傣族地区南传佛教最大的、时间最长的斋戒节日。在关门节期间，寺院僧侣停止外出，居住在佛寺里念经。世俗群众要筹办食物、采摘鲜花献佛，且每隔七天小规模的赕佛一次。节日期间的各项社会活动都带着浓厚的宗教色彩。开门节，傣语称为"奥瓦萨"，傣历十二月十五日，即关门节结束之日，僧侣和信教群众着盛装，带食物、鲜花、钱币赕佛，庆祝斋戒结束，祈求佛祖降福，迎接丰收。流行南传上座部佛教的布朗族也有关门节、开门节。开门节于傣历九月十五日至十二月十五日。在此期间，信教群众轮流赕佛，每七天进行一次，每次抽3至5户联合承担办理赕佛的费用。在关门节期间，禁止谈情说爱和举行婚礼。关门节结束即是开门节。过了开门节，青年们就可以进行社交活动、举办婚礼等。

三 农事节日

农耕生产是普洱各民族根本的经济形态，普洱各民族大多数为农耕民族。因此，各民族在农耕生产中出现了根据不同节气时令的农事节日。

（一）播种节

播种节，佤语称为"梅依万"。每年农历三月（佤历二至四月），各村寨根据时令，在春播大忙开始时进行的节日活动。播种节常分为寨子和家庭两种方式进行。节日前先由祭司头人推算吉日，并组织打扫、修理道路、水沟和各家的房屋、庭院等。播种节的祭品有公猪、公鸡、水酒、茶叶、芭蕉、米等。播种节当天魔巴带领人们举行祭谷魂活动和播种仪式。先由魔巴播撒种子，随后各家到自己的地里播撒种子。这一天的撒种只是举行一个象征性的播种仪式，由每家的主妇到自家地里象征性地播种旱谷、粟米、瓜果蔬菜等农作物。晚上，全寨人聚集在一起唱歌、跳舞、喝水酒祈祷今年能有好收成。之后，各家各户正式开始播种。

（二）火把节

火把节是普洱世居民族保留下来的传统节日，流行于彝族、拉祜族、傈僳族、哈尼族、白族等彝语支的民族，每年的农历六月二十四日至二十七日举行。火把节是一个随彝语支民族南迁而来的节日，早期的火把节，更多的是体现火崇拜以及对炎帝的记忆，反映的是早期农耕时代对改造自然能力的怀念；后随着南迁民族进入普洱，火把节也就散落在普洱彝语支民族的居住地，并由此产生了许多传说与历史故事，这些传说和历史故事与以火祭祀祖先和用火驱虫除害，保护庄稼生长的直接目的相结合，共同构成了火把节的来历。火把节历时三天。第一天为"都载"，意为迎火。各村各寨打牛宰羊杀猪，以酒肉迎接火神、祭祖，妇女赶制荞馍、糍粑，外出之人纷纷回家团圆，围着火塘，喝着自酿的烧酒，分吃坨坨肉，共同感受欢乐和幸福。入夜以后，邻近村寨的人们会在老人选定的地点搭建祭台，以传统方式击打燧石，点燃圣火，由毕摩诵经祭火。然后，每户家庭的老人从火塘里接点用蒿杆扎成的火把，儿孙们接过火把后，照遍屋里的每个角落，再走向田边地角、漫山遍野，边走边把松香撒向火把，希望用火光来驱除病虫灾难。最后人群集聚在山坡上，游玩火把，唱歌跳舞，感知人生。第二天为"都格"，意为颂火、赞火。这是火把节的高潮时期。天亮以后，男女老少身着节日盛装，带上煮熟的坨坨肉、荞馍，聚集在祭台圣火下，参加各式各样的传统节日活动，有赛马、摔跤、唱歌、选美、爬杆、射击、斗牛、斗羊、斗鸡等。其中最重要的活动就是选美。年长的老人们要以勤劳勇敢、英俊潇洒的标准选出美男子，以善良聪慧、美丽大方的标准选出美女。夜晚来临，上千上万的火把形成一条条火龙，从四面八方涌向同一个地方，最后形成无数的篝火。人们围着篝火尽情地跳啊唱啊，一直闹到深夜。整个场面盛大，喜气浓烈。第三天，为"朵哈"或"都沙"，意思是送火。这是火把节的尾声。夜幕降临时，祭过火神，吃毕晚饭，各家各户点燃火把，陆续走到约定的地方，聚在一起，搭设祭火台，举行送火仪式，念经祈祷火神，焚烧鸡翅鸡羽，然后找一块较大的石头，把点燃的火把、鸡毛等一起压在石头下；最后，游龙似的火把聚在一起，燃成一堆篝火，表示团结一心，防御灾害。

(三) 新米节

新米节是庄稼成熟，喜庆丰收，品尝新米的庆典，普洱拉祜族、佤族等在民间都保留着这一传统节日。由于气候的不同，各地庄稼成熟的时间不一，因而各村各寨、各家各户的节日时间也是不相同的，拉祜族、佤族的时间基本上定于农历的七月或八月，节期一般为三日，具体的时间由各村各户一起商定。虽然节日时间不同，但是节日的内涵是相同的，希望祖先的灵魂回家，与家人同尝新米，共享欢乐；并希望家庭能够得到祖先的庇护，享受先祖的福禄，致风调雨顺，粮食丰收，阖家幸福。佤族新米节的第一天，各家各户根据头人公布的时间和地点，先到地里采摘一把"头谷"拿回家中，束一把挂在门上，表示招谷魂进家；其余的搓下谷粒，用铁锅微火焙干，舂出新米，做成米饭，然后举行家祭仪式：盛一碗新米饭，与各种菜肴一起摆于神台之上，请天神、地神、山神、谷神、列祖列宗来享用，而后巫师念咒语，祭祀谷神，敬献祖先。接着把供过的新米饭请老少先品尝，以示对神仙、祖先的尊重，对老人和孩子的珍爱；夜幕降临，族人们聚在一起，围着篝火，踏着强烈的木鼓节奏，通宵达旦地欢度新米节。第二天，全寨青年出动修道搭桥，方便驮运新谷；妇女们修补谷仓、屯箩、篾笆，清洁尘土，清洗物件。第三天，人们尽兴欢乐，青年男女吹着悠扬的口弦，各自寻找着喜爱的情侣。拉祜族的新米节又称尝新节，拉祜语为"扎式俄扎"。届时，人们邀请亲朋好友前来欢度佳节，在稻田里挑选早熟饱满的谷穗，回家脱粒，待脱水后放进碓窝，舂成米，煮出新米饭；第一碗新米饭和时鲜菜肴要敬献给天神厄萨，接着让狗品尝新米饭，然后在农具、耕牛身上涂抹一点，以示犒劳；晚上，全寨青年男女，集聚在打谷场上，燃起篝火，手牵手，围成圈，通宵达旦地欢跳芦笙舞。

(四) 中秋节

中秋节最早出现于中原一带，后随移民进入普洱，成为普洱节庆的组成部分。唐朝时社会已经认可中秋节，因其时间位居秋季之中，即农历八月十五，故得名，并成为我国仅次于春节的第二大传统节日。中秋节的起源传说也很多，最著名的是嫦娥奔月说。主要习俗有：赏月，主要是人们在皎洁的月光下，衣着华美，三五结伴，或游街市，或在庭院中观赏月华，谈笑风生。拜月，主要是拜月中嫦娥，愿貌似嫦娥，面如皓月；傣族拜月是为了表示对英雄岩尖的敬意，传说月亮是天皇第三个儿子岩尖变的；岩尖曾率领傣族人民打败过敌人，赢得了傣族乡亲的爱戴；不幸死后，变成了月亮，升向天空，在黑暗中给傣族人民带来光明，因而中秋节，傣族民众皆要准备丰盛的晚餐和糯米圆饼，以示对岩尖的崇敬。祭月，主要是拜祭月神，设香案，备水果，燃红烛，依次拜祭月亮；中秋夜的壮族有祭月请神活动，保存了月亮神话因素：请月神下凡（选择1—2名妇女为月亮的代言人）、神人对歌、月神卜卦算命、歌手唱送神咒歌、送月神回天几个阶段。猜谜，主要是中秋月圆夜在公共场所悬挂着灯笼，人们都聚集在一起，猜写在灯笼上的谜语。吃月饼，这是中秋节习俗的核心内容，寓意家人团圆，寄托思念。赏桂花、饮桂花酒，主要是在中秋之夜，仰望着月中丹桂，闻着阵阵花香，喝一杯桂花蜜酒，欢庆阖家甜甜蜜蜜。

四 纪念节日

端午节是我国古代形成于吴楚一带的民间风俗，其起源较多，最著名的就是纪念屈原说，该节庆后随移民传播到普洱，其涵义为普洱世居民族所推崇，逐渐纳入到自己的文化体系，成为白族、彝族、拉祜族、哈尼族、傣族等的传统习俗，端午节的来源传说纷纭，但节日时间是相同的，农历的五月五就是端午节。传统的农历认为五月为恶月，蚊虫滋生，瘟疫蔓延，极易发生传染病，尤其重五时节更为严重，所以父母将未满周岁的儿女带往外婆家躲避，以逃脱灾祸，故古代有躲午习俗。在端午节上，赛龙舟是主要的习俗。相传是为纪念屈原而兴起，并沿袭至今。另外的习俗有：挂蛋袋，主要是为避免瘟神祸害小孩而流行，母亲将煮熟的咸蛋挂在孩子胸前，祈求平安；后来，挂蛋习俗逐渐发展为亲友邻里间相互送蛋，意为送蛋送福气。挂艾草，主要是将挂艾草、菖蒲、榕枝艾、榕、菖蒲用红纸绑成一束，然后插或悬在门上，意为驱邪避魔，保护安康。吃五红，即吃烤鸭、苋菜、红油鸭蛋、龙虾和雄黄酒，五种食品都能和红色搭边，并且"五"是不吉利的数字，红色驱邪，"五"被吃，则不会祸害人间。普洱在端午节还有吃百草根的习俗。

第二节　普洱节庆文化的内涵

普洱传统节日是普洱各民族在漫长的历史岁月中，不断总结生产生活经验而形成并世代相传而保存下来的、为全体社会成员所认可的活动日。丰富多样的节庆活动，充分体现了普洱各民族的文化创造力和生存智慧，有着深厚的文化内涵，形成了内容丰富特色鲜明的节庆文化。

一　体现对美好生活的向往和追求

向往和追求美好的生活是普洱各族人民的共同理想。普洱大多数民族，其生产方式以农耕为主，他们向往和追求的理想生活就是寨人安康、五谷丰登、六畜兴旺。哈尼族碧约人在大年初一抢新水拿回家后煮汤圆献神，煮汤圆时要先煮三个大的，分别代表谷米粮食、代表人、代表禽畜，祈求的就是五谷丰登、寨人安康、六畜兴旺。在许多民族的祭祀活动中，常常会看到是三碗米饭、三杯清酒、三杯茶水等。每一类祭品准备三份，实际上分别代表着谷米粮食、人和禽畜。无论是岁首年节、宗教祭祀节日、农事节日，都充分体现了五谷丰登、寨人安康、六畜兴旺的美好追求。如哈尼族祭竜时向寨神祈祷："尊敬的寨神呀，请你好生保护寨民，一天劳动的成果够九天吃，一年劳动的收获够九年用，吃不完喝不尽，年年有余；让寨民吃得香，睡得稳，老少安康，六畜兴旺。"在吃新米节祭献神灵时念道："新谷新米献给你们，你们要把庄稼看守好，不被冰雹打，不被老鼠咬，不遭山塌土压，不被水淹，不被风吹倒伏，收进家后不发霉，新米糠喂猪，新碎米喂鸡，祈求老谷老米接上新谷新米，永远吃不光/完。"

二　体现各民族崇尚平等和谐的价值追求

节日作为集体性的活动，对每一个成员来讲都是平等的，没有贵贱之分、男女之别、没有距离与隔阂。拉祜族是一个爱好和平、渴望安宁的民族。在拉祜族最隆重的传统节日"扩"的准备中,一定要制作"罗波结"和"罗波尾"的"扩党"象征物。"罗波尾"的意思是"莲花"。而拉祜族把"莲花"视为"平等、和谐、公道"的标志,充分体现了拉祜族崇尚和平的价值追求。在节日期间,村寨与村寨之间进行的相互邀请过年活动拉近了村寨与村寨之间的距离,促进村寨之间的和谐。哈尼族十月年的"街心宴",不仅本民族聚集在一起欢度节日,还热情欢迎八方来客,以客人众多为荣,人们热情洋溢,让客人有一种宾至如归之感。哈尼族有一句话说:"山潮水潮不如人来潮",体现了哈尼族热情待客之道。

三 表达对神灵的敬畏和自然的尊重

普洱各民族的节日大多与信仰活动有着密切的关系,基本上起源于原始宗教祭祀。在普洱各民族早期发展中,无论是生产、生活和居住都与自然有关,自然为普洱各族先民提供了遮雨避风、动植物食物等基本的生存生活条件。同时,变幻莫测、阴森恐怖的自然又造成各民族先民的巨大神秘感和畏惧感。因此,先民们往往通过祭祀活动祈求神灵的庇护。这种祭祀活动长此以往、循环反复、自然而然形成各种节日。在普洱各民族的传统节日中,祭拜天、地、植物等自然始终是节日活动的一个主题。

普洱一些民族的节日是以敬神为开端。如彝族春节,农历十二月二十三日,彝族人要祭祀灶神,人们要把屋子打扫一番,把灶神送上天,意味着一年一度的春节已开始。大年三十(除夕)要先献饭给狗和农具,须狗吃完后,人们才能吃饭。要手托斋饭在禽畜厩旁给家禽家畜叫魂。在大年初一,要点燃香火到水井边取"新水",并在水井边撒些米和钱,念祈祷词。彝族在每年农历六月二十四过火把节时,人们清早到自家的田头地脚,摆上米饭、茶、酒、鸡肉,插上香火,恭恭敬敬地向着天、地、田、各种农作物作揖跪拜,祈求五谷丰登、吃用有余。哈尼族在过"新米节"时,要杀一头猪或一只鸡祭献神灵、耕牛和农具。表达对神灵的敬畏和自然的尊重最突出的莫过于在普洱各民族中盛行的祭竜活动。

普洱一些民族的村寨都有自己的神林，有确定的神树，每年都要祭拜，最有代表性的是彝族二月八祭竜、拉祜族的畬耙节、哈尼族的埔玛兔等节日活动。祭竜就是祭寨神，在彝族、哈尼族、拉祜族、傣族等民族中寨神主宰全寨人的安康和兴旺，因此人们非常重视祭竜活动。这些群众性的祭寨神活动祈求寨神保护村寨平安、人丁安康、五谷丰登、六畜兴旺。

四 表达对祖先的敬仰和尊重

祖先崇拜在普洱各民族很普遍，祭拜祖先是普洱各民族节日活动的一项重要仪式。在传统节日中，不仅有清明节、彝族七月半接祖宗节、拉祜族的祭祖节等专门的祭祀祖先的节日，而且在其他节日中也几乎少不了祭拜祖先的活动。春节期间，汉族、彝族等民族从除夕开始，每天都要祭献祖先，景东的一些地方有大年初二上坟祭拜的习俗。哈尼族布都人在农历六月中旬过新米节时要祭拜祖先，认为不能忘记祖宗，每户都要盛一碗新米饭献给祖先尝尝，祈求祖先保佑庄稼长得好。每年六月二十四火把节晚上，哈尼族杀鸡宰鸭备办丰盛的佳肴，手持明亮的火把，到竜巴门外把自己祖先的灵魂接回家来祭献。接祖先是全族性的活动，举着火把到寨外接祖先的人群，你来我往，形成一条火龙。孩子们穿上新衣服，好让祖先高兴。彝族在火把节中同样要宰羊、杀鸡献祭祖先。

五 表达对英雄的崇敬

英雄崇拜是普洱各民族的一些节日中的一个主题。这在火把节中表现较为突出。拉祜族传说认为，火把节就是纪念本民族英雄"札努札别"的。拉祜族民间传说：天神"厄莎"创造人类之后，每到粮食作物成熟时他就向人类索取供品，拉祜族的英雄扎努扎别对他这种不劳而获，而又贪得无厌的行为深为不满，处处进行反抗和抵制。带领人们进行斗争，不向"厄莎"纳贡，并说，"不劳动的不给吃。""厄莎"听到很气愤，把太阳和月亮藏起来了七天七夜，人们无法生产劳动，庄稼也不会生长。扎努扎别就用松明绑在水牛角上，用蜡烛粘在黄牛角上犁田种地，庄稼长得很好，战胜了"厄莎"的诡计。但是"厄莎"不甘心失败，设毒计把扎努扎别害死了。拉祜族群众为了纪念自己的英雄，每年六月二十四这一天，人们立起火把表示纪念，于是有了火把节。

彝族传说认为，火把节是为了纪念反抗横征暴敛官府的英雄的。相传很久以前，哀牢山上一个彝族聚居的地方，有个横征暴敛的官府，除了收租、派款、派徭役外，还要各村寨的彝族人每年给他上名目繁多的贡品。有一年遇到天灾大旱，直到农历六月末也未下过一滴雨，农民家家户户靠挖野菜过日子。但官府叫彝族人给他们打猎进贡并限定六月二十二日之前交来。人们只好忍饥挨饿地去打猎，到了限定时间仍一无所获，当官的生气了，就令手下卫兵乘彝族人进山打猎之机，把彝寨里值钱的东西都掠夺去了。上山打猎的人们回到家里时，见到家家都遭到抢劫，个个怒不可遏，当晚就串联各村寨的彝胞，于六月二十四这一天起义，造官府的反，但因官府的城墙很高，官兵站在城头四周的有利地形向义军射击，义军伤亡很大。有一个首领想了一个办法派人找来几千只羊，在每支羊角上捆上一把松明，这时天黑，所有羊角上的松明点燃、义军每人手持一个火把，赶着羊，边高呼边向官府冲去，当官的站在城墙上，见数千人手持火把朝自己杀来，认为义军有增无减，就吓得急忙逃走了。义军攻下官府并举行盛大的庆祝活动。从此，火把节就成了彝族人民永远纪念的节日。

哈尼族传说认为，火把节是为了不忘记阿丕俄祝教会人类造酒的功劳而形成的。相传，古代司酒女神阿丕俄祝，经常在酒酣神志不清之时肆虐乡里，闹得哈尼族村寨不得安宁，引起了群众的愤恨，在农历六月二十四日这一天，寨人联合起来将阿丕俄祝逐出寨子，为了防止她再次返回人间造孽，人们在寨子里点起火把，喜欢黑暗的阿丕俄祝见到火光很是害怕，再也不敢进寨了。但善良的哈尼人没有忘记阿丕俄祝曾教给人类造酒的功劳，每年农历六月二十四日哈尼村寨除点燃火把外，许多人家喜欢用一节竹筒，装上稻草、锥栗果、黄瓜、大米放在路旁，送给阿丕俄祝吃，唯独不让她喝酒，这种活动代代相传，形成了传统的火把节。

第三节　普洱传统节庆的文化功能

节日，特别是重大的节日，在各民族的发展过程中发挥过多重功能。这些功能是通过节庆活动中的各种仪式和象征来实现的。普洱传统节庆的文化功能主要体现在沟通协调、娱乐喜庆、文化传承、道德教育等方面。

一　沟通协调功能

普洱传统节庆的沟通协调功能主要体现在沟通协调人与神、人与自然的关系和沟通协调人与人的关系。

普洱传统节日和节庆活动突出沟通协调人与神、人与自然的关系。普洱传统节日及节庆活动，大多是由宗教祭祀活动直接演化形成的，在节日活动中，往往都具有浓厚的宗教色彩。因此，在节日活动中，通过各种仪式和象征，取得人与神的沟通，取悦甚至威逼神灵为自己服务，协调人与自然的关系，实现人与自然的协调平衡。这在一些节日中表现得最为突出。农历六月二十四火把节这一天清早，彝族要到田头地角祭献天、地、田、五谷及各种菜类，入夜，人们要在平坦的集会地点燃起大火，点起火把，在房屋四周、田头地角、果木树旁，不断将备好的松脂粉末撒在火把上，喷出火花，称之为"撒火把"，驱除邪魔，赶走瘟疫。一直要撒到村外的交叉路口把点剩的火把堆聚在一起，让其燃尽。人们恭恭敬敬立于火堆旁，对着火塘、对着天地，祈求全寨人畜平安，五谷丰登。在这一天，哈尼族要杀鸡招魂，入夜用牛骨敲打簸箕，点燃用芦苇或松树枝扎成的火把，从自家房屋前后开始驱鬼，一直要把魔鬼驱赶到村寨以外的田边地角。在这一天，拉祜族家家户户都要杀鸡祭祖先、祭神灵，夜幕降临，要在竹竿顶端扎上松明火把高高立起，使它的光明照亮庄稼和果木，并在庄稼地里和果树旁抛撒枯松粉，说吉祥话，祈求收获更多粮食。彝族的二月八节、拉祜族苦聪人的畲耙节、哈尼族的埔玛兔节都要举行祭竜，祭祀本村寨的寨神。哈尼族、拉祜族、佤族等盛行的吃新米节都要祭献神灵和祖先。这些节日活动，就是要通过各种仪式和象征实现人与自然的沟通，密切人与自然的和谐关系。

普洱传统节日和节庆活动，不仅突出表现为沟通人与自然，实现人与自然的和谐，也突出表现为沟通人与人的关系，而且随着社会的发展，更成为沟通人与人之间关系，增强人与人之间感情的重要方式。普洱传统节日和节庆活动，增强了社区内部人与人之间的情感交流，促进了社区内部的团结。在节庆活动中，人们参与共同的祭祀、狩猎、舞蹈、吃祭饭等节庆活动，相互祝福，共同的欢乐，增进了社区内部人与人之间的友谊和感情。如哈尼族埔玛兔节的祭竜活动是全寨性的宗教活动。各户都要参加，即使那些无男子的寡妇，也要请男性亲戚代替参加。各户出钱买鸡、买猪到竜神树下杀生祭拜。参加祭竜的人同在祭坛吃一顿饭，并将留存的猪肉平均分配各户，使每户人家都吃到一点，人人都能得到竜神的护佑。这体现了家家户户都要承担起维护村寨团结、和睦、安宁的义务的同时，也享有竜神保佑的权利，从而起到凝聚人心，团结寨人的作用，有效强化了民族共同体的向心合力。哈尼族十月年节期间举办的"街心宴"，家家户户聚在一起，一路摆开十几张小篾桌，桌与桌紧紧相连，更充分体现出了社区内部的团结和谐。

普洱传统节日和节庆活动，沟通了社区之间的联系，促进了社区之间的团结。拉祜族每年春节期间，各村寨之间都要举行互相拜年活动。拜年时，要带上香、蜡烛、猪肉、米、糯米粑粑等礼品，向他寨人送去本寨人的祝福，祝愿他寨人来年粮食丰收，无病无灾。通过相互间的拜年活动，增强了寨与寨之间的感情、增进了友谊。镇沅拉祜族苦聪人有意错开节期活动。如畲靶节，子社区一般要安排在母社区之后。如果有户家要迁往他社区或另立社区，要举行"隔竜"（分竜）仪式。祭竜结束时，从竜林中抱一块石头，以示分竜。祈告："咔嘎，咔嘎走，到新寨子去，保佑家人平安，庄稼丰收，牲畜兴旺。"到了新寨子又要并竜（安竜）仪式，将抱来的石头安放在安竜的地方，然后杀鸡祭献，上告："某某家已经搬到这里，从此是这个竜的人，让他家人无病无灾，养牛牛顺，养猪猪顺，粮食丰收。"节期的不同选择，有利于不同社区的彼此相互邀请，促进社区间的交流。

普洱传统节日和节庆活动，沟通了不同民族之间的联系，促进了民族之间的友谊和团结。节日期间不同民族相互邀请过节,增进了各民族之间的联系交往,促进了各民族之间的友谊和团结。如拉祜族与"汉族、彝族、佤族、布朗族等每年都有共同的节庆,例如八月十五、六月二十四(火把节)以及过老年(腊月)一起跳舞唱歌"。澜沧县龙竹棚寨的拉祜族与布朗、哈尼族保持着友好往来,"每年的重要节日,寨与寨之间、民族与民族之间相互邀请过年联欢"。哈尼族的"街心宴",邀请附近的彝族、汉族等其他民族村寨的人参加,体现普洱各民族之间的和谐共处。澜沧拉祜族的葫芦节,最初只有拉祜族的节日。但随着社会的发展和民族交往的加强,参加葫芦节活动的不仅仅是拉祜族,还有其他民族参与,成为各民族文化交流和民族团结的盛会。西盟的木鼓节,最初是佤族的拉木鼓宗教节日活动,现在已成为以佤族为主其他民族参与的重大节日活动。

二 娱乐喜庆功能

在普洱传统节日中,很难看到以文体活动为主题的娱乐节日。但无论是岁首年节、农事节日还是宗教色彩比较浓厚的祭祀节日都能看到人们娱乐活动的场景,体现出娱乐喜庆的节庆文化功能。

逢年过节,拉祜族村寨都要举行各种娱乐活动。其中,最隆重、最富有民族特色的是跳芦笙舞。身着节日盛装的拉祜族群众,从四面八方涌入舞场,在优美动听的芦笙伴舞下,男女老少携手围成圆圈,跳起芦笙舞。在芦笙的伴奏下,大家尽情地唱、尽情地跳,常常是一跳就是通宵。整个拉祜山寨沉浸在一片欢乐之中。打"陀螺"是节日期间拉祜族的另一项重要娱乐活动。由十多个相等的人数各为一方,两军对垒,一方支,一方击。支的一方将"陀螺"在地上转动,击的一方在十米外用手中的"陀螺"旋转出去击中对方的"陀螺",以击中并停止转动为胜。如未击中,或击中而未停转,则支方、击方互换。[①]

祭竜是哈尼族一年中最大的祭祀活动,也是每年全寨性的娱乐活动

---

① 晓根:《拉祜族传统节日文化特点浅析》,《云南师范大学学报》(哲学社会科学版) 1996年第2期。

之一。小孩子打陀螺、荡秋千，成年人捣竹筒、敲锣鼓跳"嘎尼尼"舞作乐。在火把节期间，寨民饮酒唱歌，狂欢数日。在十月年节期间，全寨性的娱乐活动有打磨单秋、打大秋、打陀螺，晚上跳"嘎尼尼""阿米车"舞，青年男女也在这一期间谈情说爱，寻找自己的心上人。

在春节期间，彝族喜欢丢包、打陀螺、荡秋千、对歌、跳芦笙等娱乐活动。打陀螺是彝族人喜欢的一项娱乐活动。每年临近春节，彝族村寨就开始打陀螺，特别是大年初一、初二往往举行村寨（现为村民小组）之间的陀螺比赛。中青年男子进行陀螺比赛，妇女、老人、儿童观看。比赛激烈有趣，围观群众为之兴高采烈。丢包是青年男女在春节期间进行的一种广泛的社交、娱乐活动。通过丢包可以交流感情，若双方情投意合，即在丢包的时候互赠礼品，以此来表达爱慕之情。小伙子常把姑娘喜欢的糖果拴在包内丢过去，姑娘也会下意识的拿出预先准备好的香烟等回敬给自己的意中人。

每逢节日，佤族会打歌、跳舞。跳春节舞是佤族过春节时举行的一种集体娱乐活动，其规模甚大而隆重。按照佤族习俗，全寨人从初二开始，先由"达佾""达格""达热"（俗称"大伙头""二伙头""三伙头"）主办，跳三天"考窝"（过年舞）。从第四天开始，经头人同意的普通人家，才开始主办跳"考窝"。负责主办"考窝"的家户，要宰猪、剽牛、泡水酒，请全寨人喝酒吃饭，以求新年丰收，全家平安。通常，主办人要在舞前请三位芦笙手和能歌善舞的中老年妇女数人组成舞队，在自己家里举行仪式。仪式桌上放一个盛满谷子的箩筐。谷子上放一束芭蕉，一包茶叶，两节甘蔗，两块糯米粑粑。主奏手的芦笙放在最上面。仪式举行完毕，客人饭饱酒足后，三位头人双臂抱起谷箩，念"五谷丰登、六畜兴旺"的祝词，宣布跳"考窝"舞开始。土炮巨响后，舞队围着主办人家的柱子，跳"考窝"舞数圈，然后边吹边舞走向舞场。头人把谷箩置放在舞场中央的"考司岗"（象征镇守村寨的木叉）旁，寨民们跟随舞队，围着"考司岗"起舞。① 舞场上男女老幼，踏着芦笙的节奏翩翩起舞，欢乐声此起彼伏。拉木鼓节期间，寨内男女老幼载歌载舞，跳

---

① 云南民族事务委员会编：《佤族文化大观》，云南民族出版社1999年版，第99页。

唱"司岗里"及木鼓调，祈求寨子安定，人畜兴旺，五谷丰登。

每逢节庆，布朗族都要吹芦笙、弹三弦或吹起竹笛纵情地跳上一场，不论男女老少都可随乐声起舞跳个心满意足。

三　文化传承功能

节日是传统文化的表演场。① 普洱各民族的传统节日，承载着普洱各民族的生产生活方式、伦理道德、价值信仰、审美情趣等，成为各民族传统文化的符号。普洱各民族的传统文化，以不同的形式在节日中得以展示和传承。每逢重要节庆，往往能吃到的平时很难吃到的具有传统文化象征的食品，如端午节吃药根，不同药根集聚在一起，展现和传承了普洱传统民族医药及文化；在节日期间，不同民族的服饰得到展示，展现和传承了不同民族的传统工艺和文化；在节日期间，以不同的形式来展现和传承有关生产、生活、宗教的传统文化，如拉祜族在过年时跳的舞蹈有"俄多郭"（意为开始）、"铁八啊八"（意为开荒砍树）、"啃歌"（意为深耕细作）、"喔迷戛"（意为交流播种经验）、"扎别戛"（意为希望庄稼长得好）、"扎儿戛、扎角戛"（意为割谷、打谷）、"处毕诺的爹"（意为庆丰收、人们欢乐地舂粑粑）、"佤吓务糯粑"（意为杀猪宰羊吃八大碗）②。整个舞蹈完整展示了从春耕、播种、收获、喜庆的农事方面的内容，显示出浓厚的农耕文化。

四　教化功能

普洱传统节日，大多表现为集体参与的形式，在节日活动中，人们共同劳动、共同娱乐，共同聚餐，传递出平等、团结、友好、互助的教育功能。哈尼族在"埔玛兔"祭竜时往往会商量村规村纪，其中规定若寨中哪家耕牛不幸跌死，家家分吃一块肉，到秋收时每户捐一定的粮食给遭难的人家，互相帮助，共同承担困难。节日期间打扫村寨，修葺水槽，以及在大年初一的抢新水的习俗，都有着劳动教育的作用。普洱各

---

① 施惟达、段炳昌等：《云南民族文化概说》，云南大学出版社2004年版，第226页。
② 云南省思茅行政公署民委编：《思茅少数民族》，云南民族出版社1990年版，第372页。

民族有尊老爱幼的传统。逢年过节，晚辈要给长辈拜年，长辈要给晚辈拴线祝福；而且要祭拜祖先，不忘祖先的恩德。端午节是拉祜族种树、种竹的节日。在过端午节这一天，人们忌讳砍伐树木、竹子和芭蕉等，凡是计划种植的各种树木都要争取这一天栽种完。哈尼族在"埔玛兔"祭竜时强调，哪些地方的森林是水源林，严禁滥砍乱伐，若违反者要进行罚款交公。这教育人们要爱护森林，尊重自然。

第 十 章

普洱传统竞技文化

竞技（Sport）的词源出自拉丁语的 deportare，意味着人们暂时脱离为生存所必需的工作与劳动，而在余暇的时间里进行的修养、娱乐和游戏等形式。国际竞技与体育联合会的《竞技宣言》中对 Sport 是如下定义的："具有游戏性质，凡是包括自己和他人间的运动竞争，或克服自然障碍的运动比赛，都是竞技。"①

普洱各民族在漫长的历史发展过程中，为了适应深山丛林中的采集和狩猎生计，跑跳、攀爬、投掷、射箭成为先民们生存的基本技能。随着畜牧业和农业的发展，为维护部落公社或村寨的利益，抵御外部力量的入侵，在刀、枪、棒、棍等武器普遍应用的同时，进行摔、搏、拳、脚等体能的要求不断提高。在日常生产活动或祭祀过程中，人们通过展示自己的技艺，在获得自身满足感的同时，以愉悦大众心情，增强群体凝聚力和归属感，于是系列竞技活动应运而生。

第一节　普洱传统竞技文化的内容

一　生产性竞技文化

普洱各民族的生产性竞技文化源于早期的生产活动，物质资料生产是人类社会存在和发展的基础，人们对生产的实践以及对丰产的祈盼，

---

① 王英、顾渊彦、刘晓青：《竞技内涵的普遍化发展》，《山东体育学院学报》2006年第2期。

构成社会活动的主题,也是其生产性竞技文化产生的源头。

(一)射弩

弩是普洱各民族常用的狩猎工具或战争武器。形状像弓,由弩身、弓、弦、箭组成。弩身一般用质地坚硬的树干制作,弓用富有弹性的竹木制作,根据弓的长短,分为地弩和手弩,比赛用的多为手弩。普洱民族村寨每逢节庆都要举行射弩比赛,射弩比赛有跪姿和立姿两种,以射中靶心为优胜。从1983年开始,射弩被列为普洱市少数民族体育运动会的比赛项目。

(二)射箭

弓箭是普洱各民族的生产工具和自卫武器。由弓、弦、箭三部分组成,弓一般用富有弹性的竹木制作。每逢节日或闲暇时,就开展射箭比赛,射中靶心者胜出。老年人、中年人和青年人均可参加比赛,百发百中的神箭手,一般深受人们的敬重。

(三)掷石

掷石是普洱各民族非常喜欢的一种竞技活动,形成于早期的生产生活。普洱各族先民无论放牧、捕鸟、狩猎都需要掷石,由此产生了掷石竞技。掷石竞赛分为两种:一是比距离,以掷出距离较远的一方为优胜。二是比击中,以击中目标的一方为优胜。

掷石的方式分为两种:一种是直接手拿石头掷出;另一种是把石头装在掷石器中掷出。

掷石竞技可以随时随地举行,可以是两个或两个以上的人在一起就地取材进行比赛,也可以是在节庆活动中通过人为的选拔进行比赛。

(四)爬竿

爬竿(树)是普洱各民族流传较广的一项传统竞技活动,源于早期的采集活动,在节庆活动或生产劳动之余均可举行比赛,不受场地和器材的限制。在平地上树立一根竹竿或选择一棵笔直的树或藤,最先爬到顶部者优胜。爬竿的方式有手抓爬、手脚并爬、倒爬。倒爬竿是在赛场中栽一根10—15米高的竹竿,将一实物置于竿的高处,选手以立正姿势立于竿下,用双手抱竿而上,爬至竿顶取下实物调头往下爬,落地后保持立正姿势,用时最短者优胜。爬藤则是用双手抓住藤子,双脚伸直,凭手臂伸缩向上运动,最先爬至顶者优胜。

二 体育性竞技文化

普洱体育性竞技文化产生于狩猎活动和对外战争,在促进身体素质发展的同时,可提高劳动生产能力和攻防能力。

(一) 武术

武术是普洱各民族喜爱的传统竞技活动,有着广泛的群众基础和丰富的技术内容。主要形式以踢、打、摔、击、刺等攻防格斗素材,由少则几个多则十几个动作组成一个套路,按其内容分拳术、器械两类。拳术有自由拳、老虎拳、鸭形拳、鸡爪拳、老熊翻掌拳、小刀拳、猴拳等。步型以弓、马、半马、虚、扑、丁、大小跪步、护档步、横档步、倒插步、盖步、独立步等为主;步法有退、进、撤、跨、拖、纵跳、跃、垫等为主;腿法有侧、踹、前铲腿、踩腿、缠腿、连环扫腿等;型以拳、掌、爪为主;手法中的拳法有冲、抛、盖、挂、贯、劈等;掌法有推、劈、切、插、标、托、拍、护身、抹掌等;爪法有护身爪、仰爪、抓面爪等;肘法有撞肘、压肘等。一般运动路线以梅花步、四方步、菱形步、七星步等为主。其特点是动作古朴、深沉、吞吐明显、刚柔相济,刚劲有力,气势剽悍,攻防性较强,套路短小精悍,一气呵成。架势以低桩为主,运动量较大,练时常以发声吐气助长发力,富于韵律感。①

自由拳主要模仿大象的动作,攻防速度较慢。动作有弓步压肘、双冲拳、穿掌、摔掌、冲拳、虚步、顶肘、马步上架、大勾拳、双压肘等24式。

老虎拳模仿老虎的动作,相当逼真,十分简练。

鸭形拳模仿鸭子动作,有鸭展翅、鸭点头、左右啄食、鸭刨食、鸭抖水等。

鸡爪拳全套动作模仿鸡爪,攻防意识强烈,动作简单,有两手上下

---

① 李德祥:《中国哈尼族武术文化初探》,《云南师范大学学报》(哲学社会科学版) 1994年第6期。

猛抓对方面部，两脚跳跃或踢前三步、退后三步、左右飞转侧攻、飞抓、正踢。

老熊翻掌拳模仿熊的动作，由两掌心向前叉打，翻滚于后，扑地抓打，翻滚向前跃起扑打等动作组成。

猴拳模仿猴子的动作，有抓物猛打、右脚后踢、抽身跳出圈外、作猴子欢心状等，整套动作十分风趣。

器械类有刀、枪、剑、棍、铁钩等。

棍术亦名扁担术，全套动作14个，简练、实用、灵活，熟练了还可以进行棍术对练对打。

提枪飞棍动作包括花枪点水、挥棍飞转胸前、左右飞转、左挑右点、前挡后护、车轮飞枪等。综合式的花枪，有前后左右快速飞转，点、刺、挑、扫等，防守中待机突围脱身等。①

（二）摔跤

摔跤是彝族、哈尼族、拉祜族、佤族等少数民族的传统体育竞技活动。彝族是摔跤创造者之一，保留着古代到现代的摔跤对抗活动。

摔跤，彝语称为"杏格"，是彝族最为喜欢的传统体育竞技活动，被誉为"彝族体育之花"，具有悠久的历史。据史料记载，该活动起源于唐朝天宝年间，代代相传至今。彝族传说中的支格阿龙、惹丁毫星等英雄和传奇人物都是摔跤高手。彝家有句谚语道："请客没有酒不行，快乐离不开摔跤。"

摔跤竞技有抬跤、扳跤、掼跤、干跤、拔跤、抱跤、跌四、把腰等。摔跤时裸上身，穿长裤或短裤，系腰带，双方拥抱，以双肩着地为胜负的重要标志，可用脚绊，形式像国际自由式摔跤。普洱各民族摔跤可以分为祭祀摔跤、婚礼摔跤和节日摔跤。普洱的彝语支民族每逢春节、元宵节、火把节、端午节、中秋节等节庆都要进行摔跤比赛，有时在田边地头也会即兴进行摔跤比赛。在祭龙求雨、冬日祭山祭石、火把节祭田公地母时，也把摔跤作为祭祀的重要组成部分。在村寨牛羊遭遇瘟疫的

---

① 普洱市地方志编纂委员会：《思茅地区志》（下），云南人民出版社2012年版，第750页。

时候也要举行摔跤比赛，以驱邪禳灾。彝族摔跤比赛一般采用三赛两胜制。败者退下，换另外的运动员上场。胜者直至无人与其较量，将被誉为"大力士"，并奖红布数丈。

1983年，摔跤被列为普洱市少数民族传统体育运动会的比赛项目。

（三）打陀螺

打陀螺是普洱各民族喜爱的一种传统体育竞技活动。在彝族的传说中认为，打陀螺就是"打庄稼"，打赢了来年庄稼就会丰收，因此有"打赢达庄稼，打不赢皮干巴"的说法。[①] 打陀螺时间一般在每年大年初一开始，延续到农历二月初八止，故有"过年过到二月八，陀螺打到青草发"的说法。打陀螺活动，对场地的选择较为方便，只要有一块50平方米左右的平地即可，如果地面平滑更佳。活动常以一个村落或几个村落同时进行。陀螺的种类按形状可分为平头陀螺和尖头陀螺两种。平头陀螺上半为圆柱形，下半为圆锥形，打时把线的一端拴在棍子上，另一端缠绕在陀螺上，左手执棍，右手持陀螺。当陀螺抛出时猛拉棍子，陀螺在地上高速旋转。尖头陀螺整体呈线椎体，下端与平头陀螺相同，上端削成锥状，顶端留一个头，亦称龟头陀螺，比平头陀螺小。打时把线缠绕在陀螺脖子上，另一端固定在手上。陀螺制作选用木质紧密、硬度较大的木料，如麻栗树、紫原木等，陀螺要光滑、对称、美观。陀螺比赛一般是两人或多人，分为两家，一家为支方，另一家为打方。支方把陀螺支在地上，打方用陀螺撞击在地上旋转的陀螺。如果打方没有击中支方的陀螺，支方胜；如果打方击中，支方的陀螺被弹出，比双方陀螺旋转的时间，时间转得长的一方为胜。打方和支方相互交换。

1983年，打陀螺被列为普洱市少数民族传统体育运动会比赛项目。

三 娱乐性竞技文化

普洱各民族的娱乐性竞技文化源于早期的祭祀活动和休闲娱乐活动，普洱各民族在早期社会中，为祈求村寨平安、庄稼丰产、人畜兴旺，每年都要在相应的时间节点举行祭祀活动，取悦神灵，寻求某种神秘力量

[①] 李玉军：《云南彝族陀螺竞技文化调查研究》，《文山学院学报》2016年第4期。

的护佑，于是就产生了系列以娱神为目的的娱乐活动，随着时间的推移，逐渐变成了娱乐活动。

（一）打秋千

打秋千是普洱各民族普遍盛行的传统娱乐竞技活动，在哈尼族各支系中更为盛行，一般在秋后至春节期间进行，男女老少均可参加。秋千分为大秋（亦称为吊秋或荡秋）、磨秋（亦称为打磨秋或磨担秋）和车秋（亦称为轮秋或风车秋）三种。

荡秋，是普洱各民族喜爱的一项娱乐竞技活动，荡秋源于早期的采集狩猎活动，先民们为了生存，需要上树采摘野果或猎取野兽。在攀爬和奔跑过程中，他们往往抓住粗壮的蔓生植物，依靠藤条的摇荡摆，上树或跨越沟壑，这是秋千的最初原形。早期的秋千用粗壮结实的藤子拴在村寨旁边的大树上。节前小伙子们相约择日上山砍藤子，藤子拖回来后，用火把将藤子两端加热，待其变软后将两端拴到大树枝上构成一个"U"形。后来人们在村寨广场上用竹子搭一个秋千架，用钢绳、麻绳、篾索作秋千绳，下端加一块木板，荡秋者在木板上或坐或站，通过调整重心或借助外力，使秋千前后摆动，荡漾摇曳，上下飘忽，荡得越高、耐力持久者优胜。荡秋千有单人荡和双人荡两种形式。

磨秋又称打磨秋、扁担秋、磨盘秋，是普洱大多数民族节庆期间进行的一项竞技活动。

在平坦的空地上栽一棵0.8—1.5米高的木桩，顶部削出一个约10厘米高的圆柱。砍一根直径20—40厘米，长4—8米的圆木，中间凿一个直径，与木桩顶部圆柱相当，深度保证能套住圆柱、在圆木两端上下移动或左右旋转时不至脱落，两端各承载1—2人不会折断。玩时，在木桩圆柱上加点菜油润滑，把圆木套在木桩上，人骑在圆木两端，随着木杆的旋转起伏，落地的一方用脚蹬地，增加动力，使杆弹起，这样，时而飞速旋转，时而升降起伏，反复转动，悠悠荡荡。参赛者一般相向跨骑，也可反向跨骑；也可用腹部担在秋杆上，双手抱住秋杆。裁判一声号令，磨秋像纺车一样开始转动，越转越快，这时场地上如同转起一个缤纷的彩球。甩秋人的速度越来越快，围观的人也显得更加开心，人群不时发出"哦嗬嗬,哦嗬嗬"的呼喊声,为其加油助兴,气氛十分热烈。

磨秋一般在节庆活动中举行,各民族关于磨秋的来历有不同的解说。哈尼族在其主要传统节日"年首扎勒特"(十月年)、"苦扎扎"(五月节)、"昂玛突"(祭寨神)、插秧节和尝新节都要打磨秋,但主要在农历的五月或六月,五月份在戌日或亥日举行,称"五月年";六月份选其中间的3—5日举行,称"六月年",哈尼人叫"苦扎扎"节,"五月年""六月年"均为磨秋节。关于"五月年"的来历,哈尼族中传说在远古时,太阳、月亮出没不定,危害庄稼,阿朗和阿昌兄妹俩决定要救助乡邻。他们砍来栗树支起磨秋,磨秋飞转,载他们飞上太阳和月亮。他们费尽心机说服它们有规律地昼夜出没。理想实现了,兄妹俩却分别被烤死、冻死在太阳和月亮上。人们为了纪念他们,演变为"苦扎扎"节日。

车秋,是普洱各民族节庆活动较为为喜爱的一项竞技活动,亦称为轮秋或风秋。在地上栽两棵高约8米的麻栗树桩,桩的顶部留一个较深的叉口,中间横放一根结实的粗圆木作为车轴,桩与车轴接触处放少许菜油,减少车轴与桩之间的摩擦力。在车轴的两端各凿4个洞,穿入等长的小圆木作为秋杆,秋杆有规定尺寸,长短每年相差不能超过3至5寸,形成"X"形,小圆木顶端凿两个洞,穿入一根结实的木棍,形成水车状。然后在每根木棍上拴一个带木板的小秋千,玩车秋的人数一般是4人,必须是偶数,才能保持车秋平衡旋转。玩的人坐在小木板上,无需摆动,随着车秋的旋转上下移动,乐趣无穷。

1983年,秋千被列为普洱市少数民族传统体育运动会比赛项目。

(二) 丢包

丢包亦称为溜包、丢花包、丢彩包,是普洱傣族、哈尼族、彝族的传统娱乐竞技活动。彩包系用布做成的小四方包,内装荞籽或棉籽,包四角缀以彩色布条或彩线装饰,中部系一根溜绳。彩包是姑娘的传情之物,后来逐渐发展为青年男女在傣历年、春节、火把节、丢包节等民族节日的传统游乐活动和比赛。丢包者手执引带,甩动数圈后抛向对方,对方将彩包接住。通常情况是女方丢,男方接,也有男女双方互抛彩包的。逢年过节,青年男女云聚集在村寨的广场上,男女分站成两排,把自己的彩包抛向心仪的对象，尽情玩耍，其乐融融。

1983 年，丢包被列为普洱市少数民族传统体育运动会比赛项目。

（三）斗牛

斗牛是普洱各民族的一种娱乐活动，是牛与牛之间的争斗，也称牛打架。在农耕社会中，牛是重要的生产力，也是家庭财富的象征，一头牛的好坏代表了其家庭生产力的强弱。驯养耕牛成为人们的日常活动，相牛之道也是农耕活动的需要。有的民族还要供奉牛头，对牛进行崇拜。斗牛分为水牛和黄牛两种，水牛个头大，打斗激烈，更为刺激。斗牛一般在春节期间进行，斗牛场选择在村寨中四面环山，可容纳多人的田坝、山谷或草地上进行，四周用竹竿围起，将斗牛场与观众隔开，以保障观看斗牛的群众的安全。斗牛以村寨为单位，各村寨将最强壮，打斗能力最强，身、踢、头、角、线、毛等条件最好的公牛（俗称大牯子或大络合）选出参加比赛，以抽签的方式进行淘汰赛。比赛当日，人们身着盛装，从四面八方赶向赛场，赛场上笙鼓齐鸣。两牛被引进赛场，看见对手后，有的斗牛从很远的距离飞奔而出，两斗牛正碰或飞碰或侧碰在一起，由于此时碰撞的力量大，牛角会被折断。有时双方会当场"壮烈牺牲"，或一方当场毙命或致残；训练有素的牛会避免下面冲撞，昂头进展，左转、右转，让对手扑空，趁对方立足未稳拼命相抵，而后左右开弓，东撬西撞，时而用角尖抠入对方脖子，并用尽全力扭打，直至将对方打倒在地或逃跑认输；此时对方也毫不示弱，左转、右转拼命摆脱对手，并寻找机会进攻，两头牛拼得你死我活互不相让。如果两头斗牛在 30 分钟内不分胜负，就判定为平局。斗牛比赛中，由于每头牛的体能、技术存在差异，打斗双方会彼此衡量双方实力，有的是在场上一决雌雄，有的斗牛是"不战而屈人之兵"，有的斗牛见势不妙拔腿就跑，有的互不服输，拼死相斗。两头牛在场上全力厮杀，即使鲜血淋漓，伤痕累累，也不会轻易认输。牛主人和斗牛爱好者则在斗牛场外围焦虑的等待战斗的结果。斗牛时场外观众不停发出喝彩声，有时发出嘘嘘声，有时大声尖叫，有的怒吼，有的欢笑，有的愤怒，有的笑逐颜开，有的沉思不语，有的手舞足蹈。牛主人会聚精会神地盯住自己的牛，有时大声叫好，有时焦急的大声呼叫闪开、用角勾它等。场上形成了各种场面，使人百看不厌，趣味无穷。

（四）老鹰抓小鸡

老鹰抓小鸡是普洱青少年间进行的一项传统娱乐活动。参加人数不限，由其中一人扮演老鹰，一人扮演母鸡。游戏开始时，"母鸡"在前，"小鸡"依次抓住衣角排成纵队。"老鹰"千方百计去抓"小鸡"，先从最后的一只抓起。"母鸡"则张开双手阻拦，尽力保护"小鸡"，"小鸡"则配合"母鸡"的动作不断移动，竭力避免被"老鹰"抓住，"小鸡"一旦被"老鹰"抓住，就到场外休息，游戏继续进行，直至"老鹰"抓住最后一只"小鸡"为止。

（五）斗鸡

普洱傣族喜欢养殖斗鸡，每逢佳节或休闲时节，就会举行斗鸡比赛。经文中有对"赶摆"的描述："来往人群，川流不息；比武斗鸡，高潮迭起……乐师吹响箫笛如行云流水，歌手对唱章哈似百鸟争鸣；铜号呜呜悠扬悦耳，皓首老人拄杖倾听。人们随心所欲地手舞足蹈，尽情挥洒节日的浪漫与激情。"经文中记载的傣族传统文化场景不仅极具宗教色彩，且亦富有民族特性。[①] 斗鸡以体型魁梧、体质健壮结实、结构匀称紧凑、筋肉发达强健、性强悍善斗为基本特征。对斗鸡的特征及斗技等有严格要求。好的斗鸡，外貌要求英姿雄武，体格健壮，进入斗场后，主动找对方进攻，尤其后盘（即战斗的最后阶段）要亲斗，要打卧鸡，残盘（双方斗到精疲力尽时）要卧而不走，宁死不屈，只要还有一口气就要战斗到底。

少年儿童通过对生活的观察与思考，创造出了独特的斗鸡游戏——角斗士！这种起源于斗鸡的少儿游戏，是以单足蹦跳，用悬起的膝部施展碰、撞、挤、压、冲、勾等方法攻击对方膝部或身体各部位，直到对方失去平衡倒地，或双足落地为止。单腿的蹦跳如金鸡独立，锥形的膝盖犹如高昂的鸡首，勇猛无畏的攻击，战胜对手后的得意，正如一只斗

---

① 焦云宏、王明姣：《贝叶经典籍在傣族社会生活中的作用与价值》，《云南开放大学学报》2016年第4期。

志昂扬的雄鸡。由于它深受少年儿童的喜爱，被誉为"中国儿童十大经典游戏"和"我国最有男子汉气概的游戏"之一。

第二节 普洱传统竞技文化的特征

普洱民族竞技文化具有典型的原始性特征。普洱各民族的竞技文化源于早期的生产生活活动，在流传的数十种竞技活动中，都折射着早期人类生活的影子。

一 生产性

生产生活是竞技文化产生的基础。在人类社会早期，生存是人们最基本的愿望，在林海茫茫、江河纵横、沟壑交错、猛兽横行、虫蛇出没的生活环境中，各族先民在生产能力极低的条件下艰难地生存着，为获取必需的生活资料，防备猛兽的攻击，人们每天在密林中穿梭，都必须翻山越岭，跨越沟壑，攀岩爬树，攀、爬、跑、跳、投掷、射箭等成为人们必须具备的生存技能。随着社会的发展进步，各民族进入游牧和农耕时代，在游牧过程中需要不断行走，要求身体耐力要好，击、掷、射、走和跑的运动技能比较高。在狩猎和畜牧过程中，通过对动物习性的观察，形成了一系列模仿动物行为的竞技运动，如追羊、赛马、射箭、摔跤、拳术等。人们在闲暇之余，展现生产过程中的技能，如攀、爬、跑、跳、投掷、射箭等，模仿动物的动作，如熊的打斗、老虎进攻时的态势、猴子的奇异动作等，在传授生产生活常识的同时，娱悦民众的心情，进而达到休闲与群体认同的目的，随着时间的推移，早期的竞技活动不断丰富和发展，并得以流传，成为民族竞技文化。

二 军事性

军事活动促进了竞技文化的发展。普洱各民族在历史上都进行过不同程度的迁徙活动，彝语支民族从西北南下，壮傣语支民族和佤德昂语支的民族由南向北，各民族在长期的迁徙过程中，与其他族群相遇，彼此为了获得更好的生产生活资源，族群之间、部落之间的战争与冲突不可避免。彝族典籍《西南彝志》、拉祜族迁徙史诗《根古》等记载了各民族及部落之间相互展开的战争与抵御外敌的战争史。各民族在战争中需要进行排兵布阵，展开进攻与防御，刀、枪、棒、棍等武器的使用，摔、搏、拳、脚等功夫都是战争必备的条件。为了赢得战争，增强部族的战斗力，保障部族的生命财产，战略训练成为社会生活必不可少的组成部分。久而久之，战争训练的内容成为一项经常性的活动，并且成为技能展示，提高个人威望的途径，射箭、射弩、打火药枪以及掷石、投掷飞雷，搏击、格斗、摔跤等成为民众的竞技活动。

三 群众性

普洱民族竞技文化活动具有群众性，参加的群体形式多样，有的活动全民参与，属于全民性的运动，有的属少数人群参与，只是即时性的活动，但不管是什么竞技活动，除参与竞技的人员之外，往往会有更多的人群围观。普洱民族竞技文化的参与主体随竞技内容的不同而不同，有的主体是成年男子，但老人、小孩、妇女也直接或间接参与了竞技活动。有的竞技活动，男女各有专属的赛场，小孩有专门的场地，但在竞技过程中，场外的男女老少虽然不直接参与比赛，但他们在一旁围观，评判赛场上的动作、技术、器械以及比赛输赢的情况，并在场外热烈喝彩。对交通不便和信息闭塞、山高路远、平日里很少有来往的边疆少数民族而言，竞技文化搭建了人们进行聚会、交流感情、讨论生产、传递信息的平台，增进了村寨与村寨之间以及家族与家族之间的交往与团结。

四 趣味性

普洱民族竞技文化具有趣味性特征，在某种程度上是为满足人们的精神娱乐而产生的。人们在劳作之余，为了丰富自己的业余文化生活，为生活增添乐趣，因地制宜开始各种各样的竞技运动，在运动中将自己的技能和体能充分地展现给观众，在赢得大家赞美的同时，也给人们带来了精神上的享受。普洱各民族的社会经济在历史上长期滞缓，人们多数时候为了生存处于劳作之中，为了缓解劳作带来的疲乏，调整生活节奏，文化娱乐活动成了生活的必然，这就为普洱各民族竞技的发展和延续提供了空间。

五 实用性

普洱民族竞技文化活动是非生产性的身体活动,是介于劳动工作(work)与游戏玩耍(play)之间的一种文化形态,其基本形式脱离日常生活现实,可以是类似喜剧的表演,也可以是形同战争的搏斗。[①] 但竞技本身来源于各民族的生产生活实践,无论是从体育的角度还是从生产的角度都被赋予了很强的实用性,这种实用性还表现在基层社会的组织与治理等方面。

---

① 卢元镇:《竞技:人类进步的表征与希望》,《天津体育学院学报》2008年第5期。

第十一章

普洱民族和谐团结思想

普洱各民族是爱好和平,崇尚和谐团结的民族。无论哪一个民族,都与其他民族和睦相处,友好往来。普洱各民族的传统文化中包含着和谐团结的思想。普洱民族和谐与团结思想是普洱传统文化的重要特质,在普洱传统文化中占有重要的地位。

第一节 和谐团结的民族关系

在历史发展过程中,普洱各民族相互交往、相互依存、彼此尊重,形成了"你中有我,我中有你"的"大杂居、小聚居"聚落格局,呈现出平等、和谐、团结、共生的民族关系,为民族团结、边疆稳定做出了重大的贡献。

一 睦邻友好的族际关系

族际关系是指在族际互动的过程中,相关民族之间不可避免地形成或构建起某种具有一定稳定性的关系模式。普洱是多民族聚居的地区,各民族交错杂居或毗邻而居,族际交往密切,经济上互通有无,文化上取长补短,构建起和谐团结的族际关系。

普洱各民族重视族际之间的和谐、团结与安宁。据有的学者研究,拉祜族"男子圆形帽上的九片青兰布象征各族人民友好往来,和睦相处,共同繁荣"①。在处理民族矛盾和纠纷问题上，拉祜族"为维护本民族的根本利益在涉及外族的纠纷中，采取克制、忍让态度，尽量把因矛盾纠纷造成的隔阂缩小到最低限度，以获得与其他民族长久友好"②。拉祜族长期与布朗、佤族、傣族、哈尼族等族交错杂居，建立了友好和谐的民族关系。"逢年过节，亦互相邀请作客（拉祜族过年第一天特邀外族入寨共同吃喝），常来常往，感情融洽。特别是解放后，各民族间的关系，已建立在友好平等基础之上，'团结'两字已成了各民族最喜欢说的常用语了"③。澜沧糯福乡南段老寨的拉祜族与境内外的布朗、拉祜之间相互信任，相互尊重，遇到矛盾由头人出面平心静气妥善解决。龙竹棚寨的拉祜族与布朗、哈尼族保持着友好往来，每年的重要节日，寨与寨之间、民族与民族之间相互邀请过年联欢，相互信任，相互尊重，遇到矛盾，由头人出面平心静气妥善调解。

傣族具有谦虚和蔼，不粗暴，善于忍让的优点，对其他民族群众也以礼相待。傣族与周边各兄弟民族的关系长期以来都相处得比较好，与其他民族建立起了一种称为"宾弄赛嗨"的民族关系。"宾弄赛嗨"系孟连傣语，"宾弄"意为亲戚，"赛嗨"意为朋友，特指传统上孟连傣族与周边其他民族在日常生活中结交的"亲戚一样的朋友"关系。如历史上，"一些傣族群众喜欢为他们的孩子寻一位拉祜人作干爹，当认定了干爹之后，两家就成为亲戚了"。

彝族注重民族间的和谐与团结。如彝族香堂人在与当地的其他民族交往中，谦恭忍让，心地善良，很少与外族群众发生争斗。新中国成立以来，从未发生过重大纠纷，在维护民族团结中作出了重大贡献。

二 经济文化婚姻交往中的和谐与团结

普洱各民族之间经过政治、经济、文化、联姻上的相互交往，彼此

---

① 王正华：《拉祜族服饰文化概述》，《云南民族学院学报》1995年第1期。
② 思茅行署民族事务委员会编：《思茅拉祜族传统文化调查》，云南人民出版社1993年版，第11页。
③ 《民族问题五种丛书》云南省编辑委员会编：《拉祜族社会历史调查》（二），云南人民出版社1982年版，第48页。

间相互影响、相互依存、相互学习,是民族友好团结的重要体现。

(一) 经济交往中的和谐与团结

经济交往是民族交往的重要形式。普洱各民族长期的交错杂居使他们在经济方面的交往频繁。这里仅以佤族、拉祜族与其他民族的经济交往为例。

佤族在历史上与其他民族的经济交往就存在,在新中国成立前的近百年间更加频繁,其他民族一些较先进的生产工具和技术传入佤族地区,促进了佤族社会的发展。荞、黄豆、草烟、蓝靛等籽种是拉祜族传来的,砍刀等生产工具也是从拉祜族传入的,并在生产上接受了拉祜族较先进的方法。佤族种植的棉花是从傣族传来的,并从傣族那里学会了打铁的生产技术。佤族种植的苞谷是从哈尼族传来的,蔬菜和瓜类分别由拉祜、傈僳、哈尼、傣、汉等民族传入。

拉祜族与汉族的经济交往频繁,从最原始的铁质工具如铁箭头到犁、锄农具,以及种植稻谷和开田修沟等生产技术均从汉族传入,并借用汉族农历。拉祜族与傣族的经济交往频繁,拉祜族现在用的轧花、纺线、织布工具及土锅等来自傣族。拉祜族住在山上,傣族、汉族住在坝区,这里所说的山区与坝区的经济交往,指的就是拉祜族与傣族、汉族的经济交往。拉祜族与佤族的经济交往也很频繁,西盟街就是拉祜族与佤族在经济频繁交往的基础上形成的集市。

普洱各民族在生产过程中,对生产资源和劳动成果进行公平合理的分配,为各民族和谐与团结奠定了物质基础。

普洱各民族在长期的生产生活过程中,对土地资源和水资源的合理分配形成了一套独具特色的文化体系。哈尼族传统分水方法有"欧透透""欧聪丛""欧黑铲""欧次斗"4种。一是"欧透透","欧"是水,"透透"是木刻,汉意为木刻分水。为了合理用水,避免水利纠纷,减少人力投入,根据一条沟渠引水量能灌溉梯田面积的多寡,经所有田主商议,规定每份水田应得的水量,并将水量刻在一条横木上,按沟头到沟尾流经顺序,将横木放置在水沟分水口,让沟水自行分流。木刻一旦定下来,持续沿用,不得更改。大沟木刻分水至小沟,小沟木刻分水至田口,层层分流，代代沿用，人人遵守。二是"欧聪丛"，"欧"是水，"聪丛"是轮流，意为轮流引水或分段引水。每年 2—3 月农田用水紧张时，为使每户人家都能顺利耕种，根据灌溉面积的多寡，经协商将沟渠分为几段，一般分为 3 段，由远到近轮流放水，有时候抽签决定哪一段先引流用水，没有轮到的区域要关闭自己的入水口，轮到时连放水一天一夜。三是"欧黑铲"，"欧"是水，"欧黑"是水口，"铲"是放水，汉意为放开田水口。即在甲乙两户友好农户中进行，比如甲户农田在上方，水源较充足；乙户农田在下方，当用水量不足而不能耕种时，乙户主动与甲户商量，甲方同意后，将甲户田中蓄有的部分水引到乙户农田中。在规定渡水的时间里，水流经的其他农户不得擅自引用。主要方法是在其他农户田的进水口处插一枝树枝，表示从友好农户家田中引来的水，其他农户不得引用。四是"欧次斗"，"欧"是水，"次"是节或尾，"斗"是砍断，即砍断水尾或沟尾之意。每条水沟开挖时就有一定的灌溉区域面积，沟尾以某个梁子或山坡为界限标志，这个界限以外的田或区域内新开的田不经同意不得引用该沟渠水灌溉。除非经过原灌溉农户的同意，或原灌溉农户水量多余部分自然流向下方的水，新开的梯田方能使用。①

在山地开垦种植过程中，各家可在村寨地界范围内，寻找适合的地块，在该地内挖上一锄或打上一个草结，或剥去一块树皮作为记号，在四周作出明显标志，别人就无权争夺。耕种几年之后，待肥力衰退就抛荒，另寻新地耕种。抛荒后的土地，待地力恢复到一定程度时，任何人无须经过他人许可，又可以"号地"进行砍伐耕种。②

猎物实行见者有份的平均分配原则，猎手可以占有猎物的头、脚、内脏，其他部分则必须按照人员的多少进行平均分配。参与分配的人员可以是本部落或本村寨的，也可以是偶遇的行人。在生产成果不确定的条件下，有限的猎物平均分享，具有互通有无，相互接济，共渡难关，

---

① 杨六金、王亚军：《哈尼族沟渠文化研究——以红河哀牢山区座洛村为例》，《云南社会科学》2011 年第 6 期。

② 罗承松：《拉祜族苦聪人——对哀牢山中部一个人群生活方式的研究》，中国社会科学出版社 2014 年版，第 46 页。

求得生存的社会功能。①

（二）文化交流中的和谐与团结

普洱各民族既保留着浓厚的各具特色的本民族的文化，又相互尊重、认同和吸纳其他民族的文化，形成了多元共生并存的文化格局。多民族文化共生并存的文化格局，既是普洱各民族友好团结、和睦共处的文化基础，也是普洱各民族友好团结、和睦共处重要体现。

拉祜族与汉族、傣族的文化交流。如澜沧县东回拉祜族受汉文化、傣文化的影响，"在语言上的借词也不少，如皇帝、佛礼（即佛经）、香、犁、高粱、铜炮、铜壶、凉粉、豆腐、张、李、罗等姓氏、正月、腊月等词汇均借自汉语"，"红糖、橘子等词汇借自傣语"。② 拉祜族不仅学习汉族、彝族的较为先进的生产技术，而且与"汉族、彝族、佤族、布朗族等每年都有共同的节庆，例如八月十五、六月二十四（火把节）以及过老年（腊月）一起跳舞唱歌"③。佤族也受到拉祜族文化的影响，特别是"与拉祜族杂居的佤族寨子多受其影响，能说拉祜话，生产上接受了拉祜族较先进的方法"。澜沧谦六打岗村的布朗族长期与傣族杂居，受傣族文化的熏陶、影响很深，从傣族那里学会了种植水稻、棉花，学会了纺织傣棉、建筑房屋生产技术，并且对傣族的佛教信仰活动产生了兴趣。

共同生存在普洱这块土地上的各民族的文化具有很大的包容性，各民族的文化是平等的、相互尊重和相互认同的。正是各民族间的文化交流，多向互动，彼此吸收，相互交融，才形成了普洱多元文化共生共存、共同发展的文化现象，呈现出丰富多样的文化特征。这是普洱民族友好团结的重要体现。

（三）联姻关系中的和谐与团结

普洱各民族在经济、政治、文化长期交往中，也出现了不同民族之

---

① 罗承松：《拉祜族苦聪人——对哀牢山中部一个人群生活方式的研究》，中国社会科学出版社2014年版，第39页。

② 《民族问题五种丛书》云南省编辑委员会编：《拉祜族社会历史调查》（一），云南人民出版社1982年版，第72页。

③ 《民族问题五种丛书》云南省编辑委员会编：《拉祜族社会历史调查》（一），云南人民出版社1982年版，第72页。

间的通婚关系。据20世纪50年代民族调查，西盟大马散佤族与傣族发生关系较早，"传说在六、七百年前两族就有了通婚关系。例如马散木依库姓二十二代前的祖先恨的妻子是傣族姑娘"。"四百多年前，孟连傣族人娶了马散阿芒姓祖先坎的妹妹连木为妻"，相传，"孟连"即得自"连木"之名。"后来佤傣之间又有过几次通婚关系。"① 直到近代傣族与佤族之间依然存在通婚关系，如孟连第二十七任土司刀派永娶下满冷佤族王公主印太夫人，1942年，孟连第二十八任土司刀派洪又娶班养满冷佤族王之女召南罕竜为正室。因傣族多次娶佤族姑娘为妻，孟连傣族常说："波傣咩佤"，意为傣族爹，佤族妈。佤族与拉祜族之间也有通婚关系，如"小马散永欧姓艾松新爷的后娶即拉祜族"②。此外，其他民族之间也有通婚关系，如居住在澜沧东河区拉巴寨的拉祜族、汉族、彝族、佤族也有通婚关系，而且随着通婚的增多，民族关系也越来越融洽。

民族之间的通婚，既是加强民族之间的联系、促进友好关系的一种方式，也是民族间友好团结、相互融洽的一种表现，反映了民族间的友好团结。普洱各民族之间的通婚关系说明历史上各民族之间在整体上是比较融洽与和谐的。

普洱各民族在长期的经济、政治、文化交往中形成的相互依存的关系，促进了各民族的友好团结、和睦相处。

三 反帝反封建斗争中的民族团结

普洱各族人民爱好和平，追求自由幸福，反对剥削压迫。"改土归流"后，普洱各民族"苦汉法繁重"和封建统治者的压迫，联合起来反抗清朝的阶级压迫和民族压迫。清雍正五年（1727），镇沅、威远（今景谷）的拉祜、傣、哈尼、彝等族人民，"宰牛歃血，饮酒盟誓"，举行了反抗清王朝阶级压迫和民族压迫的武装起义。雍正十年（1732年），思茅、普洱（今宁洱）等地拉祜、哈尼、傣等族人民，因反对反动官吏、

---

① 《民族问题五种丛书》云南省编辑委员会编：《佤族社会历史调查》（一），云南人民出版社1983年版，第111页。
② 《民族问题五种丛书》云南省编辑委员会编：《佤族社会历史调查》（一），云南人民出版社1983年版，第111页。

军官搜刮无度,在蛮坝河蝙蝠洞(今思茅竹林)举行起义,得到了他郎(今墨江)、元江等地哈尼、傣、彝族等族人民的纷纷响应。1796—1807年,威远、镇沅、宁洱、思茅、澜沧、孟连等地的拉祜、哈尼、傣、佤、布朗、汉等民族举行了反清大起义。咸丰五年(1855),以哈尼族田政为首领的哀牢山中段镇沅、墨江、元江的哈尼、彝、傣、白、布朗、汉等各族农民,再次举行了声势浩大,持续时间长达十六年的反封建、反庄主(地主)大起义。1918年,拉祜族农民李龙、李虎率澜沧新营盘区、雅口区等地的拉祜族、佤族、哈尼族等各族人民在仙顶营举行了反对封建统治的起义。

近代以来,普洱各族人民进行了反对帝国主义侵略的斗争。英国殖民者对边疆阿佤山区丰富的金银矿藏觊觎已久,早在清朝时,就不断派出间谍到澜沧、孟连一带测绘地图,盗验银矿,为入侵阿佤山作准备。1934年,英军进兵班洪,攻打班老寨子,企图凭武力掠夺这一地区的金、银矿产。当地的佤族同胞在爱国头人的率领下英勇抗击侵略军。景谷、澜沧、耿马、双江等地的拉祜族、佤族、汉族群众,在爱国人士的领导下组成了1200多人的"西南民众义勇军"开赴佤山进行抗英斗争,使英军受到了重创,并收复了班老、垭口、南大、户算、炉房等失地,迫使英军退回缅甸。1936年中英第二次会勘滇缅南段未定界会议在西盟勐梭召开。英方耀武扬威,中方勘界委员会软弱无能。勘界那天,在爱国绅士和民族头人的倡议组织下,15000余佤、拉祜、傣、傈僳、汉等民族群众云集勐梭,示威抗议,使英国殖民者企图侵占阿佤山的阴谋再次宣告破产。

1942年,侵缅日军进犯中英(缅甸)未界定之阿佤山滚弄江一代,并出动飞机连续对孟连、澜沧、思茅等地进行轰炸,伺机进犯阿佤山。具有反帝爱国传统的佤、拉祜、傣、布朗、哈尼、彝、汉等民族,在开明绅士罗正明等的率领下,成立了阿佤山抗日自卫总队,多次袭击日军据点,连续收复了班洪、十七王地及所属部落之大片国土,迫使日本侵略军从南卡江、滚弄江一线退入缅甸腹地。

普洱各民族的反帝反封建斗争促进了民族的大联合、大团结。无论是反对封建专制、剥削的斗争,还是反帝国主义侵略的斗争,都是各民族的联合斗争。特别是班洪抗英斗争和佤山抗日中,有佤族、回族、景颇族、傈僳族、汉族等十多个民族,具有广泛的民族性。普洱各族群众和民族上层人士,在外敌入侵,民族危亡的紧要关头,能够摒弃长期存在的械斗、血仇造成的隔阂和戒备,同仇敌忾,团结御侮,同生死,共命运,为保卫边疆,为捍卫国家尊严而献身,谱写了一曲民族团结、英勇对敌的伟大壮歌。普洱各族人民的反帝斗争表现出高昂的爱国主义精神。在班洪抗英斗争中,佤族17位部落首领发表的《告祖国同胞书》表达了佤族人民对祖国母亲的无限深情和对英帝国主义殖民者不共戴天的刻骨仇恨,表达了佤族人民抗英到底,宁死不屈的爱国主义精神和英雄气概。组织起来的佤族人民,发出了"宁血流成河,断不作英帝之奴隶,即剩一枪一弩一银一妇一孺,头颅可断","此志此情坚持到底"的誓言,与英帝国殖民者展开英勇斗争,有44位佤族英雄儿女为保卫祖国边疆献出了宝贵的生命。

四 普洱民族团结历史见证:普洱民族团结誓词碑

1951年元旦,对普洱各族人民来讲是一个不寻常的日子。这一天不仅是新的一年的开始,更重要的是,在这一天,普洱各民族的代表代表各族同胞以"会盟立誓,刻石铭碑"的形式建立"民族团结誓词碑"。碑文写道:"我们二十六种民族的代表,代表全普洱区各族同胞,慎重地于此举行了剽牛,喝了咒水,从此我们一心一德,团结到底,在中国共产党的领导下,誓为建设平等、自由、幸福的大家庭而奋斗!此誓"。誓词下面是参与"盟誓"的48位各族代表用汉文、傣文、拉祜文等文字刻下的各自签名。

这种"会盟立誓,刻石铭碑"是普洱各民族在长期历史发展中形成的平等、和谐、团结、共生的民族关系的继承与发展,反映了普洱各民族同源共祖意识和亲如一家的价值追求;反映了普洱各族人民对中国共产党的领导和新中国的信任拥护;表达了普洱各族人民"一心一德,团结到底""为建设平等、自由、幸福的大家庭而奋斗"的坚强决心、坚定信念和庄严承诺。

普洱"民族团结誓词碑"因表达了普洱边疆各族人民热爱祖国,热爱党，一心一德，团结到底跟党走的鲜明时代主题和民族意愿，见证了新中国民族团结进步事业发展和社会主义新型民族关系的开始，因而被誉为"新中国民族团结第一碑"。

"民族团结誓词碑"建立以来，铭刻在誓词碑上的誓词，成为镌刻在人们的心碑上的不朽誓言，成为边疆各族人民对党和国家忠诚的情感依托各民族团结一心的信念支持。在中国共产党的领导下，普洱各族人民始终践行铮铮誓言，用实际行动维护边疆的团结稳定。"民族团结誓词碑"是普洱各族人民团结奋斗的历史见证。

第二节 普洱民族和谐团结思想的主要内容

普洱各民族之间平等、和谐、团结、共生的民族关系，是建立在普洱各民族共同思想意识和价值追求之上的。这些共同思想意识和价值追求，包括各民族同源同宗不可分割的兄弟意识、"和为贵"的思想意识、团结互助的群体意识等。

一 各民族同源同宗、不离不弃的兄弟意识

普洱各民族在长期相互交往的过程中，自发产生了朴素的各民族同源同宗、不离不弃的兄弟意识。这在各民族的人类起源神话传说中都有反映。

傣族民族起源神话认为，英叭神给了布桑该、雅桑该一个葫芦，里面盛满了各种生命的种子，他俩把葫芦带到大地，洒向天空、大地山野和海洋。于是有了世上的万物和各民族。

彝族民族起源神话认为，天神格滋因人心不好，要换人种，使洪水泛滥，人间只剩下兄妹二人。为了延续人类，兄妹二人通过滚磨，滚筛子与簸箕，雄鸟与雌鸟飞在一起，公树与母树拢在一起等婚占方式，结为夫妻，生出怪葫芦，从葫芦里走出了汉族、傣族、彝族、傈僳族、藏族、白族、回族。

哈尼族的《兄妹传人种》的传说认为，天神为了换人种使洪水泛滥，莫佐佐龙、莫佐佐梭兄妹因躲进葫芦得以生存，后来通过滚磨的婚占方

式结为夫妻,生下许多孩子。大哥哈尼族是从腹部生出来的,常住森林边;二哥彝族是从腰部生出来的,常住半山腰;三哥汉族是从手指上生出来的,常住平坝;四哥傣族是从脚板上生出来的,常住河坝;五哥瑶族是从耳背上生出来的,因此常住在森林里。

西盟佤族"司岗里"神话说,人类是从"司岗里"出来的,最先出来的是佤族,依次是拉祜族、傣族、汉族及其他民族。在佤族史诗"司岗里"结束时,为了提醒后人不要忘记各民族同源同宗、互为兄弟,便唱道:"阿爹的话要拴牢在炕笆上,阿妈的话要拴牢在顶棚上。不管人们有不同的姓,也不管人们的肤色不同。我们都是同一张船上的人,不管你是汉族、傣族、拉祜族,原来都是一蓬竹子,都是从'司岗里'出来的。"① 刘允褆、陈学明整理的佤族民间神话史诗《葫芦的传说》说道:佤族、景颇、傣族、汉族、拉祜族等"兄弟们从葫芦里出来,生活一起多亲热,一片谷子大家种,一只花豹大家捉。兄弟们从西岗山出来,生活在一起多欢乐,一堆甜荞大家吃,一道山泉大家喝。兄弟们在大地上成长,生活在一起多快活,跳的是一样的舞,唱的是一样的歌。大家用同一种语言,说话的声音像唱歌,大家用同一种文字,美丽的文字赛花朵。心像草排一样齐,心像泉水一样清,心像月亮一样亮,心像太阳一样热"。后来由于"人类众多",为了生存,各民族不得不分开。但他们盼望大团圆,坚信"总有一天来相会"。因为,各民族是亲兄弟,骨肉相连,不可分割。"各民族虽然分开了,他们的心贴着心,各民族虽然离别了,他们是亲骨肉。同在蓝天下生活,同在大地上生活,总有一天来相会,一蓬竹子难分割。同在太阳下生活,同在月亮下生活,总有一天来相见,亲亲兄弟难离舍。"②

拉祜族神话史诗《牡帕密帕》说道,人类是从葫芦里出来的,在葫芦里长大。各民族都是人类始祖扎笛、娜笛的后代。扎笛、娜笛兄妹成婚后,生了九对孩子。九对孩子长大后,每队孩子又生了九百个孩子。

---

① 云南省民族事务委员会编:《佤族文化大观》,云南民族出版社1999年版,第161—162页。

② 刘允褆、陈学明:《葫芦的传说》,云南民族出版社1980年版,第39—44页。

"九百人站成九行,九行分成九种民族。""民族分出来了,厄莎分住处。鸭子领着傣族到水边,傣族就在水边住。喜鹊领着汉族走到半山腰,汉族就在山腰住。佤族跟着白鹇走,大山头上佤族住。拉祜跟着骆驼鸟走,山梁子山拉祜住。人人喜喜欢欢,像兄弟姐妹一样,不分什么界限。"[①]

难能可贵的是,在佤族、拉祜族、哈尼族、彝族等民族起源神话中,不仅阐明了各民族是同源同宗不可分割的亲兄弟,而且还告知人们要世世代代永远记住"我们都是同根生,我们都是一家人",永远要"像兄弟姐妹一样,不分什么界限"。正如佤族神话史诗所吟唱的那样:"我们的树尖,我们的树叶,我们的祖宗,我们的先辈,他们这样说。"[②] "我们从葫芦出来时,吃着野菜和树皮;我们从山洞出来时,吃着兽肉来生存。我们的祖先和祖辈,讲述葫芦的故事;我们的爸爸和妈妈,讲述司岗的传说。不论佤族拉祜族,我们都从葫芦来;不论傣族和汉族,我们都从司岗来。我们从葫芦出来时,我们都是一群人;我们都是同根生,我们都是一家人。"[③] 这反映了各民族共同的民族认同情结,体现的是一种血脉相连的亲缘关系。虽然不同民族的社会发展程度不同,语言不同,生活习俗不同、宗教信仰不同,但"我们都是同根生,我们都是一家人",都是"葫芦""司岗"共同孕育生成的同胞兄弟姐妹。普洱各民族中存在的同源共宗、互为弟兄的意识,使各民族之间具有天然的亲切感、平等感、认同感。这种意识和心理愿望流淌在各民族的血液中,成为普洱各民族友好团结、和平共处的心理基础和精神纽带,对普洱各民族友好团结具有重要的意义。

二 "和为贵"的思想意识

普洱各民族都是崇尚和谐的民族。在漫长的历史发展过程中,普洱各民族以自己特有的本性培育着民族和谐之基,以宽容的态度接纳、丰富着和谐之体,形成了"和为贵"的思想意识和处事原则。

---

① 刘辉豪:《牡帕密帕》,云南人民出版社1979年版,第43—45页。
② 云南省民族事务委员会编:《佤族文化大纲》,云南民族出版社1999年版,第160页。
③ 袁娥:《佤族文化中的国家认同实证考量》,《云南民族大学学报》(哲学社会科学版)2011年第2期。

傣族被称为"水的民族",性格温顺,热爱和平,向往人与人之间、村寨之间、民族之间的友好团结。"傣族群众普遍都具有谦虚和蔼,不争斗、不暴怒,乐于忍让的特点。"他们认为"忍让能消除彼此之间的冤仇,能有好的关系。"因此,傣族在生活中,不论是外人还是自己的亲人都以礼相待。他们特别反对动乱与战争,期盼社会和平安宁,认为"两象相斗小草遭殃,两勐相争百姓遭难"。

彝族人主张忍让,不轻易和别人争强斗狠,认为忍让能化仇恨为友谊,流行的处世格言是:"朋友百人还嫌少,仇人一个也算多""和和气气过日子,友爱道理是良言""一片树林种类多,一个寨子姓氏多,左左右右是邻居,前前后后是乡亲"。因此,彝族人能与别人建立和睦友好的关系。不同的姓氏,不同的村寨,不同的民族,在彝族看来都是邻居,都是乡亲,应该保持一种宽容大度,心平气和的态度处理好各种关系,构建祥和的社会生活。

哈尼族是一个和平友善的民族,他们与人相处讲究尊重、谦让,追求平等、和睦、友好关系。如果发生了争执,主张以退让保持和气,哪怕让出自己的家园也在所不惜。《哈尼阿培聪坡坡》唱道:"我们还是搬吧,离开阿撮居住的地方;和和气气地来和和气气地走,不要把眯细的眼睛变成睁大的眼睛!喜喜欢欢地来喜喜欢欢地去,不要用抬酒的手去抬弓箭棍棒。"

布朗族人认为人的心胸就像爬高山一样,爬得越高看得越远,心胸越宽广越容得下别人,也就越能赢得别人的尊敬和支持。他们襟怀坦荡,与其他民族相处,总是保持谦虚和气,富于忍让,宁肯自己多吃亏,也要把方便让给别人。在与人交往中,讲求平等和友谊。他们厌恶那种争强斗狠、蛮横不讲理的人;厌恶那些心术不正、斤斤计较的人。

拉祜族是一个爱好和平、渴望安宁的民族。拉祜族在处理人与人之间、村寨之间、民族之间的关系中,坚持"和为贵"的处世原则,讲究宽容、忍耐、谦和。拉祜族人"在语言上重视谦和,不高声嚷嚷,不粗言粗语,不说过火的话,不说尖刻伤感情的话,看到对方行为粗俗就主动让开",尽量避免发生不愉快和冲突。如澜沧糯福乡南段老寨的祖训就是:"遇到争执要以礼让人,不要争;遇到自己不对的地方,要道歉;遇到别人不对的地方，要宽宏大量；在处理问题时，要息事宁人，不要让矛盾激化。"这些祖训使南段的拉祜族人"有礼貌，不说伤感情的话；有了矛盾，不让矛盾激化，心平气和地讲理，实在讲不通的请卡些解决；遇到蛮横不讲理的人主动让开，不跟其计较"①。

拉祜族"和为贵"的价值取向和处世原则，不仅体现在日常生活中，甚至体现在传统节日中，通过传统节日强化这种传统思想观念。"扩塔节"是拉祜族最隆重的传统节日，既是辞旧迎新的标志，也是家庭之间、村寨之间、各民族之间大团结的象征。在"扩塔节"的各种象征物中，"罗波结"和"罗波尾"代表着拉祜族追求和平、安宁的价值取向。"罗波尾"的意思是"莲花"，但其形状不像莲花，倒酷似远眺中的莲叶，呈圆形，用白色土纸剪成。"莲花"用小竹条夹住，插于小竹竿上，称"罗波结"。拉祜族把"莲花"视为"平等、和谐、公道"的标志。因此"'罗波结'和'罗波尾'的意思就是'和平之树'与'和平之花'，是和平、安宁的标志与象征，同时象征判明是非、为人处世的准则，它还包括人们对待伦理道德、生产生活、恋爱、婚姻家庭、生死等等中所遇到的各种矛盾和冲突时应遵循的思想行为准则，即凡行事要尽量周全，使各种矛盾得到缓解或圆满解决"②的理想追求。

"和为贵"是普洱各民族普遍追求的为人处世的一种价值取向。这种价值取向不仅使人与人之间、邻里之间、村寨之间能够和睦相处，而且使不同民族之间也能够和睦相处、和谐共生，在维系平等、团结、互助、和谐的民族关系和多元民族文化的共生共存上起到了积极作用。

三　团结互助的群体意识

在生产力较为低下的历史条件下，面对复杂多样的相对恶劣的生存环境，群体是生存的前提和保障。个体如果脱离了群体，单靠个人的力量是难以生存下来的，只有依靠群体的力量才能把环境中的不利因素转化为有利因素，有效地获取生存资料。普洱各民族在长期的历史发展中，

---

① 高发元主编：《拉祜族—澜沧糯福乡南段老寨》，云南大学出版社2001年版，第73页。
② 王正华、和少英：《拉祜族文化史》，云南民族出版社1999年版，第248—249页。

在复杂多样的生存环境中,形成了浓厚的团结互助的群体意识。

拉祜族重群体,轻个体,依靠集体力量维持生存的群体意识十分浓厚。他们知道"一只蜜蜂酿不了蜜,一粒米煮不成稀饭",懂得需要依靠集体的力量与合作才能生存,因而,他们重视邻里关系的和谐,有相互依存、互帮互助、集体协作的传统习俗,建立了相亲相助的邻里关系。这主要表现在"经济生活上的互补性,如生产活动群体进行,开垦一片土地,群体动作,连片种植,分户管理,收成归自己,农忙时节,互助支援,建盖房屋不计报酬;日常生活中重视互救性,在寨人或邻近族人中重视相互照应,一人有灾,群体帮助,一户闹饥荒可到别家就食;经济生产上讲究群体的勤劳性",人人都要尽力劳作,反对好吃懒做。

彝族具有团结互助的群体意识,彝族谚语说:"一堵篱笆三个桩,一个好汉三个帮""三人一条心,黄土变成金"。在彝族村寨,一家有难,八方支援,众人解囊相救,不袖手旁观,即使平时有冤仇的人也会因某方遭难,在相互支援中化仇为友。凡是要集资办公益事业的时候,大家都乐意捐献行善好施。

哈尼族认为"独木不成林,一针不成衣""大树要靠大家砍,难事要靠大家做""家家门前有滑石板,一户有灾大家帮助"。不论办喜事、办丧事还是建盖房屋,人们不请自至,都要出力支援。哈尼族的群体凝聚力极强,形成了抵御各种自然灾害的力量。

傣族认为能施舍救助他人是件荣耀的事。在粮荒时节,不少外族人到傣家借粮,总不让人家空手而归,乐于助人,一家有难,大家相助,一人有事全村帮忙。

佤族具有浓厚的团结互助的群体意识。佤族认为,个人的力量是弱小的,是难于战胜困难和适应生存发展的。佤族谚语说:"一棵竹子不成蓬,一人做事难成功。""一根竹子编不成一块篱笆,一根木椽撑不起一幢竹楼。""一根木椽撑不起一幢竹楼,独亲单个成不了寨子。""一根木柴烧不开一锅冷水,独个英雄打不赢一场战争。"因此,只有集体的力量和团结互助才是强大,正如"一块块石头堆砌起墙,一股股小溪汇拢成河。"因此,需要靠集体的力量和众人的团结互助才能战胜困难,才能更好地生存和发展。所以,佤族有着"砍树要靠大家砍,难事要靠大家做"

"一个锅架三只脚,一家有难全寨帮"的价值追求。这种价值追求突出地表现在西盟佤族《拉木鼓歌》中,歌词唱道:"独树不成林,独木难盖房,独户不成寨,独绳难拉鼓。只要多系几股绳,木鼓再大也牢靠,只要万众一心齐,团结起来力量大。多一棵树就多一个荫,多一根木就多一棵梁,多一个人就多一个伴,多一根绳就多一分力量。山坡再陡不怕难,一步一步脚下踩,道路再长不怕远,一步一步向前跨。一棵柴烧不旺火塘,一个人抬不起大梁,一根线织不成棉毯,一根草盖不起住房。众人拾柴火才旺,万众一心力量强,团结友爱阿佤理,一代一代永相传。"① 拉木鼓既是佤族的一项群众性宗教祭祀活动,也是一项由全寨人参与的集体性劳动,体现了佤族强烈的集体意识和团结友爱的品质。

布朗族人直爽,富有同情心,一家有灾难,众人都会伸出援助之手,绝不袖手旁观。

普洱民族团结互助不仅表现在本寨户与户之间、本民族之间的团结互助,而且表现在不同民族之间的团结互助。特别面临重要选择的历史关头,这种民族之间团结互助表现得更为明显。这无论是在普洱各民族反抗清王朝统治的斗争中,还是在反对英国殖民侵略和佤山抗日中均有突出的表现。

---

① 郭思九、尚忠豪:《佤族文学简史》,云南民族出版社 1999 年版,第 122—123 页。

第十二章

普洱传统生态文化

生态文化是一个民族对生活于其中的自然环境的适应体系，是指各民族在适应生存环境过程中所创造的保护生态环境、合理利用自然资源的知识、技能、观念和社会制度。① 包括所有人与自然环境发生互动关系的内容。普洱各民族的生态文化是普洱传统文化的重要组成部分。

第一节 适应生存环境的生态文化

自然是人类生命之源，人类是自然界长期进化的产物。自然界为人类提供了生存和发展的自然前提，是人类安身立命的根基，是人类生命绵延不断、代代相传的必要条件。人类在生存和发展中，都面临着如何处理人与自然关系的问题。各民族适应、利用和改造所赖于生存的自然环境过程中都有自己的生存智慧。普洱各民族在适应生活于其中的自然环境中形成了处理人与自然关系的生态智慧。这种生态智慧集中体现在普洱各民族的生产、饮食、居住、服饰、宗教习俗、文学、艺术等方方面面。

一 生产中的生态文化
（一）适应地形气候特点的农业种植格局
普洱各民族为适应复杂的地形和气候特点，在漫长的生产中形成了

---

① 赵世林：《云南各民族化传承论纲》，云南民族出版社2002年版，第228页。

不尽相同的农业耕作方式。居住在坝区的傣族，利用河流纵横、沟渠密布的条件，主要从事坝区稻作农业生产，形成了适合当地自然环境的传统农业生态系统。居住在半山区的哈尼族、彝族等民族利用地貌、气候、植被立体分布的特点，不同程度地经营梯田稻作农业。哈尼族充分利用"山有多高，水有多高"这一有利条件，每于水源高处，开沟为渠，供田园灌溉。居住在山区的佤族、拉祜族、苗族等民族，主要从事旱稻种植和旱地经营。

顺应不同森林植被生态循环的土地轮歇耕作制度。普洱各民族利用普洱气候湿润，树木植被容易恢复生长的特点，实行土地轮歇制度。土地轮歇，一般选择离村寨较远的以生长灌木林为主的土地分为若干片，每片土地种植后又放荒，让其自然恢复生态。休闲期的土地经过几年的自然生态恢复，基本相似于自然林，既保持水土，又自然复原土地肥力，使山地民族顺应不同森林植被的生态状态，统筹处理人与森林的关系，始终保持着较好的生态环境，体现人与自然的和谐。

（二）顺应物候变化的农事安排

普洱各民族在长期的生产实践活动中，以某种候鸟、昆虫、蛙类的啼鸣声，草木发芽、花开花落等来判断季节的更替，按自然天象物候的不同变化来安排各种农事活动。最有代表性的是拉祜族《过年调》。《过年调》[①] 唱道："拉祜人有年月，是因为竹子有节，拉祜人播种有节令，是因为花开花落有季节。"最初，"拉祜人不知耕作，拉祜人不知节令"。受竹节和花开花落的启发，拉祜人"认得了季节""认得了耕作""认得了劳动""认得了生活"。这就是：

> 正月要春耕，
> 男男女女齐上山，
> 犁地又犁田，
> 赶快把地挖。

---

① 娜朵主编：《拉祜族民间文学集》，云南人民出版社1996年版，第436—436页。

二月布谷叫，
是撒种的好时光，
旱地撒旱谷，
地边种豆瓜。

三月盖窝棚，
割来茅草盖，
找来藤子拴，
不怕风吹和日晒。

四月青草发，
谷子正出芽，
谷地去薅草，
眼睛仔细看，
不能碰着谷芽。

五月栽秧时，
秧苗种田中，
一排齐刷刷，
一排绿油油。

六月谷花开，
女人地边守小雀，
男人牵牛来犁地，
来年才好来耕作。

七月秋天到，
天气变化快，
有时天下雨，
有时天气晴。

谷穗低着头,
随风轻轻摇,
几阵风过后,
有的谷穗变黄了。

八月是中秋,
月儿高高挂空中,
瓜瓜果果都成熟,
献日月与天地,
还要孝敬父母。

九月天是黄土天,
谷子已成熟,
天上下着土黄雨,
拉祜人正割谷。

十月打谷子,
从早打到晚,
男男女女去谷地,
拉祜人收割忙。

冬月会下霜,
樱桃花开满山,
拉祜人穿新衣裳,
寨子人对歌忙。

腊月过后是一年,
谷子收得多,
米酒粑粑是年货,

响起芦笙唱起歌。

拉祜族另一首《季节歌》是从本年八月十五中秋节后选好耕地一直唱到次年八月谷子黄、新谷收，唱出了拉祜族一年的农事情况和所积累的生产经验。如选好耕地、犁田犁地、下地播种、除草间苗、谷黄收割等。① 镇沅苦聪人《栽秧歌》唱道："阿戈些花（李子花）的时候，是撒谷种的季节，刺苞菜发棵的时候，就该栽秧了，梨树花开的时候，是种苞谷的季节；大红菌出土的时候，就该犁冬荞地了，麻普薇（白山茶）开花的时候，是种苦荞的季节；阿里么迪（鸟类）叫的时候，雨水就落地了。"② 哈尼族认为，三月山野中各种动物叫、草木发芽，即可撒秧备耕。四月攀枝花开，长尾斑鸠叫唤，金丝竹、野苦笋破土发芽，即可栽秧。五六月阳光灼热，倾盆雨水，各种草虫鸣唱，即可薅草锄地，以防杂草蚕食庄稼。七八月"担荣""奥玛"蝉虫叫鸣，山野果子成熟，稻谷冲浆饱满渐黄，即进入忙碌的秋收时节。九十月"鸟努"树开花，锥栗果成熟，可以打埂犁田，哈尼族的"嘎通通"十月年即见眼前。二月草木复苏，燕子回到寨子，一年农耕活动起始的"昂玛突"祭寨神活动将进行。③

（三）对土地资源的综合利用

1. 精耕细作

普洱农耕民族注重农业种植中的精耕细作。所谓精耕细作不单纯指土地耕作，它包含培育优良品种、适时种植、灌溉控制、中耕管理、合理施肥、改良土壤及因时因地制宜的综合体系。如哈尼族每当秋收完结，随即翻犁谷茬田，做到谷倒田翻身，铲光埂壁杂草，蓄水养息，谓之"冬水田"，以备春耕。春耕时，梯田一般都要三犁三耙，民间有"三犁三耙才下种，田平泥化才插秧"的谚语。栽秧结束后，接下来是中耕薅

---

① 娜朵主编：《拉祜族民间文学集》，云南人民出版社1996年版，第406—408页。
② 云南省民族事务委员会编：《拉祜族文化大观》，云南民族出版社1999年版，第154页。
③ 李克忠：《源自传统的生态观——哈尼族传统文化中的生态理念与生态保护》，载刘顺才、赵德文《第五届国际哈尼/阿卡文化学术讨论会论文集》，云南民族出版社2007年版，第28页。

锄，田间管理，直到稻谷成熟收割。①

2. 稻田养鱼

因居住山区缺乏水面可养鱼，哈尼族人喜欢在稻田里养鱼。在插秧季节根据田块大小投放不同数量的鲫、鲤等鱼苗，鱼儿伴随稻秧成长，吞食着田水中的微生物和小虫，到五六月稻谷扬花抽穗时节，也正是鱼儿催肥长肉之时，富有营养的稻谷花粉正好供鱼儿啜食，到稻谷收获时节，也是正好捕捞鱼的时节，实现水稻、水产双丰收。哈尼族诗歌《塔婆和木耶》写道："塔婆栽秧多愉快，木耶栽秧多自由。水波起处鱼儿多，鱼跃水口戏波流；花鱼挺鳍翻波浪，黄鱼挺鳍自在游。"②

3. 间种、套种

普洱各民族在农业种植中，在同一块地上，利用作物茎秆的高矮差、生长发育的时间差、吸收养分以及光照条件的需求差等间种、套种不同作物，发挥土肥、水、光热等因素增产作用来获得更多的丰收。习惯在田边地头种各种果树。在夏季的玉米地里间种、套种豆类、红薯、洋芋、南瓜、黄瓜等作物。在冬季蚕豆地、豌豆地里套种萝卜、青菜、白菜等作物。这样既能获得粮食的收获，又能获得蔬菜、瓜果的收获。

二 传统饮食中的生态文化现象

（一）绿色生态食材

俗话说：一方水土养一方人。普洱气候温暖湿润，雨量充沛，河流众多，山高林茂的生态环境为各种植物创造了良好的生长条件。普洱有着丰富的绿色无污染的野生植物蔬菜，不同的季节都有不同的野生植物可以作为蔬菜供人们食用。因此，普洱民间有"凡绿就是菜，凡花即可食"的说法。普洱各民族传统采食的野生蔬菜分属62科170种。③ 最常见的野菜如竹笋、小芹菜、刺包头、鱼腥草、车前草、蕨菜、甜菜、鸡

---

① 王尔松：《哈尼族梯田与水文化》，载李期博《第四届国际哈尼/阿卡文化学术讨论会论文集》，云南民族出版社2005年版，第5页。

② 黄俊勇、赵德文、刘顺才：《墨江哈尼文化概论》，云南人民出版社2014年版，第143页。

③ 何棠：《普洱市野生蔬菜植物资源》，《中国林副产品》2009年第3期。

爪菜、四叶菜、树头菜、苦菜、野山药、百合、玉花菜、臭菜、灰条菜、细牙菜等。这为普洱各民族提供了安全的、品种丰富多样、口感良好和使用多样的生态食材。普洱的花卉食材相当丰富，食用鲜花种类超过90种，包括大白花杜鹃、白花羊蹄甲、火烧花、芭蕉花、棕榈花、木棉花、马鹿华、棠梨花、刺通花等。有许多可食用的野生果子，如橄榄、杨梅、锥栗果、多依果、无花果、刺泡果等。普洱野生食用菌资源十分丰富，野生食用菌类38科67属155种（含变种、变型）[1]。普洱食用昆虫资源种类较多，达到152种，隶属12目49科[2]，最常见的如蜂蛹、竹虫、爬爬虫、酸蚂蚁、知了、蝗虫、九香虫等。

（二）食药同源

普洱有许多可食用的野菜、花卉、果实，既是能满足人们味蕾的生态食材，也是具有增强体质、预防疾病、延年益寿的药材，集食用与药用、食补和药补、食疗与药疗为一体，具有药食同源、药食同根的特点。许多花既可以作为蔬菜食用，也是具有保健功能的食疗花卉。据调查，仅拉祜族的食疗花卉就达到53种。分别属于28科，包括姜科、蛇菰科、木棉科、十字花科、马钱科、山茶科、苋科、菊科、芸香科、唇形科、马鞭草科、天南星科、雨花科、伞形科、山龙眼科、锦葵科、葫芦科、紫葳科、芭蕉科、仙人掌科、蓼科、蔷薇科、桃金娘科、杜鹃花科、蝶形花科、棕榈科、荨麻科和千屈菜科等[3]。据调查统计，在端午期间，普洱常见出售的药食两用的植物有40余种。

（三）有节制的消费观念

普洱各民族在采集过程中，具有浓厚的可持续发展理念，如采摘野菜、果实时，有意识地留下一些作为种子；挖掘植物根块，把芽苞部分留下，并用土掩盖起来；采食蜂蜜，要留下一些蜂蜜供蜜蜂生存，特别是蜂蛹较多的地方要留下，以便蜜蜂更好地繁殖。普洱各民族朴素的可

---

[1] 于富强、刘培贵：《云南省普洱地区野生食药用菌及其持续利用》，《菌物研究》2013年第1期。
[2] 李孙洋：《云南省普洱市民族食用昆虫资源初报》，《西南农业学报》2011年第3期。
[3] 刘怡涛、龙春林：《拉祜族食疗花卉的研究》，《植物资源与环境学报》2005年第4期。

持续性消费意识,使得普洱的采集千百年来得以延续。

普洱各民族在早期狩猎过程中,避免过多地捕杀猎物,或捕获物因没有保鲜措施变质腐烂,造成生物资源的浪费,同时又不因一时没有狩猎成果出现个别群体的生存危机,普遍遵循"见者有份"的平均分配原则。平均分配方式适应了寻食生计不需要大量占有财物的平等互助,在生产成果不确定的条件下,有限的猎物分享,具有互通有无、相互接济、共渡难关、求得生存的社会功能。同时也具有预防过度捕猎的功能。因为在寻食生计中,人们处于不断迁徙的状态,没有储存条件,也不可能在迁徙过程中携带过多的物品,人们一旦获得能维持当下所需的食物,就会停止捕杀。同时禁止捕杀幼崽或怀有胎儿的母兽,如误射杀怀有胎儿的母兽,要举行一定的仪式进行禳解。

三 村落建筑中的生态文化现象

择山水而居是普洱各民族的传统。在普洱各民族中,几乎所有的民族都会在自己居住的附近选一片葱绿茂密的山林作为风水林,或水源林,有的甚至作为神山神林顶礼膜拜,严禁任何人砍伐和破坏。

哈尼族村寨多数建在半山腰,寨边有清泉,寨后有密林,追求的是人与自然和谐。哈尼族古歌唱道:"瞧寨头的山坡上,有没有十分密的神林,神树像不像筷子一样直,神树像不像牛腰一样壮。""瞧寨子的山坡上,有没有姑娘眼睛一样的龙潭水,滑亮的石头底下,是压着泉眼的地方。""瞧寨子的坡脚,有没有高大的万年青树,人活人要有伴,人伴是寨房,寨活寨要有伴,寨伴是万年青树。"[①] 哈尼族爱尼人寨子旁都有清泉,周围都有茂林修竹,环境清幽,空气新鲜,每个寨子都有一片供竜神的竜林。

彝族村寨多选择在地势险要的高山斜坡上,村寨旁大都有一片茂密的森林。彝族阿列人每寨都要在寨边培植一片竜林,在竜林内选一棵大树作为竜神树。

---

① 黄俊勇、赵德文、刘顺才:《墨江哈尼文化概论》,云南人民出版社2014年版,第106页。

拉祜族村落大都分布在莽莽林海深处。据史书记载，拉祜族先民"居深箐，择丛蔽日处，结茅而居"。现在拉祜族地区，差不多每一个村寨周围都有一片茂密的森林，并在其中确定一至两棵高大笔直的树为"树神"。

傣族虽然居住在河谷平坝地区，但选取村寨居址时除考虑可以开垦的良田平坝外，山林、河水也是要考虑的条件。傣族寨子周围修竹成林，古木参天，幽静迷人，森林保存完好。树林与傣族的干栏是建筑、庭院、园圃、水田融为一体，构成了傣族特殊而美丽的风景线。

四 服饰中的生态文化现象

普洱各民族的服饰，承载着丰富的文化信息。普洱各民族的服饰与各民族生存环境相适应，体现了顺应自然、利用自然，与大自然和谐相处的文化特征。

历史上，普洱各民族的服饰以棉、麻、毛、兽皮等保暖性能好的材质为主，如居住在景东县的彝族，无论男女都喜欢披一件"擦耳瓦"——羊毛披毡。披毡形似斗篷，羊毛织成，长至膝盖之下，下端缀有毛穗子。

佤族的服饰以黑色为基调，以自制土布为衣裤布料，其间喜欢以鲜艳的红色作为搭配。西盟山佤族妇女，喜留长发披肩，头戴发箍，耳坠耳垂，上穿无领短小坎肩，腹部裸露在外，佩戴有数个藤篾腰箍，胸前挂着数十串自制的天然果珠或料珠；手臂戴着银镯，下穿开口条纹花短裙，小腿常套很多个漆过的藤篾圈或裹一块护腿布。搭配自然得体，体现了既适应阿瓦山炎热的亚热带气候，又充分利用自然物的服饰特点。[①]

居住在高寒山区的拉祜族，喜欢穿比较厚实的服装。妇女裹一丈多长的黑布包头。身穿开衩很高的长袍，高领及岔口两边和衣领周围有色彩几何图案。居住在热带、亚热带地区的拉祜族妇女普遍喜欢穿长筒裙。筒裙一般用黑布，也有用红花布做的，筒裙下端镶有两道红、蓝、白、黄条纹。

---

① 云南省民族事务委员会编：《佤族文化大观》，云南民族出版社1999年版，第79页。

居住在河谷平坝的傣族妇女服饰轻盈明快，四季变化细微，男子身着宽大裤筒，不仅通风凉爽，也容易把两只裤脚向上提取，下水极为方便。居住在山地中的傣族妇女服饰，上衣分内外多层，从内到外多件重叠，布料也厚，层次更加分明，厚重华贵。

普洱各民族的服饰往往刺绣日月星辰、各种花卉、虫鸟形象，体现了对自然的敬畏和热爱。在彝族服饰中最常见的刺绣图案是八角花。八角花的刺绣图案以八个角的连续、组合、变化来象征天、地、雷、风、水、火、山、泽八种自然现象。哈尼族的妇女服饰中，常用红、白、黄、蓝色线绣有太阳花、月亮花、葵花、南瓜花、狗牙花、青松、万年青花、锥栗树、葫芦、芝麻等各种植物、花卉几何图案。拉祜族衣襟镶边上有犬牙交错的花纹，表示狗在人们生活中的重要作用。傣族的挎包有珍禽异兽、树木花卉等图案，表达傣族人民对美好生活的向往和追求。

五　婚恋习俗中的生态文化现象

生活在青山绿水的生态环境中的普洱各民族，花草树木往往成为一桩桩青年男女婚恋的见证，象征着真挚美好的爱情。在普洱各民族的婚恋习俗中，常常会出现树叶、鲜花、果子、甚至是包括有些动物在内的生态文化现象。在情歌中，佤族男的唱道："阿妹呀，假如我们各在一方，我希望变成一只眼力明锐的老鹰，目送你走到远方，假如我俩相距千里，我希望变成一道彩虹，为你在天上搭一座美丽的长桥。"女的回唱道："阿哥呀，假如我们各在一方，我希望变成一只徘徊在房头上的燕子，展翅飞到你的身旁；假如我俩相隔千里，我希望变做恋花的蝴蝶，飞到你美丽的花朵上。"孟连佤族的情歌《快和阿哥合拢来》唱道："春天百花开，花开随人来，阿妹哟！你像盛开的百花惹人爱。"拉祜族情歌唱道："美丽的鲜花开满山，我想摘的只有一朵。蜜甜的甘蔗连成片，我想吃的只有一棵。锅搓姑娘寨寨有，我爱的姑娘只有一个。"拉祜族《追峰子》以追蜂为线索，歌颂追蜂的劳动，叙述追蜂的艰辛，表达了一对情人对未来幸福生活的向往和追求。在《追峰子》一开始女方就向她的意中人提出追蜂找蜜的要求："聪明精悍的阿哥啊，美好春光来山箐，麂子走出窝，小鸟飞出林，约你一同把路上，找蜂追蜂行不行？挖蜜割蜡定福分，密林深处好谈心。"正是在满怀春天情怀的姑娘的邀约下，一对情人走进深山密林，相互唱和，倾吐衷肠，追求幸福爱情生活。

在布朗族青年中，用树叶向意中人表达爱慕之情。树叶种类和摆置式样不同，都有着不同的特殊涵意。在意中人去生产劳动的途中放了竹叶，表示"我等着你"；如放着红毛树叶就表示"我两相爱永不变心、永不分离"；若放着松树叶，则表示"我不断回头看你"，放着扫把叶表示"我走得慢，边走边等你"，等等。

普洱很多民族婚礼盛行搭青棚和抛洒松毛的习俗。青棚是用树枝绿叶在新郎新娘家的院子临时搭建的简易棚子供接待客人用。在新郎新娘家出入路上撒上鲜香的松毛。新鲜的树枝绿叶给人带来芳香，给婚礼增添了新意。

哈尼族卡多、布都支系有橄榄迎亲的习俗。当娶亲人进入女方的竜巴门时，女方要组织年轻人用橄榄抛打迎亲人。男方家要在娶亲人启程后立即用篾笆和万年青树叶搭起棚子，并组织年轻人准备好橄榄等在竜巴门外，到娶亲人进入竜巴门时，用橄榄抛打送亲人和新娘，并在路窄处铺满橄榄，送亲的姑娘小伙们，大家都撑开手中的伞为新娘"保驾"，掩护新娘"过关"，直到进入新郎家门。橄榄迎亲是为了迎接福气，被橄榄砸得越多越痛，婚后的生活就越幸福甜蜜。

六　文学艺术中的生态文化现象

自古以来，丰富多彩的大自然是各类文学艺术作品创作的重要源泉之一。在普洱各民族的神话传说、古歌、史诗、谚语、音乐舞蹈、工艺美术作品中保留了大量的赞美自然、亲近自然、热爱自然、人与自然和谐的思想内容。

（一）神话传说、古歌中人与自然和谐共生

自人类出现之时，首先面临的是如何处理人与自然关系的问题。这一问题集中体现在各民族的神话传说、古歌中。

在普洱各民族的原始记忆中，山、水、森林等自然是人类生命中的一部分。拉祜族神话史诗说人是从葫芦里出来的。西盟佤族《司岗里》

神话认为人类是从石洞里出来的。孟连佤族至今还流传着人类是"神树的儿子"的神话。相传古代有棵叫"岗"的神树，那种树不长叶也不发芽，每年都要从树干上生出一群人，人一生下地就会走路。但不会说话，他们听见什么声音就模仿什么声音。有些人生在上午，上午阳光柔和，空气清新，小鸟在树上觅食，孔雀在河边起舞，发出愉快的叫声。那些人见了，就模仿孔雀的舞姿和声音，孔雀走到哪里，他们就跟到哪里，这些人后来自称傣族。因为孔雀喜欢水和平坝，傣族也喜欢水，也喜欢平坝，说话声音像孔雀又轻又软，跳起舞来，也像孔雀又柔又轻。有些人生在下午，晚风吹着树枝发出吱吱嘎嘎的声音。这些人听见了，也学着发出吱吱嘎嘎的声音。这些人后来自称爱尼人，喜欢住在小山坡上，说起话来，声音就像风吹树枝响。有些人生在夜间，天黑什么也看不见。他们不敢往低处走，生怕掉进河里淹死，于是一个劲地往高处走，周围都是野兽的叫声，他们模仿野兽的叫声，追逐野兽，吃野兽的肉，穿野兽的皮，哪里山高就在哪里安营扎寨，这些人后来自称佤族。这个神话说明，人类是"神树的儿子"，即森林的"儿子"，是森林的组成部分。

佤族创世神话《司岗里》说：人出来后，经历了与各种动物和谐共生的时代，是动物为人取来了谷种，教会人学会说话、摩擦取火、酿酒等生活技能，甚至木鼓的发明、农时节令的确定也是受到动物的启示。佤族把动物视为自己的亲密伙伴，唱道"人类钻出葫芦，百鸟是人类的朋友；人类踏上大地，百兽是人类的伙伴"[①]。

在哈尼族碧约人中，流传着这样一个洪水灾害的神话故事："传说，在我们人类产生以前就曾有过一类人。他们是由三个人发展到了七十家，有一年过年时，全寨杀了一头猪分食，其中六十九家都给分了，只有一家寡妇未分着，寡妇只能领着三个女儿到河边捞鱼摸螃蟹。她们正在河里捞鱼的时候，河里飘来一片五丫的叶子，姑娘们见叶子很美，想到它的果子也一定好吃，于是就顺河找上去，到了一棵树脚，见树上有个穿着漂亮衣服、包着包头的英俊小伙子正在采五丫果吃，寡妇向他要，小

---

① 刘允褆、陈学明：《葫芦的传说——佤族民间神话史诗》，云南民族出版社1980年版，第13页。

伙子提出条件，要姑娘把眼睛闭上才给，三个姑娘都照着办了，只有寡妇眯着眼睛偷看，她见树上的小伙子突然变成蛇，并用尾巴把树上的果打下来，三个姑娘都拾到了五丫果，寡妇叫姑娘们不要吃，可是二姑娘已经吃了半个，回到家后，二姑娘就怀有身孕了。有一天晚上，寡妇家门外狗咬不止，寡妇叫大姑娘出去看，大姑娘一样也看不见，她骂了狗一通就上床睡了，狗仍吠个不停，寡妇又叫三姑娘出去看，三姑娘也看不见什么东西。她骂了狗几句也回去睡了。第三次寡妇叫二姑娘出去看，二姑娘到了门外，见一个英俊强壮的小伙子站在门外，心中十分高兴，也十分爱慕，决心要嫁给他，她回来把心意说给妈妈听，寡妇虽然舍不得女儿离开，但想到她已经怀孕，也就答应了。二姑娘临走时还告诉母亲说，若是想念她，可以去找，她在去的路上撒些粗糠作为标志。

"过了一些日子，寡妇很想念二姑娘，她就按二姑娘临走时说的办法找了去，到了一个大水塘边，粗糠找不到了，寡妇很伤心，就在水塘边哭起来，她的悲伤感动了蛤蟆。在蛤蟆的帮助下，寡妇到水底龙宫里见到了女儿。寡妇在龙宫住了三天，就领着二姑娘回到家里，而人世间已过了三年。

"回到家里，寡妇叫二姑娘去挑水，但二姑娘背着的孩子放不下来，寡妇拿来篮子，二姑娘说放不得，拿凳子来，二姑娘也说放不得，最后把孩子放在木槽里，还在槽里盛上了水。二姑娘背水去了，寡妇见木槽里有条肥嘟嘟的鱼，就把它宰了，并把鱼肉分给全寨人吃。二姑娘在井边舀水，总是舀不满竹筒，当她把竹筒塞好，背水回到家时，孩子不见了，她问明是母亲误把孩子杀了后就挨家挨户去讨回，但都已被人家煮吃了，只有寨尾的孤儿阿奇和阿沙两兄妹未曾煮吃，并把鱼肉还给二姑娘，还热情地招呼二姑娘吃了素饭，二姑娘告诉兄妹俩说，洪水将要漫天。临走时还给兄妹俩放下一个大罐子和一个鸡蛋，并吩咐说洪水漫天时叫他俩躲到罐子里，等到鸡蛋变成公鸡，会拍着翅膀叫鸣时才能出来。

"后来洪水果然发了，兄妹俩带着鸡蛋钻进了罐子。兄妹俩等到鸡蛋变成公鸡啼鸣时出来一看，世间已无人烟。"①

　　这个神话传说，虽然讲述的是人与龙之间由最初的和谐相处，到因人们误杀龙孙、误吃龙孙肉遭到龙的报复的过程。但这背后隐含着人们要尊重自然，顺应自然，与自然和谐相处才能持续发展；如果人们得罪了自然、破坏了自然，就会招致大自然报复和惩罚的朴素观念。在洪水浩劫、兄妹成婚、人类再生的背后，警醒人们的是人与自然和谐共生。

（二）谚语中的生态智慧

　　语言是文化的载体，一个民族的语言，必然承载着该民族丰富的文化信息。谚语往往用诗一般的语言表达了对人生、社会、自然认识的经验总结和深刻道理。普洱各民族都有本民族的谚语，包含着丰富的内容。其中，相当多的谚语集中反映出普洱各民族处理人与自然关系的生态智慧。

　　谚语反映了土地、森林在人们生产生活中的极端重要性。普洱各民族大多是山地民族，"靠山吃山"是他们生产生活的特点。他们的衣食住行、生产工具、生活用具均与大山、森林密切关联，从大山、森林中得到了许多的恩惠。如拉祜族谚语说："土地是命根，森林是朋友"②；"鱼活靠江河，人生靠土地"；"住房时莫忘森林，吃饭时莫忘土地"③，劝诫人们要保养森林、爱护土地。傣族谚语："森林是父亲，大地是母亲，天地间谷子至高无上"；"山上没有好的森林，好比孔雀没用彩屏"。

　　谚语反映了水对人们生产生活的重要性。人类的生存离不开水，没有水人就不可能生产生活，更不可能生存。拉祜族老缅人认为"水是养育全寨人的奶汁，大家不忘水神的恩德"。

　　谚语阐明了森林与水源的关系，强调了保护森林对保持水土的重要性。拉祜族谚语说："无水树不活，无树河流干"；"山上河边不造林，黑土清水保不住"。佤族谚语说："没有种子，就没有翠绿的大地，没有森

---

① 云南省思茅行政公署民委编：《思茅少数民族》，云南民族出版社1990年版，第116—117页。
② 彭志清、王正华、李嘉：《拉祜族谚语俗语集》，云南民族出版社1993年版，第170页。
③ 彭志清、王正华、李嘉：《拉祜族谚语俗语集》，云南民族出版社1993年版，第331页。

林，就没有欢腾的小溪。"傣族谚语说："林多水多"；"砍到一棵树，失掉一股泉"；"砍光一山树，涸了一条河"。

谚语反映了水与田、田与人的关系。傣族谚语说："先有水沟后有田"；"树美需叶，地肥需水"；哈尼族谚语："水是田的命根，田是人的命根"。

普洱各民族谚语中的生态智慧充分体现了土地、森林、水在普洱各民族生产生活中的重要性，反映了保护、珍惜土地、森林、水源的生态意识，揭示出"森林—水源—田—粮食—人""五位一体"的人与自然和谐的生态系统观。这正如傣族谚语所说："有了森林才会有水，有了水才会有田地，有了田地才会有粮食，有了粮食才会有生命。"①

(三) 音乐舞蹈中的自然灵性

普洱各民族的民歌、舞蹈大都是本民族生产生活中的真实场景，是生产生活在民歌、舞蹈中的艺术化再现，反映的是生产劳动、宗教祭祀、社会生活、风俗习惯等内容，体现的是贴近自然、贴近生活的表现形式，凝聚着各族人民的智慧和精神文化。在民歌方面，如拉祜族的《牡帕密帕》《根古》《安葬调》《砍柴歌》，佤族的《司岗里》《打猎歌》《盖房子歌》等；在舞蹈方面，如拉祜族的《芦笙舞》《摆舞》，佤族的《木鼓舞》《猎头舞》《剽牛舞》《狩猎舞》《播种舞》《铓锣舞》等，反映了普洱各族先民与天、地、人、动物、植物的关系，表现出悠远、古朴、粗犷、神秘的艺术特征。

(四) 传统工艺美术中的自然元素

普洱传统工艺美术中的自然元素，是普洱各民族朴素的自然观在工艺美术中的重要体现。自然元素应用题材广泛，有太阳、月亮、星星、山水、虫鱼、花鸟、植物、动物；纹样丰富，有单独纹样、向心纹、适合纹样、二方连续纹样、四方连续纹样等。这些自然元素纹样或抽象，或具体，记载了各民族的创世神话、传说故事、迁徙历史、农耕文化以及对美好生活的向往与追求。这在傣族、哈尼族、彝族、拉祜族、佤族

---

① 王军健：《傣族谚语蕴含的生态观念解读》，《云南电大学报》2010年第2期。

等民族的工艺美术中表现得最为突出。

傣族工艺美术中常用的自然元素有太阳、月亮、摇钱树、白象、黄牛、马鹿、马、蝙蝠、人、莲花、石榴花、石榴树、石榴、桃树、梅花、牡丹花、菠萝、菩提树、水草、海藻、芭蕉树等。哈尼族在服饰自然元素方面主要有银麒麟、银蒜、银太阳、银月亮、银葫芦、银鱼、银蝴蝶、银蜜蜂、银桃子、银石榴、银蜘蛛、银芝麻、银螺、银梅花、银丕菜花、银叶子、银虫、银鸟等。刺绣中自然元素主要有犬齿、梅花、菊花、豌豆花、樱桃花、万年青树、蕨蕨、橄榄叶、黄瓜花、莲花、八角花、山纹、水纹、星星、月亮、太阳、鱼、桃子、鸟、石榴、蝴蝶、蜜蜂、蜘蛛、小人等。土陶装饰中自然元素主要有山纹、水纹、太阳纹、太阳花纹等。彝族刺绣中常用自然元素有山纹、水纹、莲花、梅花、菊花、牡丹花、鱼、鸟、鸡、蝴蝶、蜘蛛、蜜蜂、石榴、月亮、太阳、桃子、虎等。拉祜族在服饰中常用的自然元素有山纹、水纹、犬齿纹、路纹、葫芦纹、老鼠纹、乌龟纹、小米雀纹等。拉祜族在银制饰物上主要有银葫芦、银犬、银老鼠、银乌龟等。佤族服饰和织锦中的自然元素主要有犬齿、贝壳、山纹、水纹、犬齿纹、洋丝瓜花纹、蕨蕨纹、苔藓纹、太阳纹、月亮纹、牛头纹。银制饰物上，银制饰物主要有银质项圈、银耳环、银手镯、银头饰上的太阳纹、月亮纹。

第二节　人与自然和谐共生共存的生态价值观

人与自然的关系是人类社会最基本的关系。人与自然是息息相通、命脉相系、融为一体的关系，是相互作用的生命共同体。普洱各民族在处理人与自然的过程中，并未将自己放置在一个独特和优越的位置上，而是将原始朴素的宗教道德和社会道德原则与行为运用到处理人与自然的关系，追求人与自然和谐共生的良好关系，形成了人与自然和谐共生的生态价值观。这种生态价值观认为，包括人类在内的所有生命物种，都是自然界共同的孩子，都是自然大家庭的成员；其地位上是平等的，彼此之间相互依存一体关联；一切动植物都具有自己的生命价值，人应该像对待自己、对待朋友那样对待生物。这种价值观是一种以自然崇拜为核心,以人与自然和谐共生为基本价值取向,以人与天地万物同源的亲情意识、万物有灵的敬畏意识、对自然的感恩意识、保护自然生态的责任意识为主要内容的生态价值观。

一 人与万物同源的亲情意识

普洱各民族普遍具有人与万物同源同根的亲缘和亲情意识。拉祜族人认为,人与天地万物同源,人类是自然的产物。按"拉祜人的古理,拉祜人的古规,男人是葫芦的儿子,女人是葫芦的女儿"[①],他们从葫芦中出来,在葫芦里长大。在拉祜族神话史诗《牡帕密帕》中,天神厄莎不仅造天造地,还造物造人。人与天地万物只是天神厄莎的创造物。镇沅县苦聪人的《传人种》神话说:洪水时期,世人皆被淹死,只有钻进葫芦里的两兄妹生存了下来。天神出主意让他们合磨成婚繁衍后代。妹妹怀孕三年后生下了个怪胎。兄妹俩听天神的吩咐将怪胎捏碎后撒到山上,不久,荒山野岭到处挤满了人,长满了鲜花、树木、青草,森林里挤满了野兽、禽鸟。拉祜族的这些古歌、神话传说反映拉祜族人与天地万物同源同根的亲缘意识和亲情意识。

哈尼族卡多人的创世神话讲道:古代卡多人居住在一个很平坦的地方,后来由于"前朝人"作恶,洪水漫天把大地淹没了,只有兄妹两人得到仙人的指点,躲到一个像囤萝卜那样大的葫芦里在洪水中漂泊了三年。洪水过后,大地一片白净,只见一副磨,兄妹俩感到很孤独,也找不到可娶可嫁的人,于是用放磨滚下山来承天意。哥哥抬着一扇,妹妹抬着一扇,到一个山头上把磨放滚下山来,到沟底后磨合在一起了,滚了三次,三次都一样。兄妹俩按事先说好的条件结成了夫妻。过了三年,妹妹生下一个葫芦样的东西,哥哥看后很难过,就拿到野外去砍开。第一个出来的是拉祜人,接着出来的是卡多人、汉人、傣族等。

傣族认为生命起源于水。在傣族神话中第一个天神英叭便是由水、气体、烟雾凝结而成的。傣族谚语说:"水诞生,地形成,水创世,世靠水,水分、气浪和光波孕育创世神英叭。"

---

① 娜朵主编:《拉祜族民间文学集》,云南人民出版社1996年版,第411页。

无论是人从石洞里出来还是从葫芦里出来的神话传说，都体现了人与自然之间直接的原始的同源性和统一性，蕴含着人与自然和谐共生共存的内在要求。"人类作为生命物种的一种，与其他所有的生命都有共同的根源，因而具有亲缘关系，地位上都是平等的，彼此之间相互依存的一体关联。虽然这种人与自然和谐共生共存观念是以原始宗教的形式表现出来，但是，它以直接的生产生活经验为基础，具体、真切、直观地把握了人与大自然的有机联系，人们不仅把天地万物当作可资利用的生活资源，更当作与己生存息息相关的生命源泉。"①

二　对自然的感恩意识

自人类出现开始，人对自然就有依附关系。自然为人类生存提供了物质资料和条件，人们也对自然充满感情和感恩。从各民族的神话上来看，人的出现、生存和发展都与动物、植物有密切的关系。拉祜族神话史诗《牡帕密帕》讲道，是小米雀和老鼠啄、啃穿了孕育人类的葫芦，人才能够出来；是蜂促成了人类的始祖扎笛、娜笛姊妹的婚配；是猪、狗、牛、羊、鸡、马、豹子、猴子、蛇等动物抚育了第一代人类；是蜂群指引人们找到铁矿；是松鼠抢来火种交给人类；是鸟为人类分配住所；是老鼠启发了人类建盖新房；是狗为人类带来了谷种；是鹌鹑教会了人们跳舞。可以说，在拉祜人的传统思维意识中，人类每前进一步都得到了动物的帮助和启迪。许多动物，甚至是像老虎、老鹰这样凶猛的动物，都曾帮助过人类，都是人类的朋友。这在《龙生虎养鹰遮萌》的传说中已经充分体现出来。拉祜族这种与动、植物的亲密感以及由此产生的感恩意识，形成了一系列特殊的动、植物图腾及禁忌。如忌食狗肉、牛肉，在新米节等节日中，在祭献厄莎、佛祖和祖先神灵后，需给牛、狗吃节日食品，表示对牛、狗的感谢。

佤族对动植物的感恩意识也相当突出。佤族在庆祝新房落成时唱道："喝吧！我们喝了不要忘记牛和狗，我们吃了不要忘记火与刀，我们饱了

---

① 李根：《拉祜族的传统生态伦理思想》，《云南民族大学学报》（哲学社会科学版）2004年第5期。

不要忘记竹和树，我们好了不要忘记山和水。"① 佤族的《叫谷魂》中唱道："稻谷魂，小米魂，银链魂，银杯魂，玉米、荞子、黍米、红米，各种庄稼，各种作物，是你们把我喂饱，是你们把我养大。我们要牢牢握住你们，我们要紧紧捏着你们。"② 佤族在一年一度的新米节上要敬谷魂、敬牛和敬狗。

祭祀谷神、耕牛、农具是哈尼族"吃新米节"活动的一项重要内容。祭祀时念到："新谷新米先献给你们，你们要把庄稼看护好，不让冰雹打，不被老鼠咬，不遭土压，不被水淹，不遭风灾火灾，收进家后不能发霉。新米糠喂猪，新碎米喂鸡，祈求老谷老米还没有吃完，新谷新米堆满粮仓，永远吃不完。"③ 彝族也有祭献家犬的习俗，每年的正月初一和六月二十四"火把节"吃饭时，人们要先盛一碗饭敬献给狗，饭碗中还要加上一些肉以示对狗的慰藉。

以上这些祭祀敬献活动，体现了普洱各民族对动植物的感恩意识。

三 对自然的敬畏意识

普洱各民族的自然崇拜，就是万物有灵的敬畏意识的最充分体现。普洱各民族原始崇拜中的"万物有灵"观念，使他们将自然界的一切，大到天、地、水、火、风，小到动植物，都看作同人自身一样，是有灵魂的。这些"灵魂"主宰世界的一切，会给人们带来安危祸福，人的生、老、病、死都与"灵魂"有关，由此便产生了对自然的尊重、敬畏和崇拜。

这种敬畏意识集中体现在民族禁忌中。禁忌在普洱各个民族中普遍存在，有很大一部分涉及生态环境方面的禁忌。拉祜族禁止砍伐神树、寨神树、"卡腊树"，也禁止在神树林中大小便，更不能把不洁之物带入神树林，否则会破坏全寨的安宁和幸福，带来灾祸，违者受寨规惩罚。

---

① 赵富荣：《中国佤族文化》，民族出版社2005年版，第216页。
② 赵富荣：《中国佤族文化》，民族出版社2005年版，第244页。
③ 云南省普洱市民族宗教事务局编：《普洱民族志》，云南民族出版社2009年版，第63页。

他们认为神树是村寨的保护神，触犯神树就要受到神的处罚。① 佤族把茂盛葱茏的大青树称为"风水树"，禁止任何人砍伐，认为砍了神树就会生病。因此，保护"风水树"成为佤族人民世代相传的民族禁忌。哈尼族村寨的竜林内不得随意进去，不然会给寨人带来灾难，禁忌在竜林内砍树，拾柴和大小便。② 彝族把竜林的一草一木都视为神灵，人们不得轻易毁坏和砍伐，认为毁坏和砍伐就会给寨人带来灾难。

四 生态保护意识

从历史上来看，普洱保护树木，保护水源，禁止树木乱砍滥伐的村规民约的制定始于清代。乾隆六十年（1794）二月初一日，宁洱县勐先东洒村农户为"箐养树木以厚水源、雍荫田亩事"立"为公禁"护林碑，禁止砍伐村后山箐树木，规定违者罚银事宜。道光二十二年（1842）六月十八日，景东直隶厅者后石岩村众姓为"蓄树滋水，禁火封山"而立"封山碑"。"封山碑"规定："禁纵火焚山，犯者罚银叁拾叁两"；"禁砍伐树木。伐枝者罚银三钱三分；伐木身者罚银三两；砍榨把一个，罚银三钱三分"；"禁毁树种地，违者罚银叁拾叁两。有在公山砍榨把者，每把罚银三两三钱"。咸丰六年（1856）五月十三日，镇沅直隶厅合村四名村民为"遵设种树，以全民生事"同立"种树碑"，议定"加播子种，蓄养成林"，并规定"山内放火焚树木者，查获照山价赔补"；"开地种，罚银四两存积"；"盗伐木者，罚银五两"。

普洱各个民族的许多村寨制定了保护树林、保护水源的村规民约。澜沧糯福乡南段地区习惯法规定："不准砍伐水源林、神山林，砍伐者要给予罚款处理。"南段村公所南段老寨寨规规定："不准砍伐水源林、神山林的树，不准割水源林、神山林的草。"南段村公所公民条例也规定："集体林、风景林、防护林、路旁林、水源林，禁止任何人乱砍乱伐。如发现乱砍滥伐者，不论树林大小，每棵罚款 5 元，树同样栽培，砍伐一

---

① 政协澜沧拉祜族自治县委员会编：《拉祜族史》，云南民族出版社 2003 年版，第 254 页。
② 云南省普洱市民族宗教事务局编：《普洱市民族志》，云南民族出版社 2009 年版，第 59 页。

棵栽三棵，并保证成活。"糯福乡阿里村的村规民约规定：严禁毁林开荒和乱砍滥伐，村民应依法保护好森林资源，保护生态环境，严禁砍活树明子和破坏采松脂，违者除强令退耕还林和造林复林外，并赔偿每棵树10—20元，大树每棵30—50元的损失费。对毁林开荒和乱砍滥伐情节严重者，除赔产损失外，送司法机关予以追究刑事责任。宁洱县德安乡恩永村规定：禁止砍伐神树、滥伐柴薪，轻者对其进行教育、警告、没收刀具等处罚，重者处以罚款，罚款金额是所砍伐树木的几倍甚至几十倍。

第十三章

普洱传统宗教文化

宗教是一种社会文化现象。宗教的产生本身就是人类文化活动的结果，是人类文化发展史上的一个重要环节。人类社会发展到一定历史阶段才出现宗教。宗教是以异化的方式反映现实生活而被实体化了的一种社会体系和文化生活方式，这便是宗教的文化属性。这种具有异化反映方式特征的宗教文化，"并非一种孤独的思想游魂在空中飘来飘去，它总要附着在某种文化实体上，通过一定的文化系列在社会生活中发生实际的作用，例如通过宗教道德、宗教哲学、宗教文学、宗教艺术、宗教习俗、宗教典籍、宗教活动，影响人们的思想情趣，成为社会精神生活的一个组成部分"[①]。

第一节 原始宗教

普洱各民族先民在漫长的历史发展长河中，面对落后的生产力和险象环生、变幻莫测的自然环境，充满了恐惧与好奇。认为自然界中的电闪雷鸣、狂风暴雨、洪水滔天、山崩地裂等物象都是由超自然的神力驱动的。人的生老病死都是由灵魂控制，认为人除了肉体之外，还有灵魂，人之所以会做梦或生病、死亡，就是灵魂暂时或永久离开肉体的结果。所以要不断地召唤它，努力把它保持在自己身上。人们采取直观想象和类比联想的方式，从自身角度出发，来看待大自然带给人类的恩赐与凶

---

① 彭无情：《宗教文化的概念及其功能探微》，《新西部》2008年第20期。

险。认为世界万物也像人一样具有灵魂，出于实际的或幻想的功利目的，企图通过某种简单的模仿或象征的活动，来同想象中人格化了的自然力量和超自然神秘力量进行虚幻的交感互应，祈求护佑以换取生产的顺利和生活的平安，于是就对人类最具影响力的日、月、山、河、风、雨、雷、电、水、火、土地、动植物进行崇拜，形成一套取悦或驱赶神灵的祭祀仪式。

一　图腾崇拜

图腾崇拜是人类文明进程中具有重要意义的一环，是远古居民的共同意识；它是氏族社会内部联系和内部统一的意识形态；它以原始宗教的形式将氏族和部落的集团心理凝聚和整合起来，成为维系氏族和部落生存发展的精神纽带；它是维护氏族和部落集团团结的社会整体观念和早期宗教意识。它反映了原始人类的思维水平，是当时人们的自然观的集中表现。原始氏族社会的部族居民把自然界的变化现象，归因于同自己朝夕相处、休戚与共而且在各个方面都予以之需要的图腾物，赋予其超凡的意志和权力，以此表达他们征服自然、支配自然进而同自然相和谐一致的强烈愿望和能力。正如费尔巴哈所说："人本来并不把自己与自然分开，因此也不把自然与自己分开；所以他把一个自然对象在他自己身上所激起的那些感觉，直接看成了本身的形态。有益的、好的感觉和感情，是由自然的有益的东西引起的……因此人们不由自主地、不知不觉地——亦即必然地……将自然的东西弄成了一个心情的东西，弄成了一个主观的，亦即人的东西……把自然当成一个宗教的、祈祷的对象。"[①]

葫芦崇拜。葫芦是一种具有悠久种植历史、分布广泛、用途较多的植物。普洱气候温和，适于葫芦的生长。在与社会生产力低下相适应的自然经济条件下，葫芦对于人们的生活具有重要作用。嫩葫芦是食用的主要瓜果之一；干葫芦掏尽籽瓤，用来盛水清凉，装酒久不变味，装谷

[①]　[德]路德维希·费尔巴哈：《费尔巴哈哲学著作选集》（下），荣震华译，生活·读书·新知三联书店1962年版，第458—459页。

种、火药不易受潮;把干葫芦锯成两半,既可以用来当瓢打水,也可以当碗吃饭;完整的干葫芦还可以当渡河工具,所以人们也把它称作"腰舟"。葫芦的这种与先民们日常生活的密切相关的特性使葫芦神话得以产生和传播。普洱各民族都流传有葫芦生人神话,其中分为原生神话和再生神话两类。原生神话最典型的是拉祜族创世纪史诗《牡帕密帕》的葫芦生人神话,拉祜人传说天神厄莎造出了世界万物之后,把一棵葫芦籽撒在地下,后来结出一个大葫芦,藤子被野牛踩断以后,葫芦滚到大海里,喝多了海水,肚子胀得又大又圆,厄莎费尽心力,把葫芦找回来放在晒台上,葫芦发出馥郁的香味,日夜放射出耀眼的金光,后来葫芦里发出人的声音,厄莎叫小米雀来啄,嘴啄秃了,叫老鼠来啃,老鼠的牙齿像铁锉,三天三夜才把葫芦啃通,从里面爬出来一男一女,厄莎用迷药使他俩成婚,生下九对孩子,每对又生了九百个孩子,九百人站成九行,九行分成九个民族。厄莎给九个民族分了住处,各民族像兄弟姐妹一样,不分什么界限。① 葫芦再生神话的内容基本相似,古时突发劫难,洪水席卷了世间万物,只留下了兄妹两人,躲入一个大葫芦里才幸免于难。后来兄妹成婚,繁衍人类后代子孙。哈尼族碧约支系的葫芦神话传说,很早以前,他们是由三个人发展到七十家,有一年杀猪分配,其中有一个寡妇家没有分到,寡妇带着女儿出去找吃的,女儿误吃了龙所变之人从树上打下来的果子,就怀上身孕,后来嫁给了龙太子,寡妇把女儿接回家,女儿把孩子放在水槽里,寡妇见水槽里有一条肥大的鱼,就把它宰了,并把鱼肉分给全寨人吃,只有寨尾的阿奇、阿莎两兄妹未曾煮吃,并把"鱼肉"还给了寡妇的女儿,寡妇的女儿告诉兄妹俩,洪水将要漫天。后来洪水果然来了,兄妹俩躲进大罐子里才活了下来。玉嬷、桑嬷(天神、地神)来告诉阿奇、阿莎,世间无他人可婚配,要他俩做夫妻繁衍后代,兄妹俩不愿意。有一天,阿沙的脚被刺扎着,要阿奇帮挑刺,阿莎把裙子捋起时,阿奇无意中见到了阿莎的下身,引起了冲动,在帮阿沙挑刺时,生殖器碰着阿莎的腿,此后,阿莎的腿上长出了一个大葫芦。过了三年,葫芦里有人说话的声音,玉嬷、桑嬷来告诉阿奇,

---

① 刘辉豪:《牡帕密帕》,云南人民出版社1979年版,第16—43页。

把葫芦拿到十字路口上,用七把刀砍开。葫芦一砍开,从里面出来许多男娃和女娃,人出来后各朝一条路上走,后来就发展成各种民族。①

虎崇拜。彝族认为宇宙由虎演化,虎是其民族的祖先,人死后灵魂就变成虎。佤族猎获老虎,猎者要鸣枪呼啸入村,全寨举行祭祀三天,虎皮必须送到村外,以示送走老虎的灵魂。祭时念诵祭文:"岩舍啊!(岩舍,佤语大老虎的尊称)我们本不想使你流一点血,我们本不想把你打死。你把我们的鸡当作箐鸡,你把我们的小牛当作麂子,所以我们使你流血,所以我们把你打死。"②

牛崇拜。牛能帮助彝族先民耕种,在彝族先民眼中,牛是农业生产力提高的重要劳动依靠,人类获取丰收不能没有它的帮助,牛给予了人们太多赠予。因此,彝族先民也把牛当作神明加以崇拜。

佤族是一个崇拜牛的民族,这种文化现象在佤族聚落里随处可见,如寨门挂有牛头、村寨里的牛角桩图腾柱、"丫形寨桩"、家家户户门口挂牛头、佤族祭林每棵树上有牛头、佤王尊位还是牛头,佤族房屋建筑、服饰、日常用具上雕刻有牛及牛头图案,每逢重大节日或事件都要举行剽牛祭祀,每年收获新米后总要将第一碗新米送给牛等。③

二 自然崇拜

普洱各民族在自身的成长过程中将自己对自然现象和自然物的依赖和愿望附上神异色彩,正体现他们渴求民族成长壮大的理想和改变命运的意志。普洱各民族先民对自然物的崇拜都有一个显著的共同特点,即是崇拜对象都与本民族的日常生活联系紧密,或是对生活有重大影响的自然物,如对太阳、水、火的崇拜等;或是生活中所常见的自然物,如对农作物、飞禽走兽、花卉草木的崇拜等。普洱各民族所崇拜的这些自然神灵,并非是无凭无据的臆造,而是由自身生活与自然物的关系结合

---

① 思茅行政公署民委编:《思茅少数民族》,云南民族出版社1990年版,第116—118页。
② 云南省民间文学集成编辑办公室编:《佤族民间故事集成》,云南民族出版社1990年版,第59页。
③ 鲁芬、明庆忠、刘宏芳:《佤族牛崇拜文化的层间关系及文化生态分析》,《学术探索》2014年第7期。

切身需求所拟造的产物,是普洱各民族按大自然现象和自然物的特征而创造的崇拜偶像。

（一）山崇拜

每年农历六月二十五,是哈尼族约定俗成的祭山日。届时,全村放牧人,吃完午饭后,在放牧老者的主持下,各人凭良心带些白菜、青菜、葱蒜等,按事先分派,挑锅的挑锅,挑菜的挑菜,带米的带米,赶着大大小小的牛羊,到当地视野最宽、水草最肥美、牛羊最舒适的地方举行祭山神。祭山神用的"祭牲",无论大人小孩,按参与者平均集资购买。祭山宴上,菜碗可多可少,一定要量力而行,买头猪或买只鹅杀杀,见一见血。此日,由最年长者主持,一切都听其指挥,年龄大的负责烧火煮饭,切肉掌锅,年龄小的负责洗菜洗碗,照看牛羊。无论风雨阴晴,谁要是不听指令,主持人可用赶牛棍责打,众人不但不会劝说,反会支持。午时三刻许,饭菜做好,主持人召集众人,让众人将放羊鞭、赶牛棍插在地上围成圈进行祈祷,口中念到：东方九座山,西方九座山；南方山九座,北方山九座。各路山神爷,山神来聚餐；聚后各守山,莫让虎咬牛,莫让豹咬马,莫让狼叼羊……祈后,滴酒奠地,叫放牧人排跪成行,先向东方"绿天地"叩拜,接着向西方"白天地"叩拜,再转身向南方"红天地"叩拜,最后向北方"黑天地"叩拜。礼毕,举行祭山宴。

彝族阿列人认为山神是管一山境内各种动物的神,家里丢了家禽家畜,认为是山神老爷作梗,要拿鸡蛋或杀鸡献祭,祈求山神开恩息怒,把家畜放回来,切不要让豹子老虎吃掉。猎神是阿列人中祭祀最多的神,每次出去都要献祭。猎神供在山林里,出猎时人们要偷一只鸡去献祭,还要把三根鸡毛插在小台上面,捕到猎物后要吹牛角号通知众人,人们根据号声就能分辨出猎到了什么野兽,是公的还是母的,以及猎获物的大小。吹牛角号前到场的人都可分得一份,吹过牛角号才碰上的人就没有份了。[①]

[①] 云南省思茅行政公署民委编：《思茅少数民族》,云南民族出版社1990年版,第263页。

（二）树崇拜

普洱哈尼族、彝族、拉祜族、布朗族等少数民族都有信仰竜的传统和祭竜或类似祭竜的村寨性祭祀仪式。在可查阅到的学术文献中，《集韵》记载"龙古作竜"，由此推论"竜""龙"在古代是可通用的，现今也有学者认为"竜"和"龙"等同，只是写法不同的异体字。①

祭竜是树木崇拜的一种转化形式，是哈尼族所有节日中最神圣、最重要的节日，每年在农历二月的属马日、属牛日、属龙日中选定，具体的日子由竜头（腊米支系称"阿魔擦"）确定。哈尼族卡多人称竜神为"斯么慈"，意为寨神，每个哈尼族寨子建立后，必须在寨子后面选择一片树林幽深的地方作为竜林，并在竜林中选择一棵大树作为竜神的神址。在哈尼族人的观念中竜代表了村寨的神圣性与独立性，一个被认可的独立村寨必须有竜树、竜林。竜林是神圣的禁地，平时禁止进入，只有在每年祭祀的日期才准许进入。哈尼族祭竜的主持人竜头必须是由夫妻双全、儿孙满堂、身体健康、品德优良、五官端正、一生中没有任何品行不良、道德不端行为的德高望重的男性老年人才有资格担任。

彝族认为竜神是全家的大神，它管着全寨人的凶吉祸福和繁荣昌盛，管着牲畜的兴旺发展。每个村寨都要培植一片竜林，在林内选一棵大树作为竜神树。每年进行两次祭祀。第一次是二月初八或初九，要杀猪祭祀。祭竜前各家各户预备好要用的水，祭竜日不得挑水，违反者要罚一只羊。第二次是七月十四至十六，要杀羊祭祀。祭竜时先用松毛和爬树龙藤（一种似蛇形的藤子）把竜树包起来以示对竜树的崇拜。据传，古代阿列人住的地方有一条蟒蛇，每年要吃一个娃娃，如果不用娃娃祭，蛇就要作怪，危害寨人。有一年祭竜时来了一个英俊的小伙子，他立志为人们除害，规劝人们不要用娃娃祭蛇，他要用自己的身子顶替。当大蛇来吃他时，他用伞把大蛇嘴撑开，终于制服了大蛇，从此之后，人就不必用娃娃祭蛇了，改成用猪和羊来祭竜。②

---

① 祁文昭：《我国西南少数民族地区"祭竜"仪式探析》，《中国地名》2020年第5期。
② 云南省思茅行政公署民委编：《思茅少数民族》，云南民族出版社1990年版，第261—262页。

布朗族的祭龙仪式在每年傣历的八月（公历五月）属马日举行，他们认为龙神是一个村寨的保护神，是至高无上之神，龙神住在森林里。因此，龙林也是圣洁之地，里面的一草一木都是神圣不可侵犯的，在布朗族的观念中龙神身穿白色衣服，出巡时骑白马，所以祭龙时人们禁止穿白色的衣服。

（三）水崇拜

水是人类维持生命的基本元素，万物生长离不开水。但同时，水也是毁灭人类和万物生命的元凶之一。鉴于此，在人类的生命体验中，一方面是对水资源的百般依赖和崇敬，创造出许多神话传说与禁忌来督促人们要珍爱水、重视水。另一方面又创造出毁灭人类及世间万物的"洪水神话"以表达人们在无力抗拒水的破坏性力量时而对水的无奈与敬畏。[①] 普洱各民族先民的水崇拜，主要是祈求风调雨顺，保证物产丰收。各民族对水的崇拜一直沿袭至今，如大年初一要接新水，每年固定的日期祭水神，还有盛大的傣族泼水节。

在很多彝族地区，祭祀水神依然是每年都十分注重的祭祀仪式。对水的崇拜信仰，使彝族先民很早就具有了较为成熟的水资源保护意识。彝族人民认为任何对于水资源的破坏污染都是对水的不尊重，是一种违反自然规则的行为，即使是无心污染了水资源都会身负严重的罪孽。[②]

哈尼族"祭水神"（阿木支系称"厄黑索"），阿克兔波[③]后的第七天（属龙日），要进行"厄黑索"。地点在水井和日常背水吃的地方。祭祀"厄黑索"的牲畜是一头母猪，七只鸡（其中要有一只白公鸡）、一只鸭、六个鸡蛋。由竜头主祭，祭词说道："今日属龙，我们全村人来献祭你，一年一次，我们从不怠慢，你要把全家人的安康管好，畜禽管好，庄稼管好，要给我们有水吃，有水喂牲口，有水灌溉庄稼。吃水、田水、雨水都要调匀，不大也不小。"[④]

[①] 杨杨、杨甫旺：《洁净与异化：彝族自然崇拜中的水与龙》，《攀枝花学院学报》2018年第3期。
[②] 颜全己：《彝族自然崇拜的社会功能研究》，《六盘水师范学院学报》2020年第5期。
[③] 正月中旬的属狗日，阿木人全寨人杀狗祭祀神，称为"阿克兔波"。
[④] 云南省思茅行政公署民委编：《思茅少数民族》，云南民族出版社1990年版，第227页。

尼族认为水也是具有神圣性的，在"埃玛突"①祭祀结束后妇女们要担水洗菜，寓意在新的一年里全家人的口粮都在这个神圣的时刻接受了神灵的润泽。

普洱各民族把水分为洁净之水和不洁之水，认为洁净之水能为人类带来福利，不洁之水会给人类带来祸害。每年大年初一早晨，家中的男性要早起，在公鸡打鸣之前，到水源地接没有被其他动物喝过的新水。新水接回来以后，煮饭祭献供奉诸神，用杯子盛放，称为净水供奉家神和灶神，祈求诸神保佑家运亨通、人畜平安、粮食丰收。

彝族倮倮泼认为，每年正月初一早上神仙都要降吉祥到人间，这种吉祥是从水中流出来的。所以每年正月初一，男人们都要起个大早，洗过脸就点燃香火到水井边接"仙水"，并在水井边撒些米和钱，在取"仙水"时，口中念道："不洁不净的水流出去，三灾八难之水流出去，祸水殃水流出去，金水银水舀进来。"念罢舀一些水担回家，并取出一些"仙水"放在神桌的净瓶里，其余的水用来煮早点、煮饭，每人还要喝一点。取过"仙水"，家里的财源会源源不断地流来，人和牲畜不易遭灾难。②

佤族做水鬼在佤族历端月（公历十二月）举行。佤族寨子多建在高山上，周围没有长流泉水，饮用的水用竹林槽从数里外的山中引来。竹子露天遭风吹、日晒、水泡，容易损坏，每年都要更换竹槽。做水鬼需要六天。第一天，全寨每家出一人到水源头修理水沟。第二天，全寨每家出一人，带一节长约五至十米的竹槽，在窝郎、头人的指挥下，割草开路，栽木桩架竹槽。第三至四天，继续修水沟，架竹槽，引水至寨内时，在管水者家（一般为小窝郎）做鬼。由魔巴在水槽头念咒语，并接一竹筒新水到管水者家煮饭，魔巴用六只老鼠做鬼。③

泼水节是傣族新年，傣语称为"金比迈"，于傣历六月（公历四月中旬）举行，新年这天，全族人沐浴更衣，青年们清晨即上山采摘鲜花、树枝做成花房，然后全村男女老幼携带花房、供品到佛寺赕佛，并在寺

---

① 哈尼族语"祭寨神"。
② 云南省思茅行政公署民委编：《思茅少数民族》，云南民族出版社1990年版，第291—292页。
③ 云南省思茅行政公署民委编：《思茅少数民族》，云南民族出版社1990年版，第411页。

院中堆三五堆沙，摆好供品，围沙面坐，聆听佛爷诵经，然后将一尊佛像抬到院中，用清水为之滴水洗尘，并以水浇花，人们便开始相互泼水嬉戏。①

（四）火崇拜

火对于早期人类是十分神秘的，一粒小小的火星会燃成燎原大火，有时一口气可以把火苗吹熄。人们慢慢发现了火的功用以后，才敢于使用、保存它，直至人工取得它，对于思维能力极低的早期人类来说，这种强烈的神秘感、依赖感和恐惧感交织在一起，就使他们认为火有一种不可抗拒的神秘力量，能控制人的生死祸福，于是产生了火崇拜。

哈尼族认为，火象征着兴旺、圣神和高尚。象征兴旺集中体现在堂屋设火塘。哈尼族堂屋都设火塘。夜间睡前，务必将火种捂好，以此确保第二天早上起床还有火种。白天上山劳作，同样用夜间捂火种的方法在火塘中保存火种。哈尼族认为，火塘不灭，家人会温温暖暖，吃穿不愁，没有寒心事。走亲访友，观其火塘可知家庭和睦与否。火塘温暖圆满，说明家庭美满，夫妻和睦，家人常围着火塘讲古论今和议事；如果无烟冷火，鸡扒塘灰，猪睡塘，则说明家庭不够和睦，夫妻不甚和睦，此家人只顾出玩，不守火塘。每年六月二十四日要过火把节，爱尼人要杀鸡、杀狗吃，还要舂粑粑献祭家神，祈求神灵保佑庄稼长得好，年年都有粑粑祭献。还要在田野撒火把，一则给庄稼除祸害，二则唤醒庄稼快快成熟。②

拉祜族认为火有与人一样的意志和情感，有善恶之分，对不同的火持不同的态度、采用不同的方法。他们感激和祈求善火给人予温暖、光明、驱邪、炊爨、火耕，认为家中的火塘是善火神灵的寓所，把火塘视为家庭的保护神加以崇拜。家庭中的主人兼有保护火种的任务，每当搬迁之时，主人要负责火种的保护。每当修葺或乔迁新居时，首先要由家长在住房内中柱旁边确定火塘的位置，要先搬火塘并举行庄严隆重的点

---

① 云南省思茅行政公署民委编：《思茅少数民族》，云南民族出版社1990年版，第274页。

② 云南省思茅行政公署民委编：《思茅少数民族》，云南民族出版社1990年版，第188页。

新火仪式,火由家长亲自点燃,以香、蜡、酒祭祀,第一碗饭要祭献火神。此后,要保证火塘里的火日夜不熄,一旦自家的火种熄灭,就要用一点茶和米去献祭邻居家的火神之后,才能讨来火种。火塘确定以后就不能随意移动,人们不能从火塘上跨过,不能任意移动火塘中的铁三角或锅桩石,不能向火塘中吐痰、撒尿,不能把脚蹬在燃烧的火柴棒上。火塘靠墙一方人不能通过,认为那是火神在的地方,每逢年节要进行献祭。拉祜族驱逐恶火,认为恶火会给人们带来灾害,为防止火灾或遭遇火灾之后,要举行全寨性的祭祀火神仪式。全寨要杀牛、杀猪、烧香祭祀,把灾星送到寨子外面河的对岸,拉祜语称这种祭祀为"干"。

火神,它是(傣族)各家各户都十分敬重的神,新盖房子,要由老人选择火神所在之处,填上土,支上三脚架作为永久性的火塘,不能随意更动,过节日时还要献饭。①

三 祖先崇拜

哈尼族长者去世归祖,子眷无论清贫富有,务必通知三亲六戚,让其备办奠香奠肉来奔丧祭奠,要请邻村彝族毕摩来念唱《祭悼经》《献饭经》《指路经》《开丧经》,来尽其孝道。他们认为念唱《祭悼经》,死者才会知道有生必有死的道理,不恋家业财产,不畏死后入棺;认为吟唱《献饭经》,死者方知儿孙一片孝意,晓得自己所得的祭品,若有万贯家财也不留恋;认为吟唱《指路经》,死者会知道进阴间路上的种种应注意的事项,会在黄泉"多依树"下免喝"迷魂水",免吃"忘阳饭",常思早日托生之计。哈尼族逢年过节要祭献祖先,哪怕平日吃糠咽菜,一旦逢年过节,务必备办一桌像样的菜肴祭献祖宗;祭时先献茶、后献酒、再献牲礼(肉类)、最后献饭食。据说这样一献,祖宗认为儿孙会过生活,在祖界不寒心,家道也会越来越殷实。

哈尼族布都人父母去世,姑娘要把自己刺绣得最美的图案挂在父母坟旁,以表示对亡故父母的缅怀。

彝族成年人去世要报丧,女的去世要先报后家,男子死要向所有亲

---

① 云南省思茅行政公署民委编:《思茅少数民族》,云南民族出版社 1990 年版,第 479 页。

戚报丧。要请先生来写灵牌,即用刺挑破孝子们的手指,取血蘸墨写在木板上,用红布包好放在供祖先的神桌中间;同时要剪一块白布拴在竹竿上,立在屋外,叫作"出白"。儿子要戴孝帽,死者的子孙要绕棺三转,表示缅怀。道士给死者念开路经,把亡灵引回祖先生活过的地方。出殡时,途中要休息三次,遇到过沟过河要用棍子给死者搭桥。休息时棺材要用两个凳子支撑着不能着地。休息期间,平辈表兄妹之间要有意地开玩笑和嬉戏作闹。死者的长子要不断地烧纸钱,为死者买路走。棺材安好后,头部点一盏"万年灯",脚部放一个"风水罐",意思是要给死者永远有灯火照明,虫蚁有水可吃,不来啃棺木。葬后家人要到坟前烧火三天,意思是死者生前爱烤火,死后也要烤,以表示孝敬。①

彝族祖先崇拜也很普遍。每年正月初一要献祭祖先,三月清明要到祖坟上烧香献祭,还要在坟旁插些柳枝表示子孙昌盛如杨柳成荫。七月初一用鲜花、瓜果和新成熟的食物,接祖先亡灵回家侍奉;七月十四日晚剪纸钱烧给祖先到阴间去使用,并把祖先送回去。②

"篾打拉"是拉祜西人祭祀自己亡故父母的地方,设在掌家人的寝室内。祭献仅限于男子,妇女不过问,只祭一代,即掌家人的亲生父母。逢年过节和死者周年,献饭一碗,烧香一炷。③

四 多神崇拜

佤族人民崇尚万物有灵的自然崇拜,在佤族人民的精神世界中,世界万物都是有神灵的,不仅天、地有神灵,山川、河流、土地、树木、动物乃至于每一棵小草都有神灵。因此,佤族族人生活在一个和各种自然神灵相伴的世界中,人的灵魂和自然的神灵共生,并不仅仅是人有神灵而生存在这个世界上,佤族人民有自己的神灵体系,神灵既有大小,也有不同的分工。在佤族人的神灵体系中最大的神是"木依吉"和"阿依俄","木依吉"是创造万物的神,是人类的主宰;而"阿依俄"则是男性的祖

---

① 云南省思茅行政公署民委编:《思茅少数民族》,云南民族出版社1990年版,第290—291页。
② 云南省思茅行政公署民委编:《思茅少数民族》,云南民族出版社1990年版,第274页。
③ 云南省思茅行政公署民委编:《思茅少数民族》,云南民族出版社1990年版,第387页。

先；同时还有开天的天神"路安"，管地震的地震神"格拉柔姆"，管水的水神"达娜"，管火和雷电的雷神"达阿撒"，管森林的森林神"腔秃"，管风的风神"达务"，管大地五谷丰收的谷神"司欧布"等等，这些神都是较大的。与此同时世界还有各种各样的鬼神，负责着不同的事物，例如人生病有各种各样的相关神灵，种地有种地的神，打猎有猎神、山神，一个石头也有一个石头的神，不同的动物也有不同动物的神灵。[①]

拉祜族万物有灵的原始信仰比较普遍，鬼神很多，但属统帅性的神是厄莎，认为厄莎是万物的缔造者。厄莎的神祉多半供在深山老林中，牲畜碰不到和闲人罕至处，也有的是寨边的某块芭蕉地里，以一块石头和一棵古树为标志，没有偶像，每到过年、中秋、吃新等节日献祭。寨神是主宰全寨人的神，神祉在寨子后边，多数村寨都盖有房子，拉祜语称为"毋耶"（意为跳歌的地方），每年正月初二，全寨人集中在"毋耶"处跳芦笙舞。家神是每户必有的神，拉祜语称"香都格"，在中堂上安一张桌子供奉。猎神是拉祜族中献祭最多的一个神，全寨性猎神由一个年长、枪法好、有打猎经验的男子来供奉，神祉在卧房的柱子上，不让外人看。[②]

傣绷人信仰以小乘佛教为主，兼信仰多神。其中他们献祭最勤的是寨神，认为它主管全寨人的安康，神址以寨中一株或数株菩提树为标志。人们每到祭日，就刻一根木棍成塔形靠在树上祈求护佑。天神是人们所认为的天上最大的神，名叫叭音，他主宰着世间万事万物，关心人们的生老病死，他的地位仅次于佛祖。家神是主管全家人畜安康的神，神祉贡在房中一根柱子上，也有的贡在楼梯出口旁，名叫"底哇拉"。[③]

第二节 外来宗教

一 佛教

普洱各民族中，傣族、布朗族群众信奉南传上座部佛教，公元 10 世

[①] 罗之基：《佤族社会历史与文化》，中央民族大学出版社 1995 年版，第 315 页。
[②] 云南省思茅行政公署民委编：《思茅少数民族》，云南民族出版社 1990 年版，第 343 页。
[③] 云南省思茅行政公署民委编：《思茅少数民族》，云南民族出版社 1990 年版，第 479 页。

纪前后从缅甸的北部传入我国。南传上座部佛教经书来源于巴利文和梵文经典。思茅区的"小乘"佛教主要集中在景谷、澜沧、孟连、西盟、江城、思茅等县的15个区，57个乡。教徒大都是傣族和布朗族，也有一部分佤族信奉，但人数不多。新中国成立初期的佛寺338座，神职人员483名，经常住寺和尚1500余人。①

拉祜族地区佛教的传播始于明末清初。南明永历帝的遗臣杨德渊及其徒弟铜金和尚、张秉权、张登发等进入拉祜山乡，他们把佛教经典中释迦牟尼的教义与拉祜族对厄莎信仰的相同点结合起来，佛教便很快在双江、耿马、景谷、澜沧、孟连、镇沅、普洱等县的拉祜族地区传播开来。杨和尚（杨德渊）进入普洱后，选定拉祜族与佤族结合部的南兴地方建立佛房，以拉祜族为主，兼顾佤族，在两个民族中传教。佛房为砖木结构，由牌坊、正殿、钟鼓楼、卧房、围墙、堑壕、水池等组成。整个佛房占地面积3200平方米，高大宏伟，富丽堂皇，被誉为滇南边区第一建筑，第一佛堂，整个建筑共用了三年时间才完工，现今遗址尚存。

佛房建成后，"佛祖帕"（拉祜族对杨和尚的尊称）广招弟子拜佛讲经，培养佛门骨干，拉祜族各部落和附近佤族部落都派人到南栅佛房学经受戒。"佛祖帕"所收门徒百余人，学成后都派回各地自立佛房讲经传教，先后在澜沧县境内建立了五个佛教中心，为"五佛地"。中心下面分地区建立部落佛房三十六个，史称"三十六佛房"，又称"倮黑大山"。部落佛房下面设村寨佛房三百多个，遍布拉祜山乡，形成网络，并与原来的"卡些卡列"合为一体，成为"政教合一"的社会组织。佛教与原始宗教相结合，是近代拉祜族宗教信仰的重要特征。②

从清政权建立以来，拉祜族先后举行了规模不等的多次起义斗争，攻打府署，驱逐土司，动摇了清政府对云南边疆的统治。在这些斗争中，佛教与拉祜族政治斗争相结合，佛教组织在反清思想与拉祜族起义组织的领导工作方面，发挥了积极作用，利用这一机遇佛教得到了广泛传

---

① 云南省思茅行政公署民委编：《思茅少数民族》，云南民族出版社1990年版，第73页。
② 政协澜沧拉祜族自治县委员会编：《拉祜族史》，云南民族出版社2003年版，第261—262页。

播。① 拉祜族历次起义斗争均遭到残酷镇压，迫使拉祜族四处逃散，佛教也遭到极大破坏。起义首领大多被杀害，有的逃往国外，"政教合一"的"苴冒""太爷""长爷"的社会组织被废除，佛房大多数被烧毁。②

二 基督教

1910 年，美国基督教"浸教会"缅甸景栋教会派牧师到孟连的东乃等地传教；1916 年，景栋教会派"撒腊"（牧师下一级的神职人员）比布到澜沧糯福传教；1918 年，美国牧师富力敦把基督教"神召会"传到江城，以三家村为基地建盖总教堂；1920 年，美国牧师永文里亲自到糯福主持教务；1924 年，美国牧师巴思德到墨江快发村传教，组织了"神召会"；1930 年，丹麦牧师晏崇仁到墨江雅邑、龙潭传教，成立了"同心会"；1933 年，德国牧师罗必许到镇沅县的恩乐传教；1936 年，美国牧师贝开文到墨江县的白莲、新抚一带传教，组织了"内地会"；1937 年，美国牧师李嗣贵到墨江县的果园传教，成立了"安息日会"；1943 年，贝开文又把墨江的"内地会"传入到普洱县的黎明区。从 1910 年基督教传入思茅到 1950 年前后，遍及全区的 6 个县、35 个区、135 个乡、589 个自然村；建教堂 179 座，办教会学校 7 所、教会医院 4 所；培植了牧师、长老等神职人员 358 名，发展教徒 56000 余人，有哈尼族、彝族、汉族、佤族、拉祜族的六种民族信仰。③

三 伊斯兰教

公元 1253 年元朝忽必烈平定定南时，随军来的伊斯兰教徒把伊斯兰教传入云南。这一教派称作"格底日"，是古老的意思，俗称"老教"，是传入思茅最早的教派。据新中国成立初期资料记载，全区有清真寺 24 座，阿訇 34 名，阿文小学 8 所。④

---

① 雷波、刘俊荣：《拉祜族文化大观》，云南民族出版社 1999 年版，第 50 页。
② 政协澜沧拉祜族自治县委员会编：《拉祜族史》，云南民族出版社 2003 年版，第 263 页。
③ 云南省思茅行政公署民委编：《思茅少数民族》，云南民族出版社 1999 年版，第 73—74 页。
④ 云南省思茅行政公署民委编：《思茅少数民族》，云南民族出版社 1999 年版，第 75 页。

1781年西北撒拉族、回族爆发了苏四十三领导的穆斯林反清起义失败后,哲赫林耶教派创始人马明心被杀害,长子马顺清和次子马顺真(当时才12岁和9岁)充军到云南他郎(墨江)"监毙",马顺真途中死于抱母井(今景谷县境内);马顺清到他郎后,被古城马云兆(马明心的弟子)以重金买通武官孙世恒,得以释放出狱,并在马兆云的帮助下,向哈尼族土司购买了山地(今县城边回辉村)娶妻立室。哲赫林耶教派得以在思茅地区传播,集中在墨江县玖联镇的回辉村,思茅县思茅镇的上二街。[①]

[①] 云南省思茅行政公署民委编:《思茅少数民族》,云南民族出版社1999年版,第75页。

第十四章

普洱传统审美文化

每个民族都有自己的审美文化。普洱各民族的审美文化既体现在音乐、绘画、民歌、舞蹈、建筑、服饰、手工等显而易见有审美意义的文化现象中，也存在于宗教、民俗、神话、史诗等事项中，具有丰富的审美文化内涵。普洱各民族审美文化既是普洱传统文化的重要内容，又渗透到普洱传统文化的各个部分。

第一节 普洱传统审美文化的特质属性

美是能够让人们感到愉悦的一切客观或主观事物。审美是对美的事物的感受、欣赏和创造。审美文化是美学与文化学的有机结合，是生活与文化的审美化。审美文化是文化的一种特殊形态，是指人们的日常生活或文化娱乐与审美之间相互渗透的状况。在具体的审美沟通活动中，审美文化作为审美文本与审美语境的一种特殊结合体而存在，代表着审美沟通在其中被影响并发生影响的惯例与传统维度。一方面，它相对于神话文化、宗教文化、语言文化、历史文化和科学文化等可以独立存在，集中表现为艺术活动及其产品形态；另一方面，这些艺术活动和产品又遍布在人们的日常生活中，成为已经泛化了的审美活动。

普洱传统审美文化的特质属性，既是普洱历史上各民族的审美观念，又是一些共性的普遍规律。概括而言，普洱传统审美文化的特质，有多元、包容、本真、崇善的属性。

一　多元特质属性

普洱传统审美文化的多元特质属性，是由普洱地方民族成分和民族人口众多的因素所决定的。普洱是多民族地区，丰富多元的民族成分，必然带来丰富多元的审美文化。普洱传统审美文化的多元特质属性，是各民族长期分散杂居、在一些区域又相对集中聚居的结果。大分散杂居的局面使各民族的文化的交流交融不但可能且常态化，涵盖了政治的、经济的、社会生产活动的方方面面。普洱民族相互之间的通婚是十分普遍的现象，宗教信仰也有一些共同的地方。各民族特别是少数民族在一些区域小聚居的状态，使得各民族语言文化、生产生活方式能够较为完整系统的传承延续下来。加上普洱地方山高路远、交通不便，少数民族居住的村寨又大多为偏远的山区、半山区，外来文化的影响较少，文化生态呈单纯自然状态，更便于多元民族文化的传承延续。

二　包容特质属性

普洱传统审美文化包容的特质属性，是由普洱地方历史发展和多民族共生共存的客观实际所决定的。元、明、清时期加强对普洱地区的行政管辖以后，一些官吏、官兵及其家属与游食商贩大量进入，其后代大多留居当地。普洱地区自古以来就形成了包括汉族在内的各民族大杂居、小聚居的共生共存现象，形成了永久的、稳定的平衡关系。多民族的长期共生共存，造就了普洱地区民族文化的丰富多元，形成了各民族文化兼容并蓄的局面。普洱传统审美文化包容的特质属性，正是此种情形的反映和写照。

三　本真特质属性

普洱传统审美文化本真的特质属性，既反映了封闭、半封闭状态下各民族审美文化的原生性，又表现出民族性格、审美观念的率真、质朴、任性和鲜明的个性。崇山峻岭，高山沟壑带来了交通不便，丰富的自然资源、自给自足的小农经济的生产生活方式，以及历史上众多弱小民族和支系为力求自保而设置的诸多障碍和藩篱，这些既是这种封闭、半封闭状态产生的原因,又使得这种封闭、半封闭状态长期延续。在日常生产生活中,民族性格、审美观念方面追求本真、率性、质朴和张扬的个性,极为反感虚伪的做作和假情假意。所以他们待人接物、为人处事的方式完全是其真情实感的自然流露,不掺杂太多的外界因素,充分表现出其自身的情感体验。美和不美、好与不好完全都是出自内心的自我评判,并明确表达出来不加一点虚假的掩饰和遮盖。青年男女恋爱寻亲中,碰到喜欢和不喜欢的都敢于大胆的直接的把自己的真情实感表达出来,不会去做违背自己本心的事情。他们对待朋友,可以掏心掏肺,两肋插刀。他们对爱情忠贞,对朋友忠诚,爱憎分明,喜怒哀乐形于色,从不掩藏和背叛自我的内心感受,充分践行和恪守自我情感体验,充分表现了审美的本真特质属性。

四 崇善特质属性

普洱传统审美文化的崇善的特质属性,既反映了人类同情弱者、扶贫济困的本性,而且也是生产力发展水平较低的情况下,人们生存的需求和生存的方式。动物的生存法则是弱肉强食、适者生存,没有法律的羁绊和伦理的规范。人类社会的生存发展虽然具有一些动物本能的现象留存,但进入阶级社会以后,明显具有法律的限制和伦理道德的约束,促使人们崇善行善。况且帮助、关心、同情、善待弱者也是人类的先天本性。《孟子·告子上》言:"恻隐之心,人皆有之",意即见到遭受灾祸或不幸的人,产生同情怜悯之心,给予相应的关怀和帮助,这是出自于人的本性。历史上历代统治王朝由于维护统治秩序的需要,也往往提倡崇善行善。所以崇善行善是人类社会的公序良俗,也是人们审美评价的一个基本标准。

普洱经济社会发展缓慢,生产力水平低下,基本处于前工业化时代,多以种植养殖为生,自给自足的小农经济占据主导地位,商品经济极不发达,人们大多靠天求生,仰天为生,生存极为困难,对自然灾害、意外事故的抵御能力十分低下。所以人们采取互助共济、共生共存的伦理道德观和审美价值观。这既是一种生活的方式,更是一种生存的途径和方法,它是人们生活生存智慧的总结和结晶。在普洱各少数民族村寨共同赡养孤儿,尊敬和善待老人,农忙时相互帮助,建房和婚嫁、丧事时共同帮忙等扶危济困的行为都已成为风俗习惯或村规民约,成为人们道德规范和审美评价的标准。

第二节　普洱传统审美观的显著特点

审美态度是指人们在审美活动中面对审美对象所持有的一种非功利的心理态度,这种态度有别于实践的、理智的、道德的态度。审美主体的审美态度在很大程度上决定着审美对象,审美对象的美的特质能不能被审美主体发现、欣赏、认可,往往是由审美主体的审美态度决定的。审美态度是人们在长期的审美活动中形成的、被人们普遍接受认可的对事物美的一种持久而稳定的心理反应倾向,包括对事物的审美价值的认识、对事物的审美情感、对事物美的感知、认可、欣赏、评价和创造的行为倾向。

审美标准是指用于评价对象审美价值的相对固定的尺度,它受到审美主体的心态、素养、价值观等不同审美趣味的主观因素影响,表现出一定的个体的差异性;但也受到历史的、民族的、传统的、社会的其他客观因素的影响,使审美又有了绝对的广泛性、普遍性、共性的标准。

普洱传统审美文化虽然各民族存在一定的审美态度、审美标准的差异性问题,但长期共同生活在相同的自然环境之中,相互往来交流、相互通婚、共生共存,所以在审美态度、审美标准方面,必然也形成了一些共性的、普遍性的理解认识。

一　居安乐观的生活态度

普洱各民族都是以积极乐观的态度去看待生活、享受生活、热爱生活的。他们勤奋劳作,努力耕耘,舍得付出,甘守清平,没有太多的奢求和攀比,只要有基本的生活保障和正常的生活秩序就能满足。他们热爱生活,吃苦耐劳,安守本分,天性乐观,善于从生活中的细微之处发现和寻找快乐。普洱各族群众的日常生活简单,自娱自乐,一些生活中的小事,往往都可以成为快乐的源泉。

普洱各民族十分珍惜和享受生活的快乐,而对死亡却采取了一种达观超然的态度。他们把死亡看作一件十分自然的事情，甚至把高龄老人的正常死亡当作一件喜事、好事，有所谓"喜丧"的说法。他们不回避、不畏惧死亡，敢于面对，能够较好的处理好活人与死人的问题。人死了就死了，活着的人要能够生活好才是重要的事情。

普洱各族群众，把这种平凡的、无忧的、快乐的生活，看作是美好的、幸福的生活，他们为能过上这样的生活感到高兴和满足，并且对之十分在乎和珍惜。

二 诚实守信的信用观

普洱各族群众在相互交往中，遵守诚实守信的基本原则，把诚实守信看作是一个人或一个村寨有无信誉、可不可靠的依据和标尺。每一个人都极为看重自己的信誉，讲过的话、做过的事都要遵守作出的承诺。历史上寨子与寨子之间就重大事情签约盟誓，都能够按照约定行事。他们认为这是有神灵在看着、监督着的，如果违反了盟约，不但失去了信誉，还将受到神灵的惩罚。普洱历史上曾经盛行过盟誓文化，如佤族剽牛盟誓、普洱民族团结誓词碑等，无不是通过盟誓或立碑表明心迹，许下承诺，信守诺言，明神鉴之，他们把这当作是一种极为认真严肃的事情，完全靠信誉见证、担保、践行。在普洱地方一些城镇街天赶集，一些商家、村民某些东西卖完了，有人来询问预订，下一个街天差不多的时间，同一个地点，买东西的人和卖东西的人就会履行约定，即使另有人要购买预定的东西，卖家也坚持不卖，要留等预定的买家。虽然他们相互之间并不一定是熟人，但都遵守约定、讲求信誉。

三 崇尚勇敢的英雄主义精神

普洱各民族审美观念中崇尚勇敢、威猛、救世、惠民的英雄主义精神。佤族、拉祜族、哈尼族、傣族、布朗族、景颇族、苗族、瑶族等，男子都有佩戴长刀的习俗。长刀，既是一种防身武器，又是一种生产生活工具。在古代社会，在少数民族的生产生活、迁徙流动、御敌斗争、采集狩猎等活动中，长刀都是一种重要的工具、武器。男子养成了英勇不屈、勇敢善战、尚武习武的传统精神和民族性格。长刀也演变成了男子勇猛顽强、力量无穷的象征和化身,后又演变成了各民族形式各异、步伐多样的"刀舞",在节庆、祭祀、丧葬等活动中充分表现和传承下来。"随着时代的变迁,刀舞之中蕴含的即兴性与自卫性逐渐减弱,娱乐性与表演性逐渐增强,但刀舞文化中所蕴含的多民族文化的不同舞蹈艺术风格却沿袭至今。"[①] 普洱各民族传统审美观念中,男子皆以强壮、勇猛、高大、有力为美;看重其阳刚之气,看重其对家庭、村寨、民族和社会的责任担当。女子以贤惠、勤劳、善良、通情达理、孝顺、善操持家务为美;看重其阴柔调和、持家维持稳定的能力。

普洱各民族的史诗、神话、传说,其中有众多勇敢、救世、惠民的英雄人物,如拉祜族创世史诗《牡帕密帕》中的天神厄莎,是一个勤劳勇敢、聪明能干、可亲、可爱的英雄人物;布朗族故事《三尾螺》中的亿英,是一个美丽善良、勤劳勇敢、命运多难的劳动妇女;率众英勇反抗清王朝暴政的拉祜族杨扎那、哈尼族田四浪等。传说中的机智人物有拉祜族的扎别,佤族的岩坎、岩江片、达太,哈尼族的阿米泥、门帕,布朗族的艾掌来等。他们英勇无畏、机智聪明、风趣幽默,表现了各族人民不畏权贵的反抗精神、乐观进取的生活态度、追求正义和美好理想的审美情感。

四 崇尚自然的审美生态观

普洱各民族都十分注重对生态环境的保护,崇尚自然、敬畏自然、顺应自然,追求人与自然和谐相处。崇尚自然、敬畏自然就是不能破坏村寨周边的生态环境,尊重自然万物的生存、生命的权利。人类不能过多索取和穷尽土地、森林、河流等自然资源的产出、馈赠,而应保持一种和谐平衡的状态。"一个民族所面对的生存环境是无法改变的,但人们可以通过群体的维系作用去适应自然生存的需要,降低自然因素对人的生存构成的威胁。为更好地获得生存繁衍,这就要求这个民族所依赖的群体要与大自然和谐相处,保持一致。这样一来,与自然的关系就成为高原民族最为重要的关系。在这种生存需要的背景下,人们对自然界产

---

① 宋媛:《"刀舞"的多民族文化审美研究》,《艺术研究》2014年第4期。

生了一种非常特殊的感情，甚至怀有某种敬畏和同情心。这就为环境伦理的审美观念奠定了道德基础，有效地维护了人与自然的关系在原始状态下的平衡，这种独特的'大地伦理'观念表现在审美形态上，就是一种民族精神的存在，它是一个民族的精神家园。精神家园不是别的，它就是一个民族对生活意义的一种表达，这使得这些民族没有被现代文明所吞噬，仍然在许多方面延续着他们的古老传统、宗教信仰和生活习惯；物质上的贫困并没有影响到他们的精神世界，他们的生活仍然充满着欢乐。这种乐生性带有云南各民族化特有的审美内涵。人们会感觉其具有一种古拙、典雅的魅力。"① "少数民族不管是其生产艺术还是生境艺术，抑或是生活艺术，都是人与生态耦合并进的审美共生关系，是敬畏生命的艺术。"②

普洱各少数民族普遍盛行多神崇拜，包括森林崇拜。森林崇拜有神山崇拜、神林崇拜、神树崇拜等方面，山神通常被视为一个村寨的保护神，山神保佑着村寨平安、家畜兴旺、庄稼丰收。神林有竜林、坟山林、水源林、风水林等，神树有寨心树、财神树、龙神树等。少数民族的森林信仰体系，客观上在森林环境保护方面发挥了重要作用，也是人与自然和谐相处的一个重要表现。③

五 反抗外敌侵略的爱国情感

普洱各民族有着英勇反抗帝国主义殖民侵略的斗争精神。20世纪30年代发生了震惊中外的"班洪抗英事件"，景谷乡绅李希哲组织"西南边防民众义勇军"前往佤山与当地各民族民众一起抗击英军。在滇缅南段未定界第二次会勘时，以班洪为首的十七个部落首领盟会，剽牛而誓，发出《告全国同胞书》："愿断头颅，不愿为英帝之牛马"，并派出代表到昆明向省政府请愿，最终挫败了英国殖民者吞并佤山的阴谋。抗日战争

---

① 蔡维琰：《云南民族审美文化漫步》，云南大学出版社2007年版，第33页。
② 吴海伦：《环境美学视野中的少数民族艺术审美维度研究》，《贵州民族研究》2016年第11期。
③ 刘荣昆、朱红：《南方少数民族森林文化特征及其生态价值》，《资源开发与市场》2015年第1期。

时期，日军占领缅甸后，随即进犯云南边境，日机轰炸孟连、东岗、酒房、思茅、景洪，进逼西盟、孟连。曾经参加过班洪抗英斗争的景谷爱国进步人士罗正明组织了"佤山抗日游击队"，开赴边境一带英勇抗击日寇。这两件事情，反映了普洱各民族人民团结对敌、共御外辱的反抗殖民侵略的抗争精神和国家认同的爱国情感。[①]

六 崇尚诚实善良的伦理观

普洱各民族群众都视诚实善良、互助互让、扶危济困、尊老爱幼、鄙视偷窃等为基本的道德行为准则。他们崇尚真诚，信守约规，团结互助，善待老人。在少数民族村寨，极少有偷窃事情发生，也没有老人和孤儿被弃之不管的现象。大家一人有难，众人相帮。在农忙、盖房、婚嫁、丧事时，亲朋、邻里、村民都乐于相助。有什么矛盾和问题，都由寨中的老人主持调解。在少数民族村寨，社会秩序都比较好，纷争极少，人们安居乐业，和睦相处，邻里关系融洽，民风淳朴。而且重视对后代的伦理道德、文明礼仪教育，让他们懂得和明白做人做事的道理，从小就养成良好的行为习惯。

七 崇尚男女平等的婚恋观

普洱各民族在婚姻恋爱方面，有着男女地位平等、婚恋自由的进步观念，有恋爱、婚姻自由、允许寡妇再嫁的习俗。家庭中男女双方平等，男子从事重体力劳动，女子则从从事家务和轻微的农活。婚后男子从妻居也不认为是不好的事情。各民族之间相互通婚极为常见，并不排斥与异族的婚姻。重视家庭的稳定，反对喜新厌旧，一般不轻易离婚。如果确有一方发生意外，男方可以再娶，女方可以再嫁。他们崇尚和追求以及表现出的自由、淳朴、勤劳、诚实、忠贞、担当的审美的伦理道德，应该加以肯定并倡导发扬。

---

① 普洱市地方志编纂委员会：《思茅地区志》（下），云南人民出版社1996年版，第931—934页。

第十五章

普洱茶文化

普洱茶文化与普洱的自然、地理、民族、经济、文化紧密相连，涉及种茶人、制茶人、售茶人、饮茶人，体现在各民族的生产方式、生活习惯、思想观念、宗教信仰、文化艺术等方面。普洱的独特历史背景和特殊地理条件孕育了独特的普洱茶文化。

第一节 普洱茶文化的内容

一 普洱茶历史溯源

普洱茶驰名中外，普洱市是世界茶树原产地与茶树资源最丰富的地区之一，有"世界茶源"之称，是普洱茶的故乡。从唐代开始，汉文文献中对普洱茶就有了记载。普洱茶曾在清代成为皇室贡茶，盛极一时。谢肇淛在《滇略·卷三》云："士庶所用，青普（洱）茶地，蒸而成团。"普洱，唐代为南诏所属银生节度的奉逸城，宋代大理时期基本沿袭不变，元代属元江万户府下的普日部，明代属元江府下的普日长官司，清代康熙年间后，正式建立普洱府，下辖思茅、威远（今景谷县）、他郎（今墨江县）三厅及车里宣慰司，管辖今普洱市大部和西双版纳全境。

现今普洱茶在云南省普洱市、西双版纳傣族自治州、临沧市等地区均有种植。普洱茶属云南大叶种，以大叶种晒青毛茶为原料，据《中国茶经》，其名称由来因"普洱府即现在的普洱县（今宁洱县），是当时滇南的重镇，周围各地所产茶叶运至普洱府集中加工，再运销康藏各地，普洱茶因此得名"。

普洱茶的产地据《普洱府志稿》卷19《食货志六·物产篇·茶》云："普茶名重于天下。出普洱所属六茶山。一曰悠乐、二曰革登、三曰倚邦、四曰曼枝、五曰曼喘、六曰曼撒，周八百里。入山作茶者数十万人。"清阮福在其《普洱茶记》中云："所谓普洱茶者，非普洱府界内所产，盖产于府属之思茅厅界也。"

普洱茶的种植历史悠久，但因早期记载数据比较零散，学界意见并不统一，比如，有学者认为是开始于三千多年前的武王伐纣时期，那时候的云南种茶先民濮人就已经献茶给周武王了；也有专家认为兴于东汉时期，六大茶山即有茶树栽培，据檀萃《滇海虞衡志》记载："茶山有茶王树，较五山独大，本武侯遗种，至今夷民礼之"；也有学者将普洱茶的发展史简要归纳为"普洱茶，名重天下，源于东汉，兴于唐宋，盛于明清"。据目前发现的古茶树，如巴达大黑山的野生茶树，树高14米，径1.2米，据称已有1700余年；南糯山的栽培型大茶树，高达9.8米，直径1.58米，已有800多年；在普洱澜沧拉祜族自治县的邦崴大茶树，高11.8米，根茎处干茎1.14米，据专家考证认为：这棵茶树为目前发现的唯一古老的过渡型大茶树。以上文献记载及发现表明：云南具有悠久的茶树栽培历史，普洱是世界茶树起源地。

普洱茶文化是中华茶文化重要的组成部分，关于普洱茶文化的内涵，黄桂枢在《普洱茶文化》中解释到：普洱茶文化应作为一个广义的概念来理解，它是思茅（今普洱）地区、西双版纳州普洱茶乡各族人民从古至今创造的，在对茶的发现、驯化、栽培、制造、加工、运输、保存销售、饮用的过程中所产生的物质文化与精神文化的总和。它与自然、地理、民族经济、文化紧密相连，涉及种茶人、制茶人、售茶人、饮茶人各民族的生产方式、生活习俗、思想观念、宗教信仰、文化艺术等等方面，如古茶树、古茶林、大茶山、茶种植、茶品种、茶加工、茶贡品、茶厂家、茶马道、茶饮具、茶医药、茶民俗、茶品饮、茶风情、茶碑刻、茶文史、茶诗词、茶楹联、茶文艺、茶保健、茶叶节等。普洱茶文化内涵丰富，在众多茶文化中，有其独特鲜明的地方性、民族性和广博性等特点，其中一些内容实体，已具有文物价值和世界自然文化遗产价值。① 从其定义上可以看出，普洱茶文化包罗万象，包含有饮食、住行、健康、节庆、习俗、信仰等，普洱茶文化是普洱传统文化的重要组成部分。

普洱茶很早就作为商品进行交易，在以物易物的年代，利用普洱茶可以换回日常需要的食盐、手工艺品、布匹，甚至战时的马匹等。据《阮语普洱茶记》："西番之用普茶，已自唐时。"西番指今西藏地区，可见当时普洱茶已经远销西藏等地。及至宋代，茶交易更为活跃，史称：茶兴于唐，盛于宋。普洱茶可"易西番之马"。元代时，傣族可"交易五日一集，以毡、布、茶、盐相互贸易"。明朝谢肇淛在《滇略》中称："士庶所用，皆普茶也。"普洱茶渐渐由上层社会成为全社会的饮品。清朝普洱茶交易更为频繁，据檀萃《滇海虞衡志》："此滇之所以为产而资利者也。入山作茶者数十万人。茶客收买，运于各路，每盈路。可谓大钱矣。"茶叶的集中销售地，则在普洱。《万历云南通志》卷十六说："车里（今景洪）之普耳，此处产茶，有车里一头目居之。"

布朗族在很早的时候就以茶进行商贸交易，并形成了较为固定的线路。据称，800多年前的普洱市澜沧拉祜族自治县芒景村一带就出现了初具规模的茶叶交易市场，布朗人称为"嘎轰"，现今保存的古秤即说明当时已有茶叶交易。每年的采茶季，外地客商赶着骡马前来收购茶叶，向外输送的茶叶形成了四条线路：一是从芒景到孟连；二是从芒景经佛房、南岭、谦六、大山，过澜沧江，上景谷到普洱；三是从芒景到南峤、佛海；四是从芒景到缅甸景栋。②

据傣文资料记载，早在唐朝时就有泰国商人岩贺、依白等因慕名寻找景迈茶而来到景迈进行商品贸易。当时他们赶着一百多匹的马帮，队伍非常庞大，马帮还驮来了大量的生产生活资料和佛教用品。至明朝永乐四年（1406），永乐皇帝将景迈茶指定为贡茶，每年都要将一定数量的茶逐级派专人护送到朝廷，这种做法一直沿袭到民国末年。③

---

① 黄桂枢：《普洱茶文化》，云南大学出版社2016年版，第10页。
② 苏国文：《芒景布朗族与茶》，云南民族出版社2014年版，第14—15页。
③ 李勇、杨振洪：《景迈山茶》，云南民族出版社2010年版，第112页。

二 普洱茶文化类型及内涵

（一）作为药用的茶

对于茶的药用，《神农本草》中记载："神农尝百草，日遇七十二毒，得茶而解之。"道出了茶的解毒功能。唐代《新修本草》中记载"茗，苦茶；茗味甘苦、微寒、无毒。主瘘疮、利小便、去痰、热渴、令人少睡。春采之，苦茶，主下气、消宿食。"云南的普洱茶除了有以上普通茶叶的功能，还有自己独特的药用保健功能。古代人们认识到茶有消食以及防治霍乱、痢疾、口腔溃疡、清热解毒、提神等功效。对此普洱少数民族有自己的认识，他们在日常生活中也常常利用茶叶来治病，如镇沅拉祜族苦聪人煳米茶，先把土罐置于火塘边，待茶罐烘烤发热，放若干茶和糯米，在火塘上轻轻抖动土茶罐烘烤，待米和茶烘黄，加开水煮沸，再放入姜片、红糖稍煮片刻即可，既可解渴又能防病治病；彝族每年茶叶大发的季节，就到大森林中采摘野生茶将其发酵后制成隔年陈茶用来治病。

茶在普洱许多民族的历史上都是最先以药用的价值出现的。据布朗族史诗，布朗先民在迁徙途中，遭遇了一次大的流行病侵袭，整个族群的成员都患上了这种病。患者四肢无力，眼睛发黑，吃不了，走不动，全族人只好停下来在大森林里原地休息养病。在这绝望时刻，一位先人疼痛难忍，便无意间从身旁的一棵大树上摘下一片树叶放到嘴里面含着，不一会儿，这位先人便迷迷糊糊地睡着了。待他醒来时，觉得一身轻松，头脑清醒，眼睛明亮，精神振作。于是，他马上把自己的感觉告诉了头领和同胞，从那时起，布朗先民发现这种树的叶子与其他的树叶不同，具有特殊的功能，可以用来治病、消除疲劳，也可以提神，茶树的叶子便成了布朗族先民神圣的药品了。[①] 咀嚼茶则是将新鲜茶叶与红毛树嫩叶混合咀嚼，嚼碎后以水吞服即可，可治疗胃腹肿胀、消化不良等。

在景迈山傣族的记载中，傣族对茶的认识最初也是从它的药用价值上开始的。傣族头人召糯腊夫人南应腊生了一场疾病，在偶然的机会召

[①] 苏国文：《芒景布朗族与茶》，云南民族出版社2014年版，第7—9页。

糯腊发现了茶的特殊，于是他带回家配上草药煮了给妻子喝下，又用汤擦洗全身，用这种方法，治好了妻子的病，其后傣族便开始大量种茶用茶①。在景迈傣族的传统医药知识中，茶占据了重要的地位。如治症疾，可用麻挖瘩根、野饭豆叶、薏子苦楝子叶加古茶树的老茶叶煎服；如治皮肤溃烂、瘙痒或皮疹，可茶叶加水煎服，并擦洗患处；如治食物中毒，可用古茶树茶叶加水煎服；如治外伤、蚊虫叮咬或脓包，可用茶叶煮沸后清洗伤口处，能起到消炎、消肿、止痒、愈合伤口的疗效。尤其流行的是防治白发、脱发和护发的手段，主要有三种：一是采古茶树上的树花和寄生植物等多种草药配制的秘方煮洗；二是用新鲜的古茶树茶叶或用加工的晒青干茶，熬制成茶水来洗头；三是用浸泡过的淘米水洗头。

哈尼族至今仍有将茶加重煎服，用于治疗细菌性痢疾的习俗。如果家中有人生病，饮食不佳时，哈尼人往往会熬制各种茶汤，给病人喝下，有使病人增加食欲及恢复体力的奇效。在普洱的许多哈尼族地区，人们除经常将茶用作食材、药材之外，还会加入其他很多植物做成不同的茶饮料，如香条茶、茅茶和绞股蓝。

普洱茶的医药功效亦早有历史记载，清代学者赵学敏在其《本草纲目拾遗》中记载："普洱茶膏能治百病，如肚胀、受寒，用姜汤发散，出汗即可愈；口破喉颡，受热疼痛，用五分噙口过夜即愈；受暑擦破皮者，研敷立愈。""普洱茶味苦性刻，解油腻，牛羊毒，虚人禁用。苦涩。逐痰下气。刮畅通泄，普洱茶膏黑如漆，醒酒第一，绿色者更佳。消食化痰，消胃生津。功力犹大也。"吴大勋在《滇南见闻录》中言："其（普洱）茶能消食理气，去积滞，散风寒。最为有益之物。"清光绪《普洱府志》记载：普洱"茶产六山，气味随土性而温，生于赤土或土中杂石者最佳，消食、散寒、解毒"。可见，在古代社会普洱茶的保健功效已被世人渐渐知晓。普洱茶具有的助于消化、消除毒气、生津解渴、去除油腻、提神醒酒、治痢抑菌等药效，是经过先人们通过对普洱茶反复的实践才得来的。

普洱茶的保健功能，在现代社会已为科学实验所证明。比如在降血

---

① 李勇、杨振洪：《景迈山茶》，云南民族出版社2010年版，第98—106页。

脂、降血压方面，据研究使用云南普洱沱茶医治高脂血症55例与疗效较好的降脂药物安妥明治疗的31例对比，云南普洱茶的疗效还高于安明，其降低胆固醇的效果则与安妥明相似，且长期饮用无副作用。在抗癌、防癌方面，昆明天然药物研究所梁明达、胡美英教授经过10多年的研究，发现普洱茶杀灭癌细胞的作用最为强烈，甚至常人喝茶的1%的浓度亦有明显的作用。在经普洱茶作用后，癌细胞形态发生致死性突变，这些变化均证明癌细胞在茶的作用下，由变性趋向死亡。另外，普洱茶还有明显的降低胆固醇的效果，治疗心血管疾病，消炎止痛等功效。

（二）作为食用的茶

唐樊绰《蛮书》说："茶出银生城界诸山，散收而无采制法，蒙舍蛮以椒、姜、桂和烹而饮之。"宋人也有类似的说法："茶出银生诸山，采无时，杂椒姜烹而饮之。"银生城界诸山，就是指当时的南诏节度使所辖思茅、普洱、景洪等地。生活在这里的傣、拉祜、景颇、哈尼、布朗、德昂等族沿袭古习，至今仍以较为原始的方法利用茶叶。如德昂族最有特色的便是酸茶，其名称又叫湿茶，味道酸涩，食之具有生津解渴、解暑消食等作用。原料即现采摘的新鲜茶叶，放入竹筒里压紧，后将竹筒密封，经过一段时间的发酵后制作而成。这类酸茶不必煎饮，而是从竹筒里取出放入口中咀嚼即可，茶味酸苦略甜。据对酸茶的分析研究，酸茶含有丰富的儿茶素、黄酮、茶多酚、氨基酸、咖啡碱等营养元素，具有降压、降血脂、抑菌、消炎、减轻疲劳、提神健胃之功效。德昂族和景颇族喜食"腌茶"，布朗族喜食"酸茶"等，都是将茶作为蔬食的茶饮方式。德昂族的腌茶又叫陶罐茶，原料为茶树上摘的新鲜茶叶，洗干净之后加以辣椒、盐巴等，放入陶罐后封存，待几个月后便成为腌茶，取出当菜食用，也可作为零食。另外，德昂族还会制作凉拌茶，又叫茶叶菜，主要的原料便是茶叶，通常选用刚从茶树上现采的新鲜茶叶，洗净，添加盐巴、香油、辣椒等佐料搅拌均匀即可食用。味道初时微苦涩，咀嚼一段时间后，茶叶回甘，满口茶香，回味无穷。

布朗族食用茶的历史是从原始采集社会时期即遗留下来的习俗，古时布朗族生产力低下，蔬菜较少，普洱茶成为日常的佐料和蔬菜食用，并称之为"得责",如布朗人上山劳动,一般只带冷饭和一点盐巴、辣椒,不带菜,中午吃饭时采一把茶的鲜叶蘸盐巴和辣椒吃便可。所谓凉拌茶、酸茶、鸡蛋茶等,就是这种传统吃法的延续。在现今景迈山地区,依然有吃凉拌茶、茶叶炒鸡蛋和茶叶煮牛肉的吃法①。布朗族喜食酸茶,具体做法为:在茶树发芽的春秋季节,采摘1芽及2—4片嫩叶,蒸或煮熟后,放在通风、阴暗处待其自然发酵后放入竹筒(时间约为8—10天),压紧后用芭蕉叶、红泥土封口,然后埋入土中,盖实,经月余便可食用。酸茶可帮助消化和解渴,是布朗族人一种很好的馈赠礼物。还有些布朗族喜食喃咪茶,它是一种用菜花沤制的酱料,佐料以野菜花、野果和小番茄烧熟后加入辣椒配制而成,俗称"喃咪"酱,吃之前可以加入花椒、蒜泥、芫荽等调料。喃咪茶是将新发的茶叶1芽2—3叶采下,洗净后在开水中焯2分钟左右,以减轻苦涩味,用茶叶蘸着吃,也有不在开水焯直接蘸着吃的。

基诺族喜食凉拌茶,一般是将刚采来的新鲜茶叶洗净,用手稍加搓揉、搓细,然后放在碗内,再将新鲜的黄果叶揉碎,加入辣椒、酸笋、切碎、酸蚂蚁蛋等佐料,连同盐巴投入碗中,最后在大碗中加上山泉水,便成了"拉拨批皮"(即凉拌茶)。基诺族的凉拌茶不同于布朗族的凉拌茶,除辣之外,还比较酸,这与基诺族民族喜食酸辣有关。

不仅德昂族和景颇族喜制腌茶,彝族人民同样喜欢制作腌茶食用,制作方法与德昂族和景颇族比较相似,在器具方面彝族人习惯用罐或竹筒制作。用竹筒制作的腌茶还带有一种竹子的清香。

由于过去的生活异常艰辛,哈尼族一直利用"茶"的"物性"将之作为饮料和抗病药物加以利用。在温饱不足、主食短缺、肉类、蔬菜和副食品长年不见的艰苦岁月里,茶不仅仅是一种饮料,还是一种汤料——是人们经常进餐时泡饭和佐餐的汤料——以茶代汤的生活习惯一直延续至今。

(三)作为饮用的茶

普洱茶作为一种饮品,可谓源远流长。普洱民族众多,各民族生活

---

① 苏国文:《芒景布朗族与茶》,云南民族出版社2014年版,第13页。

在不同的地域，生态环境差别较大，对周围材料的利用也各不相同，形成了多种多样的饮茶方式，这些方式都是与各民族的生产、生活实践分不开的。

1. 哈尼族的饮茶方式

哈尼族饮茶的历史源远流长。相传在远古之时，有个勇敢的爱尼小伙子猎获了一头豹，他请来寨里人吃肉饮酒。席间，大家尽情跳"冬八仓"，直跳到通宵达旦，口干舌燥。主人便煮一锅水给众人解渴。当锅里的水即将煮沸时，突然起了大风，屋外的树叶纷纷落下，有几片叶子随风飘进了锅里。大家喝后感到这水苦中带甜还有清香，比平时好喝，后来便常摘那种树叶泡水喝，继而采种子栽在房前屋后，并取名"老泼"（茶叶）。对哈尼族而言，种茶首先是为了饮用，而后来才是从经济来考虑的。每一户哈尼人家，或精制茶或粗制茶都要备有的，客人来到，必须拿出的三样东西，其一是一杯浓茶，其二是一杯自烤的焖锅酒，其三是烟叶及烟筒。一个哈尼人家，若拿不出这三样东西就视为不懂待客之道。

哈尼族饮茶方式比较多：一种是土锅茶，多用于长街宴或其他祭祀活动中；一种是煨酽茶，多用于家中客人较多的时候；一种是蒸茶，一般是在劳动或打猎归来时饮用，年纪大的哈尼族人喜饮；一种是烤茶，多用于野外田地劳作时饮用。

土锅茶在许多地区既作为日常饮用，也用于长街宴活动用。其材料一般是头春茶，采用大叶种头春芽中的一芽一叶或一芽二叶；先在土锅中舀入清澈的山泉水，把土锅架到燃着熊熊烈火的火塘的锅桩石或者铁三脚架上，将清泉水烧开，在沸腾的开水中加入以上茶料，再煮大约三至五分钟而成。用以祭祀祖先神灵时，还要特别加入姜块等附属物质。土锅茶每人喝来口感并不相同，而且在长街宴上，不同辈分的人之间可以相互敬酒或其他饮料，但不能相互敬茶，茶只能由晚辈敬给长辈，而不能由长辈敬给晚辈，否则会被认为触犯神灵，给自己也给别人带来灾难。土锅茶是一种古老而方便的饮茶方法。

而煨酽茶通常用于日常待客，在普洱地区的哈尼族人，几乎家家都有煨酽茶、喝酽茶的习惯。尤其是上了年纪的哈尼族人，劳动休息之余或是饭后坐在火塘边,一边抽着旱烟锅,一边耐心地煨着酽茶。如果有亲朋好友前来,就先招呼客人坐下,然后就请客人喝酽茶。煨酽茶所用材料与土锅茶不同,茶叶一般用的是粗茶,装满茶的茶罐放在火塘边,先将茶叶烤黄,散发出一股香气后,加入清水把茶罐放在火塘边继续煨直到茶水煨浓,才倒出来饮用。酽茶色泽鲜艳,茶味浓烈,清凉解渴,有助于消化。初次饮用这种茶,觉得又苦又涩,很难下咽,但饮后回味却是清凉爽口,其味无穷。①

比较哈尼土锅茶与煨酽茶,前者比较方便快捷,土锅先煮水后煮茶,既可得茶味的清香,又易普遍使用。而煨酽茶相对比较费时间,需要闲适的心情和充裕的时间,用以待客、休闲或消除疲劳。哈尼煨酽茶由于煨的时间比较长,茶汤通常很浓,清香中带有苦涩味,初次喝煨酽茶的可能不习惯,如果嫌苦涩味太重可以在茶里加一些清水,茶汤淡了再喝。喝哈尼族的煨酽茶,要喝三道,第一道轻尝,重在品味;第二道喝半杯,意在提神解困;第三道喝满杯,其意为朋友相聚,满心欢喜。喝时要轻尝慢饮,忌大口大口地喝。哈尼族的煨酽茶色泽深黄、味甘苦、清香、凉爽,不仅能解渴,还有消食化痰、解除胀满、减轻疲劳、振作精神的功效。很多哈尼族老人是烧煮煨酽茶的高手。

蒸茶多是年纪较大的哈尼族人喜欢饮用,比如在劳作或打猎归来的路上,顺手采摘一把新鲜的茶叶,带回家后用甑子蒸熟,然后晾干,饮用的时候冲上开水泡 3—5 分钟即可饮用,蒸茶喝起来有一股糯米的香味,口感醇厚。

烤茶则多是在野外劳作的时候饮用,在野外砍一段新鲜的竹子,截成竹筒加入清澈的山泉水,放在火堆上烤。再采一把新鲜茶叶,置于火堆旁烤至焦糊味,水开后将茶用水揉碎,放入竹筒中蒸煮几分钟后即可,这种方式的烤茶既有竹子的清香,又有茶的烤香,味道清香可口。

除了以上的几种饮茶方式外,让世人称道的哈尼茶还有竹筒茶。竹筒茶一般不在家里烧煮,而是在野外劳动时经常饮用的一道茶。在普洱哈尼族地区,到处栽满了竹子,要喝竹筒茶时,砍一节竹,一端留节,

---

① 毛佑全、傅光宇、李期博:《哈尼山乡风情味》,四川民族出版社1993年版,第98页。

洗去竹内白末，灌进清水，同时放入适量的茶叶，烧火烤煮。水涨即烧成了竹筒茶。此茶的特点是茶水不仅有茶的清香，还有竹的清香，两者合二为一，具有一种独特的香味，使人百喝不厌。哈尼族认为，茶具最好用竹子制作，因为竹子本身具有一种香味，跟茶香能够融合，而且竹子大多生长于河谷溪边，与水有着天然的联系。竹子有节，但节之间则是空的，是浑然天成的杯子，用它来喝茶是最好不过了。另外用土碗喝茶，土碗保留有大地之气，能够较好地表达茶与自然之间的关系，端起土碗喝茶犹如亲吻大地。

2. 佤族的饮茶方式

苦茶是佤族人民的日常饮料，一般为自制普洱干茶，放在砂罐中熬煮，一直煮到茶水只剩下三五口时，此时茶汤较浓如药汤一般，味道非常苦涩，但喝完之后清凉解暑，深得佤族人民喜爱。佤族语叫"枉腊"，是一种与烧茶相似而又别致的饮茶方法。首先用壶将水煮沸，另用一块薄铁板盛上茶叶放在火塘上烧烤，至茶焦黄后，将茶倒入开水壶内烹煮，等煮好后，将茶水倒入茶盅。这种茶水苦中有甜，焦中有香，此种饮茶方法流传已久，现佤族中仍保留这种饮茶习惯。

铁板烧茶是佤族独具一格的茶饮，与烤茶相似但风格又有所不同。饮茶方法是先用壶将水煮沸，另用一块薄铁板盛上茶叶放在火塘上烧烤，直到茶色烧烤到焦黄散发出茶香味，再将茶倒入开水壶内煮，几分钟后即可将水倒入茶盅饮用，这种茶饮后苦中回甜焦中有香。擂茶也是佤族的一种古老的饮茶方法。即将木擂钵擂好的茶叶加入姜、桂、盐放在土陶罐内共煮后饮用，有清热解毒，通经理肺的功效。至今佤族仍保留着这种古老的饮茶方法。唐樊绰《蛮书》中说："茶出银生城（景东）界诸山，散收无采造法，蒙舍蛮以椒姜桂和烹而饮之。"这些记载实际上就与佤族饮用的擂茶相吻合。

3. 布朗族的饮茶方式

布朗族的民族史诗《奔闷》记载了祖先帕岩冷带领族人种茶的史实，但《奔闷》已经在20世纪被毁，现在流传的都是村中老人口口相传的内容以及缅甸布朗族的一些零星记载，当地民谣《祖先歌》也记载了部分布朗族种植的历史。据称，祖先帕岩冷发现茶之后，因茶比较特殊，同其他植物不同，于是命名为"腊"。茶从早期的药用、食用之后，随着经济条件的改善，茶主要用来作为饮用，过去布朗族人善饮烤茶，布朗族的烤茶有两种方式：一种是将茶采回来后，经过锅炒杀青、手工揉捻、晾干之后放入土罐中，加入开水蒸煮，煮开一段时间后将烤碳直接放入茶水内；另一种是将茶放入小土罐中，放在火塘边烘烤，待香气冒出时倒入开水即可饮用。烤茶初入口较为苦涩，越喝越有一种茶香，通常是在布朗族饭后或劳作之余在火塘边一家人或连同亲朋好友一起享用。

布朗族还擅长煮青竹茶，由于布朗族一般生活在深山密林中，交通不便，田地离村寨较远，在田地劳作时，想喝茶水解乏止渴，待砍下山中的竹子，截成竹筒，将下部削尖，插在地上，成为独特的茶杯。将山泉水倒入另外的竹筒中放在火堆旁烧烤，待水烧开后放入茶叶，煮十分钟左右即将茶水倒入插在地上的竹筒茶杯中，这种茶俗称青竹茶，既有山泉水的清甜又有茶叶的清香，有解乏提神的功效。①

4. 彝族的饮茶方式

彝族的饮茶方式主要有盐巴茶、油茶、烤罐茶、清茶等。

盐巴茶是彝族人最喜欢饮用的一种茶，在茶叶春秋发芽季节采摘新鲜牙与嫩叶，经锅炒杀青、手工揉捻、晒干之后压成饼茶，需用的时候掰下一块砸碎，然后放在土罐内在火塘旁边烘烤，当听到罐内发出"劈劈啪啪"的爆炸声响并有焦香气味散出，这时向土罐内倒入沸水，再蒸煮十分钟左右，然后把用线拴紧的盐巴投入茶汤中晃动几下再拿出，将茶罐拿离火塘，这时的茶汤较浓，倒入汤碗后再加入适量开水冲淡即可饮用。这种茶因有盐巴，可以搭配糯米粑粑、玉米粑粑一起吃，味道更加可口。

油茶则是用茶壶将茶煮至沸腾，之后将茶水滤入冲茶筒中，再将做好的酥油、麻籽蛋、鸡蛋清、盐巴等佐料放入茶筒中，然后左手拿筒，右手来回抽动筒内拉杆，茶水和佐料充分混匀后，即可倒入茶杯中饮用，油茶清香爽口，有利提神醒脑、滋补健身。

烤罐茶也是彝族人十分喜欢饮用的茶水。先将茶叶放人陶制茶罐内

---

① 黄桂枢：《普洱茶文化》，云南大学出版社2016年版，第183—185页。

在火上焙烤，直至茶叶烤得酥脆、略黄时，乘热将茶罐端离火源，灌入事先烤热的水少许待罐内茶水泡沫稍息，再冲入热开水至罐满，又在火上蒸煮，片刻便可起罐让茶叶沉淀一会儿，再倒出茶水即可饮用，彝族的烤罐茶色泽、香味和浓度俱佳。

彝族的清茶是将清澈的山泉水盛入铜茶壶，置于火塘边煨热，水温增至水面冒气时，倒入适量水蒸煮，再放茶入内，于火塘上烧煮，煮沸后用搅茶棍搅动渐成金黄色，便用火钳将茶罐取下来，搁置片刻待沸腾时停止，经过滤倒入茶杯内即可饮用。

另外，还有部分彝族人喜欢喝清茶，即在土罐中装入清水，放在火塘边慢慢加热，待冒出热气时再加入适量的水，同时放入茶叶，把土罐放在火塘上煮沸，用筷子均匀搅拌，煮沸片刻即可倒茶饮用。清茶色泽金黄，味道清香。

5. 傣族的饮茶方式

傣族饮用竹筒香茶。这是别具风味的一种茶饮，也是比较讲究的一种待客茶。傣语叫"腊跺"。制法有两种：一种是采摘细嫩的一芽二三叶，经铁锅杀青揉捻，然后装入特制的嫩香竹筒内，在火上烘烤，这样制成的竹筒香茶既有茶叶的醇厚茶香又有浓郁的甜竹清香；另一种制法是将晒干的春茶放入小饭甑里，饭甑底层堆放一层用水浸透的糯米，甑心垫一块纱布放上毛茶，约蒸十五分钟待茶叶软化充分吸收精米香气后倒出，立即装入准备好的竹筒内。这种方法制成的竹筒香茶三香齐备，既有茶香，又有甜竹的清香和糯米香。边装边用木棍将竹筒内的茶叶舂压后再装茶叶，边装、边烘、边舂，直至竹筒内茶叶填满舂紧为止，然后用甜竹叶或草纸堵住筒口，放在离炭火高约几厘米的火塘三脚架上以文火慢慢烘烤，约五分钟翻动竹筒一次，待竹筒由青绿色变为焦黄色筒内茶叶全部烤干时，剖开竹筒即成竹筒香茶。饮用时，取出圆柱形的茶叶，掰少许茶叶放入碗中，冲入沸水约五分钟即可饮用。竹筒香茶具有芽叶肥嫩、白毫特多，汤色黄绿，清澈明亮，香气馥郁，滋味鲜爽回甘的特点。傣族在田间劳动或进原始森林狩猎时，常常带上制好的竹筒香茶，在休息时，他们砍上一节甜竹，上部削尖灌入泉水在火上烧开然后，放入竹筒香茶再烧五分钟，待竹筒稍变凉后慢慢品饮。饮用竹筒香茶，即解渴，又解乏，令人浑身舒畅。

6. 拉祜族的饮茶方式

烧茶是拉祜族习惯的一种饮茶法。将采下新梢的一芽五六叶鲜茶直接在明火上烘烧到焦黄再放入茶罐内煮饮。烤茶是拉祜族一种古老而普遍的饮茶方法。先将小陶罐在火塘上烤热后，放入茶叶进行抖烤，待茶色焦黄时，冲入开水去掉浮沫，再加入开水，待茶煮好后，主人先倒少许茶水自尝，以试其浓度，如茶汁过浓，可加入开水使之浓淡相适，然后再倒给客人饮用。这种烤茶，香气很足，味道浓烈，饮后精神倍增，心情愉快。糟茶也是拉祜族一种非常古朴而又简便的饮茶方式。将鲜嫩茶叶采下后，加水在锅中煮到半熟后，取出置于竹筒内存放，饮用时取出少许放在开水中再煮片刻，即倒入茶盅饮用。茶水略有苦涩酸味，饭后有解渴开胃的功能，风味特别。

（四）作为礼品的普洱茶

茶作为礼品标志着茶从神圣之物向世俗的转变，在日常生活中得到广泛的应用。茶成为人际交往、节日庆典的中介物，民族不同，对茶的利用则不尽相同。如布朗族有迎客茶、礼品茶、定亲茶、婚姻茶、茶请柬。所谓迎客茶，是指客人走进任何一家布朗族家，布朗族人定会端一杯热气腾腾的茶敬到客人手中。在布朗族的火塘边，常年放着一把大茶壶，当客人坐下后，主人的茶水就已经煮沸烧开，即时，一个用竹子制作的茶杯，便盛满茶水敬到每位客人手中。

在布朗族人的日常交往中，人们会把茶送给朋友或亲戚，可称之为礼品茶。因茶与布朗族的特殊关系，茶成为布朗族人的信仰，茶树也成为布朗族人家庭财富的标志。布朗族与茶的亲密关系，对茶的深厚感情，生动地反映在布朗族村村种茶、家家采茶、户户制茶、人人喝茶、送客送茶等方面。茶成为布朗族人联络亲朋好友感情的重要媒介，在布朗族人的日常生活中有着特殊的功能。

布朗族的男女恋爱关系确定之后，男方要带上自己的好朋友和舅舅选一个吉祥的日子到女方家提亲，礼物中茶是必不可少的，此种可称定亲茶。如果女方父母接受了礼物，就表示同意这门婚事；如果不同意，就要接着送，直到对方父母答应为止。在定亲时，女方接受男方的聘礼，称为"受茶"或"吃茶"，从迎亲到婚仪中，不论是祭祖、谒见长辈等都要献茶、敬茶。长辈馈赠的见面礼也称"茶包"。

布朗族婚姻仪式中茶是重要的礼品，各地有所不同，很多地方无论是小伙伴们一起去提亲，还是媒人代提，茶都是礼品之一，又称婚姻茶；女方家在接到礼物后要回赠礼品时也有茶叶一包，"三回九转"中每次都要备有茶叶。结婚第一天，男方也要准备米、肉、茶叶等由媒人送到女方家，招待前来祝贺的亲朋好友也少不了茶；新娘接回家后，要给老人斟酒、敬茶，聆听老人的教诲，用茶表达敬意。

布朗族在有重大社会活动时一般都要用茶作为请柬，又叫茶请柬，布朗语称恩膏勉，凡是接到茶请柬的人，必须按时参加这项活动。茶请柬是用芭蕉叶包着一小包茶叶和蜡条，用竹篾捆成的信息媒介载体。布朗族社会生活中重大活动都要用最高礼仪的茶请柬。请客用的茶请柬代表重要的事情和重要的宾客。从布朗族用茶的种种活动中，可以窥见其历史文化、人生礼仪、社会交往、宗教信仰等风俗，布朗族与茶有关的种种活动，实际上已成为一种文化积淀。①

佤族在婚礼、生拜、谒拜等场合都要用到茶，把茶作为重要的礼物。佤族在订婚和结婚前要举行"迪亚"仪式。"迪亚"即祈神，是杀鸡看卦和请求神灵成就婚事的一系列仪式。做完祈神仪式后第三天，未婚夫和媒人请上一个帮手带着包括茶叶在内的礼物送姑娘回家，正式向女方的父母及族人求婚。正式结婚时，澜沧文东芒堆佤族在婚礼中的"茶礼"是很重要的内容，叫"吉腊"，"吉"就是礼，"腊"就是茶，是男方给女方的聘礼，其中礼品内容中就有半公斤茶叶。因为传说茶是芒堆布饶人祖先留下来的宝物，承传着祖先的灵魂，也象征着家庭美满、幸福。婚礼中来吃喜酒的人们也必须送茶叶在内的礼物表示祝贺。此外，新婚夫妇在结婚当年的春节前后还必须去敬拜所有的舅舅，给舅舅敬献礼品也需要茶叶；生拜是生养儿女的家庭，每逢年关时节要带孩子去敬拜爷爷奶奶，要带的礼物有：芭蕉、茶叶、糯粑等。此外，佤族还把茶叶作

---

① 苏国文：《芒景布朗族与茶》，云南民族出版社2014年版，第73—75页。

为给人赔礼道歉的一件很好的礼物，如侵占了他人田地用水酒、茶叶和芭蕉赔礼等。

拉祜族在婚姻缔结中也把茶叶作为重要的礼品。订婚仪式可在男方家或女方家举行，由媒人所带的礼物中也一定要有茶叶。澜沧拉祜族盛行从妻居，在婚礼中男方要在天黑前将聘礼之一——猪交给女方家后，在正堂举行"摆礼"仪式，其中"礼"中也要有若干包茶叶。

茶叶在拉祜族的婚姻习俗中也是不可缺少的。青年男女交往定情后，男方父母要先请媒人带上一些茶叶、米面、草烟、烧酒等礼物到女方家说亲。说亲时，媒人还要亲自在火塘边煨一罐茶，依次端给姑娘的父母、舅父及叔伯们喝。如果姑娘的父母喝了茶，则表示同意婚事，如不喝则表示拒绝。婚事确定后，男方要正式下聘礼，聘礼主要有米面、烧酒、猪肉、盐巴、茶叶、红糖、布匹、衣服等。结婚时，新婚夫妇要在伙伴的陪同下，带着竹筒打来泉水，烧茶、煮饭，将茶水和米饭敬献给女方及男方的父母[①]。

茶是哈尼族待客的佳品，主客围坐在火塘边，边烤、边煮、边品茶、边聊天，待茶足兴尽后，客人将要离去时，好客的女主人会将一小包在"活达"中放置过、具有神圣威力的茶送给客人作为礼物，表示对客人衷心的祝福，希望哈尼族神圣的茶带给客人吉祥和幸福，无论客人走到哪里都有哈尼人的神在保佑着。"活达"是一块金竹篾编的篾片，终年挂在火塘上空，用来烘烤谷物，同时是一种神圣之物，祭祖时供神的祭品要放在这里。哈尼人认为"活达"上环环相扣的吊环是人魂通向天庭的天梯，极为神圣。由于"活达"被赋予了神性，因此放置在"活达"中的物品也会被赋予神力。

德昂族先民濮人是最早种植茶树的人，很善于种茶，被称为"古老的茶农"。他们居住在山区或半山区，村寨周围随处可见茂密的茶林，德昂族人的一生都与茶共度：无论是在青年时代，还是老年时代，都有茶的故事。其社交中茶是重要的礼品，它的寓意是"茶到意到"，因此探望亲朋好友要送茶、客人来访要沏茶、相亲说媒要送茶（男方要给女方家

---

① 黄桂枢：《普洱茶文化》，云南大学出版社2016年版，第213页。

带一包二三斤重的茶）、办喜事送一小包系着红线的茶作为请柬、办丧事请客也是送用竹条或麻线系着的一小包茶。此外，群体之间发生纠纷，过失的一方要送茶来调解。

德昂族的少男少女在将要进入青年时期，会收到一件特别的礼物，即"首冒"——年轻人的头儿送给他们的一小包茶叶。青年也常常通过采茶劳动来发现自己喜欢的人，边唱山歌边采茶，若双方有情，小伙子就会托好友送一包茶以"传情"，姑娘如果中意就会收下，如果不喜欢就会婉言谢绝。这是邀请他们参加青年行列的"请柬"，"首冒"为他们举行集会表示他们已经长大成人，可以参加青年人的社交和宗教祭祀活动。当恋爱中的男女情投意合欲结连理时，双方就互赠一包茶叶放在自家的桌子上，家长一看就能明白儿女已私订终身。男方家长会主动请媒人带上两包茶叶去女方家说亲，女方同意，就会收下茶叶。完婚前，姑娘如果以前有相好的，还要送一包茶叶表示结束过去的恋爱关系，祝福他找到比自己漂亮能干的姑娘。

（五）作为贡品的茶

在20世纪50年代以前，少数民族的首领都各有辖区，辖区内的族群都要给首领进贡稀有的物品或金银，而随着茶价值的提升，越来越多的首领更乐于接受茶作为贡品。在明永四年（1406），景迈茶被指定为贡茶。贡茶从鲜叶的采摘到加工制作要求都极为严格，鲜叶必须保持一芽一叶，要求叶芽厚实，长势一致，而且只要春茶，当天采摘的鲜叶需当天加工，以保证新鲜度，并且要纯手工操作。这种贡茶的要求一直沿袭到民国末年。

芒景布朗族在其祖先帕岩冷与傣王的七公主成婚后，接受了傣王的管理，布朗族与傣族之间的战争宣告结束，两个民族开始走向和平共处，在这一时期，出现了布朗部落向傣王贡茶的习俗。芒景布朗山部落的贡茶最早是向西双版纳傣王进贡的，后改为向孟连傣王献贡。据芒景老人回忆，进贡有明确的要求和指标：（1）贡茶活动每年一次；（2）每次由部落长带领8个人，在孟连为傣王做义务工15天，早晚参加朝拜活动；（3）带去的贡品有茶叶10担、棉花4担、辣椒4担、鸡50只、银子30

两、酸茶6筒。贡茶活动结束后,傣王给芒景送牛1—2头、大米100千克、布10丈、盐巴50千克、腰带10条①。

(六)作为祭品的茶

普洱许多少数民族都有自己的信仰,很多民族既信仰原始宗教又信仰佛教或基督教,信仰各不相同。对于普洱茶在早期的药用价值,各族先民认识不足,多将普洱茶当作神圣之物看待,在宗教活动、祭祀祖先及其他节日庆典中,普洱茶是作为一种重要的祭品出现的。在普洱市澜沧拉祜族自治县景迈山的芒景村,布朗族信奉南传上座部佛教,每年关门节、开门节期间会有赕佛活动,赕佛时,茶叶为重要的赕品之一。

在布朗族的宗教活动中,有祭龙活动,每年必须举行一次,时间为每年的4月份,大致与泼水节的日期相合,如遇特殊情况,如战乱、天灾、人畜病害则一年要做数次。祭龙活动的祭品是:红公鸡、母鸡各一只,须纯毛无杂色;鸡蛋、公猪等;另要腊条、酒和茶、米等。布朗族的茶是其祖先帕岩冷发现并带领族人种植的,芒景上寨、芒景下寨、翁基、翁洼、芒洪5个布朗族村寨,其寨民都是帕岩冷的后裔,在每年4月份(过去是在9月份)他们共同祭献祖先帕岩冷。在祭祀仪式中,茶是必不可少的重要祭品,感谢祖先带领族人过上了安定的生活,感谢普洱茶带给布朗族人的新生和富裕生活。布朗族的日常生产生活的祭祀也会用到茶,过去在烧荒播种之前,要先用米饭、竹笋和茶叶的混合物祭祀火神。布朗族的丧葬仪式中也要用到茶,普洱的布朗族多盛行火葬。在埋葬死人时,要点四对蜡烛,寓意为死者照明路途;另在棺材头前置一杯茶、一壶酒,意为逝者辛劳一辈子,在冥间也理应获得人间同样的享受。

祭祖在拉祜族的各种祭祀活动中占有重要地位,每年春节初二、火把节都要祭祖,祈求粮食丰收。八月十五新米节是祭祖大节,祭祀活动中要进行接祖、祭祖、送祖仪式。举行仪式时除烧香点烛外,还要摆放三牲和果品,还经常施行原始巫术,茶也是其中必备的物品。"灭阿"意为"驱邪",是拉祜族原始巫术之一。"灭"据说是一种恶邪,被其所害

---

① 苏国文:《芒景布朗族与茶》,云南民族出版社2014年版,第38—41页。

者会久病不愈，必须举行驱逐妖邪的仪式，澜沧江西岸拉祜族山区的人们一般请"席八"（能够捉邪驱妖的人）主持"灭阿"，其中也用到茶叶。"送瘟神"也是拉祜族施行的原始巫术之一，他们认为人和牛、羊等普遍生病是瘟神作祟，"抬神"的背篓中也要放茶叶。所谓抬神，就是用泥巴做成各种奇形怪状之物放在背篓里，再放上茶叶、大米、火炭之类的东西，由两个人抬着在寨子中走一圈，然后朝寨子相反的方向走到很远的地方丢掉。

哈尼族人认为茶有驱邪镇鬼的神奇威力，祭祀活动中有"无茶不祭"之俗，在各种重大祭典和节庆中都要举行茶祭。在哈尼族的重要节日"昂玛突"中要有茶做重要祭品，祭祖先的祭品也有茶一碗。在"六月年"祭水井的仪式中，堂屋中供品还要摆九碗茶。聚居在哀牢山区的哈尼族进行日、月、星祭时祭品也有三碗茶；对人、庄稼和牲畜之神的总祭"宗咪乌"的祭品是：母鸡、鸭、鸡、茶水等；在中国西双版纳地区和缅甸、泰国、老挝等国的哈尼族支系阿卡人，请财神"遮"的祭祀活动中也普遍用到茶，播种祭时在神水井边杀鸡祭井神，并将熟鸡、饭、米酒、稻谷、茶叶、姜等祭品各取一点撒在井边。

德昂族的原始宇宙观念中，万物起源的基础是一些具体的象征物，如茶叶、葫芦等。德昂族叙事长诗《始祖的传说——达古达楞格来标》称地上万物乃至人类的始祖均为茶叶："茶叶是茶树的生命，茶叶是万物的始祖，天上的日月星辰，都是茶叶的精灵化出。"德昂族在重大的节日中都要举行一些宗教仪式，仪式中的祭品也离不开茶，如关门节时，阴历六月十四、十五两天，各家要携带赕佛礼品前往寺院供佛，供品中也有一包茶；祭拜天地众神也都离不开茶叶，茶成了德昂族的命脉，有德昂的地方就有茶山。德昂族的丧葬礼俗中，在安葬亡者时用竹子编制三所小竹房，称为"合帕"。其中一个罩在棺木上，合帕内放置茶叶、烟草等供物及死者生前用过的实物。

佤族信仰原始宗教，每年播种节和迎谷节之前都要举行祭梅依迪梅依麻（天地之神）。献祭物品各地不同，但茶是必不可少的祭品，一般主要是稻米、茶叶、泉水和公猪；新米节中要举行"烈伯耿奥"（即迎"谷魂"）的祭祀仪式，祭坛上摆放的物品中也要有茶，祈祷众神灵赐予全部落得福安康；播种节时要举行"汝岛赫"（即留住"谷魂"）的祭祀仪式，祭品有：茶叶、芭蕉、米、盐和钱币（首选银子）等。佤族人死后通过鸣枪敲铓通知死讯，寨子里众人来吊丧，会带上酒、米、茶叶、盐、槟榔等，这些东西各取一小部分随死者下葬。拉祜族人死后，人们要举行吊唁活动，除要杀牛或猪或鸡，视各家情况而定，棺前必须供有死者生前用过的生活用具，并供上一杯茶水、一碗米（米上放一个生鸡蛋）、一坨盐等，还要点上蜡烛。德昂族人死后有送魂指路的仪式，就是出殡之前，要用竹篾扎一个小竹房，叫"合帕"，其中也要用到茶叶作为死者带去阴间受用的陪葬品。

第二节　普洱茶文化的特征

一　神圣性

在古代，由于人类认识水平的低下，人们对自然力量和社会力量产生的各种现象无法解释，在人们意识中形成了多种虚幻反映，在民间产生了各种超自然神灵崇拜的原始宗教。而茶具有的消暑解渴、提神解毒、解乏养心等功能，许多少数民族认为茶是超越于人类与其他物种的，例如，布朗族与德昂族都将茶作为自己的图腾，布朗族还有属于本民族的茶神。于是，在茶所统治的日常生产生活中，茶的神圣性通过对茶的祭祀表达出来，各少数民族频繁的祭祀仪式表达着对茶的尊敬与崇拜。

布朗族的祭茶魂：在古时候，芒景村布朗族的古茶园都设有防护线，在布朗族称之为"背"，在防护线内除了种植茶树外，不得栽种其他任何农作物。一旦这块地种上了茶树，这些茶树便被视为神树，整个山头被视为神山，不得乱砍滥伐。在芒景村布朗族，每一块茶地举行仪式后种植的第一棵茶树为茶魂树，茶魂树根附近埋着一根用梨树制作的具有民族特色的木桩，旁边栽着一根仙人掌和一棵鸡蛋花树，并有一个用竹制作的小供篮作为标志。茶魂树标志着本块茶地是经过辛勤劳动开创出来的，已被列入神山神树保护范围。每当春茶开采前，要算好日子先为茶魂树献礼、磕头，然后由年长者采下茶魂树上的第一把鲜叶，方能正式采摘其他茶树上的茶叶。

傣族祭茶王树：景迈山傣族认为茶是上天赐给他们的宝物，据说通过茶，人就能与神沟通，并且神还能够知道人们的各种愿望和祈求，保佑人们平安幸福。在自然崇拜的基础上，又产生了茶神的崇拜，并用各种形式来举行祭祀茶神的活动。过去每家茶地都有一棵小茶神，茶地主人通常选一棵较大的茶树作为茶神，每年春季要带上祭品来祭祀茶神，而且小茶神上的茶叶是不能采的，必须保护起来。现在祭茶神一般就只祭大茶神了，祭大茶神的时候都是全村参与的，是一项隆重的祭祀活动。祈求茶神保护好古茶园，不受自然灾害，来年取得好的茶叶收成，让景迈茶山村民过上更加美好的生活，祈求茶神和茶树健康茁壮成长[①]。

二 多元性

普洱茶文化一个重要的特征即是多元性，以民族多元文化为基础，极富民族和地方特色，同时具有显著的多样性和复杂性。这种多元并存的民族文化，使普洱茶文化具备了斑斓生动的背景，这是其他茶类文化所不能比拟的。由于这些多元而又关联的文化形成了各民族对茶的不同理解，给非本土文化的消费者以迥然不同的文化体验，于是普洱茶消费更大程度上成为一种文化消费。普洱各民族在这片热土上和谐相处，文化的交流与融合，与普洱茶贸易有密切的关系，这一点表现出普洱茶文化更丰富的"和"的内容，这不仅是人与人的和谐，而且是文化与文化的和谐。

茶在普洱各民族的日常生活中，尤其是在人际关系交往中，往往是象征人情和美的信物，甚至在祭祀祖先的重大活动中也不可或缺。普洱茶文化精神，在这些深厚的民族茶文化背景映衬下凸现出斑斓色彩。普洱茶文化既具有传统茶文化的精髓，也集民族文化和大众文化、历史底蕴和现代精神于一体，它不同于江南文人式的茶文化或功夫茶文化，而是茶马古道与多样化民族习俗的综合，体现出其博大、和谐的独特文化精神。各民族之间，以茶待客、以茶联姻、以茶作礼、以茶祭祀、以茶作贡，以茶入市、以茶唱曲、以茶入艺、以茶经贸、以茶入药、以茶入

[①] 李勇、杨振洪：《景迈茶山》，云南民族出版社2010年版，第107—114页。

诗等，已成为社会文明进步、人民友好的象征。

普洱各民族由于地形的特点，形成了片区居住的习俗，同一民族不同地区风俗信仰可能差别较大，同一地区不同民族风俗信仰可能相近。许多民族既有原始信仰又有佛教、基督教、伊斯兰的信仰，普洱茶与宗教的结合形成了独特的茶文化信仰。如普洱的哈尼族认为竜神是最大的保护神，在社会活动中，以祭龙为最隆重，祭礼的五供品中，茶是其中之一。彝族的祖先祭祀，一般在二月初六、初七、初八三天，供品里有米饭、鸡蛋、红线、酒、茶水和猪脚。澜沧傣族在叫魂的时候也需蜡烛一对、鸡蛋一个、米一碗、谷子一碗、芭蕉一个，糖、茶、菜各一些作为供品。拉祜族相信寨神是主宰全寨人的神，每年正月初二祭寨神的时候，需在旁边点燃蜡烛，烧着香火，摆上酒和茶水以祈祷寨神保佑。佛教讲究素食、戒杀生，平时诵经、坐禅，佛教认为，茶有三德：一是坐禅时，通夜不眠；二是满腹时可助消化；三是茶为不发之物，可抑制性欲。赕佛时，茶为必不可少之物；佛寺坐禅及信教老年人住进佛寺持戒、听经、坐禅时也要饮茶。道教讲究安坐、养心，主张修炼超脱尘世、无死入至、希求长生不老；道教认为饮茶最能养心，养心即可实现人与自然美合二为一，进入"无我"之境，从而能长生不老，延年益寿。伊斯兰教的守正、自洁、行善、敬畏、坚忍的道德观，在每年伊斯兰历九月，全体穆斯林应当斋戒，应清心寡欲，专事真主，而茶性温和，能轻身解倦，有不发之德；在穆斯林眼里茶是清心寡欲纯净的佳美之物，饮茶有利结合封斋一切邪恶，纯洁思想，一心向真主，饮茶与做礼拜一样重要。

三 仪式性

仪式是象征性的、表演性的、由文化传统所规定的一整套行为方式，既可以是神圣的也可以是世俗的活动，在功能上经常被解释为可以沟通、过渡、强化秩序及融合社会的方式。仪式能够体现人与人的关系，在所有仪式上，食物的被使用、被利用都有一套规则和程序。仪式上的食物研究，能解释族群文化的许多问题及其族群赋予其的文化意义。在祭祀仪式中，给予神灵、祖先的食物都是人们认为最为宝贵的东西，如此才能显示出心灵的虔诚。茶叶被哈尼族人敬奉为吉祥之物，丧礼、婚嫁、庆生等重要场合，以茶祭祀祈求庇佑成为一项族群的定规。通过仪式，才能产生出宗教观念是真实的这样的信念；通过某种仪式形式，动机与情绪关于存在秩序的一般观念才是相互满足和补充的；通过生存的世界和想象的世界借助于一组象征形式而融合起来，变为同一个世界，而它们构成了一个民族的精神意识①。

在芒景村布朗族看来，世界是由神灵统治的，分别是树神、茶神、虫神、水神、动物神、土神，在获得人类平安和作物丰收后，要定期对神灵进行祭祀。每年的笼林祭竜节即是专门祭祀六神的节日，全村男女老少齐聚笼林，献上七只公鸡、米饭、水果、茶、蜡条及钱等，祈求神灵给予平安与富裕。在哈尼族生活中，无论是充满原始宗教色彩的"甫玛突"节，还是耕作水稻而专门进行的"开秧门"等各种仪式，无论是日常生活，还是祭祀活动等隆重、神秘的场合，茶叶无一例外地总是被利用。"茶成了各族人民礼仪中的一个不可缺少的组成因素。茶被赋予诸种礼仪性功能，并逐渐形成了人们所认同的茶礼茶仪。"茶叶在哈尼族各种仪式里被放置在突出的位置，哈尼茶上升到一种无所不在的族群茶文化，饮茶用茶的民俗礼仪不断形成并深刻影响着哈尼人的日常生活，并根植于哈尼族社会的文化转变。

四　动态性

普洱茶文化的动态性体现在古老传统与时代创新兼容，地方特色与全国主流文化结合的特点。普洱茶文化的动态性还体现在对茶态度的转变，古代因为认识不足，常常对茶进行神圣化。随着经济和社会的发展，茶在人们的生活中逐渐世俗化和日常化。在早期，普洱许多民族都有祭茶的风俗。哈尼族作为云南独有的少数民族，有着漫长的迁徙历程，有着独特的民族文化。哈尼族茶文化的仪式性特点是一个不断渐进和变化的过程。历史上哈尼族从北方游牧民族转变成为南方农耕民族，并从以山地旱作方式为主逐渐转变成为以梯田和聚落生活为主。哈尼族茶文化在新环境下的文化建构中，村民的日常生活逐渐衍化成为一种模式化的

---

① 郭宇华编：《仪式与社会变迁》，社会科学文献出版社2000年版，第2页。

文化事象。当下旅游活动的娱乐性消解了哈尼族当地文化这些仪式及其物品的神圣性。大量游客的出现，带来不同的文化思维观念，生活方式在悄然中改变。全球化进程中无论生产方式，还是生活方式，甚至是价值理念和文化思维，都发生了巨大的变化。哈尼人饮茶在民族的迁徙和周边民族的相处中逐渐显现出整合、吸收变迁的特点。哈尼族在每年初春举行的全寨性的祭祀活动"甫玛突"节时，有一个祭茶的仪式，其主要目的是通过祭祀的方式告诉茶树神春天的到来，祈求茶树多发芽，以便有更大的收获。对茶树神的祭品包括公鸡、鸡蛋、茶水、酒、米饭、香等；有些村寨则用猪来代替鸡。届时，主持祭祀的摩匹率众跪在一棵选定的古茶树下，不断诵经祈祷，神秘而又庄严；很多地方的祭茶仪式谢绝一切女性与外地人参与。仪式过后，方可采摘茶叶。而现今的仪式，在理性主义与科学主义占主流的今天，男女平等的思想深入人心，市场经济成为时代发展的主流，祭祀的思想内涵逐渐发生了转变，仪式更多具有了经济的功能以及民族文化认同的功能，而祈福、祝愿的内涵逐渐淡化，致使茶文化无论是在仪式还是内容上均发生了变迁。

历史上，在景迈山的布朗族也有祭祀茶树的仪式。布朗族认为，茶树是有魂的，在每一块茶园里面都一株茶魂树。在采茶之前需对茶魂树进行祭祀，祭祀的日期由老人或老佛爷看日子确定，在吉祥的日子方可进行，祭品主要有米饭、蜡条、水果等。主持祭祀的通常是头人或村中老人，茶魂树的茶由头人或老人才能采摘并加工。

对普洱茶的利用经历了药用、食用、饮用的演变，其生产加工过程在各个朝代产生了较大的变化，如在唐、宋以前均为生煮羹饮，晒干收藏。到了元、明时期散茶逐步向团饼茶过渡，以团饼茶为主。清朝逐步出现炒青、茶膏等多个花色品种，以团饼茶为主。清末以前，普洱茶的制作分毛茶加工和精制，具体加工过程如下：茶树鲜叶、杀青（锅炒杀青、蒸汽杀青）或生晒、手工揉条、干燥（晒干、炒干）、收集拼配、精制。

第十六章

普洱传统地名文化

地名是指代不同地域的一种语言符号，是人们对具有特定方位、地域范围的地理实体的指称。地名不仅代表命名对象的空间位置，反映当地的自然地理或人文地理特征；而且是人类活动的缩影，它本身蕴含着悠久的历史、地理和文化，是一种信息载体。地名作为一种信息载体，在一定程度上反映了当地的历史、政治、经济、宗教、军事、文化、民俗等状况，从中可以了解许多当地的民族历史文化。

第一节　地名与地名文化

一　地名

地名是一种社会现象，是人类社会发展到一定阶段的产物，是"人类为了认识、了解、利用和改造周围的地理环境，需要命名一定的名称，使组成地理环境的个别因素，个别特定地域得以区分，于是便产生了地名"[①]。上古时代，原始人类在从事生产劳动时，对其生活的地域必须要有一定的认识，必须辨认方位，认识共同居住的地点，区别不同的地理位置，以便在外出采集、狩猎或渔捞后返回住地。于是，就产生了对地名的需要。

---

① 刘盛佳：《略论地名、地图、地理产生的渊源关系》，《华中师范大学学报》（自然科学版）1996年第4期。

"地名"一词最早出现在成书于战国时期的《周礼》中。《周礼》卷33《夏官司马第四》记载:"邍师,掌四方之地名,辨其丘、陵、坟、衍、邍、隰之名。"这里邍师所掌管的"地名",其实并不是现在我们所说的地名,而是具体的丘名、陵名、坟名、衍名、邍名、隰名等,在《周礼》同一卷中还有"山师,掌山林之名""川师,掌川泽之名"。这样看来,这里"山林之名"与"川泽之名"都不在前文中"地名"这一概念范围之内。所以,当时"地名"的内涵没有现在这样丰富,直到东汉、两晋时期,"地名"这一概念才和今天基本相同。

二 地名文化

地名不仅是社会活动的基础,国家行政管理的工具,同时地名还反映了丰富多彩的文化内涵,是记录历史发展的化石。地名是一种语言现象,同时也是一种文化现象。地名的文化有显现形态与隐性内涵之分。地名是语音、字形、语义的结合体,其构成有一定的语法规律、特定的表达手段,反映的是用语言组成的符号系统的内部结构,这些都是地名的显现形态。而地名的文化内涵,诸如地名的形式和结构背后所反映的物质文明、社会制度、价值观念、思维方式、审美情趣、宗教信仰、宗族家庭、生活习俗、军事政治等,所反映的地名的物理世界、文化世界和心理世界,这一部分则是地名的隐性内涵。地名现象纷纭复杂,但归根到底,它是人类文化的一部分,它的物质材料语言文字是文化的组成部分,而语言形式中的特征意义和命名意义所反映的更是文化的内容。

第二节 普洱传统地名文化的特征

一 哈尼语地名文化

哈尼语属汉藏语系藏缅语族彝语支。在对普洱地名的统计研究中哈尼语地名命名共有 522 个。

在哈尼语地名命名中,"定语+中心语"的语序排列表现出两种情况:一种是形容词作定语的语序,一种是名称或人称代词作定语的语序,对这两种情况做具体分析。

形容词作定语时，一般在中心语后，如：

亚嫩：亚，水田；嫩，红。亚嫩，意为发红田，因村下有份水田呈锈色。

刘那壳：那，黑；壳，凹子。那壳，意为黑凹子，地处山凹，姓刘的人较多，故名。

埔佐：埔，寨；佐，美丽。埔佐，意为美丽的寨子。

出四：出，盐；四，黄；出四，意为黄盐。村脚下浸出一股硝盐，故名。

厄尺那：厄尺，烂泥；那，黑；意为有黑烂泥的地方。

于四：于，草；四，黄；于四，意为黄草，建村时是块黄草地，故名。

玉能能：玉，水；能能，红；玉能能，意为红水。

亚那约莫：亚，山地；那，黑；约莫，山。亚那约莫，意为大黑老林中开出来的山地。

鲁莫金宫：鲁莫，石头；金宫，高低不平；鲁莫金宫，石头高低不平的地方。

名词或人称代词作定语时，一般放在中心语前面，如：

土路：土，松树；路，河。土路，河边有松树的地方。

扎卡莫：扎卡，硬草；莫，田；扎卡莫，意为长硬草的地方。

罗鲁莫：罗，老虎；鲁莫，田坝。罗鲁莫，意为有老虎的田坝。

瓦路：瓦，猪；路，箐。瓦路，意为野猪箐。

于的的莫：于，水草；的莫，田坝。于的的莫，意为有水草的田坝。

地埔山：地，山梁；埔，寨；地埔，意为梁子寨。

宾语一般放在谓语前面，如：

克匹碌莫：克，狗；匹，烧；碌莫，石头。克匹碌莫，意为烧狗的石头。

地扎：地，田坝；扎，有。地扎，意为有田坝的地方。

甫独：甫，银子；独，挖。甫独，意为挖着银子的地方。

二 彝语地名文化

彝族语言属汉藏语系藏缅语族彝语支。通过对现有资料进行分析，彝语命名的地名中同样存在着语序与汉语不一致的现象，主要表现在以下几个方面：

（一）形容词、数量词作修饰语时，在中心词后

拉嘎么：拉，箐；嘎，深；么，大。拉嘎么，即大深箐。

倮么村：倮，石头；么，大；倮么，大石头。

展兰箐：是彝语"者纳"的译音演称。者，谷子；纳，黑，意为箐边种有黑谷。

（二）名词、动词、人称代词作定语时，有在中心语前或在中心词后的现象

柏枝库：原彝语为"别茨库"，别茨，黄栎树，库，梁子。别茨库，即黄栎树梁子。

扎底箐：扎，村；底，茅草；扎底箐，意为箐边的茅草坪村。

（三）有宾语在谓语前面的现象

泥格地：原彝语音为"你沟"。你，牛；沟，关；你沟，即关牛的地方。

因彝语命名的地名在普洱地名中出现较少，所能研究整理的规律不多，所能举的例子也较为有限。

三 拉祜语地名文化

拉祜族语言属于汉藏语系缅语族彝语支。在对普洱拉祜语命名地名研究中发现，拉祜语地名也存在与汉语不一致的语序，具体表现为：

（一）宾语与动词关系

在拉祜语命名的地名中，宾语有时在动词前，有时在动词后。

宾语在动词前，如：

邦努：邦，换；努，牛；邦努，换牛的地方。

八夺：八，丢；夺，乌龟。八夺，据传此地捉到一只大乌龟，不敢

吃，丢掉。

宾语在动词后，如：

拉起科：拉，豹子；起，烧；科，山；拉起科，意为烧豹子的地方。

八别：八，青蛙；别，分。八别，意为分青蛙的地方。

（二）名词中心语在形容词定语前

拉祜语命名的地名语序也表现出和佤语命名语序相类似的现象，即把名词中心语放在形容词定语前，如：

瓦达：瓦，竹子；达，好。瓦达，指好竹子村。

哈卜吗：哈，石头；卜，白。哈卡吗，指白石头多的村。

科光：科，山；光，光山。

越路：越，房子；路，大。越路，大房子的意思。

佧谷：佧，寨；谷，窝拖。佧谷，意为窝拖寨。

库路：库，桥；路，烂。库路，意为烂桥村。

四　佤语地名文化

佤族语言属南亚语系孟高棉语族德昂语支。在普洱地名中，西盟县有296个佤语地名，澜沧县有39个，孟连有45个。从命名规律来看，主要有以下几点：

（一）定语放在中心语后

在普洱佤语地名命名中，定语放在中心语后是佤语地名命名的一大显著特点，如：

英筒：英，村；筒，平地。英筒，意为山梁上的平地村。

班蜜：班，蓬；蜜，黄竹。班蜜，即黄竹林村。

英沟：英，村；沟，红毛树。英沟，意为有红毛树的村。

英公给：英，村；公给，小平地。英公给，意为小平地村。

班家测：班，蓬；家测，棕树多的村。班家测，意为棕树多的村。

等夏拉：等，洞；夏拉，石灰。等夏拉，石灰石洞旁的村。

英歪：英，村；歪，大榕树。英歪，意为大榕树村。

莫口：莫，山梁；口，木料。莫口，意为有木料之山梁。

罗列斯：罗，森林；列斯，黄桑树。罗列斯，意为黄桑树林寨。

（二）状语放在谓语后

在现代汉语语序中，状语是用来修饰谓语的，一般放在谓语前面，但在普洱佤语地名命名的语序，却是把状语放在谓语后面的，如：

来斯缪：来，休息；斯缪，石头。来斯缪，在石头上休息的意思。

来浓：来，休息；浓，树。这里原有一棵倒于地面的大树，人们常在此休息，故名。

来埃列：来，休息；埃列，大青树；来埃列，指在大青树下休息。

来林：来，休息；林，石磨。来林，指在石磨旁休息。

来斯美：来，休息；斯美，橄榄树。来斯美，意为大橄榄树下休息。

状语+谓语的这种句式命名方法，在西盟县的傣族语命名中有这样的现象，但在孟连傣族拉祜族佤族自治县的佤语地名中没有出现这样的命名现象。

五 傣语地名文化

傣语属汉藏语系壮侗语族壮傣语支。傣语命名地名在普洱各民族语命名中比重较大，而且在普洱各民族地名命名中占主导地位。

（一）傣语地名命名体现居住环境特征

以"水"和"田"命名。在傣语中，与水有关系的词多用"南（水）""蚌（泉）""回（箐）""糯（水潭）"等。在普洱地名命名统计中，傣语中与"水"有关的地名有383个，占傣语地名的12.9%。如：

南蚌：南，水；蚌，泉。南蚌，意为泉水，村边箐中有股水流出，故名。

南大：南，水；大，坎。南大，意为水坎。

南汉：南，水；汉，隔。南汉，意为隔河寨，村子南北两面有河，故名。

曼蚌：曼，村；蚌，泉水。曼蚌，村边有股泉水，故名。

糯福：糯，水塘；福，席草。糯福，意为有席草的水塘。村下有个水塘里栽过席草，故名。

回俄：回，箐；俄，芦苇。回俄，意为箐边多芦苇。

回亮：回，箐；亮，红。回亮，意为红土箐边的村。

在傣语中，大多用"那"来代表"田"。傣语中与"田"有关的地名有 215 个，占傣语地名的 6.7%，如：

那回：那，田；回，箐。那回，意为箐边有田的村。

芒那：那，田；芒，村。芒那，意为田边的村。

那罕：那，田；罕，金子。那罕，意为金子田，村下河边稻田产量较高，故名。

那满：那，田；满，肥沃。那满，意为肥沃的稻田。村旁稻田土质肥沃，故名。

那庄：那，田；庄，顶端。那庄，即田头的意思。

那嫩：那，田；嫩，坡。那嫩，指山坡田。

体现与"象"的密切关系。在傣族所塑造的大象的形象都具有灵性，是平安、富裕的象征，是傣族象崇拜的形象化显现。在普洱的地名中，傣族命名的地名中多处可以见到很多与象有关系，在傣语中"象"被称为"掌"，如：

扛掌：傣语，扛，肋骨；掌，大象。扛掌，意为象肋骨。据传，傣族土司由西双版纳骑回大象，死后，将骨、肉分给各部落民族，该村分得肋骨，故名。

芒掌：芒，村；掌，白象。芒掌，意为有白象的村。

东那：东，坝子；那，象牙。东那，意为象牙坝。据传，威远土司与版纳土司相聚，骑回一只大象死后分给此村一对象牙而得名。

东永：东，坝子；永，象鼻，意为象鼻坝。据传，古土司分给此村象鼻，故名。

半掌么：半，平地；掌么，大象的叫声。相传以前大象经常在此地叫，故名。

（二）傣语地名命名反映宗教习俗

祭竜是傣族重要的宗教活动。在傣族的居住环境中，竜林是最为重要的。"竜"是傣语音，本意为森林。"竜林"的意思是神林，指"神居住的地方"。在傣族心目中，竜林不是一种普通的森林，它代表了神秘仙境，在竜林里的树木不能随意砍伐，竜林里的动物也不能捕杀，并且还要定期对竜林进行祭拜。竜林被傣族赋予了神秘色彩。"竜林"是神居住的地方，这位"神"在傣族心中是指勐神。在普洱传统文化中，竜林文化在普洱地名中较为常见。在普洱傣语命名的地名中，有很多地名都以"竜"来命名，比如：

芒竜：芒，村；竜，大森林。意为大森林村。

拉竜：拉，差史；竜，大森林。意为大森林里住着差史之村。

速竜：速，口（嘴）；竜，大森林。意为森林中的山口。

那竜炳：那，田；竜，森林；丙，平。意为森林边的平田。

哨竜：哨，山口；竜，森林。意为森林的山口。

回竜井：回，箐；竜，森林。意为森林多的箐。

丙竜山：丙，平地；竜，森林。意为森林多的平地。

竜种：竜，森林；种，红毛树。意为红毛树林。

（三）善于在地名中使用修辞手法

注重居住环境的优美和个人容貌的整洁是傣族另一特征。他们认为寨貌不美是落后贫穷的象征，个人容貌不修饰是懒惰的表现。在这种群体观念的支配下，傣族寨周围都有成片树林的修饰，参天的古木，茂盛的竹林、金色的佛寺，形成傣族村寨的鲜明特点。出门赶集或串亲访友，人们总要认真的打扮自己的面容和装束，尽量使自己合乎时宜，穿戴得体。傣族这些审美观念也运用到了地名的命名中，表现为在地名命名中善用形容词，并且大多都是表达美丽的意思。

傣语命名的地名与其他民族语命名的地名的最大的不同之处是多使用形容词。这些形容词在地名中的使用让地名更加形象化、美丽，如：

勐梭：勐，地方；梭，美好。勐梭，汉语意为美好的地方。

上允觉：汉语明亮的村子。

卡朗：汉语意为平坝、清秀的村子。

南列："南"为水，"列"为好。汉语意为好水村。

湾见：湾，石堆；见，埂。意为坚埂的石堆村。

整亨： 整，城；亨，兴旺。意为兴旺的小集镇。
文腰： 文，村；腰，长。意为长型的村。
那拐： 那，田；拐，瘦。意为瘦田村。
上很乃： 很，兴旺；乃，小。意为兴旺的小寨。
南梭： 南，河水；梭，美丽。南梭，美丽的河。

用较为形象的句式来命名。

回朗： 回，箐；朗，洗。以前这里箐两旁刚开垦种庄稼时，作物长势良好，远处看去似洗过一样清洁美好。以此得名。
芒朗： 芒，村；朗，洗。芒朗，意为像水洗过一样的清秀之村。
文联： 文，村；联，看。文联，意为易看见的村子。
芒定： 芒，村；定，照。芒定，大阳常照之村。

（四）傣语地名命名的语序

语序是现代汉语中表达语法关系的一种最重要的语法手段。所谓语序是指语言里语素、词语组合的次序。

在普洱傣语命名的地名中语序与汉语的语序不相同，主要表现在：

在普洱地名命名中，以傣语命名的地名在语序的表达上与汉语语序不一致，最明显的一个特点就是定语后置，即位于中心语的后面。具体表现如下：

名词作定语的情况。

芒戛： 芒，村；戛，街子。芒戛，意为街子村。
芒洪： 芒，村；洪，凹。芒洪，意为地形低凹之村。
景吭： 景，集镇；吭，中间。景吭，意为坝子中间的集镇。
广别： 广，山；别，松树。广别，松树多的山村。
邦艾： 邦，林；艾，野生泡竹。邦艾，意为生长泡竹较多的村子。
唐社： 唐，洞；社，豹子。唐社，意为豹子洞，因村建在原有豹子的洞旁，故名。
南雅： 南，水；雅，药。南雅，意为药水河。
广弄： 广，山；弄，大。广弄，意为大山旁的村。
小冷远： 冷，水香菜；远，凉。冷远，即凉地方的水香菜。

曼昭："曼"为村，"昭"为头。意为头人住的村。

形容词作定语的情况。

南棚：南，水；棚，不好。南棚，意为不好的地方。

芒湾：芒，村；湾，好。芒湾，自然条件好的村。

暖里：暖，山冲；里，好。意为好的山冲。

南板：南，水；板，好。南板，意为很好的水。

文英河：文，村；英，凉。文英，意为阴凉的村子。

南温河：南，水；温，热。意为热水河边的村子。

芒乃：芒，村；乃，小。意为小村。

傣语地名中的命名语序不一致的现象，除表现在定语后置外，还表现在宾语前置，即把宾语放在谓语前面，如：

孟连：孟，地方；连，找。孟连，找到的富饶美丽的地方。

芒怀：芒，村；怀，想念。芒怀，意为想念之村。因该村土地肥沃，人们都喜欢，故名。

贺恩：贺，头；恩，吞纳。意为山头岩洞吞纳着周围所有山泉流水。

蚌白：蚌，温泉；白，打开。蚌白，意为被打开的温泉。因此处温泉被杂草覆盖，人们发现后除去杂草故名。

大南勺：南，水；勺，找。南勺，找水。

南甸："南"为水，"甸"为背。即背水吃的地方。

芒井：芒，村；井，争夺。意为争夺之村。据传，两村常在此地争夺管理仙人脚缅寺的权力，故名。

南本河：南，水；本，冒。南本河，意为冒出水来的地方。

六　汉语地名文化

汉语地名在普洱地名中占有重要的地位，汉语地名文化是普洱地名文化的重要内容。

（一）汉语地名是随着汉族移民的进入并定居后逐步出现的

早期的普洱地名应当是当地民族语地名。随着中央王朝对普洱的设治经营和汉族移民的进入，普洱逐步出现了汉语命名的地名。这在开发较早的景东、镇沅等地较为明显。明王朝建立后，在元代设立郡县的基础上又增设一批府、州、县，迁移大批内地军民前来屯田开发，加强中央集权统治。洪武十八年（1385）麓川平缅宣慰思伦发进攻景东，沐英破其象阵，败走。洪武二十年（1387），思伦发率兵进攻景东，击败土知府俄陶率领的傣族军队。俄陶逃到白崖告急，沐英再次击败思伦发的军队。为使景东一带久安，沐英上书朝廷，请与景东设卫所，以神策卫兵镇守景东。洪武二十三年（1390）十月，俄陶让宅为城，让田为屯，遂设景东卫。随后，大批汉族军士、移民进入景东。继景东府设立后，还设立了镇沅州、威远州（今景谷）、恭顺州（今墨江），这些府州县不断增设，也有大批汉族人口迁入。随着汉族的定居，大量汉语地名逐渐出现。据《云南省景东彝族自治县地名志》所收录的3080条地名中，汉语地名有2520条，占总地名数的82.28%，民族语地名560条，占总地名数的17.72%。①

（二）汉语地名军事建制特征突出

洪武十五年（1382）设立景东卫，下设左、右、中、前、后五所，每所1200人，共6000人。这些人到川河流域驻扎后，按照"三分守成、七分屯种"的原则垦殖，如前所、后所、中所、左所营、北屯等地名。以上层军事长官姓氏命名的驻扎军队、屯田的地名不断出现，如王官屯、胥家营、卢家营、马家营、朱家营、姚官营、龙家营、苏家营、戴家营等等。这些地名表明军事长官率军安营扎寨、定居屯田形成的定居聚落，以较高层级的军事长官的姓氏作为地域的标识。

（三）汉族姓氏命名的小型家族聚落地名

随着大量汉族移民的进入，汉族人口的增加，一些汉族移民在自己想立足的地方垦荒建寨，聚集成镇邑村寨，以汉族姓氏命名的小型家族聚落地名逐渐出现，如钱家村、苏家村、艾家村、徐家村、陈家村、许家村、梁家村、杨家村、自家村等等。这些地名，呈现出家族化、小型化的特征。

---

① 景东彝族自治县人民政府编：《云南省景东彝族自治县地名志》（内部发行），第1页。

第三节　普洱传统地名文化的特点

地名是一种语言现象，更是一种文化现象。地名文化不仅反映一个地区自然资源特色、地理环境演变，同时也反映社会历史文化的变化、民族迁移，地区的归属等，呈现出某些历史阶段的发展特点。普洱传统地名蕴含着丰富历史文化，有着鲜明的历史文化特点。

一　民族迁徙在地名中的体现

在普洱境内生活着哈尼、佤、彝、拉祜、傣、布朗、回、白、瑶、苗、傈僳、蒙古、景颇等民族，有的是自古以来就繁衍生息在普洱这块土地上，有的是经历了漫长的迁徙生活辗转到这里定居的，甚至有一些民族跨境而居，如佤、拉祜、布朗、苗、瑶、傣等。

"跨境民族指跨国界而居的同一民族或是同一民族的不同支系。跨境而居的民族，对于两国关系，民族文化交流和其他方面都有很大影响，他们同出一源，具有相同或相近的宗教、文化、风俗、习惯。他们居住的地区连成一片，有的居民过去甚至经常在国界两边往复迁居，他们的民族意识较强，所以并不会因国界的存在而影响他们的联系和交往。"[①] 随着人口的迁徙，许多民族跨境而居，成为跨境民族。普洱澜沧、西盟、孟连、江城等县与缅甸、老挝、越南接壤，居住在边境线两侧的各民族，同宗同源，具有较深的历史渊源和民族感情，在普洱地名中，也反映着这些边民互相往来，甚至历史上互相迁居的情况。

如西盟镇的"前哨路"，就是因西盟位于祖国西面前哨而得名，充分体现了西盟县地处边疆的特点。

西盟的一些地名是缅甸迁居往来的居民命名的，这些反映边民互相往来的历史可在地名中找到一些历史依据，如：

---

① 侯峰：《思茅地区跨境民族的历史变迁与未来的发展》，《思茅师专学报》（综合版）1997年第1期。

(一) 表从缅甸迁来,并沿用缅甸的地名

小来劳:佤语,"来"为休息,"劳"为热闹,意为较热闹的休息处。约于明嘉靖十年(1531)由岩水夸等人领人户从缅甸大来劳迁来,故名小来劳。

(二) 表从缅甸迁来,根据迁住地的特点命名

新厂:原名"窝阿",为佤语,"窝"为竹,"阿"为黄,"窝阿"即生产黄竹的地方。清嘉庆五年(1800)由岩跌士、岩光嘎等4户人从缅甸永别烈迁来,以住地黄竹多命名。

永东:佤语,"永"为寨,"东"为芒橙树,意为芒橙树寨。清道光十年(1830)由岩木领沙等从缅甸的永别烈寨搬迁至此,住地有芒橙树,故名。

窝丕列:佤语,"窝"指竹子,"丕列"为野生,意为野竹林,约明万历年二十九年(1601)由岩所、岩尔冷带领人户从缅甸来艾里寨迁来,新居所原先是一片野竹林,故名。

孔海来:佤语,"孔"为山梁,"海来"为杨梅树,意为杨梅树梁子。约明崇祯十七年(1644)岩特带领人户从缅甸永年寨迁来,住地山梁上原有杨梅树,故名。

(三) 表从缅甸迁来,并以带头迁居的人名命名

永树:佤语"永"为寨,"树"指岩树(人名),约清雍正八年(1730)由岩树带领部分群众从缅甸永窝寨迁来,以岩树人名命寨名。

(四) 显示边民往来的通道

宾来劳山:宾,平缓;来,休息;劳,热闹。这里是由小来劳寨通往缅甸老来劳等地之间主要通道,来往行人多在此休息,故名。

(五) 显示边民往来的历史

图来斯岗:图,山梁;来,休息;斯岗,剽牛桩,约民国五年(1916)西盟新厂部落与缅甸大芒岭部落发生纠纷,双方相约在此剽牛商谈和好,故名。

孟连现还保存着17个边境地名,如:

通夏:佤语,意为分鱼村。位于县境西信乡公信村公所境,中缅边境南卡江畔，该村人于 1985 年搬迁，但仍有地名意义，故作野外地名保留。

翁喔：傣语，意为洼地里的荒芜村。位于县境西公信乡公良村公所境，南卡江畔，村民于 1972 年迁离，属边境地名故作保留。

下归房：位于县境西，在公信乡公良村公所境南卡江畔，是当地佤族求神送鬼之地。属于边境地名，故保留。

那阳：傣语，意为平地之村，位于县境西南勐马镇办事处，靠边境线，村民于 1971 年迁离，故作保留。

二　山川风物在地名中的体现

（一）植物资源在地名中的体现

普洱市被誉为"绿海明珠""天然氧吧"，迷人浩瀚的林海形成了动植物的多样性，成为云南省"动植物王国"的缩影。这里物产丰富，盛产橡胶，有著名的普洱茶、景谷芒果等，这些植物资源不仅给普洱带来了宜人的气候，而且也深深影响了普洱地名的命名。

以植物有关的地名命名，在汉语中有如攀枝花、松山林、红毛树、多依树等以植物名称作为地名的命名；在各民族语命名中，也有很多以植物资源命名的情况，如：

傣语中有如"芒冒"（汉语为芒果众多之意）、"那片"（汉语为钱线草多的田边寨）等；彝语有"俄赛"（汉语为有竹棚的地方）、"扎底箐"（汉语为茅草坪之意）等；哈尼语有"依米阿字"（汉语为栽有葡萄树的地方之意）、"阿枧河"（汉语意为麻栗树村之意）等；拉祜语有新弄列（汉语为茅草村）、"独固"（汉语意为缅桂花树多的地方之意）；佤语有"班厂"（汉语为蜜糖花树村）、莫口（汉语为有木料的山梁）等。

以上这些地名命名都是因该处所某种植物资源较丰富，并以此植物资源来命名的。

在对普洱地名的统计中发现，普洱一区九县的地名命名分类小类中，以植物资源命名的小类命名是最多的。普洱一区九县的 14287 个行政区与自然村地名中，其中有 1916 个地名是以植物来命名的，占全部地名的13%。

在调查研究中发现，在普洱一区九县的地名命名中，通常会因该地有某种较多的植物资源，该地地名就以该植物名称重复命名。以"松"和"麻栗"两种植物为例来说明地名充分体现普洱共有的植物资源的特征。以"松"有关的命名如：松山岭、松山林、松山林梁子、松树梁子、松林坡等；与"麻栗"有关的如：麻栗坝、麻栗河、麻栗坪大寨、麻栗树、麻栗树梁子等，这些地名都充分体现了"松"与"麻栗树"这两种植物资源在普洱的分布情况。

因各县气候与地理环境不同，所特有的植物也不一样。在普洱一区九县的地名的研究统计中发现，各地地名以该地所特有的植物名进行重复命名的现象较多。如澜沧多产有"多依树"，"多依树"是澜沧特有的一种水果树，并且澜沧县城建有多依果脯厂，在澜沧地名中以"多依"有关的命名的就有10个，分别是多依树河、多依林乡、多依林、多依林电站、多依树（共有3个，分别位于多依树乡、回竜乡、谦迈乡）、多依树寨、多依树梁子、多依树佤族乡。

景东是普洱市核桃主产地，景东核桃具有悠久的历史。核桃对生活在景东的各族人民的生产、生活有着很大影响。在景东县与"核桃"有关的地名就有15个，其中以核桃村命名的有8个（分别位于龙树乡、新民乡、中仓乡、多依树乡、昔掌乡、大水井乡），以核桃河命名的有3个（分别位于利月乡、困嘎乡、速南乡），以核桃箐命名的有4个（分别位于利月乡、三营乡、竹蓬乡、挖固乡），以核桃树命名的有1个。

景谷县盛产象牙芒果，象牙芒果对生活在景谷的各族人民的生产、生活有着重要影响。景谷傣语中的"芒果"称为"芒木"，与"芒木"有关的地名有8个，有芒木山、芒木山（昔本乡）、芒木村、芒木村（正兴乡）、芒木树（岩脚乡）、芒木树（桃子树乡）、芒木树、芒木箐头。

（二）地理资源在地名中的体现

以山命名的地名，如：

景东的锦屏镇，"锦屏"，即锦秀之屏峰，镇以山名。

景谷的钟山，以《威远厅志·序》"县城之西有形似吊钟之吊钟山"得名。

景谷的凤山，因有麟、凤、龟、龙四山环绕，民国期间取有声誉的"丹凤山"而得名凤山乡，解放后仍沿用此名。

澜沧县的大山乡，因驻大山乡而得名，清嘉庆年间"封大山土社备""芒土守备"。该乡属于山区，地势东北低西南高，全乡两千米以上高山有卡房山、打黑山、大板桥山、大梁子、大地梁子、营盘山。

在普洱地名中用地形地貌特征词表示地名的共有 1136 个，占普洱地名的 7.9%。在普洱地名中表示山形的词有很多，如：弯山、扁担山、小磨山、大尖山、拦门山、弯掌山、塌地山、新坪、大地、小海子、窝拖寨等。其中，与"平掌"（因地势较平而得名）有关的汉语的命名有 122 个，与"团山"有关的汉语命名有 71 个。

以石命名的地名，如：

芒青，傣语，"芒"为村，"青"，为石头，因村旁石头较多，故名。

英朗，佤语，英为村，朗为石头，英朗，为石头村。

以矿命名的地名，如：

西盟，拉祜语，意为产金子的地方。

南亢，傣语，意为有金子的河。

普洱全市 4 个县城的名字与水有关，如：墨江哈尼族自治县县名，是以从北到南穿越县境中部的"阿墨江"而得名。此江下游历史上为"哈尼族支系阿木人"居住地，江以族称取名为"阿木江"，继后书写演变为"阿墨江"。普洱，为哈尼语，"普"为寨，"洱"为湾，意为水湾寨的意思。澜沧拉祜族自治县县名以地处澜沧江西岸而得名。江城哈尼族彝族自治县县名以江水环绕县境的地理特点，定名为江城。

普洱地名中经常用河、箐、塘（潭）、沟、洼、水等来表示水。在普洱地名中，表示水文的地名共有 1025 个，占全部地名的 7.2%，以"河"命名的，如：核桃河、谜皮河、沙坝河、清水河、二道河、磨刀河、荒路河、靛坑河、多细河、周县河等。

以"箐"命名的，如：江关箐、桐子箐、核桃箐、梅子箐、响水箐、大箐、泡竹箐、飞鼠箐、邦别箐、茶树箐、滴水箐、荨麻箐、魁箐等。

以"塘"（潭）命名的，如：滥潭、小井塘、龙潭、牛泥塘、鱼塘、锈水塘、马鹿塘等。

也有用"沟""洼""水"等来表示水，如：赵家洼、大水沟、夹象沟、上白水等。

也有表示水质的，如：南控村，傣语，"南"为水，"控"为浑，即浑水村。

（三）地理方位、特征在地名中的体现

在普洱地名中，以地理方位命名的多用东、西、南、北、上、中、下、左、右等来表示。这样的地名共有1099个，占普洱地名的7.6%。

用上、下命名的，如：利车下寨、利车下寨、上云山、下云山、上庆、下庆等；

用"中"表方位的，如：中心巷、中村等，在澜沧地名中，仅"中寨"一词就有8个（分别位于唐胜乡、南洼乡、打岗乡、攀枝花乡、南现乡、荒坝乡、东岗乡、酒房乡），均表示立于上寨和下寨之间的寨子；

表示东、西、南、北的，如南正街、水库东路、水库西路、西门街、东正街等。

普洱地名中也偶见用"阴""阳"等词表示方位的，如阳田（表阳光充足之田）、背荫山（村居山脚背阴处，日照时间短，故名）、背阴山、背荫箐等。

在普洱地名中，用"岔""边""脚""头""丫"等地理特征的词命名的地名共有1153个，占普洱地名的8%。

与"岔（汊）"有关的命名，如：岔河、岔路、岔街等，皆因处于两条箐或路、街的交汇处而得名；

以"边"命名的，最多的表示方式是"河边"，即表示位于小河之畔；

与"脚""头"有关的命名，如"坡脚""岩子脚""坡头"皆因居于一山坡脚、坡头而得名；

与"丫"有关的命名，最多的表示方式是"丫口"，表示地处山口。

普洱地名中表示地形地貌的地名有：对牛、大坝、团山等。普洱的地形地貌地名中有很多描写地形的优美的词语，如：

景东的安定，系傣语，安为盆，定富饶，即富饶的盆地。安定地处无量山东坡和哀牢山西坡之间，川河之上游自西北向东南流经其中，形成峡谷，东西高，中间低，两头宽。

联珠镇，系以山形得名，因镇东有座"天圣庙梁子"，由东向西延伸出九个起伏的小包，群众誉为"九叠联珠"，联珠镇就坐落在第九个小山包下，故此而得名。

景星乡，因驻地周围有六七个山包形似花朵，又像天上的星星，景致十分美丽，故此得名。

永农，佤语，"永"为寨子，"农"为平缓的山梁，意为平缓山梁寨子。

三 农耕文化在地名中的体现

在普洱地名中，与农业相关的地名主要表现在与"田"字有关的命名，如：

大磨盘田：表示稻田形似磨盘。

锣锅田：因稻田处于四面环山的小坝子，形似罗锅，故名。

田房：地处河边田上，故名。

新秧田：村民初来定居时，以新开稻田育秧。

大荒田：村民初来定居时，附近是一大片荒田。

那回：傣语，"那"为田，"回"为箐，意为箐边有田的村。

那丙田：傣语，"那"是田，"丙"是平，"那丙"意为平整的田。

那路河：傣语，"那"是田，"路"是上边，意为河边的田头寨。

田新寨：位于新开的水田边的寨子。

田湾：坐落在一块湾田上。

那罕：那，田，罕，金子，那罕，意为金子田，村下边稻田的产量较高，故名。

那满：在傣语中意为金色的田野。

普洱地名反映的"畜"既有人工畜养的，也有一些其他动物，具体情况如下：

以家畜命名的地名：

袜初结：拉祜语，意为胖猪村。

翁嘎科：拉祜语，翁嘎，指水牛，科，为山，意为有水牛的山。

表其他野生动物资源的地名：

曼别：傣语，曼，寨；别，鸭子。曼别意为鸭寨，村边稻田中过去野鸭较多，故名。

曼章：傣语，曼，寨；章，象。曼章，意为象寨。

毛谷：拉祜语，毛，指猴子，谷，指洞。意为猴子洞。

邦界：傣语，邦，地方；界为野鸡，意为野鸡多的地方。

瓦洛：哈尼语，瓦洛为野猪箐，村边箐里曾有野猪出现，故名。

荒猫：在傣语中是有野猫出入的地方。

马鹿塘：马鹿经常到此洗澡、饮水的地方。

阿些塘：哈尼语，意为山狸子常出没的洼塘。

绵习：傣语，绵，熊；习，多；绵习，指熊多的地方。

瓦科：指野猪洞，村后有一山洞常有野猪出没，故名。

拉巴：意为砍豹子肉的地方。

四 历史文化在地名中的体现

（一）蕴含历史文化意义

普洱一些地名存留着历史印迹。这主要反映历史的变迁、一些重要史实，或是象征某种历史意义和吉祥祝福等，诸如：

北屯，因明代在此屯田，故名。前所、后所为明代卫所而得名。反映出明代在景东驻军、屯田的历史。

永邦，佤语，"永"为寨，"邦"指胜利，意为战胜之寨。明万历八年（1580）一股外敌入侵，被打败后逃走，故以胜利得名。

荣兴巷，巷边驻有商业供销部门，是商品交流和经济贸易场所，象征边疆经济发展，市场繁荣。

永前，从旧地分出后取名永前，意为永远向前进。

迎丰，该村从外县迁来，为能迎得丰收年，故取名迎丰。

（二）体现历史故事传说

地名中的故事传说是地名命名中很重要的一部分，它不仅给地名增添了很多生动的色彩，更增加了地名的历史解读性与趣味性，增加了对历史的再解释。普洱地名中的有很多故事传说，比如：

孟连，傣语名，"孟"为地方，"连"为找，"孟连"即为找到的富饶美丽的地方。据载，孟连县境在西汉时期属哀牢地，东汉时期属永昌郡。唐南诏时，称"茫天连"，孟连一带的傣族称"茫蛮"。传说，后来孟连傣族聚居区发生瘟疫，百姓死的死逃的逃。孟连在沉寂了多年后，直至 700 多年前，人们才重新发现了这块美丽的土地。南宋宝祐元年（1253），勐卯（今瑞丽）傣王去世，二子分裂争权；其中的罕罢法王子带领部分臣民大举南迁，进入阿佤山后，分三路寻找立国安身之地；经过千难万险，寻找到了一个美丽的河谷坝子，在这里建立村寨，伐木开垦，人们称这里为孟连，傣语意为寻找到的好地方。

勐班，傣语名，"勐"为地方，"班"为送给，意为陪送之。据清道光十六年《威远厅志》记载："九江土司嫁女与威远土州，以地陪嫁。"

景信，傣语地名，"景"为三脚，"信"为石头，"景信"即三脚石头锅煮饭。传说孟连宣抚司出兵打仗，路过此地，用三个石头架锅煮饭，故取名为景信。

芒贴，傣语，芒，村；贴，吃亏。据传，清时孟连土司曾与景谷土司在澜沧江渡口对唱山歌时，孟连土司唱负于景谷土司时，将村子划属景谷，称贴给对方（方言故名芒贴）。

贴礼，传说很早以前有几个拉祜族到南栅瞻佛，刚到此地有人发现忘带礼物——茶叶，村中人说不要紧，我贴给你，从此得名贴礼。

南锡，傣语，"南"为河，"锡"指输，意为输河。传说，附近部落头人之间为战事定输赢割地盘，战败者将此河割献胜者，故名。

跌马河，过去思茅去景洪的马帮由此经过，传说有一匹马跌落水中，该地从此就叫跌马河。

茨米珠，传说人们获猎一只瞎眼麂子的地方。

拉撒姑，"拉"指豹，"撒"指肉，"姑"指干巴。据传，村内猎到一只豹子，因正当过节，当地风俗不得拿进寨内，只得把肉挂在村边。

普洱的西盟勐梭龙潭有着与龙有关的传说。勐，指地方；梭，美丽。勐梭，即美丽的地方。勐梭龙潭为侏罗纪第三系地壳陷落形成的天然淡水湖，龙潭四周群山环抱，森林茂密，潭水清澈碧绿，但每年春季有三天潭水却突然变浑，三天之后如常。因此，人们有许多传说。

相传很久以前龙潭是一个寨子，有一天，一条鲤鱼进入寨子的水井里，寨民们把它捞出来煮吃了，只有一个寡妇和她的孩子没有吃。谁知道村民分吃的鲤鱼是龙王的小女儿。第二天，整个寨子陷落了，滔滔大水淹没了整个寨子。只有没吃鲤鱼肉的寡妇和她的孩子幸存了下来。

还有一种说法是勐梭龙潭与缅甸境内秀球龙潭互为夫妻，秀球龙潭在山顶上为公龙居，并有暗河通勐梭龙潭，每年三天的浑水就是公母龙交配所致。还有人传说是潭里的龙太子与傣族少女婚配的神话故事。这些传说，给龙潭本身的壮观增添了很多神奇色彩。

在普洱地名的故事传说中有一部分地名与龙有关系，如龙洞、龙塘、龙祠、龙、龙树等等。与龙有关系的地名，如：

好龙，传说寨旁水塘中有条能保护田地不被洪水淹没的龙，故名。

龙拉田，传说百年前的一个晴天，突然下了一阵暴雨，将一丘稻田冲塌，据说是被龙所拉塌，故此得名。

龙擦角，山上有一垭口，传说是龙过此时用角擦开的，故名。

龙潭，传说水漂中有龙，故名。

龙王井，因村旁有口水井，井旁建有"龙王庙"，故名龙王井。

龙树，因村旁原有大树，人们常到树下"祭龙"，故名。

龙田，因居于深水田边，据传，田内有"龙"，故名。

在普洱地名中，与"龙潭""龙塘"有关的命名较多，汉语命名统计中共有116个地名。

（三）表明事件时间顺序

表示处所成立（建立）时间的先后。这部分地名一般用新、老或大、小来区分处所建立的时间，标志该处所建立的时间先后，具体情况如下：

用新、老表示建处所的时间顺序。没有新老对应关系的。建设路

（因系近年新建而得名）、新南棚、新村、打黑新寨、新寨等，这类地名用"新"来表示新建成立。有新老对应关系的。一般"新"是表示从"老"的处所划分出来的，新处所建立后，并给原处所加上"老"，新处所用"新"来区分新建及旧建，如：富本老寨、富本新寨；糯考新寨、糯考老寨；阿福新寨、阿福老寨；团山老寨、团山新寨；那哈老寨、那哈新寨；热水塘老寨、热水塘新寨；蚌埠老寨、蚌埠新寨等。

用大、小表示建处所的时间顺序。这类地名命名中，一般"大"表示先建的处所，"小"表示新建的处所，如：南岱大寨、南岱小寨（南岱小寨表示从南岱大寨迁来而得名）、红毛树大寨、红毛树小寨、勐根大寨、勐根小寨等。一般用新、老、大、小命名的地名，"新""小"与"老""大"相比，是属于人数要少、面积更小后建的处所。

表处所成立时的户头和时间。这部分地名命名主要以该处所成立时的时间命名，或是该处所成立之始共有的户头来命名，如：

陆家寨，因立村时只有6户人，故名。

三家村，立村是只有3户人家，故名。

小十二家，建村时只有12户人家，故名。

（四）表现历史文化功能

有些地名是以历史功能来命名的，根据历史的发展与处所的变迁，这些地名的社会功能现在虽然已经不存在了，但它的历史功能却被人们以地名的方式记录下来了，人们可以通过这些地名，了解、认识这些处所的历史更迭与演变。表处所历史功能的地名有：

老街：新中国成立前曾在此赶集，故名。

尚武门：原有崇尚武事之门，故名。

曼店：意为有马店的寨子，村中曾开设过马店，故名。

南京：傣语，"南"为水，"京"为吃，意为吃水的地方，这是原为过路人吃水的地方，故名。

补奎：布朗语，"补"为烧，"奎"为石灰，村边曾经烧过石灰，故名。

春场街：过去常在此举行春季活动。

石灰场：因历史上曾在此建立石灰场而得名。

官房：清朝设有接待官府人员的住房。

马场坡：解放前，来往商人常在此放马，故名。

灵官庙：清代建有灵官庙，故名。

等勐信：明清时期是传递信件的中转站，传讯人在此地等候勐主的来信，故名。

救苦寨：过去村粮多，常接济其他村的穷人。

南甸：傣语，"南"为水，"甸"为背，即背水吃的地方。

老富寨：因村民生活富裕，故名。

在普洱的历史地名中，最多的是与"营盘"有关的命名，"营盘"即指清代时在此驻兵扎营，反映当时的历史事实。普洱市地名的统计中，仅用汉语命名的与"营盘"有关的，就有95个，占普洱地名中与历史文化有关地名总和的79%。

五　体现安土重迁的价值观念

普洱许多民族是"安土重迁"的民族。因各种原因迁徙到新的地方定居后，往往会以原居住地地名来命名新居住地，或以原居住地的某一地理自然特征命名新居住地，诸如：

富脉：寨人由澜沧富脉寨迁来，故沿用原寨名。

上允：从酒井区上允村迁来，仍用旧名。

中寨：原址在烂坝中寨，仍用旧名；班包乡，搬迁后仍用旧名。

永古：佤语意为芦苇寨。由岩从、叶友夫妇从推冷寨迁来，住地原是一片荒芜，故名。

阿佤卡毕：意为佤族旧寨，即从阿瓦哈寨迁来。

必的：该村的人从富帮区必的迁来，故名。

岔河：该村1911年从景谷岔河迁来，故名。

景东寨：表该处所的人从景东迁徙而来。

河西：表该处居民的祖籍都在河西。

江西地：表该处所的人都是从江西迁徙而来的。

六　姓氏文化在地名中的体现

（一）以最早建寨人的姓名命名

罗杨寨：由罗发贵、杨双强分别率领家人或族人迁来，故以罗杨两姓命名而得。

班门：由傣族人班门率领家人或族人从永树迁居于此，故名。

三保寨：拉祜语，1937年有一个名叫三保的拉祜族人先来居住而得名。

扎肚寨："扎肚"，拉祜人名，其人先来立村，村以人得名。

扎夏梁子：拉祜语，"扎夏"拉祜族人名，村以人得名。

里公：拉祜语，"里公"人名，村以人得名。

（二）以建寨人或寨中名人的职务、职业命名

普洱地名中存在以人的职务命名的情况，如：

王官屯：明代"屯田制"中在此设过"屯"，在此地当官者姓王，故名。

李乡长寨：因李姓人曾在此任过乡长，寨以此人职务为名。

老五组老寨：因此人曾任互助组长，寨以此职务为名。

曼昭：傣语，"曼"为村，"昭"为头，意为头人住的村。

千岗寨：傣语，"千"为小土司驻地，"岗"为中间，含义为小土司住的中间村。

以人的手艺命名。这部分地名的命名，大多以居住地的某个重要的村民的显著手艺来命名，如：

阿篾寨：哈尼语里"阿篾"为竹篾，曾有几个能编制竹器的篾匠，故名。

银匠村：该村住有会打银的银匠，故名。

犁头寨：因村中有一家以打犁头为生而得名。

（三）以建寨家族姓氏或大族姓氏命名

在普洱地名中，用该居所主要聚居的大族的姓氏来命名，加上一些地名通名，如寨、营、村、家、地等作为地名命名。汪家村、王家、韦家、魏家地、白家村、蓝家村、方家箐、老徐地、郭三坝等都是这类命名方式的名称，如：

胥家营：明代"屯田制"中在此设过"营"，主要是胥姓的人居住，故名。

叶家寨：表示姓叶的人居住的地方。

杨家村：表示姓杨的人居住的地方。

毛家巷：姓毛的人居住的地方。

第十七章

普洱传统文学艺术

神话、史诗、传说、故事、叙事长诗、歌谣、谚语、音乐、舞蹈、绘画、手工工艺等民间文学艺术，记录了普洱各民族的社会历史和文化生活，表达了他们对世界特有的认知，寄托了他们的情感体验、审美追求和价值理想，在普洱传统文化中占有重要的地位。

第一节 普洱传统民间文学

在普洱这片热土上的各民族，在漫长的历史发展过程中，创造了大量绚丽多彩、风格各异的口传文学。按题材、体裁划分，普洱民间文学可分为神话、史诗、传说、故事、叙事长诗、歌谣、谚语七类。

一 神话与史诗

神话是关于神的民间故事。从本质上说，神话是原始人类基于生存需要和幼稚思维，对于自然、自身和社会想象出来的种种呈现和描述。对此，马克思概括为"（神话是）通过人民的幻想用一种不自觉的艺术方式加工过的自然和社会形式本身"[①]。也就是说，上古神话是原始人类对自然、社会和历史的认识和反映；这种认识和反映因限于原始思维而呈现为一种幻想形式，因而具有超现实、人格化、神力化的艺术特征；原始人类创造这些"艺术品"并非有意虚构，而是出于幼稚认识的真诚述

---

① 《马克思恩格斯文集》第8卷，人民出版社2009年版，第35页。

说。神话的内容丰富而复杂，主要分为创世神话、始祖神话、洪水神话、战争神话、发明创造神话等类型。

史诗是叙述英雄传说或重大历史事件的古代叙事长诗。史诗是人类最早的精神产品，对我们了解早期人类社会具有重大意义。史诗与神话有着天然的联系，史诗在神话世界观的基础上产生，而它的发展最终又是对神话思想的一种否定。根据所反映的内容，史诗可分为三大类：创世史诗、英雄史诗和迁徙史诗。

普洱各民族神话以创世神话为主体，既有开天辟地、人类及万物起源、各种自然现象的解释、图腾及自然崇拜等原生性神话，也有文化发明、习俗行为模式形成、迁徙创业等衍生性神话。而普洱民族史诗则囊括了创世史诗、英雄史诗和迁徙史诗三大类型。

普洱各民族创世神话主要代表作品有拉祜族的《牡帕密帕》、佤族的《司岗里》、哈尼族的《窝果策尼果》等。拉祜族的创世史诗《牡帕密帕》，气势宏大，内容丰富，"牡帕密帕"意为造天造地，史诗塑造了一个勤劳勇敢、聪明能干、可亲可敬的天神厄莎形象，整部史诗充满浓厚、神秘的原始宗教气息，史诗形象地展示了拉祜族家庭婚姻和传统伦理的形成演变过程，生动揭示了拉祜族社会不断发展变化的历史进程，详细阐释了拉祜族从游猎到游耕再到农耕的生产方式演变的发展规律，将拉祜族社会生产、知识经验、民族历史、民族关系、天文地理、文学艺术、宗教哲学、伦理道德和风土人情等融为一体，是研究和了解拉祜族历史文化的珍贵资料。

广泛流传于普洱西盟佤族地区的《司岗里》神话，既有散文体的神话故事文本，又有韵文体的古歌传唱。佤语"司岗"意为石洞，"里"是出来的意思，"司岗里"就是人类从石洞出来。创世神话《司岗里》是佤族人民家喻户晓的口传文学，是保留佤族历史、道德、宗教、哲学、文学、风俗等优秀传统文化的宝库。它集开天辟地、万物起源、原始文明、部族迁徙、伦理道德和宗教习俗等内容于一身，反映了佤族远古时期的社会生活及原始先民的思想感情与奇异的思维方式，表达了佤民族独特的审美情趣和深邃的人生哲理。《司岗里》神话想象丰富，情节奇特，全篇围绕人类起源这一中心，集中表现了人类最早从"司岗"出来后，处在人类童年时代的佤族先民是怎样渴望并寻求认识自然、改造自然和征服自然，并企图利用自然造福于人，求得生存与发展的现实。在佤族聚居地，《司岗里》神话已经渗透到了佤族社会的各个领域，不断影响和制约着佤族社会及其历史文化，直接或间接地塑造着佤族特有的民族性格和心理，其功能已超越了民间文学的作用和范围。它不仅是一部形象化的佤族史，更是一部佤族古代社会生活的"百科全书"，对我们考证佤族族源，研究佤族心理特征、风俗、科学等都有着重要的参考价值。

哈尼族创世神话《窝果策尼果》是一部主要以哈尼族"哈巴"形式演唱的古老神话，哈尼语"窝果"，意为古歌，"策尼果"意为十二调，"窝果策尼果"即古歌十二调。这部神话分为上下两篇。上篇"烟本霍本"意为神的古经，内容主要讲神事、宇宙产生和发展变化的过程。下篇"窝本霍本"，意为人间的古经，主要讲述哈尼族各种风俗礼仪、古规道理、典章制度的源起、形成以及活动等。这部神话以口传的形式，记录了哈尼族古代社会政治、经济、历史、哲学、科技、文化、宗教祭典、人文规范、伦理规范、生产劳动、吃穿用住、婚丧嫁娶等方面的事项。规模庞大、结构严谨、瑰伟绮丽，描述生动形象，展现了哈尼族先民对天文、地理、自然景观和人类自身及历史演化的朴素认识，具有浓郁的民族特色和地域特征，是哈尼族口传文学中的一朵奇葩。

除创世神话外，普洱地区还流传着许多其他类型的神话，如始祖神话，有拉祜族的《人类的分居》，彝族的《人的由来》《兄妹成婚》《三兄弟》，哈尼族的《患难兄弟传人种》等。洪水神话有拉祜族的《大树遮天与洪水泛滥》，景颇族的《洪水满天传人种》，彝族的《阿霹刹，洪水和人类的祖先》，哈尼族的《兄妹传人类》等。发明创造神话有佤族的《佤族长刀的传说》《佤族姓氏的由来》《谷子的来历》等，哈尼族的有《兄妹取谷种》《麻栗果酒的传说》等。图腾神话有拉祜族的《葫芦生人》，哈尼族的《尝新先喂狗的由来》，彝族的《九隆神话》等。

和神话故事交相辉映的是普洱各民族在漫长的历史发展过程中集体创作的长篇叙事诗——史诗。主要代表作有哈尼族的创世史诗《奥色密色》，拉祜族的长篇纪实性迁徙史诗《根古》，哈尼族的迁徙史诗《阿哈尼阿培聪坡坡》，傣族的英雄史诗《厘俸》等。

创世史诗，也称神话史诗，它多以古代英雄歌谣为基础，经集体编创而成，主要反映人类童年时期具有重大意义的历史事件和神话传说。流传于普洱墨江哈尼族地区的创世史诗《奥色密色》，由"开天辟地""民族起源""兄妹成亲""民族迁徙""分年月日"和"安家"等六部分组成。"开天辟地"讲述古时宇宙间一无所有，天王派九人造地，八人造天。他们杀了一头龙牛，用龙牛的各个部分造日月和万物。"民族起源"讲述踏婆和嫫米吃了怀胎水，太阳光下生男，月亮光下生女。天地一起生万物，男女成对生儿女。从此，地上有七十七个姓、七十七个族。"兄妹成亲"讲述洪水滔天后，兄妹成亲，繁衍人类。其余各部分叙述哈尼人跋涉迁徙，最后找到了安家的地方，又从天上获得了万物种子，并学会了耕种。《奥色密色》以美妙的神话、丰富的想象、生动的情节、朴实的语言真实反映了哈尼先民对宇宙万物和人类社会的粗浅认识，热情赞美了劳动人民的创造精神，表现了早期人类社会最本质的面貌。史诗所讴歌的改造自然、造福人类的精神，是哈尼人留给子孙后代的一部弥足珍贵的精神财富。

迁徙史诗是从创世史诗到英雄史诗的一种过渡形态，从内容和结构上看，它既有创世史诗的成分，即对宇宙万物、人类起源的探索，也有英雄史诗的因素，即对部落战争的描写，但是史诗的主体内容却以民族迁徙为叙述对象。哈尼族著名的迁徙史诗《阿哈尼阿培聪坡坡》，主要叙述哈尼祖先诞生于遥远的北方高山，学会了用火、狩猎和捕鱼，后来迁到"什虽湖"边，学会了饲养、放牧。因森林起火又南迁，与稻作民族交往，学会了开田种水稻，成为农耕民族。后来由于战争等原因又多次迁徙，最后南渡红河，进入哀牢山区，定居山林，艰苦创业，繁衍至今。这部史诗不仅概括了哈尼族从母系氏族社会到奴隶社会的历史发展过程，同时还反映了哈尼族的社会形态、生产生活方式、文化传统、宗教民俗、伦理道德等，可以说是哈尼族的一部百科全书。

流传于普洱市澜沧拉祜族自治县及其他拉祜族聚居区的拉祜族迁徙史诗《根古》，是一部描述拉祜族先民繁衍迁徙的叙事性史诗。史诗主要叙述从秦汉时期开始，拉祜族先民告别他们繁衍生息的青藏高原，从传说中遥远的北方密尼都库、诸海厄波等地起步，历经千辛万苦，跨越几个世纪，跋涉数万里，一直迁徙到"牡缅密缅"（今临沧一带），最后大量移居到今天的澜沧地区定居生活下来的历史。同时，也记载了迁徙到每一个地方的原因、迁徙的地名、环境、地形、地貌和居住情况。长诗除迁徙章节外，还存留着许多记叙拉祜族历史中的重大事件、重要历史人物等完整章节。长诗经过拉祜老人的传唱，如今已成为了一部珍贵的拉祜族史。全诗800余行，除歌头外，由七章组成，每一章的题目都是拉祜族迁徙过程中的重要地名。研究考证这些古代地名，可以帮助我们找到拉祜族的根和迁徙路线。这篇史诗生动再现了拉祜族先民由穴居、狩猎向火耕农作转变的生产方式的变迁及相关风俗的由来，塑造了一代代拉祜族先祖坚韧不拔、英勇斗争的英雄群像。整部史诗，结构严谨、语言质朴，内容丰富，风格古朴，堪称拉祜族口传文学的精品。

英雄史诗是一种以长篇叙事为体裁讲述英雄人物的经历或事迹的韵文。流传于普洱景谷县的傣族英雄史诗《厘俸》被誉为纪录傣族古代社会生活的《伊利亚特》。这部史诗一共三部，第一部是创世纪，第二部叙述海罕和俸改的身世，海罕和婻崩结合后，俸改看到美貌的婻崩，而抢走了她。第三部叙述海罕和俸改之间的战争。目前只收集到第三部史诗，仅第三部译文就有七万余字。《厘俸》译为"俸改的故事"，主要情节是：天神叭英的侄儿俸改因挑逗叭英的儿子海罕之妻婻崩，而引起争斗，叭英便把他们全部罚到人间。俸改一生下来就穿着铠甲、佩着宝刀，还骑着一匹九节膝盖的飞马。他骑着这匹马挑兵选将，征服四方，使得邻近的小国不得不带着金银、美女和大象向他称臣。海罕出生时是用小刀撬开母亲的肋骨跳出来的。在第三部史诗中，俸改抢走了海罕的妻子婻崩，引发了七年的大战。海罕联合了也被俸改抢去妻子的桑洛国王，带着千军万象进攻勐景罕。一路上他们征服了众多隶属于勐景罕的小国和村寨。在围攻勐景罕的战役中，双方经过了无数次的较量，损失了许多重要将领，在胜负难分的情况下，叭英派出天兵天将帮助海罕打败了俸改，俸改最后被缢死。《厘俸》以宏大的气魄，描绘了辉煌的宫殿、剽悍的武士、惨烈的古战场和壮观的战争阵容，格调高昂，风格壮美，生动展现了傣族先民从原始社会解体到奴隶社会初期广阔的生活画卷，充分表现了傣族进入奴隶社会后崇拜英雄、崇尚武功的社会风尚，是研究傣族历史文化的珍贵资料。

二 传说、故事

传说和故事都是有情节、有人物，以散文形式在民间口头流传的文学样式。但是二者又有区别，传说是与一定的历史人物、历史事件、地方名胜、自然风物、社会习俗有关的故事，往往被人们当做"口传的历史"。而故事则是指除神话和传说以外富有幻想色彩和现实性较强的民间口头创作，它不像传说那样与实在的历史、人物、山川、风俗紧密联系在一起，去附会事物的特征，对事物作出评价。故事的特征是虚构性，用虚构的人物或事件来表达讲述者的愿望和理想。

（一）传说

在普洱各民族中，流传着许多形式多样，充满浓郁的民族特色和地方色彩的传说，按内容来划分，可以分为史事和人物传说、山川风物传说及生活习俗传说三大类。

1. 史事和人物传说

史事传说是以历史上的真实事件为背景创作的传说故事。它主要反映人民对历史事件的态度和看法，寄予了人民大众的社会愿望和社会理想。

普洱地区民族众多，古往今来，各民族历史上发生过不少重大的事件，形成了大量的史事传说。拉祜族有《追马鹿人勐缅木的传说》《渡澜沧江的传说》等史事传说，反映了拉祜族的迁徙历史。布朗族有《迁徙的传说》，讲述了布朗族跟随叭哎冷从"绍兴绍帕"迁到蛮景的历史。傣族有《勐佳畔的传说》，讲述了中国古代三千童男童女到大海中的仙岛寻找长生不老之药，最终在岛上定居，建立日本国的传说。史事传说虽然不是严格的历史，但由于他们保留了许多历史真实内容，因而是研究普洱各民族历史的重要材料。

人物传说是有关历史上杰出人物的传奇故事，这些人物都曾在各民族的政治、经济、文化的某一方面，产生过进步作用或重大影响，是某种社会理想的典型化概括，普洱各民族流传着许多这样的人物传说。如拉祜族的《拉祜王—杨扎那》，着重讲述了清王朝统治者在拉祜族地区实行暴政，拉祜人民在杨扎那的带领下奋起反抗的故事。哈尼族有《田四浪的传说》，田四浪本名田以政，墨江哈尼族卡多人，1853 年秋，因不满清王朝的黑暗统治聚众起义，一度攻占镇沅县全境和西南部哀牢山区，后与李文学领导的起义军结盟，田四浪被推举为"夷家兵马副元帅"，1870 年 12 月被俘，次年被清兵杀害。《田四浪的传说》赞扬了他的机智勇敢和反抗精神。此外，普洱民间还流传着许多有关诸葛亮的传说，流传于西盟佤族地区的《公明山》，是颂扬诸葛亮平定南中，与佤族人民友好团结的历史传说故事。孟连傣族也有诸葛亮教傣族盖房，教妇女穿筒裙，教大家种茶等传说。

2. 山川风物传说

山川风物传说是指那些与山川名胜、地方古迹、自然风物有关的传说故事。普洱山水秀美，文化多样，民族众多，风俗各异，因而在各民族传说中，有大量有关当地山川风物的传说。如拉祜族的《募乃仙人洞的传说》《拉祜族的大印》《拉祜族地名传说》等；哈尼族有《酒香泉》《银匠神的传说》《云海的传说》等；傈僳族有《怒江和澜沧江的传说》；傣族有《水倒流的坝子》《南垒河的传说》等。《南垒河的传说》讲述南垒河与南郎河是一对恩爱夫妻。一天，怀孕的妻子捕到一只刺猬后没等丈夫回来就独自享用。丈夫回来后怒而出走，妻子急忙追出去解释，最后尽释前嫌，夫妻和好如初，合成一条河汇入湄公河，一起奔向大海。

普洱的山川风物传说，常常采用拟人手法，使自然景观人性化，各族人民通过传说展示了当地的文化历史、生活状况和民风民俗，表达了对家乡山水的热爱和依恋，传达了对美好生活的向往。

3. 生活习俗传说

这类传说指那些与民族日常生活中的衣食住行、婚丧嫁娶、节日祭礼等习俗相关的传说。这些传说生动形象地反映了普洱各民族的民俗文化，其中蕴含着一个民族的经济生活、社会结构、家族关系、人际交往、生活礼仪、宗教信仰、审美情趣、民族心理等丰富的内涵。

普洱各民族都有着自己的节日，而且种类繁多，关于节日的由来，有许多有趣的传说。傣族最盛大的节日是傣历新年的泼水节，传说是为了纪念杀死魔王,为民除害的七个姑娘;彝族、白族、拉祜族等民族都过火把节,都有"火把节的传说";佤族、拉祜族则有《新米节的传说》等等。

普洱各民族的服饰千姿百态,异彩纷呈,蕴含着丰富的文化内涵,被人们誉为"穿在身上的历史"。有关服饰的传说,有景颇族的《巴板鸟》,讲述景颇姑娘花筒裙的由来;哈尼族有《爱尼人神奇衣袖的传说》《妇女左胸别针的传说》《爱尼百褶短裙的由来》等;此外,傣族的包头、文身,彝族的手镯,傈僳族的弓弩,拉祜族的长刀等,也都有许多优美的传说。普洱是多民族聚居的地区,各民族服饰各异,习俗也各具特色,由此产生了许多解释奇风异俗的传说故事。佤族有《砍头祭谷的由来》《木鼓的故事》《独弦琴的来历》《阿佤人住在山顶的由来》等;拉祜族有《跳芦笙舞的传说》《荡秋千的由来》等。

有关饮食习俗的传说,有哈尼族、傈僳族的《吃新米先喂狗的来历》;景颇族有《嚼烟叶的来历》等。而有关婚丧习俗的传说,则有景颇族的《抢婚和过草桥的传说》,哈尼族爱尼支系的《牛屎迎亲的由来》,彝族的《哭出嫁的传说》,傣族的《拴线的传说》等等。

(二)民间故事

普洱地区还流传着大量的民间故事。民间故事是神话传说以外的民间叙事性的口头散文作品。用虚构的人物或事件来表达讲述者的愿望和理想,是民间故事最显著的特征。按内容来划分,民间故事可以分为动植物故事、生活故事、机智人物故事和孤儿故事四大类。

1. 动植物故事

这类民间故事以动植物作为描写对象,采用拟人化的手法赋予动植物以人的性格特征和思想感情,曲折地反映人类社会的复杂关系,许多作品富有生活情趣和生活哲理,给人以教育与启迪,是各族人民智慧的结晶和生活经验的总结。普洱山高林密,具有丰富的动植物资源,从而孕育了数量众多的动植物故事。

拉祜族的《麂子毛为什么是红色的》,故事说麂子毛原来是白色的,后来因为爱吹牛而受到上天的惩罚,被炸雷打中了头,鲜血流出把白毛染成了红色，教导人们做人要诚实；《老鼠和老虎的故事》讲述凶猛的老虎被老鼠搭救，说明了任何人不能盲目自大，否则会自食其果；《无毛的小鸟》告诫人们不能忘恩负义。拉祜族其他动物故事还有《猴子、豹子和水牛》《谷花知了》《憨斑鸠叫声的传说》《七里蜂》《牛为什么没有上牙》《黄花狗》等等。

佤族也有数量可观的动植物故事，如《老倌和鳄鱼》《荞麦杆为什么是红的》《黄牛、水牛和豹子》《白鹇和乌鸦》《尖嘴老鼠和啄木鸟》《地松鼠和阳雀》等，这些故事揭示了兽性难改，伪君子和残暴者必然受到惩罚的真理；《谷子就是金子》《风猴的故事》《懒人艾坎》《燕子为什么住在屋檐下》等，则批判了不劳而获、投机取巧的懒汉思想和行为，颂扬了勤劳勇敢、助人为乐的美好品质；《骄傲的老虎》揭示了骄傲者必败的真理；《爱漂亮的马鹿》《害羞的羊》等，讽刺了爱慕虚荣、趋炎附势的思想和行为。佤族的动物故事还有《公鸡为什么没有角》《豹子皮为什么是花的》《长尾巴雀和野猫》《蜘蛛的故事》《山羊和狗》《竹鼠栖身洞穴的由来》等。

哈尼族的动物故事有《小鸡报仇》《蚂蚱大战猴子》《蝙蝠》《虎背上的斑痕》《为什么蚯蚓脖子上有道印》《穿山甲为什么没有牙齿》《虱子的胸口为什么有一点黑》《豹子和水牛》等；傈僳族的动物故事有《獐子和老虎》等；傣族的动植物故事有《龙舌兰》《猫和老虎》《三牙象》《金野猫》等。

2. 生活故事

生活故事又称为世俗故事，是指那些现实性较强，幻想性较少，按生活本身所具有的形式来反映生活的故事。在普洱民间故事中，生活故事数量最多，内容也最为丰富。其中有反映阶级矛盾、反抗压迫的故事，如拉祜族的《神人扎丕》《扎傈和卡些》《狠心的国王》等，揭露了统治者的贪婪，歌颂了人民的反抗精神；《骑牛人和骑马人打仗的故事》《石门坎伏击尉迟东晓的故事》，则讲述了在清政府的暴政下，拉祜人民奋起反抗的故事；此外，这类故事还有彝族的《逼庄》，白族的《高粱记》，景颇族的《孤儿与山官》等。有抗击外敌，捍卫国家利益的故事，如佤族的《偷渡滚弄江》《炉房银厂的斗争》《英国兵逃了》等故事，真实地反映了西盟佤族人民抗击帝国主义侵略的历史。拉祜族的《巧夺银子》《牛皮盖地的传说》则揭露了帝国主义掠夺我国的野心，讴歌了拉祜人民的爱国热情和反抗精神；有赞美劳动人民的智慧、颂扬勤劳善良美好品质的故事，如白族的《弯木头、直木头》歌颂了木匠鲁班的高超技艺；傣族的《国王偷瓜》《不正经的佛爷》等，讽刺了统治者的荒淫无耻和贪婪狡诈。布朗族的《三尾螺》可以说是这类故事的代表作，故事讲述一位美丽的布朗族少女婻三飘的悲惨命运。相传，有一对布朗族老人，年过半百才生了一个姑娘，名叫亿英，她生性活泼，十七岁便像拔节的嫩竹亭亭玉立。一次她与小伙伴到河里洗澡嬉戏，偶然得到了一只三尾螺，就把螺插在发髻上，自从亿英插上三尾螺，她的容颜便每天变幻三次。清晨，她的脸庞白嫩娇美，像含露的玉兰；中午，她的脸蛋红润美丽，像熟透的野果；傍晚，她的脸颊泛着淡绿，像山林的秀色染绿了银盘。于是，寨子里的人都叫她"婻三飘"（一日三变的姑娘）。后来封建领主召片领看上了她，强娶她为妃，但她的美貌遭到了王后的忌恨，王后派人砸碎了亿英的三尾螺；从此，失去三尾螺的亿英，容颜渐老，最终被赶出了宫廷。亿英孤身回到家乡，后来布朗百姓不堪忍受召片领的残酷压榨，举寨迁徙，在迁徙途中遭遇官兵围堵，亿英和寨民奋起反抗，最后献出了年轻的生命。此后，布朗人民为了纪念美丽而不幸的姑娘亿英，布朗族妇女都要在发髻上别一枚铸有三尾螺的银簪。这则故事，不仅塑造了一位美丽善良、勤劳勇敢的布朗族少女形象，而且充分展现了布朗族人民反抗压迫，不畏强暴的民族性格。故事情节曲折生动，语言朴实优美，具有强烈的艺术感染力。

在生活故事中，反映婚姻家庭主题的故事最为常见。这类故事往往以生动感人的情节，展示各民族的恋爱、婚姻、家庭和伦理道德观念，反映了追求自由幸福的强烈愿望和为人处世的道德准则。如拉祜族的《两姐妹》讲述：从前有一家人只有姐妹两人相依为命，姐姐良心好，处处关心妹妹。但妹妹长大后嫁给了有钱人，忘记了姐姐的养育之恩。后来，上帝惩恶扬善，让姐姐过上了丰衣足食的日子，而妹妹变成了穷光蛋。这个故事以此告诫人们要知恩图报。拉祜族的这类故事还有《无良心的爹娘》《扎娃和金镯姑娘》《扎努和斑鸠姑娘》《拉祜族招女婿的故事》《一心想吃鱼的弟弟》《两兄弟分家的故事》《两个猎人的故事》等。流传于西盟、孟连佤族地区的婚姻家庭故事有《艾惹若的故事》《艾杰克和艾萨特》《姑娘爱上牧羊人》《还奶汁》等。《还奶汁》讲述在古老的阿佤山寨里，有一个寡妇嫡苗抚养着两个亲生儿子，老大岩额六岁左右，老二尼宝三岁多，失去丈夫的嫡苗无力养育两个儿子，只好丢下他们，嫁到远方去了。兄弟两人靠乞讨和寨民的救助，长大成人，最后过上了富裕的日子。当他们每天吃着白米饭时，想起了他们的妈妈，于是他们决心一定要找到妈妈，让她也吃上白米饭，以此来报答妈妈的养育之恩。兄弟俩走了一村又一村，最终在一个偏僻的山寨探听到了妈妈的下落；但不巧的是妈妈外出劳动还没回来，兄弟俩把带来的金银财宝放进屋里后，就走了。嫡苗回到家里，只见满屋都是金光闪闪的财宝，非常奇怪，邻居老人告诉她，是你亲生的两个儿子拿来还你的奶汁钱。嫡苗没有看到儿子，痛哭失声，昏倒在门边。这则故事教育人们，不论父母怎么对不起子女，子女也不应该忘记赡养父母、回报父母。

普洱各民族的生活故事，几乎涉及到了一切生活领域，它们真实地再现了各族人民的生活风貌，表达了各民族对自己生活境遇的态度和评价，闪耀着无穷的生活智慧，具有浓郁的民族特色。

3. 人物故事

机智人物故事是民间广为流传的一种幽默故事，它们内容广泛，机智幽默，风趣逗乐，表现了各族人民不畏权贵、乐观进取的生活态度和精神风貌。普洱各民族大多有自己的机智人物故事，如佤族的岩江片、达太、岩坎，哈尼族的阿朱泥、门帕，傈僳族的光加桑，布朗族的艾掌来，景颇族的南叭，傣族的召玛贺、艾苏、艾西等等。

拉祜族《扎别的故事》讲述了扎别聪明机智，击退敌人的故事；《补鞋匠中榜》赞扬了补鞋匠的机智聪明，讽刺了秀才、考官们的愚蠢昏庸；此外，还有《扎倮和卡亚》《富翁招婿》《瞎子和跛子》《选国王》《憨女婿》《羊角点香》和《死心眼的人》等。流传于西盟佤族自治县的机智人物岩坎的故事，幽默风趣，别具一格，由几十则系列故事组合而成，主要作品有《换马蛋》《神棍》《赌牛》《会屙银子的马》《魔棒》《土锅换铁锅》和《死人换大象》等；哈尼族有《沙依的故事》《聪明的阿格与叭萨》《多依巧遇天下女》等；傣族有《布憨咪》《借眼珠》等。

普洱各民族机智人物故事，结构基本相同，都是利用剥削者、统治者们愚昧无知、贪财好利、自私邪恶的心理，诱使他们掉进布设好的圈套，从而使他们狼狈不堪，一无所获，成为人们的笑柄。这些故事语言风趣幽默，情节曲折生动，人物性格鲜明，使人们在幽默逗笑中受到教育，因而深受各族人民喜爱。

4. 孤儿故事

普洱各民族都有孤儿故事流传于世，但唯有佤族的孤儿故事数量最多，究其原因，与佤族社会的发展水平、风俗习惯和婚姻制度有着紧密联系。普洱西盟佤族的孤儿故事，主要有《孤儿与仙女》《群豹护送孤儿》《守粮仓的孤儿》《扎华》《岩嘎变石头的传说》《岩撒与田螺姑娘》《鸟蛋姑娘》《岩惹与龙王》《岩惹与王子》《孤儿的叶子》《艾惹诺的故事》等。其中《艾惹诺的故事》流传最广，故事讲有一个叫艾惹诺的孤儿，从小受尽了人间的苦难，常常受到富人和坏心肠的人的歧视和侮辱，没有人愿意教他上山打猎，下河捞鱼。原本"缘木求鱼"是荒唐可笑的事情，但富人"珠米"欺负他年少无知，叫他把自己的鱼篓挂在树上捕鱼，想看他的笑话。孤儿艾惹诺信以为真，按"珠米"的话把鱼篓挂到了树上。河里善良的龙王小公主知道这件事后，产生了怜悯之心，为了帮助可怜的孤儿，她变成一条小白鱼，钻进了艾惹诺的鱼篓里。艾惹诺看到这条小白鱼既可爱又可怜，不忍心吃掉它，把它放进小水缸里饲养。后来，在龙公主的帮助下，孤儿艾惹诺终于战胜了各种困难，最终与龙公主结成了一对恩爱夫妻，过上了幸福美好的生活。

佤族孤儿故事充满着怜贫惜弱和知恩图报的思想，故事常常赋予孤儿勤劳、善良、机智、诚实的美德。故事的开头孤儿总是历尽艰辛，尝遍了人生百味，饱受欺压歧视，但他们的诚实善良和凄苦命运打动了上天，得到某种动物或仙女的帮助，最终过上了幸福的生活；从中反映了佤族人民崇尚勤劳、诚实、善良的价值取向，以及对美好生活的憧憬和向往。

三 叙事长诗

叙事长诗是流传在人民口头或职业歌手演唱中的叙事体韵文，以讲述生动曲折的故事为主，塑造鲜明的人物形象，表达深刻的社会主题。普洱各民族中流传着许多情节生动，人物鲜明、语言优美的叙事长诗，主要作品有拉祜族的《扎努扎别》，佤族的《桑木落》《岩惹惹木》，哈尼族的《洛奇洛耶与扎斯扎依》，傣族的《召树屯与婻木诺娜》《娥并与桑洛》等。

流传于普洱澜沧县拉祜族民间的叙事长诗《扎努扎别》，塑造了一位敢于向天神厄莎挑战并与之进行不屈斗争的巨人扎努扎别的英雄形象。传说古代拉祜族有一个巨人，叫扎努扎别。他站起来像座高山，四肢像立起的山陵，他一顿饭要吃几石米，他力大无穷，干起活来无人能比。他为人公道，见义勇为。所以，人们都佩服他，崇拜他。他很勤劳，常常和百姓一起不分昼夜地开荒种地。至高无上、唯我独尊的天神厄莎对扎努扎别在群众中越来越高的威信深感不安和气愤。于是，厄莎就对人们说，世上的一切都是他创造的，人们必须把一切好东西都奉献给他，否则就要遭受惩罚。扎努扎别认为这不公道，于是在他的带领下，人们便拒绝向厄莎交纳贡物。这下惹恼了厄莎，他千方百计要害死扎努扎别和反抗他的群众。厄莎先在天上挂起了九个太阳，企图烤死所有人，扎努扎别便教人们用土锅当笠帽，挡住了太阳的强光。厄莎一计不成，又生一计，他收起了所有太阳和星辰，使大地一片漆黑，想让人们无法生产而饿死。扎努扎别便教人们点起松明火把进行耕作。厄莎掘河放水，想淹死人们。扎努扎别便教人们造船，躲过水患，厄莎的所有阴谋都没有得逞，更加恼怒，发誓一定要置扎努扎别于死地，最后他用毒药毒死了扎努扎别。可让厄莎意想不到的是，扎努扎别的鬼魂继续与他作对，为了彻底根除隐患，厄莎把扎努扎别的尸体上的皮剥下来，分埋各处，把他的骨头磨碎，把骨粉装在大炮里打向四面八方。可令厄莎惊奇的是，第一炮打在高山上，骨灰变成了荨麻，人们有了织麻衣的原料；第二炮打到平地上，骨灰变成了竹林树木，使人们有了盖房子的材料；第三炮打在了天空中，骨灰变成了飞蚂蚁，要冲到天上去咬死厄莎。

拉祜族的叙事长诗《扎努扎别》，想象特别，情节生动，语言优美，具有浓厚的悲剧色彩。它不仅反映了拉祜人民挣脱神灵桎梏的愿望，同时也充分表现了拉祜人民不畏强暴，敢于反抗的民族性格和鲜明的爱憎观念。

流传于普洱西盟佤族地区的叙事长诗《桑木落》，讲述佤族人民由于社会发展滞缓，生产力低下、生活十分贫困，佤族青年"桑木落"为给佤族人民寻求幸福，告别父老乡亲，翻山越岭，走遍天涯海角的故事。长诗反映了佤族人民向往幸福生活的美好愿望。佤族另一首叙事长诗《岩惹惹木》，讲述孤儿岩惹和龙女的爱情故事，情节曲折，善用排比和比喻的手法，是赞扬美好爱情的一曲颂歌。

广泛流传于普洱市墨江县、江城县、宁洱县的哈尼族叙事长诗《洛奇洛耶与扎斯扎依》是一曲歌颂纯真爱情又令人惊心动魄的英雄赞歌。"洛奇洛耶"意为顶天立地的英雄，"扎斯扎依"意为智慧美丽的花朵。全诗分为"开头的歌""扎斯扎依""洛奇洛耶""赶街相会""秧田对歌""串门求亲""成家立业""领头抗租""不死的魂""结尾的歌"十个章节，近两千行。故事的结尾部分，特别是抗租失败后，主人公被砍成肉块，剁成肉酱后依然复活，被铜钉钉在山崖下，淌了七天七夜的血依然不屈的情节；将哈尼人民对英雄的特殊爱戴之情，表现得淋漓尽致，充分体现了哈尼族坚强的民族性格。作品涉及哈尼族的生产劳动、婚恋生活、原始崇拜、风俗习惯、精神信念等丰富内容，故事曲折优美，风格凄美悲壮，节奏和谐，诗情浓郁，具有较高的文学价值。

傣族的《召树屯与喃木诺娜》是云南民间叙事长诗的代表作。长诗讲述的是王子召树屯与孔雀公主喃木诺娜之间曲折的爱情故事，不仅情节动人，语言优美，更重要的是通过这个美丽的故事，深刻表现了傣族人民对和平的热爱，对战争的厌恶，对幸福生活的向往和追求。傣族的另一部爱情悲剧长诗《娥并与桑洛》，讲述了娥并与桑洛的甜蜜爱情。因自由恋爱，反抗母亲包办婚姻，娥并受到桑洛母亲的迫害，最后悲惨地死去，桑洛也殉情而死，两人化成了天上的星星互相守望。

普洱各民族的叙事长诗，无论在故事结构的完整性、人物形象的典型性、语言表达的生动性，还是反映社会生活的丰富性、表现民族文化精神的深刻性方面，都达到了很高的水平，是我国民间叙事诗宝库中，不可多得的璀璨明珠。

四 歌谣与谚语

（一）歌谣

歌谣是人民口头创作的短篇韵文作品。可以唱的一般称为歌，只说不唱的叫谣。普洱各民族能歌善舞，唱歌是生活中不可缺少的内容，人们在劳动时要唱歌，恋爱时要唱歌，离别时要唱歌，重逢时要唱歌，年节祭祀、婚丧嫁娶、宴饮聚会，更是不能没有歌。普洱各民族的歌谣形式多样，内容丰富，主要有劳动歌、情歌、风俗歌等。

1. 劳动歌

歌谣起源于劳动，因此歌咏劳动，叙述劳动的过程，传授劳动经验，表达对劳动成果的珍惜，是民族歌谣的一个重要内容。这类歌谣朴素明快，具有浓厚的生活气息。

采集、狩猎是普洱各民族重要的经济活动，由此产生了许多以采集、狩猎为主题的歌谣，如拉祜族的《采野果》《采野菜歌》，傣族的《拾菌子歌》《摘果子歌》《狩猎歌》。佤族的《打猎日子来到了》唱道："一串串包谷挂在梁上，一筒筒谷子堆进谷仓，农忙的日子过去了，打猎的日子来到了。大黑狗养得肥肥壮壮，标枪磨得闪闪亮，弯弓从老一辈就传下来，千百根羽毛粘在弓上。芳香的泡酒喝了胆壮，肩上挂着姑娘织的箭袋心里欢，捉麂子要心细、脚轻、计谋巧，打豹子要胆大、箭准、勇气高，支起竹架，布好陷阱，看我一箭双雕。"形象地反映了佤族的狩猎生活及打猎技巧。彝族的《撵山歌》唱道："追麂子，扑麂子，敲石头，烧麂子。围拢来，作作作。"展现了围猎、烧肉、分享劳动成果的欢乐场景。

劳动歌中，数量最多的是反映生产劳动、盖房种地等内容的歌谣。傈僳族的《生产调》，采用男女对唱的形式描述了找地、开荒、刀耕火种，直到收获的生产全过程。彝族的《种荞歌》这样唱："砍倒一片树，放起一把火,烧出一坡地,用棍戳个洞,放下几颗荞。"真实地反映了原始农耕的生产方式。佤族的《下种歌》采用与种子对话的口吻,表达了人们珍惜粮食的情感:"小米,小米,你们生长在地里,是为了给人吃饭,吃了你人才会长大。一粒谷子、一颗小米,不掉在泥巴塘里,不掉在水牛脚里,不丢在打谷场,不丢在树脚下,不让你流进河里,我们要把你驮回家,放在干燥的房子里。"此外,佤族的劳动歌还有《拉木鼓歌》《守地歌》《薅草歌》《盖房歌》等;傣族的有《摘果歌》《拾木头歌》《打水歌》《破篾歌》《纺织歌》《撒秧歌》等;拉祜族的有《盖新房歌》等;布朗族的有《上新房歌》《种地歌》等;哈尼族的有《四季生产歌》《寡妇放羊》《叫月亮》等。

2. 情歌

情歌是普洱各民族歌谣中最为耀眼的精彩篇章,由于文化背景不同,风格各异,所以各民族情歌的表达方式各有特色,从形式看,有对唱、独唱。有固定的调式,有自由的曲调;从篇幅看,有长歌,有短歌;从内容看,有倾诉爱慕之情的,有表达失恋伤感的,也有反抗包办婚姻,追求自由恋爱的,内容基本涵盖了婚恋生活的方方面面。

佤族情歌自由奔放,如《麻栗果叶》开头唱道:"所有的树叶都枯萎了,只有麻栗果叶绿油油,所有的小伙子都走了,只有我的阿哥还不走。"《阿妹,我的心上人》唱道:"都说澜沧江的水清,搅一搅泥沙上扬;都说小黑江的鱼光滑,光滑的鳞片也粘青苔。只有阿妹,我的心上人,像露珠一样纯洁可爱。"《串姑娘》借助贴切、生动的比喻抒发男女双方的爱慕之情。《恋歌》是一首表现爱情的佤族抒情长诗,约50行,采用男女对唱的形式,既歌颂了男女双方不顾恶势力的阻挠,争取婚姻自由的勇气,也歌颂了男女双方虽相隔千里,天各一方,却对爱情忠贞不渝的优秀品质。

哈尼族的情歌热情直率,流传较广的有《多依树下》《初次相会》《四季花儿调》《哪个要看让他看》等。《多依树下》描写两个恋人在多依树下相会,互吐衷肠的动人场景,诗中写道:"彩虹和太阳不能结合,我俩却像竹笋不离壳;鲜花和青草不能相会,我俩却像画眉伴着鹦哥。"表达了恋人间不离不弃,相伴永远的美好愿望。《初次相见》采用男女对答的形式，表达彼此的爱慕之情，诗中唱道："（男）太阳落下山背后去了，月亮照亮密林小路，双双对对的伙伴走了，我的心像冷水一样冰凉，我只好把巴乌吹响，倾吐我心中的悲伤，阿妹哟，深更半夜豺狼多，你怎么来到这个地方？（女）太阳落山还会升起来，月亮缺了还会圆起来，听见倾心动肠的巴乌声，就像蚂蟥听见溪水流淌，我背着爹妈悄悄梳妆打扮，我背着伙伴悄悄走出寨门，阿哥哟，豺狼虎豹我不怕，就怕你寂寞孤单没人陪。（男）我们过去没有见过，今天我们像溪水和河水相遇，今天我们像蜜蜂和花儿相见。今天我们像树枝和树叶相碰，阿妹哟，不要把我当豺狼，只有你才是我心中的太阳。（女）我们过去没有相逢，今天我们像针和线串在一起，今天我们像柴刀和背索捆在一处，今天我们像画眉和白鹇相会，阿哥哟，我是一只小羊羔，深夜里专门来喂'豺狼'。"情歌采用了一系列比喻、象征和排比，形象生动地抒发了彼此的爱恋，感情炽热直率。《四季花儿调》按时间顺序歌咏十二个月的花儿，采用情侣对歌的形式，把自然的花与男女爱情交融在一起，体现了哈尼青年大方率直、多情淳朴的性格特点。《哪个要看让他看》则表现了哈尼男女青年对爱情的大胆追求。

　　傣族的情诗含蓄雅致。流传于孟连和西双版纳的傣族情诗《凤凰情诗》这样唱道："袅娜的凤凰啊，请你展翅飞翔，迎着绚丽的霞光，展开你色彩缤纷的羽翎，请衔着我这封圣洁的书信，越过宽广的平坝和高山，飞向我梦中想念的地方，把我的心，我的生命和爱情，带去给我思念的情人。"诗歌借美丽吉祥的凤凰寄托对情人的思念，别具一格。这种情诗常常被书写成一只凤凰的样子，涂上各种颜色，让对方用想象去体会、揣摩情人的情感。此外，傣族情诗还有《逃婚情诗》《鹦鹉之歌》《线秀》等。《鹦鹉之歌》是傣族长篇情诗，据说此诗共分三部，目前搜集和翻译出的只是第一部分，其中唱道："哥想妹啊妹想哥，相思的泪水滚下坡；妹想哥啊哥想妹，相思的心儿快破碎。……美丽的菩提树，叶子青又嫩，青嫩的叶子有千万片，不知那片是姑娘的心。善良的小鹦哥啊，夕阳已落下山岗，你的纺车在家里等待，纺线场正期待竹瑟吹响，你为何还在田野飞翔。池塘的荷花啊，你时时散发着幽香，花瓣是你的面颊，荷花是你的衣裳，阿哥想采一片荷叶带回去。"诗作写得含蓄婉转，情意绵绵。《线秀》写道:"像月光一样的妹妹啊,我俩的爱,就像编好的藤篾,一股箍着一股,一片缠着一片,拆也拆不开。"用形象的比喻,表述了恋人间生死相依,永不分离的情怀。

拉祜族的情歌古朴粗犷,主要作品有《乃哈雅哈可》《追蜂记》《芭蕉叶子一条根》《讨亲嫁女》《换花调》等。《乃哈雅哈可》是青年男女初恋时的对唱,其中相互试探、互诉衷肠的情节,饶有情趣,很有感染力。《追蜂记》是婚礼时咏唱的情歌,拉祜族举行婚礼时,要点燃象征吉祥幸福的"蜂蜡灯",为了寻找制作"蜂蜡灯"的原料岩蜂蜡,新婚男女要跋山涉水、上树攀岩追寻野蜂的踪迹,采到蜂蜡,做成灯烛,以此来告诫新婚男女,幸福来之不易,要倍加珍惜。流传于澜沧的拉祜情歌《芭蕉叶子一条根》,用比喻和拟人手法,表现了青年男女对爱情大胆、执着的追求。流传于镇沅的《讨亲嫁女》,形象再现了拉祜族的婚俗,倡导夫妻恩爱,勤俭持家。《换花调》用鲜花比喻爱情,用赞花、换花、护花来象征对爱情的忠贞,语言生动,节奏明快,风格质朴。

布朗族的情诗热烈大胆。流传于澜沧景迈的布朗族情歌《甜甜的笑》,是小伙子大胆的自我表白,感情真挚火辣。《星星的歌》表达了姑娘纯朴、健康的爱情观和审美观;《一句调》幽默风趣,表现了少女追求幸福爱情的迫切心情;《送情人》想象丰富,比喻贴切,塑造了一个痴情女子的形象;《我多么想》通过无数想象,表达了少女对美好爱情的憧憬和向往。

总的来说,普洱各民族情歌,形式多样,风格各异,很好地继承了我国民族的现实主义传统,在艺术手法上,除了赋比兴外,还广泛运用了拟人、对偶、夸张、谐音、双关等多种手法,具有较高的艺术价值。

3. 风俗歌

风俗歌也叫仪式歌,是民族歌谣中的一种特殊形式,它大部分在举行祭祀、节日、庆典、婚丧等仪式中演唱或吟诵,有固定的格式和内容。风俗歌往往与各民族的宗教活动和风俗礼仪有密切的联系,所以,一般分为祭祀歌和礼俗歌两类。

(1) 祭祀歌

与宗教活动密切联系的风俗歌被称为祭祀歌。这类歌谣大部分由德高望重的祭司、巫师或长者来演唱，主要表达对神灵、祖先的崇拜，敬畏和要求，反映了各族人民的原始宗教信仰及对美好生活的向往和追求。

普洱各民族的祭祀歌非常丰富。拉祜族的有《哈空》，即叫魂歌，主要叙述为病人叫魂的过程和内容；《波底细底》，即祈福歌，内容主要是魔巴（巫师）为病患者祈福。佤族的祭祀歌主要有《拉木鼓歌》《剽牛歌》《猎头祭歌》《迎头歌》《供山歌》《砍牛尾巴》等。《拉木鼓歌》唱道："爬起来哟！红毛树的老大。我们杀鸡卜卦，才选中了你，你是林中王，你是寨中主。快快回到你的家（木鼓房）。"反映了佤族万物有灵的宗教信仰和对木鼓的崇拜。《剽牛歌》唱道："司岗洞口盖着巨铓，是小米雀啄开了巨铓，我们才从司岗里出来，为了感谢小米雀的恩情，我们剽牛来祭祀，祈求村寨平安，谷物丰收。"表达了佤族人民对小米雀救助人类的感激之情。傣族的祭祀歌主要有《祭猎神歌》《祭树神歌》《祭雨神歌》《祭家神歌》《叫谷魂》《叫田魂歌》等，这些祭歌一方面反映了傣族神灵崇拜的观念，另一方面则从侧面反映了傣族的农耕生产和生活。

（2）礼俗歌

与礼仪风俗有密切联系的歌谣，我们称之为礼俗歌。这一类歌谣集中反映了各民族的民间风俗礼仪，表达了各民族对美好生活的憧憬和祝愿；同时，它又是进行传统教育、灌输行为规范、传授生产经验的一种重要方式。普洱各民族的礼俗歌内容十分广泛，涉及生产劳动、岁时节气、婚丧嫁娶、生儿育女、娱乐社交等多方面的内容。

"年歌"是拉祜族颇具特色的礼俗歌，是生产生活的"年鉴"。每当新年来临之际，拉祜人民就会用歌声来庆祝丰收，企盼来年五谷丰登、家庭和美。《安魂调》《选墓调》《送葬调》《隔魂调》《复山调》等礼俗歌，系统地反映了拉祜族的丧葬礼仪。佤族的《结婚调》《盖房调》《贺新房》等风俗歌谣，反映了佤族的婚礼习俗和建房礼仪。《送死神》《送葬歌》和《向死者告别》等挽歌，反映了佤族灵魂崇拜和"视死如生"的观念。

傣族的《贺新房》讲述了建新房的全过程；《新年宴席歌》《祝福歌》则反映了傣族人民对幸福生活的企盼和祝愿；《招魂词》《引路经》《送别歌》和《哀悼词》等丧葬习俗歌，反映了傣族灵魂不灭、相信来世的佛教观念。此外，傣族还有《说亲歌》《送嫁歌》《婚礼祝词》等婚姻习俗歌以及《满月歌》《起名歌》《放牛歌》《升和尚歌》《拴线歌》等生活性风俗歌。

"祝酒歌"是喜庆宴席上喝酒、敬酒时唱的歌，普洱各民族都有饮酒的习惯，酿酒、饮酒的历史非常悠久，婚丧嫁娶、节日庆典、祭祀鬼神、聚会待客都要饮酒，正所谓："无酒不成席、无酒不成礼。"所以，每个民族都有自己专门的祝酒歌。如哈尼族的《劝酒歌》："喝哟——喝！来自远方的尊贵客人，传说远古时候哟，我们都是葫芦兄妹的子孙。喝哟——喝！不要嫌这酒不香不甜，祖辈像白云和山岗一样亲密哟，愿我们的友谊像江河紧紧相连。"傣族的《敬酒歌》这样唱："一杯相识的酒，一杯尊敬的酒，一杯欢喜的酒，一杯解乏的酒，一杯真诚的酒，能喝一碗就不要只吸一口，让酒和血流在一起，让心和心跳在一起。"表现了边疆民族豪爽、好客的民族性格。

（二）谚语

谚语是哲理性、科学性较强的短谣，有一定的文学性。它常常不独立存在，而是在人们讲话时加以引用，但它有完整的结构和思想，是一种短小的韵文作品，包括各种短句韵文、歇后语、谜语等。普洱各民族的语言中，蕴藏着极其丰富的谚语，它们是各民族语言的精华，也是各民族民间文学中的一枝奇葩。

谚语被誉为生活的教科书。其中有教人勤劳的谚语，如佤族的"没有挖过的地方不会出棉花，没有犁过的地方不会出谷子"，"笋子不割成竹，谷子不收成土"，"灭火要趁小，干活要趁饱"；傣族的"土地不翻不肥，田地不种不翠"，"树木枯死是因为虫害，家庭贫困是因为懒惰"；哈尼族的"要学泉水天天淌，莫学懒猫睡火边"，"种地怕出汗，年底得讨饭"；彝族的"瘦田怕勤汉，肥田怕懒汉"，"夏天多流一滴汗，秋天多收一箩粮"。

教人明辨是非的谚语，如傣族的"好看的芒果不一定好吃，嘴甜的人不一定是好人"；拉祜族的"石头不能做枕头，敌人不能当朋友"；佤族的"会叫的狗不一定是好狗，会说的人不一定是好人"。

教人讲道理的谚语，如佤族的"砍树要看纹路，说话要讲道理"，"没有盐巴的菜难吃，没有道理的话难听"；傣族的"碾谷要碾出米，讲话要讲出理"；拉祜族的"吃东西要先闻，说话要先想"；哈尼族的"绳索可以拴住牛，道理可以说服人"。

教人诚实正直的谚语，如佤族的"讨东西不丢人，偷东西羞死人"，"是人就要心地善良，是树就要挺拔正直"；拉祜族的"有酒桌上唱，有话当面说"，"饭不热不吃，话不真不说"；哈尼族的"心地正直的人朋友多，草木旺盛的地方鸟兽多"；彝族的"树直用处多，人直朋友多"。

教人团结互助的谚语，如佤族的"硬树要靠大伙砍，难事要靠大家帮"，"一根木柴烧不开一锅冷水，独个英雄打不赢一场战争"；哈尼族的"独木不成林，一针不成衣"，"一块石头砌不成一堵墙，一条江鱼搅不浑一条江"；傣族的"菜里放盐才香甜，人要互助才好处"，"四个和尚在一起，就有佛爷的学问；四个憨人在一起，就有聪明人的主意"；彝族的"一块砖头难砌墙，一根甘蔗难榨糖"，"一人一条心，生产扯渣筋；众人一条心，黄土变成金"；傈僳族的"一根柴烧不旺火，一条狗撵不成山"。

教人勤奋好学的谚语，如佤族的"长刀越磨越锋利，头脑越用越灵活"；布朗族的"骨头越熬越香，人越学聪明"。

更多的是揭示生活哲理的谚语，如哈尼族的"喷泉的水堵不死，爱情的火扑不灭""一棵树不会只结一个果子，一个人不能只有一个朋友""没有扫把的家脏，没有教养的人野""猛火烧不熟牛肉，气粗办不成好事""山上不刮风，树叶不会摇""竹子再高不顶天，蕉叶再大不值钱"；傣族的"好坝，大水冲不垮；好人，闲话说不倒""竹怕烂根，人怕坏心""山再高没有脚高，路再长没有腿长"；彝族的"批评的话苦是药，奉承的话甜是毒""水流三尺干净，人遭七难精明""人听甜言栽跟头，马过软地失前蹄""牛蹄不坚硬，别踏石子路""饭吃多了胀肚子，话说多了招祸殃"。

总之，谚语是精美的哲理小诗，是精工琢磨过的耀眼明珠，是高度浓缩的"语中之盐"。普洱各民族的谚语是生存和生活智慧的结晶，其深刻的思想和高超的语言艺术值得我们认真学习和借鉴。

第二节　普洱传统民间音乐舞蹈

一　传统民间音乐

普洱传统民间音乐是普洱传统文化的组成部分，也是我们理解民族文化的独特窗口。

（一）传统民间歌曲

普洱各民族传统民间歌曲，是他们整体生活的集中体现，其中包含并蕴藏着民族的起源、历史、迁徙、习俗等文化内涵。普洱各民族民歌有许多共同点：如一般都是单乐段结构，有单句的、两句的，也有四句的。歌词一般都是韵文，惯用比兴、对仗、顶真等手法，句式结构各民族略显不同，但差异却不是很大。单人演唱的民歌，节奏较自由，旋律多跳进。多人演唱的民歌则节奏、节拍规整，旋律流畅，朗朗上口。音阶以五声音阶为主，也有六声、七声音阶，也有较古老的三、四音列的调子，如佤族的拉木鼓调。调式则多属五声调式体系，各民族略显不同，如佤族民歌多羽调式和商调式，也有宫调式和徵调式。傣族则多宫徵调式。拉祜族多宫调式。彝族多宫、徵和羽调式。哈尼族多宫徵调式，也有商羽调式。彝族、哈尼族和拉祜族是兄弟民族，同属氐羌族系，音乐也有共同之处。

（二）传统民间乐器

普洱是歌的海洋，更是民族器乐的海洋，各民族都有自己独特的乐器，不同的演奏形式、不同的制造材料，林林总总、五彩缤纷。

1. 傣族乐器

筚灵短，傣语，"筚"意为吹管类乐器；"灵"意为舌头；"短"意为铜，即铜簧巴乌类乐器。筚灵短运用广泛，是傣族青年男子喜欢的乐器。

筚修，傣语，为六孔横隔箫类乐器，一般都是男子在山上用于吹奏山歌调、放牛调。

玎旦，傣语，"玎"为弹拨、拉奏类乐器，三弦，通常为四度—五度定弦，琴头传统形制是弯钩，琴身类似牛的小腿，也称为"牛腿琴"，用于弹奏傣族民歌《簧吟》。

玎哦，傣语，也称为牛角胡，二弦，拉奏类乐器，通常为五度定弦。琴头传统形制是三层宝塔样式，琴身由黄牛角制成，弦弓由马尾制成，通常演奏叙事歌。

象脚鼓，傣语为"光"，因形制与象腿接近而得名，一般由男子演奏，年节时男子们会在缅寺广场内斗鼓，以动作夸张、力量刚劲，速度矫健为美。

2. 拉祜族乐器

葫芦笙，拉祜语为"诺"，意为葫芦，以长颈单台葫芦为笙斗，五根长短各异的竹管为笙管。笙管一端开有一按音孔，另一端装有竹簧，穿过葫芦并用蜂蜡固定，笙管上方还开有调节音高的音窗。

哩嘎都，拉祜族吹管类乐器，缺口直箫，筒身是一根竹管，音孔有二、四、六孔不定，吹口处有三角形或半圆形缺口。

拉祜族乐器里，小三弦是比较独特的。这种乐器只在拉祜西支系中流传。

拉祜族口簧，拉祜语为"阿塔"，俗称响篾。一般都是拉祜族女子演奏。拉祜族口簧由金竹薄片制成，中段簧舌发音，有三片至五片不等。把簧片排列好顺序，放到嘴巴边，嘴巴成"喔"状，即可演奏。口簧演奏的奥秘在于能够利用簧片发出的基音在口腔中哈出泛音，旋律是由泛音构成的。

3. 哈尼族乐器

牛腿琴、哈尼语为"玎"，形制也与傣族的玎旦类似，牛腿琴只有两根弦。哈尼族小三弦主要在爱尼支系中流传，哈尼语为"等"，形制与彝族小三弦类似，偏小。三弦琴头是典型的孔明帽，共鸣箱不大，直径10厘米左右，用蛇皮蒙制。哈尼小三弦音量不大，但音色柔美，演奏技法以滑音为主。

巴乌，属于单簧或双簧吹奏乐器，根据簧片材质的不同，又分为竹簧、草簧和芦苇簧等种类。

4. 佤族乐器

木鼓是佤族标志性的打击乐器，只在佤族中流传，佤语叫"克罗"。

过去，木鼓是佤族的神器，是部落村寨的象征，是原始宗教的信物。木鼓属于体鸣乐器，通常用红毛树制作，有粗有细。木鼓的制作是在圆木的一侧掏一条缝，两端有类似耳朵的槽口，缝里有一定容积的鼓腔，两侧是击打部位。木鼓一般是成对制作，大为母，小为公。传统上，敲响木鼓通常是起到报警、召集的作用。鼓点急促的，一般是战斗、火灾报警；鼓点平缓的，一般是头人召集会议。在祭祀活动中击打，则有艺术表现的意味。

独弦胡，西盟佤族地区特有的乐器，佤语叫"士争"，形制类似汉族的二胡，但只有一根弦，故称为独弦胡。独弦胡的弦一般由麻绳或藤条制成，琴弓用竹片和马尾制成，琴筒由竹筒制成。演奏时，琴筒依靠延长的竹制琴杆置在地上，演奏者蹲姿演奏，一脚踩住延长的琴杆起到固定作用。独弦胡演奏的特点是，奏者用力把琴杆压弯，独弦胡会奏出比空弦音还要低的音。

5. 彝族乐器

笛子，主要用来为跳歌伴奏，调子非常丰富，也可以吹一些劳动调子。

葫芦笙，形制与拉祜族葫芦笙基本一样，五根吹管的定音却不一样。拉祜族葫芦笙的定音是：561235；彝族葫芦笙则是：612356，也有很多彝族聚居区两者都用。

小三弦，是彝族具有代表性的乐器，主要是男性演奏，不分老少和场合，可以为跳歌伴奏，演奏"打歌调"，也可以独奏，民间称为"梭小点"，概因多用滑音奏法而得名。

唢呐也是彝族具有代表性的乐器，有大小之分，是彝族仪礼音乐的主要乐器，主要用于婚丧嫁娶、起房盖屋等场合。

（三）传统民间器乐

普洱的民族器乐异常丰富，数量庞杂，下列只是其中一些代表。

1. 笛子曲

笛子在佤族传统生活中使用的场景通常是年轻人谈情说爱时，和年节时令中大伙围圈打歌的夜晚。所以，佤族笛子曲分着独奏和伴奏两类，独奏曲主要用于表情达意，伴奏曲用来打歌。彝族笛子曲主要也是打歌调,为打歌、跳歌伴奏。

2. 箫曲

拉祜族的缺口直箫曲一般表现的是男子出门劳作时候的心情。傣族的六孔横隔箫通常还会吹一些谈情说爱的内容。

3. 巴乌曲

哈尼族和傣族的巴乌曲大多仍是描述劳动和谈情说爱的内容。

4. 口簧曲

拉祜族口簧因是女子吹奏,往往表现的是羞于公开的私密情话,仅限情人之间亲密聆听。

5. 拉弦乐曲

佤族的独弦胡曲有叙事和情歌两类。傣族的牛角胡曲往往都是叙事曲。

6. 弹拨乐曲

拉祜族小三弦曲目众多,取材于民歌或民间歌舞,有的甚至就是整首民歌或歌舞曲的器乐化,因此作品的结构也往往带有民歌、民间歌舞的特点——短小、灵活、较自由。

7. 合奏乐曲

合奏乐曲以孟连宣抚司署礼仪音乐为代表。这种礼仪音乐的演奏乐队傣语称为"玎西所",使用乐器有"多罗""玎省""玎西"和"嘎腊撒",主要演奏曲目有《嫦哦罕》《偏卢习》《谢列卯》和《所诗》等。[①]

(四)普洱各民族器乐的形态特征

1. 题材内容

普洱各民族的器乐题材内容广泛,凡有民歌的时间场合,我们都能看到民族乐器和器乐。

2. 体裁形式

普洱各民族的器乐曲大多来源于民歌,所以体裁上和民歌差不多,旋律特点及节奏型也和各民族民歌近似。

---

① 吴学源主编:《中国民族民间器乐集成·云南卷》,中国 ISBN 中心 2012 年版,第 1891 页。

3. 音阶调式及律制

因各民族音乐都属于中国音体系，各民族器乐曲都采用五度相生律，音阶都以五声音阶为主，也有六声、七声音阶，也有较古老的三、四音列的调子，如佤族独弦胡曲。只有孟连傣族宣抚司署音乐的乐器例外，其律制受泰国音乐影响。

二　传统民间舞蹈

普洱各民族皆能歌善舞，舞蹈文化资源丰富，历史源远流长，民歌、器乐和舞蹈呈综合艺术形态，形式多样，个性独特，与本民族的社会生活、历史文化密切相关。

（一）彝族舞蹈

羊皮舞主要流传于景东安定乡。传统上彝族同胞喜欢穿羊皮衣御寒，羊皮舞因此产生。以用手有节奏地拍打羊皮褂子统一步调为律动，以甩步、跺脚、跳步、转身等动作为特征……舞蹈粗犷奔放，节奏鲜明。

大帮腔是一种综合歌舞形式。大帮腔主要流传于景东县安定乡，是当地彝族同胞的一种综合性歌舞。大帮腔以唱为主，旋律嘹亮，嗓音高亢，像极了高耸入云的无量山，同时还有打歌舞蹈，边唱边跳，动作以直歌、翻歌为主。歌词内容是韵文，根据时间场合还可以即兴演唱。

（二）傣族舞蹈

普洱傣族以象脚鼓舞和白象舞为代表。象脚鼓舞是傣族男子力量的展示，体现了水一样的民族刚健的一面，别具风韵。象脚鼓舞是傣族同胞一种群众性舞蹈，传统上几乎每一个傣族男子都会跳，特别是关门节期间、缅寺广场上，傣族男子三五成群聚在一起，互相斗舞，胜者可以收获众人赞许的欢呼。除舞者肩背象脚鼓边敲边跳外，还有铓、镲的伴奏，节奏欢快。

白象舞的素材主要来源于傣族对南传佛教的信仰，但它也有着一定的现实生活的影响。白象舞由双人抬道具表演，熟练的舞者可以将大象的动作模仿得惟妙惟肖。

(三) 拉祜族舞蹈

拉祜族主要分布在澜沧江两岸,有两大支系,拉祜纳支系的舞蹈主要是葫芦笙舞,拉祜西支系的舞蹈主要是摆舞。

葫芦笙舞拉祜族典型的传统舞蹈,是拉祜族历史文化的集中体现。拉祜族古歌唱过:"男的吹葫芦笙,女的手拉手,学着鸭子跳,左边摆来右边摇。学着大鹅跳,前三步后三脚。"① 葫芦笙舞活动一般都在农闲季节进行,其中涉及原始宗教祭祀的,只在春节、新米节和重大活动才能跳。葫芦笙舞可以分为两类:一类是宗教祭祀内容的,一般在年节时令,特别是春节等重大活动中开展。这类葫芦笙舞有特定的程序和套路,必须按照传统习惯进行。另一类则可较为随意,根据不同的场合增减舞蹈套路。葫芦笙舞的套路使用比较灵活,可以一个套路重复几次,也可以几个套路连起来跳。葫芦笙舞保留着踏歌围成圆圈的传统样式。男子吹着葫芦笙逆时针围成圈边吹边跳,女子在外围挽手围成圈伴舞。葫芦笙舞的动作来源于生活,原始宗教内容的多与祭祀活动相关;表现生产生活的则直接模仿生活中各种动作,还有一些是模仿动物神态的。

摆舞是拉祜族拉祜西支系的代表性舞蹈,拉祜族女性主跳,男性乐器伴奏。摆舞主要分布在拉祜西支系集中的澜沧县糯福和东回,还有孟连的部分乡镇。摆舞不受时间、地点和舞者人数的限制,特别是在年节时令和重大活动中,拉祜西女子都会跳摆舞。摆舞动作以踮、跺、踢、摆、划、小跳等丰富的步法为主,女子们排成一排,配上动作一致的甩手动作,表现生产生活中各种劳动动作。因为拉祜西支系生活地域靠近傣族聚居区,所以深受其影响。摆舞的伴奏乐器也采用傣族的象脚鼓、铓和镲,但演奏的音乐却是不一样的。

(四) 佤族舞蹈

佤族是能歌善舞的民族。木鼓舞是世代流传在西盟佤族村寨中的传统舞蹈,也是佤族最具代表性的舞蹈之一。木鼓舞以木鼓为乐器,是一

---

① 思茅地区文化局编:《拉祜族民间舞蹈》,云南民族出版社 1993 年版,第 5 页。

种集体舞，每个木鼓二至四人合奏，也是单人敲击跳舞。舞者手持鼓棒敲击木鼓的不同位置，边敲边跳。木鼓是佤族原始宗教信仰的神器，木鼓的制作过程是很复杂的，其中每一个环节都伴随着佤族奔放真挚的歌舞；从找制作木鼓的木材开始，一般是红毛树和麻栎树，到拉木鼓，把木材拉回寨门外等待制作；等工匠把木鼓做好，就到跳木鼓房，把木鼓拉到木鼓房放到支架上，最后跳木鼓。木鼓舞是围绕木鼓进行的综合性审美活动的一部分，更是佤族历史、传统文化和审美能力的艺术的呈现。

（五）哈尼族舞蹈

普洱哈尼族舞蹈大体可分为两大类：澜沧江以北的哈尼族各支系和澜沧江以南的哈尼族爱尼支系。

扭鼓舞，哈尼语又称"阿腊搓""托尼尼"，是哈尼族布孔、切弟、阿木等支系流行的祭祀娱乐一体的传统舞蹈，主要流传于墨江哈尼族聚居区。一般活动时间在夏初，祭竜时节。竜属于哈尼族的原始宗教信仰范畴，扭鼓舞通过娱神，最后实现自娱的目的。扭鼓舞是一种即兴成分比较重的舞蹈，舞蹈动作没有一定的规范，熟练的舞者可根据场合、情绪自由发挥。跳舞时，舞者围成圆圈，逆时针方向跳跃行进，伴奏的乐手在旁边边敲边转圈。扭鼓舞有八个套路：走跳步、转身、屈膝马步、遮挡、望月、侧身步、劈掌和双展翅。虽然扭鼓舞都与祭竜有关，但不同支系舞蹈动作略有不同。扭鼓舞既是哈尼族献祭给竜神的敬物，也是哈尼族社会、历史审美的展示。

哈尼族爱尼支系《竹筒舞》主要流传于澜沧县酒井、惠民、发展河和东回等哈尼族聚居乡镇。《竹筒舞》起源于原始宗教信仰，最初以击打竹筒驱赶野兽，后逐渐演变成一种舞蹈形式。《竹筒舞》一般是在"耶苦扎"时进行，其他重大活动也常见，如澜沧每年年初三的拜年活动中经常见到。跳竹筒舞所需竹子最初是哈尼族取水的工具，后逐渐演变为乐器。这种乐器制作简单，砍来竹子，取两个竹节，去掉上节，中间戳通，晾干即可。舞蹈时，男女手持竹筒，围成圆圈或列队边唱边用竹筒敲击地面，节奏鲜明，场面壮观。

第三节　普洱传统民间绘画、雕刻与工艺美术

一　传统民间绘画

普洱传统民间绘画从形式上来看可分为有壁画、版画、岩画等。

（一）壁画

1. 汉族壁画

汉族壁画在普洱历史上较为少见，历史上在景东县大街镇大街石洞寺，有汉族的生产生活、娱乐游戏、节日庆典等壁画，但已损毁无存。在墨江哈尼族自治县碧溪古镇等汉族百年以上古老豪宅的部分板壁木板上，历史上也有少量壁画，内容多为喜上眉梢、鱼跃龙门、仙翁献寿、鸡鸣富贵、龙凤呈祥等汉文化吉祥内容，但如今也难以见到。

2. 傣族壁画

傣族壁画在构图上打破了时间、空间的限制，把一个故事通过不同的时间、空间的描绘，完整的表现出来。构图疏密得当，在人物的造型上形象生动、主次分明，从构图到色彩，都充满了浓重的南传佛教文化色彩，内容多以佛本生故事、经变故事、神话故事，佛祖释迦牟尼、史诗和传说中的英雄人物等，其中也不乏人间情味的世俗图景。以佛经为主的故事，佛的形象与释迦牟尼的佛像也十分相似，有艺术的夸张和鲜明的地域特色，如宽额、细眉、大耳、薄嘴。傣族壁画是傣族艺术宝库中的艳丽奇葩，是傣族人民智慧的结晶。壁画中再现了傣族优美的舞姿，狩猎、出征、劳动、沐浴的场景，赕佛、传说的故事，表现了傣族人民丰富多彩的生产生活、习惯风情、信仰崇拜、等级关系。

3. 佤族壁画

佤族的绘画一般用牛血、黑炭、牛血和白石灰等绘制于大房子木板壁上，题材常见的有房子、小人，马、牛、鹿等动物或小鸟，山水。绘画形式较为简单，多以线条描绘为主。

4. 拉祜族壁画

拉祜族绘画多见于佛房内，有观音、天神、牛、马、龙、人像等。

澜沧县竹塘乡东主福堂画有八仙过海等汉文化内容的壁画。

（二）版画

甲马是供祭祀神鬼用的一种民间木刻版画，也称为符，题材常见的有驱邪符、守护符。在景东县历史上有景东当地刻印的黑白木刻劝世书；套色木刻彩色木板门神年画，目前还有雕版保存于景东县文庙文物管理所内。

（三）岩画

墨江新抚岩画群，散布于新抚镇新塘村红石岩，平掌村朝山庙、彭丙文仓房三处，总面积40余平方米，有82个可识别图案。在这些岩画群里，红石岩岩画面积4平方米，用白色矿物颜料绘成，由33个人物和2个动物组成；朝山庙岩画位于平掌村四甲河村民小组草山岩子下方，岩画面积约20平方米，用红色矿物颜料绘成，目前可以辨认的图案有15个，其中有人物13个，动物2个；彭炳文仓房岩画位于平掌村冬瓜树村民小组榉树岩子中上部，面积约为16平方米，用红色的矿物颜料绘成，由32个图案组成，其中有人物30个，动物2个。三个岩画点共发现可以识别的图案82个，多为双手上举的人物图案，图像简约、稚拙，内容有狩猎、祭祀、舞蹈，在海拔1400—1900米的悬崖峭壁上。

二 传统雕刻艺术

普洱的雕塑常见有石雕、木雕，雕刻形式有圆雕、浮雕、透雕，多见于房屋建筑，傣族佛寺、佛造像，民间少许土著神灵造像及生产生活用具。

（一）石雕

以石头为材料的雕刻工艺在普洱的各民族中一直都有存在。其石雕品种丰富，类型多样，大致可分为生产生活用具、建筑雕刻、装饰、纪念和祭祀雕刻。普洱的民间的石雕，雕刻内容丰富有的人物、动物、花鸟、传统纹样、几何纹样，体现了对图腾、鬼神、生殖等原始崇拜。在历史的不同时期满足了人们生产、生活的实用需求，同时也满足了人们的精神审美。这些石雕将实用功能与审美功能完美结合，大胆的夸张变形与饱满匀称的造型，体现了敦厚、真诚、淳朴，地域特色鲜明，洋溢着浓郁的乡土气息。

生产类有：石磨、碓臼、石碾、石磙等；生活类有：石缸、石槽、石桌、石凳、石椅、石柜、石盆等；建筑类有：石造像、动物、植物、景物、花鸟、传说故事、石礅、石栏杆、石门楼、石壁屏、石柱脚等；装饰类有：石牌匾、石山、石花、石草、石兽狮、石虎、石龙、石猪、石马、石牛、石羊、石鸡、石鸟、石人等；纪念类有：石人、石柱、石标杆、石牌坊、石碑碣、石碑；祭祀类有：石香炉、石蜡台、石神像等。

（二）木雕

普洱的木雕按用途划分有建筑木雕、家具木雕、宗教木雕、观赏陈设木雕及与普洱茶有关的根雕茶桌、茶几，少数民族图腾祭祀雕刻等。

普洱的木雕分为汉族木雕和少数民族木雕两大类。

汉族木雕，受中原文化的影响，木雕多用于房屋建筑的门柱、屋檐、窗格、家具装饰，根雕茶桌，茶几等，常见纹样类型有植物、动物、人物、几何形纹样，花草拐子、龙花拐子、草龙拐子、剑环纹、莲花、牡丹、菊花、桃花、松、竹、梅、龙、凤、虎、鹿、象、狮、孔雀、喜鹊、鹤、鸡、火纹、水纹、浪花纹、祥云纹、绣球纹、龟背纹、鱼鳞纹、如意纹、灵芝纹、锁纹、柿蒂纹、方胜纹、整长纹、套环纹、古钱纹、金锭纹、银锭纹、方罗纹；人物多为神话传说中的神仙圣人、民间故事中的人物形象，包括天王、菩萨、观音、八仙、土主、财神等。

拉祜族木雕主要有佛达门木雕、神桩木雕和神鼓装饰雕刻。"佛达门"以栗树为雕刻材料，高 2.5 米，宽 3 米，门楣雕刻为上下对称人头状，男女交合形，上方有象征着拉祜族生育繁殖的太阳、月亮、谷穗、豆芽状木雕。门柱旁竖立着两把避邪用木刀，门柱上刻有形条，门坊上刻有条形、齿形、环形图案。神鼓用三合树木凿制而成，两端用牛皮绷蒙，鼓身上刻有命运花、过年花、谷花纹样。大鼓架用栗树制作，支架上雕刻有豆芽、太阳、月亮等图案纹样。

佤族善于雕刻，在村寨中，处处可见雕刻有人物或动物的图案。其雕刻相对粗糙，佤族木雕包括牛头门、牛头桩、牛尾巴桩、窝朗房人像、动物像等。佤族雕刻工具简单，一般是为日常生活用具长刀、斧头、短刀。窝郎（头人）房屋脊的雕刻，一端雕有人像，另一端雕有鸟像。人像为男性，用一块木头雕刻成，刻有头、眼、耳、口、四肢，还刻有生殖器、胡须、毛发，手持长刀或长枪。鸟有眼、嘴、翅膀、尾巴，传说是燕或小米雀。牛头桩，雕刻成牛角状，部分雕刻有牛头。牛尾巴桩、人头桩等一般都刻有马、麂子、燕子人形、牛头、祖眼、星星、太阳、月亮、蜘蛛、篱笆或山水等几何形纹样。佤族雕刻以拙为美，大气、古朴。

佤族木雕于2005年9月被普洱市人民政府批准公布为普洱市非物质文化遗产保护名录。

傣族传统木雕技艺集实用性与观赏性为一体，是傣族传统文化的重要组成部分，是傣族人民集体智慧的结晶。傣族传统木雕多见于佛教造像、建筑、传统祭祀、实用器具等，代表性的作品形式有神像、佛龛、泼水龙、佛教故事等。

三 传统民间工艺美术

普洱民族众多，多民族聚居的文化交流与融合，形成了鲜明独特的地域性、民族性风格，有剪纸、金水漏印、文身等，也有集实用性观赏性为一体的传统工艺美术中的以金属为材料的金、银、铁工艺；有以土为材料的陶器制作工艺；有以布为材料的织、染、绣、缝制作工艺。

（一）剪纸传统技艺

普洱的民间剪纸主要有汉族剪纸、傣族剪纸、哈尼族剪纸和彝族刺绣纹样模板剪纸等。

1. 汉族民间剪纸

汉族民间剪纸技法上以剪为主刻为辅，纸张为各色商品彩纸，多为吉祥蕴意型纹样，有单独纹样、适合纹样、二方连续纹样、四方连续纹样；形状有菱形纹、万字纹、三角纹、六边形纹、八边形、几何型纹样；常见题材有福禄寿喜、福在眼前、喜从天降、"柿柿如意""喜上梅梢"、喜鹊、锦鸡、牡丹、梅花、麒麟、马鹿、八仙过海、猴子献寿、老鼠嫁女、麒麟送子和现实生活中人们喜闻乐见的有美好象征意义的一些动植物形象。

2. 傣族民间剪纸

傣族民间剪纸技法上剪刻并重，有剪有刻，纸张为多为构树皮自制土纸，有少量的商品各色彩纸，色彩以自染金色、红色和土纸原色为主，题材多为佛经故事和生活中常见的物像。傣族剪纸最早见于祭祀所用的纸马、纸象、纸人，后来在佛教文化和中原文化的影响下逐步充实发展，纹样被傣族群众广泛应用于祭祀、赕佛、丧葬、喜庆、居家装饰、服饰刺绣模板等方面。技艺流程有选纸、调色、染色、绘图或折纸、剪刻、粘贴。傣族民间剪纸大多用于宗教活动和宗教场所，佛寺中的装饰以门上、檐边、墙面、柱旁、佛龛、佛伞、挂幡等处最为常见。傣族民间剪纸技艺覆盖面广，几乎遍及所有傣族聚居地区，是傣族民俗文化的载体，贯穿于傣族习俗活动的方方面面。

剪：民间艺人剪纸无须稿样，随手可剪。

傣族剪纸的题材：主要包括人、动物、植物、器物和佛经故事。

动物题材有：龙、凤、马、象、牛、孔雀、马鹿。

植物题材有：菩提树、玫瑰、鼓槌石斛、树兰花、夜来香、缅桂花、牵牛花、太阳花、向日葵、十二月花。

器物题材有：伞、刀。

与佛和佛经故事有的关题材有：金塔、宫殿、僧房、亭台楼阁、佛塔寺庙、佛像、大地女神、头像神迦尼萨、释迦牟尼佛、守护神等。

图案形式有：单独纹样、适合纹样、向心纹样、二方连续纹样、四方连续纹样。

刻：需要画图和样稿，按样制作的刻纸一次可以刻出多张。

傣族剪纸作品剪刻佛经故事精巧细致，动植物纹样稚拙大气，在民间群众基础较好，有一定的广泛性。

用途：主要用于祭祀、赕佛、建筑装饰、刺绣模板等。

3. 哈尼族剪纸

哈尼族传统剪纸主要用于刺绣纹样模板和丧葬用品中的纸人、纸马、纸象装饰，纸张为各色商品彩纸，纹样多以几何纹样为主。

4. 彝族剪纸

主要用于服装刺绣纹样，纸张为各色商品彩纸，以植物纹样居多，有少量的动物和几何纹样。

（二）金水漏印传统技艺

金水漏印是傣族剪纸的延伸工艺。金水漏印技艺是傣族剪纸中的组成部分，其工艺流程比较一般剪纸更为复杂，制作工具和材料要求上更高一些，常见使用于佛寺门窗、木柱、房梁、墙壁，祭祀用品等。

金水漏印技艺使用材料：土纸（人造纸）或用土纸加工（染色，一般为红色）的纸。

金水漏印技艺使用工具：尺子、剪刀、刻刀、梅花凿子和木槌。

金水漏印技艺流程：选择纸张、修边、折叠、剪、凿、剪等。

傣族民间剪纸是金水漏印工艺的基础。由于金水漏印工序是在佛寺或土司衙门中进行，因此历史上整个工艺是由男性来完成的。传统金水漏印纹样在景谷县迁糯佛寺、茂密大寨佛寺、芒岛佛寺、芒朵佛寺及孟连县娜允古镇的芒中佛寺（1882年建）、上城佛寺（1868年建）、中城佛寺（1910年建）等建筑的屋檐、柱子、墙壁、厅顶上均保留着大量的金水漏印图案。常见图案纹样有各种奇兽异鸟、植物花卉、亭台楼阁、房屋建筑、传说故事及现实生活中喜闻乐见的物像。傣族图案纹样生活气息浓郁，地域风格、乡土风味独特；表现形式丰富，有几何形、单独形、适合形、连续形纹样；其线条流畅、形象生动、蕴意丰富、内容健康、积极向上。

（三）傣族文身传统技艺

在历史上傣族有文身的习俗传统和传说，有体现傣族男子勇敢而文身的传说，有图腾崇拜而文身的传说，有躲避凶恶的蛟龙而文身的传说，有遵照祖先遗训而文身的传说，有族群分辨而文身的传说。但在历史上傣族传统文身的日期选择为每年的端午节，传统文身色素为靛蓝汁液。文身的图案有犁、耙等农耕用器，牛、马、狗、鱼、鸟、蜈蚣、虎、豹、鹿、象、狮、龙、蛇、猫、兔、孔雀、金鸡、凤凰、花草等动植物纹样，有直线、曲线、水波纹线、圆形、云纹形、三角形、方形等纹样，还有傣文、缅文的佛经，咒语等。傣族文身有一定的仪式和禁忌，使用专门的文身工具。

（四）金属制作传统工艺

普洱少数民族众多，金、银、铜、铁工艺中金、铜工艺及饰物较少，主要以银、铁工艺为主。

1. 银艺

普洱历史上一直是云南重要银产地之一，有墨江金矿银、镇沅金矿银、普洱银（现在的宁洱银）等，制作工艺有铸造、化银、锻打、下料、粗加工、做铅托、焊接、掐丝、嵌铸、雕刻、锉磨、抛光、酸洗等。银手工艺品主要以生活用具和饰物为主，傣族、哈尼族、彝族、拉祜族、佤族等各民族戴在头上的，佩在身上的，系在腰间的都用银作饰物。历史上每个县都有几家银器加工的作坊。普洱银制工艺品题材内容丰富，纹样形式多样美观，造型装饰地域、民族特征鲜明，有拙、有巧，有的拙中有巧、巧中带拙，生动美观。

生活用具有银碗、银筷、银杯、银盘、银烟斗、银烟筒、银刀柄、银盒、银壶、银针筒、银牙签、银挖耳、银刀、银口红盒、银戒指、银梳等；佩挂饰品有银头簪、银耳环、银项圈、银项链、银手镯、银戒指、银腰带、银泡、银币、银手镯、银耳环、银麒麟、银蒜、银牌（太阳牌、月亮牌）、银葫芦、银鱼、银蝴蝶、银石榴、银蜘蛛、银芝麻铃、螺形挂件、鱼虫鸟兽等。均雕刻有龙纹、黄鳝纹、鸟纹、鱼纹、虫纹、卷草纹、宝相花纹、梅花纹、莲花纹、苤菜纹、回字纹、云纹、水纹、山纹、蛙纹、鸡纹、雷纹等装饰纹样。制作风格有简约、粗犷、豪放的；也有精巧、灵秀的；有拙朴、稚雅之美的，也有精巧灵动的。

2. 铁艺

铁工艺在普洱历史上主要以生产加工铁制生产生活用具为主，历史上有较多的手工作坊。生活用具有铁炉、铁钩、铁盆、铁锅、铁锅铲、铁火钳、铁剪刀、铁勺、铁菜刀、铁镊子等；生产用具有铁斧、铁铲、铁锄、铁锹、铁砍刀、铁镰刀、铁犁、铁钉、铁箍、铁锤等。

（五）陶器制作传统工艺

普洱历史上多数民族都有制陶历史，但所制作陶器多为粗放型生活器皿，有陶坛、陶罐、陶壶、陶碗、陶杯、陶缸、陶瓶、陶饭蒸、陶锅、陶盆等。较大规模制陶并以龙窑烧造的墨江县联珠镇桑田村土酒房、通关镇龙洞冲，烧造历史悠久，旺盛时期窑工技师近百人。

1. 傣族慢轮制陶

在孟连、景谷、江城的傣族中慢轮制陶历史悠久，傣族慢轮制陶距今已有4000年左右的烧造历史，烧造方式仍保留了新石器时期露天焙烧和半封闭焙烧等多种方法；拉坯成型工艺为泥条盘筑、无转轮制坯、脚趾拨动慢轮、手拨动转轮制坯等，传承的印纹拍打等原始技艺与南方新石器遗址出土的印纹陶器制作技艺相一致；在制作习俗上至今仍保留着婆传媳或母传女家传方式，从陶土的选择、采挖、制作陶坯、烧制陶器、集市交易，均由妇女完成。

2. 镇沅黑古陶

黑陶的制作始于龙山文化时期，约为公元前2310—前1810年，镇沅黑陶民间制陶技艺相传已传承了400余年历史。镇沅黑陶是在烧造过程中，采用掺炭工艺制成的黑色陶器，有黑、薄、光、细四个特点，有"薄如纸、亮如漆、声如磬、硬如瓷"的质感特征，其透气性良好、吸光性强。

2009年7月，镇沅黑古陶被普洱市人民政府批准公布为普洱市非物质文化遗产保护名录项目；同年11月，云南省人民政府批准公布确定为云南省第二批非物质文化遗产保护名录项目。

（六）织、染、绣、缝传统工艺及纹样

各民族历史上都有自己的织、染、绣制作技艺。其中佤族、傣族以织为主、绣辅织，哈尼族、彝族以绣为主、织为辅。以布为材料的织、染、绣是民族文化的物化形式，是民族审美情趣的外在表现，是物质文明和精神文明的双重标志，是民族之间相互识别的重要标识，是多民族文化工艺融合的具体体现。特色较为鲜明的有傣族、佤族、拉祜族的织锦，彝族、哈尼族的刺绣。

各民族所用的工具、生产习俗有所不同，但也有部分融合共通，制作流程大概一致。每户人家棉花和蓝靛的种植量不大，一般为满足自给自足需要。织、染、绣是在农闲时进行的。

织：织布机有两种，一种是简易织布机，一种是木制织布机。简易织布机很特殊，把四根竹子或木棒栽在一起，担上两根木方或木棍，挂起织扣，织扣的下方拴两条木棍踩档，再把纺好上浆的线绕在桩上拉紧，然后把线头挑入织机扣眼，再穿过用小竹片镶成的织齿机缝。织布的动作也很简单，脚往右边的踏板上一踩，前担提起来，脚往左边的踏板上一踩，后担提起来，在织齿的前面，就可以出现织眼，踩一次穿一次纬线的梭子，顺手将织齿往下一拉，纬线就上好了。在这一穿一拉的重复中，佤族、傣族、拉祜族、哈尼族织出了锦、织出了锦布，产品有包、有头巾、有床单、有围巾、有制衣布料等。

染：把采集来的靛蓝取其叶放入缸内加水浸泡数日，待发酵到靛叶腐烂，将腐叶捞出，在水中加入生石灰搅拌，过一夜，用篾篓过滤，使染料凝固成块状靛。将块状靛放入盛有清水的染缸中溶解，加入适量小锅酒、马鞭烧，每日搅拌一次，搅至表面起大量带有蓝红色水泡即可染布。为使布料上色快，布料初次进染缸时得用碱水（荞秆焚烧成灰放入烫水搅拌后澄清，去渣后的水），加入适量小锅酒和碱水，染出的布色泽饱满、耐洗不褪，一件衣服需浸染数次才算完成。浸染少则为浅蓝色，浸染次数多则为深蓝色，在蓝靛罐里多染几次，就得到了蓝黑色。

绣：一般多绣于包头布上、衣袖上、腰带上、衣服下摆上、裤脚上、裙边上、批秋上、围裙上、脚套上。服饰刺绣纹样形式多样，特别是女性服装上的纹样丰富多彩，蕴意深远。大概可分为几何型纹样、自然型纹样、吉祥型纹样、记事蕴意型纹样和神性意识型纹样五大类型。

缝：普洱民族传统服饰一般都经过手工裁剪、贴布、滚边、镶嵌缝制等程序而制作成衣。

几何型纹样：几何型纹样是在我国图案史上出现最早的纹样之一，如新石器时代马家窑彩陶上的菱形纹、三角纹、网形纹、方形纹、六边形等。在普洱民族民间纹样中较为常见的有方形、圆形、三角形、六边形、八边形等。

自然型纹样：自然型纹样主要来自大自然，是人们较为熟悉的与人们的生活息息相关的一些图形纹样。自然型纹样也是在我国出现较早的纹样之一，如新石器时代以黄河上游仰韶文化和马家窑文化为中心的彩陶上的水纹、蛙纹、鱼纹等。

服饰上的自然型纹样主要有头饰上的葫芦形纹，耳坠上的梅花形纹、羊奶果花形纹，银饰上的鱼形纹、桃子形纹、石榴形纹、太阳形纹、蝴蝶形纹、蜜蜂形纹、蜘蛛形纹等，刺绣上的蕨纹、黄瓜花纹、八角花纹、菊花纹、豌豆花纹、星星纹、月亮纹等。

吉祥型纹样：吉祥型纹样在中国民间较为普遍，是祈福求吉的图纹。服饰上的吉祥型纹样主要有"梅形纹"，梅在民间有"梅开五福"之说，以梅花的5片花瓣象征五福，"五福"即指福、禄、寿、喜、财，"葫芦纹"，葫芦谐音即福禄，因为葫芦籽多，葫芦在哈尼族民间，象征繁衍子嗣。"蜘蛛纹"，蜘蛛在民间被称为喜蛛，有喜从天降之意。"桃子纹"，在民间有祝福长寿之意。"石榴纹"石榴子多在民间象征子嗣繁衍、儿孙满堂、多子多福。"蜜蜂纹"象征幸福生活，希望生活像蜜蜂酿出的蜂蜜一样甜蜜。小人纹样，体现的是人丁兴旺，人气旺盛。

记事蕴意型纹样：记事蕴意型纹样与生活密切相关的动植物、几何型纹样为主，题材广泛，或抽象，或具象，记载了创世神话、传说故事、迁徙历史、农耕文化和对美好生活的向往和追求。

神性意识型纹样：神性意识型纹样是的信仰和自然图腾崇拜的再现"锯齿纹"，认为犬齿辟邪消灾。哈尼族认为太阳月亮是上天赐于人间的阴阳物，万物必须依靠太阳和月亮调和阴阳后才有生机，才会生长。

普洱区位独特，历史悠久，民族众多，地域遗产资源丰富，民间美术工艺地域性、民族性特色鲜明，文化格局多元。

参考文献

邓启华主编：《清代普洱府志选注》，云南大学出版社 2007 年版。
郭思久、尚仲豪：《佤族文学简史》，云南民族出版社 1999 年版。
黄桂枢：《普洱茶文化》，云南大学出版社 2016 年版。
黄俊勇、赵德文、刘顺才：《墨江哈尼文化概论》，云南人民出版社 2014 年版。
雷波、刘辉豪：《拉祜族文学简史》，云南民族出版社 1995 年版。
李娅玲：《普洱文化通论》，云南人民出版社 2009 年版。
李勇、杨振洪：《景迈茶山》，云南民族出版社 2010 年版。
刘辉豪：《牡帕密帕》，云南人民出版社 1979 年版。
刘允褆、陈学明：《葫芦的传说》，云南民族出版社 1980 年版。
罗承松：《拉祜族苦聪人——对哀牢山中部一个人群生活方式的研究》，中国社会科学出版社 2014 年版。
孟连县委、孟连县文化馆编：《云南民族民间文学集成：孟连佤族卷》，云南民族出版社 1992 年版。
《民族问题五种丛书》云南省编辑委员会编：《拉祜族社会历史调查》（一、二），云南人民出版社 1982 年版。
《民族问题五种丛书》云南省编辑委员会编：《佤族社会历史调查》（一、二、三），云南人民出版社 1983 年版。
《民族问题五种丛书》云南省编辑组编：《哈尼族社会历史调查》，民族出版社 2009 年版。
娜朵：《拉祜族民间文学集》，云南人民出版社 1996 年版。

思茅地区地方志编纂委员会：《思茅地区志》（上、下），云南民族出版社1996年版。

思茅地区文化局编：《拉祜族民间舞蹈》，云南民族出版社1993年版。

思茅行署民族事务委员会编：《思茅拉祜族传统文化调查》，云南人民出版社1993年版。

苏国文：《芒景布朗族与茶》，云南民族出版社2014年版。

王正华、和少英：《拉祜族文化史》，云南民族出版社1999年版。

云南民族事务委员会编：《拉祜族文化大观》，云南民族出版社1999年版。

云南民族事务委员会编：《佤族文化大观》，云南民族出版社1999年版。

云南民族学会哈尼族研究委员会编：《哈尼文化论丛》（第三辑），云南民族出版社2005年版。

云南省编辑组编：《云南彝族社会历史调查》，云南人民出版社1986年版。

云南省普洱市民族宗教事务局编：《普洱市民族志》，云南民族出版社2009年版。

云南省思茅行政公署民委编：《思茅少数民族》，云南民族出版社1990年版。

赵泽洪：《魂归人间》，云南大学出版社2008年版。

政协澜沧拉祜族自治县委员会编：《拉祜族史》，云南民族出版社2003年版。

《中国少数民族社会历史调查资料丛刊》修订编辑委员会：《傣族社会历史调查》，民族出版社2009年版。

中央民族大学哈尼学研究所编：《中国哈尼学》（第三集），民族出版社2005年版。

后　记

本书是第五届普洱市文化精品工程扶持项目"普洱民族文化"的最终成果。在研究过程中，我们越来越深刻认识到，生活在普洱这块大地上的各民族（包括汉族在内）在长期的历史发展中，形成了和睦共处、相互尊重、相互认同、友好往来、共同发展的谁也离不开谁的民族关系。各民族在保留自身民族文化的同时，又相互包容、相互吸纳，形成了你中有我、我中有你的丰富多样而又内在统一的普洱文化。因此，本课题研究旨在总结、阐述普洱各民族丰富多样、特色鲜明的文化的基础上，深入研究各民族文化作为一个整体而存在所具有的统一的、内在的文化特质，以期寻找普洱各民族长期和睦相处、相互尊重、相互认同、友好往来的民族关系的文化基因。由此，将书名定为《普洱传统文化》，以期更好地体现普洱各民族创造的丰富多样而又内在统一的普洱文化。本书也是国家社科基金特别委托项目"中国百部史诗工程"（09@ZH014）子课题"拉祜族（苦聪人）《创世纪》"（SS2019001）的阶段性成果。

本书是课题组成员共同研究的成果。全书由白应华拟定提纲，课题组成员分章撰写，最后由白应华、罗承松统稿。各章的撰写分工如下。

白应华承担第一、十一章的撰写。

罗承松承担第二、五、十三章的撰写。

谭安承担第三、六章的撰写；谭安、赵泽洪承担第十四章的撰写。

赵泽洪承担第八章的撰写。

林永承担第十、十二章的撰写；林永、赵泽洪承担第四章的撰写。

杨洪承担第七、九章的撰写。

苏志龙承担第十五章的撰写。

李映华、龙麟承担第十六章的撰写。

李亚宏、纪仁春、李丽祥分别承担第十七章第一、二、三节的撰写。

由于本书是课题组成员分章撰写完成的，学术水平、写作风格不一，难免有重复、遗漏甚至错误之处，恳请得到专家同仁的批评指正。

中国社会科学出版社副总编辑王茵女士对本书的出版给予了大力支持和帮助，李凯凯编辑为本书的编辑出版付出了辛勤劳动。值本书出版之际，致以诚挚的谢意。

著者

2022 年 4 月